廖辅叔全集

第一卷·音乐著作卷

（下册）

中央音乐学院《廖辅叔全集》编委会◎编

中央音乐学院出版社

乐苑谈往（续编）

版本：廖辅叔的乐艺人生（上），中央音乐学院出版社，2008年10月，北京

中国近现代音乐史教学参考文献

音乐学家 音乐教学家 翻译家 诗词学家

廖辅叔的樂藝人生

LIAO FU SHU DE YUE YI REN SHENG

廖崇向 黄旭东 编

中央音乐学院出版社

关于"外国民歌研究的若干情况"讲座稿

关于民歌这个名词概念，往往因出发点不同，理解也就不同。搞文学的认为它是民间文学的一种，搞音乐的则认为它是流传的歌曲。搞文学的看到民歌的语言自然朴素、清新活泼，搞音乐的又大都只听到它的曲调丰富多彩、婉转绮丽或者节奏强烈、犷悍明快。实际上真正的在民间流传的歌曲，恐怕大多数是歌词与曲调融为一体的，而且总是唱出来的，不是写出来给人看的，有的民歌作者恐怕根本和写家没有缘分，亦即古语的所谓"以诗为本，以声为用"。乐府诗之所以有些词句不大好懂，甚至显得有些别扭，前人也说是由于"声词相杂"，正好说明在采集记录的时候技术上不够精密的结果。至于民歌这个名词，也是近代从外国引进来的，即英语的 folksong，中国古代只有"国风"或者"闾巷歌谣"。说起来也真巧，外国古时也是同样没有民歌这个专门名词的。根据德国记载，过去只有"Garsenlied"、"Garsenlauer"一类的名称。Garsen 是街巷，Lied 是歌曲，lauer 是从 lauen 转过来的，lauen 在早期德语是"行走"的加重语气的说法，Garsenlauer 的意思就是穿街走巷的人，再引伸就成为夜客边唱边跺脚的一种歌曲，很有点近于我国的踏歌。这样的命名可以说是与我国旧有的"闾巷歌谣"不约而同。民歌 Volkslied 这个名称是赫尔德（J. G. von Herder，1744—1803）给定出来的。民歌严格译出来应该是人民歌曲。人民在赫尔德心目中的疑念是作为人类的基本阶层，他有他固有的自然力和特性。

现在说到民歌的定义，资本主义国家流行的说法，不妨举出维奥拉（W. Wiora，1906—1997，在西德各大学及美国哥伦比亚任教。1956 年起任国际民间音乐学会主席团成员、德国赫尔德研究会领导人）为代表。他认为人民是"居民，亦即农民、牧民、山民、民间歌手等等精神上—社会性上的基本阶层的概念，是也可作为群体来理解，只要他与这些阶层没有什么特殊的差别"。但是并不是一切在基层居民中间流行的音乐都算作严格意义上的民间音乐，所谓民间音乐应该更多的是具有基层的特点，不管它是从基层诞生或者通过创作的方式为基层所占有，至于所谓创造性的占有的最显眼的特点可以说是它的变体。因为民歌是口头流传的，民歌的原始形式是由某一个人从人民的实际生活汲取材料，通过作者的切身感受敷衍成篇。到它流传开了，又因为特定的某一个人的特殊感受或某一个人的特殊气质以至艺术爱好，使得在词句上、曲调上都经过或多或少的改动，日子久了，改动就越来越多，一首民歌常常会有好几十种不同的"版本"，因此，民歌的研究就有了所谓的谱牒学和类型学的比较研究。谱牒学探究民歌历史上的年代、地区等等的承传关系，类型学则着重探究体裁、结构等等的变化。通过写定之后，它又可以由于作者的改编加工获得"第二次存在"，不过这与它原始的生命已经有了根本的差别了。

以上所说，是流行于资本主义国家有关民歌的定义和说法。东德有一个施太尼兹，编过一部《6世纪的德国民主性的民歌》，50年代曾经来我国访问，不知你们中间有哪一位同他接触过？他的书前面有一篇引论，对民歌提出他的论点。他认为民歌是从劳动人民创造的，他们创造性地参与了民歌的造型工作，没有劳动人民的合作不可能有民歌，他们的参与或合作最不容怀疑和一清二楚的表现就在于它的变体。所谓变体，指的是为了适应某一新的情况或者新的气氛而进行的改动，通行的说法称为"翻唱"。

这里产生了一个歌词和曲调的来源问题。施太尼兹认为这并不是决定性的问题，因为有的民歌是有作者名字的，过去的一种说法，即认为民歌的特点之一是作者多为无名氏，凡是无名氏的作品都是直接的或第一性的，有作者可考的则是间接的或第二性的，并没有原则性的意义。

另一个问题是集体创作的问题。集体创作是事实，但是关键不在于它是两人或多人编制出来，而是在于它在流传过程中得到多人或集体的传唱才成型。

施太尼兹还认为集体或群众传唱的歌曲并不一定就是民歌。他举的例子有宗教改革以来的赞美诗、近代国家建立以来的国歌、工人运动兴起以来的国际歌之类。虽然唱的人是广大的群众，可是基本上是依照固定的歌词和曲调唱下去的，不像民歌那样在传唱过程中经过大伙的翻唱，产生十人十色的变体。因此他下结论说："一首民歌的产生总是来自一首随意唱出来的歌曲，唱出来后为大伙、为集体所接受，同时又在它发展过程中经过人民创造性的活动而逐渐定型。由于人民创造性参与宣告完成的民歌于是就在广泛范围内表现出劳动人民的精神需要，特别是——怎么能有其他的可能呢？如果我们认为劳动人民是历史发展中的决定力量的话——他们追求更好的未来，要求从压迫和苦难中解放出来的热望。"

关于什么是民歌就介绍这一点，下面是有关民歌研究的一些情况。

公元一世纪前后罗马的塔西陀（约55—120）已经写了一本《日耳曼尼亚志》，论述古代日耳曼人的生活风习和社会制度。书中也讲到日尔曼人的歌唱和舞蹈，但是引起他兴趣的是原始民族的风俗习惯，把它和本国的文明教化对立起来，从而显出自己民族的优越。只有到了近代，风气才有所转变。所谓外国的、原始的东西同本国的文化加以比较，并不一定是低一等的。法国、英国、德国的世界旅行家热心地报道了美洲、非洲和澳大利亚的土著的生活和风习。法国人列维1578年看过一次巴西人的节日，使他惊奇的是一次和谐的歌唱，他们并不具备什么艺术规范的知识，都能够使用和声的配合。正如吉卜赛人不识乐谱，却能划分四个声部来合唱一样，他简直像是着了魔一样地击节赞赏。蒙田1580年也特别称赞过美洲土人的"完美的文化"。他把他的家乡加斯康的农民歌曲，一种多数是三部合唱的民歌，同那口头流传的巴西民歌相提并论。就在蒙田出版他的《散文集》的同时，英国的锡德尼写成了他的著作《诗歌的防御》，他从新柏拉图学派的一切民族都有接受音乐的天性的理论出发，认为即使是科学并不发达的地方，也存在着诗歌的感悟，不论是在土耳其、在爱尔兰、在印第安人中间都是一样。威尔士给他提供了实例，"即使是在没有文字的地方"诗歌也照样开始产生以至长期延续下去。一个法国的蒙田，一个英国的锡德尼，他们对民间创作的意见可以说是不谋而合。

比他们稍后一点，则有1609年西班牙的威加在蒙田称引的一首他的秘鲁歌曲之外添上他收集到的两首。这两首歌曲中，一首是他从他的母亲——一个印加帝国的嫁给威加父亲的妇女那里听来的。从对他母亲哺乳的回忆中记录下来的。另一首是从瓦列拉著印加帝国史中抄出来的，内容是对雨水女神的祝愿。这样一来，一方面是更加有力地证明了诗歌产生于文学之前的真理，另一方面又启发人们回过头来发现本民族的基层人民口头流传的作品的不朽的价值。

上面这些材料都只限于一些零碎的或者可以说是猎奇式的，真正从民间创作并看到它独特的价值的，则是法国的卢梭、英国的拜伦和德国的赫尔德。他们正式提出这一危机时期的民歌的保存、更新和复活的要求。特别是赫尔德，要给他做比较详细的介绍。

前面已经说过，赫尔德是提出"民歌"这个专门名词的人。他没有白种人的种族偏见，他说过："你的兄弟不是非洲的截尾猴，也不是长臂猿；然而却是美洲人，是黑人。你不应该压迫他，杀害他，偷他的东西；因为他是个像你一样的人。"他当时已经看到欧洲殖民主义者在文化方面犯下的罪恶，他们败坏了殖民地人民的民间歌曲和风俗，给予他们的却是支离破碎的小步舞。他的着眼点是自然力强的、粗野的民间歌曲的本身价值以至有意义丰富的不规则性。越是古老的歌曲，越富于人民性，越有生命力。他指出，凡是民歌都是不断变化的，随着地区和时代的不同，它的变化也越来越大，正如每一个人的声音各有特点一样。每一族人民的民族曲调都显示出它的民族性，它是人民的声音，同时也是人类的声音。他呼吁大家要在民歌沉入过去的深渊之前及时收集起来，他希望"人们给我们提供各族人民全部的、忠实的自然历史、连同固有的纪念文物，连同固有的完整性。民歌、神话、故事、成见，凡是强烈地影响他们的性格的都统统收集起来。不是自己发言，而是让他们发言，不要老是发问，它之所以好是在什么地方，而是摆在那里，看它是好还是不好，不要美化，不要用宗教的或者古典的趣味的高帽子装扮起来，弄得面目全非，而是原封不动地呈示出来，可是要抱着忠实、兴趣和爱悦"。他还说，要用它的原始语言记下来，而且记下它的唱腔，他甚至于计划尽可能多地印行一首歌的不同旋律。这是与他对音乐的重视分不开的。他认为音乐是"人类的艺术"，他具有感化人类的力量，他不赞同只把音乐当作奢侈的、任性的艺术，或者只是拿来消遣的手段。他根据革新的伦理学说，反对宫廷生活及其魏玛古典学派的唯美主义的早期形式，另一方面他也反对康德把音乐放在各门艺术中间最低下的地位。据说音乐只能演一个发抒感情的角色，他则认为音乐通过它对人、对家庭、对集会、对民族的影响，也在人类文化的范围内占有一个崇高的地位，它起一种潜移默化的作用，使人心倾向于某一方面的努力和态度，使人进入某一方面的活动，因此它是对"思想方式和风尚"发挥作用的，它不仅仅是人民本性的派生的表现，而是参与了人民性格的培养工作的。寓言里面有关音乐的教育价值和政治价值的故事始终是永恒的真理。如果在欧洲和殖民地由最卑劣的浅薄赶掉了好的土生土长的民歌，那就不仅是人民中间的趣味而且就连内心的正直也受到威胁，新的野蛮的后果是新的专制。"代替歌唱的将是野蛮的棍棒去驱赶野蛮的国民"。

赫尔德常常称道音乐是世界上"数学理性"的表现，音响是"协和秩序的最高模式"。在他考虑音乐的固有特点的同时，他仍然注意音乐与语言和舞蹈以至人类与民族、生活和宇宙的结合，最后回到它同上帝和礼拜的归宿。音乐也如同最高的诗学一样，就其本质而论万物就是神学而且永远是神学，音乐成为上帝的见证，他眼见教堂音乐的衰落，仍然幻想来一次教堂音乐的更新，不知道这是历史的必然，是谁也无法挽回的。

赫尔德对民歌研究最有参考价值的著作是他那部四卷本的《歌曲中的各族人民的声音》以及书中的几篇序言。当然他民歌的收集工作也不是历史的创举，他是受到英国佩西收集英格兰和苏格兰所流传的民间叙事诗的启发才认真着手的。

赫尔德对后人的影响可以举出勃仑坦诺和阿尔尼姆联合收集的《男孩的神奇号角》。

如果说赫尔德前后的民歌收集工作只是引起了学术界的重视，那么到了19世纪晚期才真正在方法论上对民歌研究，这就是比较音乐史。到了20世纪又有了命名为音乐人种学或人种音乐学。最先提出这门学问的是19世纪80年代的埃里斯（1814—1890），他是英国人，初学法律，后改学语言学，再从语言学转向音响学，学过音响学之后又引起他对音乐理论的兴趣。奇怪的是他的耳朵根本不能辨别音律，他的研究完全依赖测音器和他的数学知识。他不仅关心欧洲音乐，他非常注意欧洲以外的音乐形式，特别是非欧洲乐器奏出的音阶。由于这种研究，他有时被称为"音乐人种学之父"。他打开了欧洲音乐家的眼界，使他们知道欧洲之外还有根据其他原则构成的音程结构，它也同样是自然的、合乎逻辑的，因而打破了西方人的许多偏见。他还特别指引歌唱家对于吐音咬字的注意。他是英国皇家学会的及其他许多权威性的学会的会员。埃里斯之后，比较音乐学在霍恩博斯特尔、阿伯拉罕、施统夫、扎斯、拉赫诸人的推动之下，逐步发达起来，积极从事对非欧洲民族不管任何文化水平音乐表达进行一视同仁的研究。到了巴托克、柯达伊、勃拉伊罗乌、施奈德和维奥拉又给比较音乐学添上对欧洲民族的基层音乐的研究，从而扩大了民歌研究的范围。借助音乐民俗学及音乐人种学给研究者指出高度文化和基层之间的关系的课题，要他们进入历史的领域。柯达伊指出"指导工作的是这样一种认识，即民间音乐研究不能脱离历史的一般基础知识，音乐史如何看待民间音乐研究成果也不是无足轻重"。

开头说过，民歌是歌词与音乐密切结合的统一体，但是在实际研究上不能不有具体分工，大的区分是音乐方面和歌词方面，歌词方面的研究首先是学表现手法的、声韵的、风俗习惯的以至民俗学及人种学的。这方面取得优越成绩的是丹麦的格伦特维格的《丹麦民歌汇编》，以及英国柴尔德的《英格兰和苏格兰的民间叙事诗》。

格伦特维格（1824—1883）是丹麦诗人的儿子，14岁就开始研究中世纪的丹麦民歌，用一份民歌抄稿和刊本比较，进而搜集丹麦以外的民歌手稿，从而为民歌研究奠定了扎实的基础。根据活在口头的曲调校正了、弥补了已有刊本的缺陷。他努力要掌握尽可能多的不同的变体，以便提出每一首民歌的模式。1853年起《丹麦民歌汇编》开始出版，他逝世之前，已经出了五卷，最后那一卷是奥尔力克完成的。除了民歌之外，他对民间传说、故事、谚语、谜语等等也并不忽略，并促进了这类民间创作的搜集工作。他的成就对北欧民俗学的研究来说是开拓性的，他的研究方法对国际民歌研究来说也是典范性的。柴尔德的民间叙事诗也就是在他的直接影响下搜集起来的。

格伦特维格和柴尔德两个人的民歌搜集工作又推动了德国民歌研究。1905 年成立了民俗学会，兼收并蓄出版了德国民歌总集。1914 年博尔特、迈尔和施特提克在弗莱堡成立了德国民歌档案馆，这个档案馆主要限于歌词研究，与之相反的是 1917年弗立连德在柏林成立了德国民歌档案馆，把注意力放在音乐方面。德国民歌档案馆影响所及，欧洲和美洲不少国家先后成立了类似的组织。迈尔的研究道路是从日耳曼学发展到民俗学，结合民歌的风俗习惯进行研究，最后又加上社会学，在社会状况范围内探索民歌的生活法则。特别值得提出一点是迈尔（1864—1953）把眼光射到 1848 年革命前歌曲，并在 1896 年同他的老师柯勒合编的《摩泽尔和萨尔的民歌》，里面第一次印行了三首萨尔矿工罢工歌曲。他对民歌产生流传也发表了他独有的见解："在一般的民歌方面多数被认为是在民间自发产生的，从他们内心的要求创造出来的歌曲，另一方面说到历史歌曲，占优势的却是在人民范围之外有人特意创作的诗歌，这些诗歌之所以创作则是受到了传单印刷或者具有文学教养的人物的启发，后来才被人民所接受、散布、翻唱以至众口相传的。"

迈尔早期曾写过一篇文章《口头上的艺术歌曲》（1905），认为有价值的民歌是在写字桌上酝酿成熟的。是摆在形形色色的有教养的民歌收集者的刊印、加工、出版面前的记录，这种说法是不对人，迈尔后来也放弃了他的这种观点。可是这套理论已经收不回来，再经过汉斯、瑙曼的发挥，就得出"沉沦的文化财产"的结论。这样一来，人民本身根本谈不到创造性活动，而是只能接受有教养的、有学问的作者的歌曲，从而接受了一种所谓"接受论"，这种接受论引起了以邦默（1845—1918）为中心的"创造论"的维也纳学派的反对。

邦默当时是学哲学的，获哲学博士学位，由于对民歌的强烈兴趣，转而研究音乐理论，领导了一个合唱团，成立了德意志民歌协会，创办了刊物《德意志民歌》，同时兼顾民歌与诗学问题的研究。他承认"人民"本身富有创造的才能，真能算是民歌的只有那些在人民中间产生和流传的作品。这就是所谓"创造论"，不过这两者只是纠缠在形式问题以至作者问题上，并没有从内容上去探讨民歌的民主性质和反抗精神。也就是说，自己并没有倾听人民要求解除他们在人民身上的压迫和剥削的声音，站到人民一边去改变不合理的社会制度，因此两者之间是容易找到折衷的解决办法的，后来也真的接近起来了。他们在民歌的生命，在民歌的翻唱过程中找到了他们的妥协点，那就是"人民标准性"，不再替个别人去争著作权了。

既然从前的民歌收集者并不注意挖掘民主性质和反抗精神的民歌，所以过去的民歌出版物不管它自称是怎样的穷搜博访，也总不免是脱落遗漏的，因此现在的民歌的收集工作，就应该在现成的出版物之外，在原始的材料上多下工夫。所谓原始材料，可以是私人的笔记，古老的手稿，也可以是公家的档案，直到目前还活着的民间老艺人。据德国诗人里连克伦（1844—1909）说，他曾看见过一首民歌原来是装在一个强盗的口袋里的，后来强盗被判死刑了，这首民歌就附在审判记录的档案里保存下来。可见民歌的宝藏是无处不在的，英雄还大有用武之地呢。

现在让我们回到民歌的收集和整理工作上来。前面引述的赫尔德对民歌不要以美化、不要用宗教的或者古典趣味的高帽子装扮起来的那一段话，是有现实意义的。有些好心人，为了重视民间遗产的价值，不想让那些民间创作给人留下指责的口实，于是把民歌中存在的不符合文法规则、不符合伦理标准、不符合我们时代精神的词句、或者经过传唱走了板的音调加以修正，因此往往不能保存民歌的本来的面目，这实际上是一种损失。

匈牙利的巴托克说过："农民……不仅有本领而且还是强烈地倾向于改造听候他们支配的各种音乐因素，……在演唱一支曲调的时候，表面的、不触及本质的形式即使在同一个人身上也不是一成不变的。"这是巴托克长期收集民歌得来的经验之谈。我们现在看到的民歌，事实上大都只是经过反复听唱整理出来的稿本，这种大小不等的出入属于曲调方面的也许比较多，属于歌词方面的比较少。为了保存民歌的真相，过去民歌的收集者各想出个人合适的记号，或者加上适当的注解，这个困难由于录音机的普遍使用是大大减少了。

关于民歌研究，一般认为要应用历史规律的方法，要探讨民歌的源流，要首先具备语言学的知识。除了资料的鉴别之外，还要善于比较，照史尔蒙斯基的说法"所谓比较，就是确定各种历史现象之间的一致和差别，以及这种一致和差别的历史的解释"。这种比较并不取消那种需要加以探索的现象的个人的、民族的或者在最广泛的意义上的建立在社会历史基础之上的特点，而是只有有了比较之后，才使得最精确地在一致或差别的基础之上掌握这些特点成为可能。至于科学的着力点则是一首民歌或者一种民歌型的一定数量的变体。按照史尔蒙特斯基的规定，比较历史性的研究有如下的几个方面：

1. 文学的（以及音乐的）种种现象的简单对比；

2. 历史典型性的比较，它解释那些遗传学上并不是互相联系的现象在社会发展的类似条件之下产生的一致性；

3. 历史遗传性的比较，它对一些一致的现象，作为它遗传的血缘关系及其在继续演进过程中由于历史的特定条件派生的背离的结果来考察；

4. 对在文化交流关系例如"影响"或"转借"的基础之上各种现象之间的遗传关系，由有关民族的历史上的接近或通过它社会发展的共同前提所制约遗传关系加以确定并进行比较。

史尔蒙特斯基规定的这四点看起来好像很细致，是不是能够解决民歌研究的根本问题，是值得考虑的。此外，歌词与曲调，字与音的关系的研究，过去只是在比较有限的范围内进行，它只是或多或少地偶然接触到。一般而论，民歌是不要求曲调和语音密切配合的，这是我们所理解的分节歌的基本形式，它是与艺术歌曲一贯式分立门户的。

至于民歌的分类如叙事歌曲、历史歌曲、劳动歌曲、爱情歌曲等等，那是属于歌词主题的范围，音乐在这方面并不起主要作用。当然，劳动歌曲由于活动方式不同，也会影响曲调的结构，特别是节奏，如摇船歌、打夯歌、号子之类。有些东西又因为时代的变化或社会制度的改变已经成为历史的陈迹，如拉纤歌、船夫号子等等由于水上交通工具的改进，已经再用不着借助音乐的节奏动作来协调各人的动作，减轻艰苦的劳动强度了。

还有一个问题，是对一定的民族或地区，是不是会在民歌里面反映出种族特有性格，答复应该是肯定的。值得探究的是社会学和民族心理学能不能提出更深入一层的答案。资产阶级学者不理解或者不承认一个民族内部有两种文化这简单的事实，老是在种族、血缘关系、风俗习惯、语言、宗教、文化传统等问题上兜圈子，走不出血统的迷宫，但是他们中间也有人摸索到真理的边沿。例如他们讲到民族心理的时候，便说到共同的感情，共同的感情又来源于共同的利益，而所谓共同的利益，在每一个民族里面都是以阶级为标志的，因此不同民族的同一阶级比同一民族的不同阶级还有更多的共同性。

进入 20 世纪以来，民歌研究出现了一种新的趋势，那就是在承认各国民歌各有其不同的独立的特色的同时，越来越觉察到它们彼此之间并不是互相隔绝的。歌词、曲调都不是毫无联系地摆在那里的石头。民俗学和民族学的研究正在那里互相渗透。德国民歌档案馆 1939 年出版的《德国民歌及其曲调》的前言说道："在我们研究过程中，为了全面考察一首民间叙事诗的发展，比我们原先做过的事情还要多，我们懂得了必须越过日耳曼诸民族的限界顾及全欧洲的领域。因为不论是个别的主题还是在许多情况之下由这些主题凑合起来的歌曲，都往往是欧洲诸民族的共同财富，而且是通过千差万别的方式。一个民族向一个民族流传过去的。"维奥拉1950年刊行的题为"欧洲民歌在性格刻画的转化中形成的共同形式"的谱例集证实了这一论点。这一份对比的曲调表，依照种族上或者典型上流传的曲调像总谱一样的排列，形象地给谱例音乐史提供了约莫一百个传遍欧洲的曲调类型，欧洲的互相联系的现象，说明欧洲各个民族的区分及其歌曲的起源和特点。

以上种种就是我要说的关于外国民歌研究的若干情况，由于时间紧，水平低，对所引述的材料不能进行深入的分析和批判，仅供参考而已。

20 世纪 50 年代遗稿　廖崇向整理于 2008 年 7 月 20 日

略谈王光祈先生

　　王光祈先生逝世已经 15 年了。1936 年 1 月 12 日，王先生以脑充血死于德国波恩。他的死刚好躲开了蒋介石的诱惑。事情是这样的：九一八变起，王先生远在德国，但他很关心祖国的前途，陆续编译了整十本有关国防建设的书在中华书局出版，因此引起了一部分人的注意。加以当时蒋介石的法西斯统治已经弄成是"民生凋敝、民怨沸腾、民变蜂起"，蒋介石很想拖一些资产阶级知识分子来分担他祸国殃民的责任，于是翁文灏、蒋梦麟、蒋廷黻之流都一个个沐猴而冠了。又因为他和希特勒打得火一般热，于是就想到了留学德国的王光祈先生。通过王先生的朋友去征求他的意见。他们知道王先生对国民党并无好感，而且决不愿意接受别人的资助，所以去信的时候，把蒋介石的指使那一点隐瞒了，只说是一些老朋友知道他很想回国，同时考虑到他经济上的困难，因此大家替他筹了一笔旅费寄给他，如果他不愿白领人情，那么，回国之后，他不妨慢慢归还，总之，决不妨害到他的自尊心，打算等他回国之后，再拉拉扯扯的拖他下水。可是信和钱给退了回来，王先生根本就来不及接受他们的好意。他躲开了蒋介石的勾引。

　　1920 年王先生去德国。在这以前，他是少年中国学会会员。正如五四运动时期的其他团体一样，少年中国学会也出现了左翼和右翼。作为左翼的代表人物是恽代英、萧楚女诸先烈，他们为中国革命献出了他们的生命。至于右翼的中坚分子就是以中国人民的败类、满清王朝的奴才曾国藩、左宗棠、李鸿章自比的曾琦、左舜生、李璜之流，他们找寻外国主子，曾经恬不知耻地赋诗见意，说什么普恩加赉是吾师，克里蒙梭更不疑，充分显露出他的堕落的思想本质。这批人以国家主义派勾结过孙传芳；抗战期间，曾琦也曾与汉奸梁鸿志吟诗作赋，称颂梁某是拨乱人；蒋记贿选国大开幕，他们就以新猪仔的面目出现，表现了政治道德骇人听闻的堕落。1947年，他们介绍青年党的历史，说它的前身是少年中国学会，随即举出恽、萧诸先烈的名字来撑门面，同时也提到王光祈先生。青年党这种玷污先烈的说法，曾经引起不少人的愤慨。假如王光祈先生还在世，他对双料汉奸曾左李之流将是怎样看法呢？但是，王先生死了，他至少保持了他的清白，我们也许就不必打破沙锅问到底了吧。

王先生是四川人，生于 1892 年。出身于破落的士大夫家庭，很受过一些势利眼的刻薄，他心一横，永远不向人诉苦，也绝不求人帮忙。他住在德国 16 年，始终未领过公家或是私人的一文钱的津贴。他是全靠卖稿维持生活的。他先后出版的书籍有 30 多种，其中关于音乐的有 14 种，此外还有许多散在报章杂志的论文。由于出身的限制，他的见解常常是未必精当的，但是他也有一些值得重视的意见。尤其是当有一些人高嚷全盘西化的时候，他却做了中国传统音乐的整理工作，给我们展开了中国乐律的完整的体系，同时还写了一部依照当时水准算是较有系统的中国音乐史。他认为音乐必须有民族性，希望中国将来产生一种可以代表中华民族性的国乐。而且这种国乐是要建筑在吾国古代音乐与现今民间谣曲上面的。因为这两种东西是我们民族之声。这种意见是相当正确的。

在提高民族自信心方面，王先生从中国乐律的演进历史证明中国乐律在世界上处于最先进的地位。在他计算钱乐之三百六十律的时候，只因误减一数，遂致全盘皆错，不得已乃从头再算一遍，因此往往至于深夜。我们应该了解他的苦心和耐性。

王先生在德国的生活，始终以刻苦著称。每天吃饭一定到最便宜的工人食堂。即使有些阔气的同学要请他上漂亮的饭馆，也总不免受到他的拒绝，结果只好跟他上工人食堂去。他后来做了波恩大学的讲师了，也仍然不改变他的生活作风。也许正由于生活的刻苦与长期的过度的脑力劳动，有一次曾经因参考拉丁旧籍，以脑充血晕倒在柏林大学图书馆。1936 年 1 月 12 日，旧疾突发，不及救治，立刻死在室内。本来他早起是有一定时间的，这一天房东看见他久久不开房门，最初还以为他深夜工作，所以多睡了一会。后来看见情形有点不对了，经过叫门，终于破门而入，王先生已经活不过来了。他死在贝多芬的故乡波恩，现在波恩都变成了德国军国主义复活的温床，美国正在煽动德国的复仇心理，使西德在阿登纳傀儡政府控制之下变成第三次世界大战的根据地。我们纪念王光祈先生，同时也就不要忘记波恩今天的情形，要为世界的和平、民主事业献出我们的力量。

王先生初到德国，学的是政治经济。后来看到西方学者也在嚷着物质文明的破产，于是回转头来提倡精神文明，要从文化着手改造中国的社会。他又认为中国当时的文化运动大半偏于理智方面，谈哲学、科学、社会主义、政治问题的多，谈雕刻、绘画、音乐的少。这不能不说是一种缺陷，于是努力提倡音乐，发扬光大我们的谐和精神。所谓谐和精神，他是拿来和西方的征服精神对立起来看的。他不能依据社会发展的规律认清帝国主义的本质，也不能阶级分析认清资本家与劳动者对立的根本原因，反说毒辣的资本家和横暴的劳动者两者都是受了征服精神的影响，工人反抗资本家剥削的行为被诬指为横暴，这就把事情看倒了头。因此对于如何改造中国的问题，他便没有想到从根本上改变不合理的社会制度，只想枝枝节节的从精神方面改变中国人的心理，然后拿我们的谐和主义去感化西方的征服主义，有如耶稣布教，如来说法，费尽苦口婆心，使人同归大道。语云："吾爱吾师，吾尤爱真理。"我们不能不惋惜地指出，王先生的说法是改良主义的，是唯心主义的。假如他当时真能够生入国门，恢复他与好友左舜生的接触，他在政治上将有什么表现，我们是无从写保单的。然而幸乎不幸乎？他一死躲开了蒋介石与青年党淋到他头上去的两盆污水。盖棺论定，王先生的业绩是使人怀念的，因为他起了一定的启蒙的作用。

我不愿厚诬古人，更不是喜谤前辈。历史人物总该还他一个历史地位。说得对不对，希望大家指教。

原载《快乐的小队》1951 年十月书店刊印

坚持运用历史唯物主义观点研究
王光祈的著作和思想

同志们，今天开会许多老前辈发言，开了我的眼界。开会前由于生病，是否参加会议一直在犹豫。所以我没有什么准备，只能在这里谈一些感想。

这次会议不仅是建国以来第一次，也是中国近代音乐界有史以来，即王光祈先生的时代以来的第一次，因此我感到很高兴。前几年有领导同志访问联邦德国，报纸上发表谈论中德人民友谊的文章，只讲了一些空洞的话。对此我很感慨。在中国非常衰弱的时候，黄脸的中国人王光祈就在贝多芬的故乡波恩大学讲学，后来又死于波恩。像这样具体的中德人民友谊的事实，报纸为什么不报道呢？中国人大概已经忘记王光祈了吧！带着这种感想，我写了一篇纪念王光祈先生的文章，发表在《音乐研究》上（编者按：1980 年第 3 期；又见《乐苑谈往》第 109页），表示我们对先辈的怀念。由于文章的动机如此，因而写到最后有些感伤情调。我写道：30 年代王光祈先生纪念委员会委托我翻译王光祈先生的博士论文《论中国古典歌剧》。译出之后，正要准备出版，但由于打仗，出版谈不到了，稿子也下落不明。此外，王光祈纪念委员会还准备在四川王光祈故乡风景优美的地方开辟墓园，作为永久的纪念。由于兵荒马乱，好像也没有成为事实。写到这里，我真是感慨系之，于是引了杜甫梦李白诗的最后两句："千秋万岁名，寂寞身后事。"但又想这两句话不一定正确，新中国不会永远忘记王光祈先生，总有一天还会来纪念他的。因此我又删掉了这两句诗。这篇文章引起了日本音乐学家岸边成雄的注意，他说他那里有王光祈的博士论文，当时黄翔鹏正在日本访问，他就把德文版的王光祈博士论文复印了一份送给黄带回中国，重新翻译出版。今天我们召开这样盛大的王光祈研究学术讨论会，看到我们对前一辈音乐学家如此重视，我过去的感伤已被兴奋和幸福所代替，感到非常高兴和安慰。

　　王光祈先生在各方面都有著作。直到一生的最后，他主要是社会活动家，但总的来说他在音乐方面涉猎最广。他学过小提琴、钢琴、音响学、乐音心理学、乐律学、和声、对位等音乐理论。除此之外他还跟世界乐器学权威、德国著名音乐学家萨克斯学乐器学。为了研究发声和听觉，又跟德国一个著名的耳鼻喉科主任学医学理论，所以他的音乐学研究是很全面的。总的来说，他的学术研究涉及社会、政治、经济等各方面，他又是法律系毕业生。但他的音乐学研究特别全面。王光祈先生既是第一个，又还是唯一的一个下了这么多功夫、研究范围如此广泛的音乐学者。由此我想到我们学术界存在的文人相轻、隔行如隔山、互相不卖账、学了一门专业对别的就都不感兴趣的现象。有一次在谈话中发现一位年纪不很轻的音乐家不知道喻宜萱。喻宜萱只是一位声乐家，不算是我们最伟大的音乐家，但是作为一个从事音乐多年的人居然不知道喻宜萱是何许人，也可以说是知识有点贫乏吧？在这方面王光祈先生的广博学识对我们有很大启发，我们的差距就在于学识不全面。

　　谈到王光祈先生的著作对我们的影响，这里有一个具体的例子。前几年由于田汉同志没有平反，提出了要改写国歌的问题，并要求提供有关国歌的参考资料。找来找去，可供参考的还是只有王光祈的《各国国歌评述》，这说明我们的出版界和音乐理论界不争气，直到现在还要拿50多年前王光祈关于国歌的著作来做参考材料。我们真是对不起我们的先驱。这件事说明王先生的著作一直对我们有所启迪和帮助，并没有因为时间的流逝而变得无用。

　　关于王光祈先生的思想，大家讲了很多，我同意大家的意见，如空想社会主义当时还是有进步意义的，他欢迎十月革命更应该肯定。用历史唯物主义的观点来看，王光祈先生各个时期的思想是不同的。他早期非常信仰社会主义，"中了社会主义之魔"。后来同曾琦讨论后放弃了自己的观点，接受了曾的思想。当时少年中国学会在思想上主张兼容并包，五四时期有多少种思想，少年中国学会的成员就有多少种思想。这并不奇怪，正如有的同志指出，前一辈革命家，包括毛主席都接受过无政府主义思想。所以有错误思想不足为奇，不能因此贬低王光祈。他的思想当时还是有进步意义的，应当肯定。他后来放弃自己的思想，接受曾琦的思想，也是符合少年中国精神的，因为少年中国的蓝图也是从玛志尼的少年意大利的思想那里得到启发的。王光祈先生后来没有什么明确的思想体系，到德国后更是如此。在有关政治及社会革命等论著中，他对很多革命家、政治活动家都有不同意见，如批评孙中山让位给袁世凯；对列宁也有不同意见，不赞成无产阶级专政。他赞美、没有批判的政治家只有德国魏玛共和国第一任大总统、社会民主党的爱伯特。他称赞爱伯特力挽狂澜，把德国从衰弱混乱的局面中挽救出来，恢复了德国的元气，建立了秩序，是一位了不起的伟大政治家。德国是马克思的故乡，他到德国后竭力推崇的却不是马克思主义，而是社会民主党的爱伯特。中国的张君劢当时也吹捧过德国社会民主党的这一套。

后来王光祈认为中国的政治没有希望，他把军阀政客的活动都当成政治，如研究系，政学系等，而没有看到真正的群众革命运动。他提倡社会改革，不主张政治改革，认为搞政治改革、政治革命的没有一个有前途的。如梁启超，从戊戌变法以来一直是了不起的风云人物，民国以后又做部长，又做币制局总裁，一会儿拥护袁世凯，一会儿又拥护段祺瑞，最后搞得声名狼藉。而如南通的张季直张謇搞实业，办了纱厂等等，又如上海的叶澄衷，办了澄衷中学，培养了一些人才。他认为搞社会改革，做一点就是一点成绩，而搞政治则没有前途。各人在自己的岗位上都可以救国，办实业的实业救国，办教育的教育救国，搞音乐的则可以音乐救国，都是一步一步，点点滴滴地做工作，这恐怕就是他后来的思想。虽然如此，他对国家的命运仍很关心。"九一八事变"后他马上翻译国防丛书及外交史料等，都有明确的目的。这方面的意义大家都提到，就不重复了。以上说明他的思想是变化的，我们应该运用历史唯物主义的观点，结合每一时代的具体社会情况研究他的文章和思想。不能认为他主张一点点改良就是改良主义，或者他信仰空想社会主义就是进步的等等。只有这样才能得到关于王光祈思想的正确结论。这方面大家积累了很多详细的材料，对今后作出更准确的结论会有很大帮助的。

关于王光祈的政治态度问题，大家谈到他对中国革命讲过一些错话，如"朱毛流毒"之类。拿这句话来给王光祈定案就是反共反人民。但问题不是这么简单。我们可以理解，当时他远离中国，脱离中国社会实际，不了解情况。他所能看到的国民党出版的报纸上的材料，都是朱毛杀人放火一类的胡言乱语，他受了这些反动言论的影响是可以理解的。他对"朱毛"的批评并不很多，他也说过，造成"朱毛"造反的原因是不是政府不够民主而造成的呢？这实际上是委婉地批评了蒋介石。"朱毛"当时被称为"共匪"，但他具体谈到毛泽东的时候，则称"毛泽东氏"。这是中国人写文章常用的"春秋笔法"。"氏"字很有讲究，是对有地位的人的尊称，如有巢氏，燧人氏、伏羲氏等，是很有分量的一个字。他提到毛泽东氏的时候说过：我在北京和他接谈的时候，他却是温文儒雅的。当时这样讲还是要有一点正义感和胆量的。他讲的一些错话主观上还是出以公心的，对他的话要作具体的历史分析，不要随便给他戴帽子。

在他旅德的后期，蒋介石打电报给驻德大使馆，说王光祈"积学苦行"，非常景仰，希望了解他的情况，"当图借重"。关于这件事，大家的文章提到时都说王光祈对此不予理会，怕说到他同蒋介石发生关系会玷污了王光祈。实际情况是：驻德国大使馆收到蒋介石的电报后马上征求王的意见，王说，希望把具体的工作安排告诉他，以便考虑是否可以胜任。这是一句很客气的话，并非一口拒绝。过了几个月没有回音，他又给他的朋友（可能就是魏时珍老先生）写信说：关于我回国的问题，我要求告诉我具体的工作安排，以便考虑是否可以胜任，但几个月过去没有回音，只好听之。可见王先生当时并不是坚决地一口回绝。关于蒋介石为什么打电报给王光祈的问题，台湾最近出版了一本书《王光祈的一生与少年中国学会》，其中有关王光祈的生平没有什么新内容，但对这个问题却提供了一点新材料。当时各党派，尤其是共产党骂国民党不抵抗，攘外必先安内实际上是反动卖国。针对这种情况，沈怡向黄郛建议，为了缓和各派的攻击，最好请王光祈回来。因为王与各派都有关系，如国家主义派（青年党）及共产党毛泽东等，各派对他也都很尊重。黄郛是蒋介石的军师，是很重要的人物，在 1927 年清党以前，蒋介石还没有公开反共，他要在南昌另立中央与武汉对立，黄郛就在上海南昌之间来来往往，代表上海帝国主义、大买办的意见，向蒋介石传递消息。当时武汉左派政府指出蒋介石同政学系一个政客黄郛勾勾搭搭，别有用心。蒋还写通电辩白说：黄膺白先生与我全完是私人友谊。由此可见黄郛之重要。沈怡向黄郛建议过后不久，蒋介石就给驻德大使馆打了电报，是不是由于蒋听了黄的话呢？但此事没有办成王光祈就去世了。解放后有一次，我与李元庆谈起王光祈，他说王先生当时没有回来真是幸事。如果他接受了蒋的邀请，我们现在对他的评价就更多一层困难了。但是从另一方面看，王光祈没有回来又是一件不幸的事。因为王光祈先生是能虚心听取别人的意见的，从善如流的。如果他能回来，看到中国的现实和革命的实际情况，再加上他与"毛泽东氏"过去的关系，他又有原来信仰社会主义的基础，经过毛主席的解释，他会不会幡然改图，拥护社会主义呢？这种可能性不能排除。有很多老先生，如黄天培、马寅初、马叙伦等，原来都怀疑或反对过共产党，随着革命形势的发展，最后都逐渐了解、相信并拥护共产党。很多国民党官员原来并没有社会主义的思想，后来也可以转变过来。王光祈先生不是顽固不化的花岗岩头脑，如果他回来，是有可能转变的，那么王光祈的历史就又是另一种写法了。所以王先生没有回来又是值得可惜的。

趁此机会再讲一下比较音乐学这个词的翻译问题。我是赞成用比较音乐学这个词的。比较音乐学并非最新的信息，外国人认为比较音乐学这个词已经老化了。早期比较音乐学限于音乐的范围，就音乐比较音乐，容易显得狭隘。真正对音乐进行比较，要结合社会、政治、经济、风俗、宗教、文化传统的各个方面，才能得出音乐学的正确结论。于是又起了一个名称：ethnomusicology. ethno 来源于希腊文 e'thnos，原义为人民、民族，ethnomusicology 是指多民族之间音乐的研究。对这个名称也有两种说法：欧洲叫 ethnomtisicology，美国又叫 music-ethnology，中国翻译成民族、人类或人种音乐学，一般称民族音乐学。但是这个译名可以说已经引起了误会，以为民族音乐就是本国音乐，顶多汉族再加上各兄弟民族的音乐，无论多少民族，都在一国之内，不包括国外。而 ethno 一字本身就包含多民族的意思。德文译 Ethnology 为 Vǒolkerkunde，民字是复数而不是单数。如果我们译作民族音乐学，很容易以为是一国一民族的。我曾看到有的文章写道："民族音乐学是研究多民族的音乐，但我们目前应该着重研究的则是我们民族的音乐。"这就离了题，不是这个字的意思了。还有人译为人种或人类音乐学，但也不大恰当，还值得考虑。在没有确定译法以前，我认为还是用比较音乐学比较好，可以同时注意社会、政治、民俗习惯等各方面问题的研究。现在还在提比较文学，所以比较音乐学也不能算老化、过时（赵宋光插话，西柏林自由大学有一个学院现在仍称比较音乐学）。正如我们写音乐史都要注意社会政治背景，但没有必要加"社会"音乐史的帽子。所以还是比较音乐学比较明确。希望能够听到大家的好意见。

1984 年 6 月 26 日在王光祈研究学术讨论会上的发言　录音整理：兰光明

王光祈的光辉业绩应载入史册

我原定的发言可以说已经失去了作用。因为本来受同志之托让我向大会提一个建议，把王光祈的墓碑列为省级的重点文物保护单位，但刚才四川省文化厅长杜天文和文物处的高文同志已表示认可了，这事就等于通过了。不过我还想讲讲我的感想：为什么王光祈值得我们这样重视？王光祈在五四时期就是当时最重要的社会活动家之一，是中国当时最重要的社团之一——少年中国学会的主要创始人，他办过空想社会主义的工读互助团，当时在社会上起了很重要的作用。少年中国学会的成员如毛泽东、恽代英等都是王光祈介绍加入少年中国学会的。还有张闻天，这一些重要成员对后来中国革命有很大贡献，所以王光祈当时的那些活动是可以载入史册的。后来王光祈留学德国，原先是学政治经济学的，三年之后才改学音乐。当时他很苦，作为上海《申报》《时事新报》、北京《晨报》的特约记者写一些通信回来，靠这点稿费维持生活。他在德国的生活是在工人饭馆吃饭，有时他的朋友请他去好饭馆打个"牙祭"，改善生活，他还是去吃他的工人饭馆，不破他的例。只要他订了一条规则，他就永远坚持到底。王光祈留学期间，一方面向国内介绍西方音乐，同时向西方介绍中国音乐。作为留学生做这样多的工作确实不简单，虽然得音乐博士学位的他不是第一个，但在留学期间就对音乐普及、推广作了这样大贡献的他却真是第一个，这一点也不夸大。王光祈说过，中国留学生中对得起国家的只有两个人，一个是辜鸿铭，一个是严复。这句话也许太苛刻了，但也可见他定的标准是多么高。他自己就是照着这高标准去做的。说起留德学生，据我所知有一位马君武，这也是个人物。辛亥革命前参加同盟会，是开国功臣，孙中山统一两广后，他是广西省长，孙中山死后未再从事政治活动，专任上海中国公学校长，广西大学校长。在德国是我国第一个工科博士，获得学位之后在德国当工程师，这是很高的职位。他最早翻译达尔文的《物种起源》、拜伦的《哀希腊》、席勒的《威廉·退尔》、海克尔的唯物论哲学、托尔斯泰的《复活》，当时是很了不起的。但总的来说，他的工作的范围之广，贡献之大，恐怕不及王光祈。王光祈在 1934 年获得博士学位之前两年，已是波恩大学讲师。这个讲师的称号的原文不是 Dozent，而是 Lektor，是一种专门聘请的指导教师。德国人平时说话是不客气的，不应酬敷衍的，但他们对王光祈非常尊重。王光祈死后，波恩大学以校长的名义发表讣告，追悼会上致词的有教授、院长。他们都一致推崇王光祈能够用先进的科学方法整理中国音乐，真的是做到了这一点。他们在汉学研究上碰到什么难题，一碰到王博士就迎刃而解。这些博士、教授对王光祈这样推崇备至，可见王光祈作为中国人受到这样的尊重在当时是少有的。由于长年劳累，营养不好，王光祈 44 岁就死在异国。经过一些好友的帮助，他的骨灰运回祖国。当时中国正是抗战开始，交通十分不便，骨灰带到上海之后，再由沈怡绕道香港带到成都，由成都的老朋友，如李劼人等料理葬事。李死后，王光祈的墓年久失修，碑也倒了，文革期间碑又被摆在一厕所门口。好像出土文物一样被发现之后，才终于在四川音乐学院修了一座碑亭，算是得到了好的着落。讲迷信的话，王光祈的墓碑经过十年浩劫，终于又被发现，奇迹般的毫无损坏，真像是古人所说的神灵呵护。所以碑亭应定为文物保护单位是顺理成章的。刚才有同志提出定为全国重点文物保护单位，这样就更好。王光祈作为全国性的人物，是中国人的光荣，四川人更加感到双重的光荣。他的墓碑如果定为全国重点文物保护单位是会得到大家的赞同的，也算是我的一点希望。谢谢大家。

1984 年 6 月 27 日在王光祈研究学术讨论会上的发言　录音整理：杨　路

我所认识的江文也

　　50 年代初，第一次见到江文也，我记得是在江定仙的家里。当时，老江是中央音乐学院作曲系主任，江文也在作曲系担任配器课教学。谈多了，知道他是江文光的兄长，江文光是与我相识的上海音专作曲组学生，不幸短命死矣。当时我想，天地虽大，人与人之间还是往往会搭上某一种关系。即如江文也，不是因此又多了一层关系了吗？他很健谈，上至天文、下至地理，什么都可以聊一通，一会是敦煌壁画与印象派音乐的关系，一会又扯到按摩，还给老舍治坐骨神经痛，真是一位多才多艺、走南闯北的人物。

　　1953 年，中央音乐学院和全国一样开始了思想改造运动，那时全院师生员工无一例外地投入，每个人都联系自己过去的历史彻底清理糊涂认识。江文也同样在会上沉痛地说他作为台湾亡国遗民，过去如何受日本帝国主义的蒙骗，写了《大东亚进行曲》为日本侵略服务。1936 年作为日本音乐家以《台湾舞曲》获得了柏林举行的奥林匹克国际音乐比赛的银奖。《孔庙大晟乐章》则是为复古的反动政治服务的。他于 1938 年接受北平师范大学音乐系的聘请，回到北平。但是当时的北平并不是在中国政府统辖之内，而是被日本占领的沦陷区。他说在北平参加了一些有利于日本帝国主义的音乐活动，写了一些有利于日本帝国主义的歌曲。对于这段历史，他表示："应该受到惩罚。"事实上当时的思想改造运动，主要是清理糊涂思想，以便放下包袱，轻装前进，并没有惩罚任何一个人。运动过后，行政干部照旧工作，教师照旧教书。江文也也没有例外，教学之外，他还继续从事音乐创作。

　　说起江文也的音乐创作，早在青年时代作曲才华就显露出来了。如他的《台湾山地同胞歌》（原名《生蕃之歌》），生动地反映了山民狩猎、祭祀、耕种以至恋爱各方面的生活。1936 年俄罗斯作曲家齐尔品刊行具有东方风味的钢琴作品向全世界介绍，江文也的《五首素描》《三首舞曲》《十六首小品》都收到了这套丛刊里面去了。新中国成立以后，江文也的创作不但没有衰退，还开拓了新的领域——室内乐，而且不论哪一类作品都充满生活气息和明快的色彩。如钢琴套曲《乡土节令诗》、钢琴绮想曲《渔夫舷歌》、钢琴独奏曲《杜甫赞歌》等，以及室内乐《台湾高山地带》（钢琴三重奏）、《幸福的童年》（管乐五重奏）、《颂春》（小提琴奏鸣曲）等。其中《春节跳狮》（套曲《乡土节令诗》第 12 首），吸取了民间音乐特有的锣鼓节奏，活灵活现呈现出春节跳狮的热闹场面。《幸福的童年》表现出新中国少年儿童的幸福生活。

50 年代以来，苏联和东欧不少音乐家访问中国，经常在音乐学院举行座谈会，交流音乐创作和理论研究方面的经验，江文也经常参加这类活动。对于西洋音乐，他认为要用历史唯物主义观点和方法去吸收和评价，以便创作中借鉴。对于 20 世纪产生的以德彪西为代表的印象派音乐，他认为要以实事求是的态度去看待。

不幸的 1957 年反右的风暴袭来了，厄运一下子就落到江文也头上，他被错划为"右派分子"，撤消了教授职务、剥夺了教学和出版权利，对于他来说是一场灾难。其实，多少优秀的知识分子戴上了"右派"的帽子啊！其中还有不少共产党员也同样过了 20 年的含垢忍辱的生活，直到 1978 年才得以改正。这是一次沉痛的教训。决不是江文也一个人的不幸，更不是因为他是台湾人才受到了特别沉重的打击。可贵的是他虽然身处逆境，但依然坚持创作。这个时期他写了管弦乐曲《俚谣与村舞》《钢琴奏鸣曲》（以北魏古筝《典乐》为基础），并编了一部《台湾民歌百曲集》。特别是 1962 年，郑成功收复台湾 300 周年纪念，他以此为题写了一部交响乐。由此可见，在他心目中台湾自古以来就是中国领土一部分，郑成功的历史功绩正在于从外国侵略者手中收复了祖国的领土。自古证今，今天的台湾不是也应该回归祖国，实现祖国大一统的新局面吗？江文也即使是戴着"右派"帽子的时候，也没有忘记作为台湾人所具有的历史使命，用音乐抒写他对收复台湾的殷切期望，这是炎黄子孙的共同感情。最令人感动的是，在遭受 1957 年的挫折后，还对女儿说出这样肺腑之言："当初我没有离开北平，今天一点也不后悔。"所谓当初是指 1949 年冬天，解放大军节节推进，北平已经岌岌可危的时候。北平艺专音乐系头头搞到了一些机票，也要江文也一起南逃。在这关键时刻，他做出了毫不含糊的抉择："我不走！"他留下来了。直到 1957 年之后他仍然说："一点也不后悔。"后来，他还翻译了汉斯立克的音乐美学著作《论音乐的美》。

60 年代以来，音乐学院每周都有政治学习，有相当一段时间我和江文也同在一个小组。在学习会上，他的发言非常踊跃，对于党的政策是表示拥护的，对于困难时期政府保证生活必需品供应由衷地感佩。然而"十年动乱"开始了，我和江文也同时打入牛棚，成为同窗难友。当时，岂但我们这些无名小卒，就连叱咤风云、扭转乾坤的元勋老帅，深入虎穴、出生入死的志士仁人也同样的含冤蒙难，我们又算得了了什么呢？有一次，从广播里传来"老子英雄儿好汉""老子反动儿混蛋"的叫嚣，我不禁想起那些出身高贵，动不动援引圣经上的话说自己是"碧血与白骨的俄国贵族"。这时，江文也发起议论来了，大声疾呼这种说法与日本人喜欢吹捧自己的血统，以血统自夸；与希特勒自夸德国人是最优秀民族是一个道理。当即有人提醒他："你这样说会招引什么后果，你想过没有？"好在大家都相煦以湿、相濡以沫，都好比涸辙之鲋，谁也没有去告发他，不然的话，那恐怕就要"祸从口出"了。

四凶落网，万象更新，江文也与大家一样获得了第二次解放。"右派分子"的错划更正了，教授待遇恢复了，新宿舍落成，他家也搬进了新居，他的女儿被安排到图书馆工作。说实在的，要不是极左思潮的干扰，江文也的问题早在"文化大革命"前就可以得到圆满解决，因为上面已经意识到这个问题，而且派人来音乐学院了解情况，倒霉的是那场不分青红皂白的横扫，当然，横扫一来，就什么都谈不到了。江文也的平反，决不是什么统战策略，而是纠正过去冤假错案中的一件。此时，他又恢复了创作的生命力，开始了管弦乐曲《阿里山的歌声》的构思，可是他还来不及全部写成乐谱，就因脑动脉硬化，不得不放下手中的笔。

他卧床多年，虽然多方治疗，还不见有什么起色，好在他的老伴和女儿体贴入微，不辞劳瘁，使江文也得到莫大的安慰。俗话说："久病床前无孝子"，江夫人的贤惠，女儿的孝敬，证明了这句俗话的偏颇。他目前的病状比较稳定，这样维持下去，也许有一天医学上来一个突破，他的病状会随之好转。这是我们衷心希望的，希望他谱写一首复活之歌。

完稿于 1983 年春

抚今思昔　浮想联翩

——祝中央音乐学院成立四十周年

中央音乐学院从成立到现在，一眨眼就已经度过了40个春秋，不亦快哉！每当我面对高耸入云的教学大楼，或者听人说到我们图书馆的图书、乐谱、唱片、磁带收藏的丰富，或者听人念叨我们国际比赛的得奖名单，我总情不自禁地回想过去的种种。例如重庆青木关的茅屋和常州幼年班的破庙。又如黄自到音专图书馆来查阅书谱的时候，常常对我叹口气说，这里的音乐书还没有我家里的书多。上欣赏课了，就是一架手摇唱机跟着他扛上扛下。有一次波兰寄来一份参加维尼亚夫斯基诞生百年纪念小提琴比赛的邀请信，有学生拿着邀请信去告诉他的意大利教师富华，说出他准备报名参加的意愿，却无端吃了他当头一棒："你能参加比赛吗？那是国际比赛，名手才能参加的。"以今比昔，于是乎我也颇有扬眉吐气之感。然而此一时，彼一时，事情总有互相比较的一面。青木关音乐院成立的时候，有一则新闻报导说，重庆新建一所音乐院，一共有十架钢琴。言外之意是，你看有多么阔气！你不要笑，钢琴那个时候实在是非常贵重的乐器，一般是不常有的。1938年，亦即抗日战争爆发后的第二年，广州文艺界举行过一次慰劳前线将士的募捐义演，其中有一个节目是马思聪的小提琴独奏——不折不扣的"独"奏，压根儿没有伴奏的钢琴，但又不是巴赫的沙空一类不需要钢琴伴奏的作品。当然，广州当时还不至于一架钢琴都找不到，只是不那么方便，所以免了。由此可见抗战进入第四个年头的重庆居然一下子弄来十架钢琴，的确是非同小可！

说起钢琴的贵重，我倒记得一段故事。有一天陈田鹤在别人的练琴时间看见时间的主人不在，便趁机打一会游击。不巧主人很快就回来了。看见陈田鹤占用了他的练琴时间，不觉怒从心上起，一拳打来，陈田鹤知道是自己理亏，只好自认倒霉。

这则故事当然是寒碜得很。但是我们又不能不看见另一种矛盾现象：学音乐，一般认为是贵族子弟的专刊，不错，一件乐器少说也要吃掉一个普通老百姓的半年粮甚至一年以至数年粮，如果要买一架钢琴的话。所以音专很有一些学生是富贵人家的子弟，尤其是女生。然而事实上音专却有不少音乐学生是穷小伙子。即如上面所举的陈田鹤，他是音专的选科学生，只选作曲一科，要学钢琴就要再交一份学费。他当然交不起，所以他的钢琴课是华丽丝免费教授的，练琴则靠打游击。因此才发生挨打的事件。后来他结识了胡然夫妇，他们是本科生，安排有练琴时间，陈田鹤这才从他们夫妇那里享受到分甘均味的友谊。

说起胡然，他也是一个穷学生。他与陈田鹤一样，在学生音乐会上登台表演的时候，连一件破西装都没有，只能穿一件与鲁迅在东京所穿的那种差不多的学生装。胡然也有胡然的故事。他的老师发现他上主科个别课的时候常常迟到，而他平时的表现又不像是吊儿郎当的懒学生。她终于忍不住问他为什么常常迟到。他说，那是因为没有钱坐电车，所以耽误了上课的时间。老师听了很是难过了一阵，于是给他买了月季票。后来他找到在麦伦中学兼课的教席，生活才开始逐渐好转。

当时的穷学生的生活费相当一部分是靠校外兼课的。最近一期的《中国音乐报》有一篇报导老教授刘已明的文章很有代表性："由于穷，由1931年春起，刘老与贺绿汀、吕骥三位同窗好友同租住一个亭子间，并找到一个小学任教……。如果找不到兼课的机会，就近也可以向学校想点办法。陈田鹤有一个时期用我那一套绘谱工具承抄乐谱，张昊刻过蜡板，张捨之承担了打扫卫生的工作。但是这些人偏偏又是"地窄眼偏阔，门低气尽高"。本来有相当一部分学音乐的人是把音乐当作是高尚娱乐的，女的则往往像萧友梅所叹息的那样，音专的证书成为她们的一份嫁妆。恰恰是这些穷学生把音乐看作是安身立命的千秋事业。他们是穷，可也正如颜回那样"一单食，一瓢饮，在陋巷，人不堪其忧，回也不敢其乐"。这里的所谓乐，是对事业前途充满信心的乐观主义。当然，也有一些人只顾眼前的小利，以得入励志社做一个佐餐供奉的乐手而沾沾自喜，因为励志社的负责人是蒋介石夫人宋美龄的亲信，进了励志社正好比搭上了上天梯。同时却别有不少的有心人不屑一顾，心甘情愿做一个穷教书的，这就是所谓"士各有志"了。

也许是一个人身处穷境，容易引起对穷人的共鸣。南京音乐院幼年班的学生多数是从难童救济所，孤儿院那里招收来的，他们冬天穿一双鞋头开口的单鞋，照旧练他的琴。这种状况打动了教师的心，因而对那些穷学生给予适当的关照，学生于是将从教师那里感染到的温暖转用到工友身上。他们认为学生人数多，工友人数少，每一个学生分一点伙食钱出来损失不算很大，把这区区小数合起来，工友的生活却能因此有所改善。这是多么可贵的相濡以沫的精神啊！解放以后他们独立工作了，生活有了保障了，遇到老师不幸逝世的时候，他们提出分担师母生活费的建议，是不是从穷困里走过来的人的感情特别来得深厚呢？总之，种种情况说明，人与人之间并不仅仅是赤裸裸的金钱关系。当然，金钱可以做牟利的资本，也可以成为助人的手段。前面说到的老师为学生买月季票的一个例子，还有老师代学生交学费又是一个例子。这样的例子有中国教师的，也有外籍教师的。前者黄自可为代表，后者则是钢琴教授查哈罗夫。这是举出名来的，没有举名的还有，这里不开名单了。这是一种非常动人的师生关系，这样的师生关系自然激发出学生加紧努力，以期不辜负老师的盛心那样一种真挚的感情。

　　文章的开头不是以国际比赛为例指出今昔的差距吗？语云：后来居上。不能超过先生的学生不是好学生。但是最合人情、最得人心的说法还应该是：我之所以显得高大，是因为我站在前人的肩膀上。前人为我们今天的学习准备好了有利的环境和优越的条件。前辈、先生一般是在将近成年的时候才开始学习音乐的。有人想学音乐，往往得不到明白人的支持。抗战期间邓演达的小弟弟曾经拿一把小提琴给我看，问值不值得买。当时有位同乡的长辈看见了。小邓走后，他问我小邓拿这东西干什么，我说他想买，问我值不值得。他一听，火冒了，只爆出了两个字："衰仔"（广东话没出息的小子的意思）这是颇有代表性的一般家长的思想。另一方面，即使学了，又缺乏有利的学习环境。只有住在上海的才有经常听到高水平的音乐会的福气。现在不同了。家长已经懂得让孩子从小开始学习音乐，世界水平的音乐家也经常到中国来献艺，我们自己的音乐家也已经达到了相当的水平。即为交响乐队这样花钱的演奏群体也已经在各大城市普遍设立。学生的眼界开阔了。尤其值得庆幸的是我国的音乐师资队伍日益强大，对学生的艺术趣味、欣赏习惯、学习程度都能够互相沟通，所谓因材施教，循循善诱都很容易做到，学生的进步也自然而然的可以计日而待了。过去所艳称的强爷胜祖的跨灶的美谈今天可以说是司空见惯了。然而话又说回来，我们的前辈固然没有参加过国际比赛，获得过什么牌牌，然而经过不断的努力，即使是起步迟了些，却还是攀登到相当的高度的。即以钢琴而论，音专当年钢琴组毕业生音乐会的曲目就包括贝多芬的奏鸣曲，肖邦的 e 小调协奏曲，圣－桑的 g 小调协奏曲，格里格的 a 小调协奏曲。看到这样的曲目，你不能不惊奇学生的勤奋和成就，同时也不能不对教师所花的心血表示同情与敬意。今天我们音乐界人才辈出，饮水思源，也应该给前人的劳绩记上一笔，老一辈音乐家锲而不舍，穷不改志的精神也值得怀念和发扬。老夫抚今思昔，忍不住噜里噜嗦，很有点像新派电影那样的时空交错。好在意思是明白的，希望我们珍惜现有的优越条件，同心协力，创造更多更伟大的超过前人的成绩，来迎接建院 50 周年。是为祝！

原载《中央音乐学院建院四十周年暨前国立音乐院成立五十周纪念特辑》中央音乐学院学报社编辑出版 1990 年 6 月

纪念刘北茂先生

　　历史上兄弟齐名的人物是不少的，家喻户晓的当推晋朝的陆机、陆云，宋朝的苏轼、苏辙。但是三兄弟齐名的却不多见。我也曾想起庾信《哀江南赋》里面所说的"兄弟三人，义声俱倡"。不过那是南朝梁武帝末年江子一、子四、子五三兄弟向侯景叛军突围，力战阵亡的故事，与文艺无关。倘若要找三兄弟都与文艺有关的，想来想去大概只有周树人、周作人、周建人三兄弟。曾经有人将他们比拟为"三苏"，却因此遭到鲁迅的驳斥。因为三苏是苏洵和他的两儿子。可惜周氏三兄弟的老二周作人不争气，成为抗战期间依附侵略中国的日本帝国主义分子。因此像刘半农、刘天华、刘北茂那样三兄弟各有千秋的，也许真的是江东挺秀，独此刘家了。

　　我认识刘北茂先生很晚，只知道他早年毕业于北京燕京大学英文系，先后在暨南大学、北京大学、北平大学、西北联合大学教授英语及英国文学。原来他对音乐早就饶有兴趣，从他贤兄天华学习二胡、琵琶、笛子等民族乐器。天华不幸早逝，他于是决心要继承先兄遗志，在二胡上苦下功夫，1942年终于改换门庭，应聘为重庆青木关国立音乐院二胡教授。有一个时期还兼任中大附中英语教师。这固然是他积习未忘，同时也为了增加一点收入，应付当时扶摇直上的物价。君不见鼎鼎大名的闻一多教授不也是为了多挣几斗米，不惜到中学去兼教国文，还由浦江清撰写短启，由梅贻琦、蒋梦麟、朱自清、沈从文等拟完润格，承刻图章吗？北茂先生创作的《漂泊者之歌》正是他抗战期间坎坷生活的写照。听杨荫浏先生说，他的二胡演奏本来不及音乐院的其他同行，但是后来的演奏居然独占鳌头，原因正如前人评论唐伯虎那样，他之所以高出仇十洲一头，就在于胸中多了许多书。这一点是应该感谢大先生刘半农的。

　　说到他受刘半农的影响，除了新文化思想之外，还有非常重要的一面，是对正义事业的向往。南京国立音乐院的进步学生准备演出聂耳的《翠湖春晓》，引起一部分学生的反对，北茂先生毅然站在进步学生一边，参加了《翠湖春晓》的排练与演出。1949 年全国解放前夕，南京发生"四一惨案"，他又不怕特务的威胁，独自对进步学生作慰问演出。这种戛然独立，见义勇为的精神自然使人回想到刘半农为抗议段祺瑞枪杀请愿群众而写《呜呼三月一十八》、为李大钊的丧葬捐款写碑的壮举。他在中大附中的英文教材里面有一篇课文是关于希腊神话普罗米修斯的。这是一位盗窃天火传给人类，因此触怒大神宙斯，遭到神鹰啄食肝脏，始终坚毅不屈的英雄故事。他讲到兴头上，断言中国也会有自己的普罗米修斯。这无疑是对革命英雄的歌颂。

解放之后，北茂先生更加焕发出青春。杨荫浏先生说他的演奏在这个时候又有了飞跃。不仅是演奏，他的创作也开拓了新的天地。他写《欢乐舞曲》欢呼迎接新社会的到来；他写《流芳曲》缅怀革命先辈的丰功伟绩；他写《千里淮北赛江南》歌颂社会主义改天换地的新建设。他对自己的演奏和创作从不表示满足，他随时随地征求别人的意见。他说："内行的意见固然很重要，广大群众的意见更要虚心倾听。"这种百尺竿头更进一步的精神是永远值得我们学习的。

就我粗浅的了解，他好像特别关心如何对待文化遗产的问题。这也说明他的确是从文化圈子成长起来的音乐家。他所关心的问题远不仅是什么待遇的问题而是对文化遗产如何批判与继承的问题。只要我们在一起开会，他几乎毫无例外地要同我谈这类的问题。也正因为这样缘故，我们倒成了可以谈心的同行。有一次我想再看一看刘半农的《扬鞭集》，我心想他准会有这部书，于是登门求教，他果然没有使我失望。他这部书是用布函装起来的，可见他是把大先生的遗著视为珍宝的，但是他还是慷慨地让我带回家里去。当然，我也懂得他宝爱的心理，因为这样的一部书已经是属于家藏古董一类的了。

由于我与北茂先生无缘有太多的接触，不能对他的业绩作充分的阐发。好在先生桃李盈门，又有克家令子，区区拙文只是略表我敬佩之情而已。

1992 年春

原载《刘北茂纪念文集》刘育熙主编　人民音乐出版社 2002 年 2 月

有关萧先生二三事

1979 年我写过一篇短文《回忆萧友梅先生》，其中说到他留学德国将近十年，始终不曾有过一个女朋友，以此说明萧先生生活态度的严肃。发表的时候这一段却给删掉了。后来在宴会上我提起这件事，萧先生的哲嗣萧勤世兄却引他那部四重奏为证，说不是有一位 Fridulein Mollendorf（莫兰多尔芙女士）吗？其实我文中说的"女朋友"，只是含蓄的说法，我的真意是指，说文雅一点是"桑间濮上"的，说白一点则是金钱交易的男女关系。如果说萧先生生平不曾有过恋爱故事，那恐怕不成其为艺术家了。即使是回国当了老师之后，他也有过对女学生的钟情，虽然结果没有成就这一段姻缘。他对恋爱的态度是真的做到了古语所说的，"发乎情，止乎礼义"。后来他也真的过了一段相当长的独身生活。有人问他为什么不结婚，他诙谐地说，已经与音专定下终身，不用再结婚了。当然，名人不结婚的也不少，贝多芬、勃拉姆斯都是的，还有俄罗斯的女数学家柯瓦列夫斯卡娅、中国的金陵女子大学校长吴贻芳、北京大学哲学教授金岳霖等等都是一些知名人物。但是萧先生最后还是结了婚的，不过那倒似乎是近于被动。据当时音专的声乐组主任周淑安说，萧先生的继母要求周淑安替他找个对象，周淑安果然不负所托，给他介绍了戚粹真女士，即后来的萧师母。

他说与音专定了终身，当然是一句笑话，说明他富有幽默感的一面。可事实上他对音专的关心，那倒是什么海誓山盟都比不上的。他在音专的工作，一切都从教学的效益出发。考虑问题首先是看它是否有利于教学。

为了聘请到好教师，他不惜三顾茅庐，终于感动了那位曾任彼得堡音乐学院钢琴教授的查哈罗夫来校任教。查的待遇是特殊一点，大家也没有意见，因为谁也不敢同他比。

学校办出成绩。学生越来越多，课室不够用。他灵机一动，把他的校长室腾出来供教学使用：自己在阳台的栏杆上装上几个玻璃窗，就成了窗明几净的校长室。前年我在一个座谈会上说起这一段往事，听的人大为惊奇，说从前根本没有听到过有这样的事情。要是办学的都能有这种精神，恐怕许多困难都是不难克服的。

有一年上海各大学都有相当的节余款项，到所谓"突击花钱"的时候，别的大学都用这笔钱买了汽车。萧先生考虑到开音乐会还缺少一台比较高级的钢琴，于是断然不赶浪头去买汽车，却去德国定购了一台伊巴赫（EBACH）牌的大钢琴。一台大钢琴对音专的作用是不能低估的。另一方面有人把钢琴送上门来，他却又大义凛然地拒绝接受。那是当时日本首相近卫文麿的弟弟，乐队指挥近卫秀麿访问音专的时候提出要送一台钢琴来表示中日"亲善"，到了日本驻沪总领事馆通知我们说，钢琴已经运到上海，请我们商定交接仪式的时候，萧先生的答复却是拒绝接受。

最足以说明他用人的态度的一件事是关于教务主任的人选问题。音乐院成立之初，萧先生是教务主任，到他正式受任为音专校长之后，他再没有余力兼任教务主任了。他于是与青主商量，要他来做教务主任。可是过了没多久，黄自从美国学成返国。他考虑到由黄自来做教务主任也许更合适，于是他又亲自上门请黄自来帮忙。照私人关系说，他与青主是老同学，与黄自是"素昧生平"。但是从工作上说，黄自应该是更合适的。这种一心为公，任人唯贤的精神，可以说是为我们立下了一个很好的榜样。

就音专的课程的设置而论，西洋音乐的比重是比较大的。这是事实，也是旧中国的现状所决定的。但是不能因此得出萧友梅"全盘西化"。的结论。因为音专设有与钢琴、小提琴（后改乐队乐器）、声乐等并列的国乐组，学钢琴的学生必须兼学一种民族乐器，其他各组学生因为必须以钢琴为副科，所以不能再学民族乐器，但是可以参加民乐合奏。学校出版的杂志、校刊也总有论述民族音乐的文章及民乐作品。但是对于大同乐会仿造旧乐器，实际上并不是"整理国乐，只可说是仿造古董"的做法他却并不赞成，所以他参加刘天华等人创立的国乐改进社，却不愿加入大同乐会。可见他是全面地考虑问题，主张用科学方法整理以至创造新的民族音乐。本来嘛，"全盘西化"以至否定文化遗产是"五四"时期的思潮，其中最有代表性的议论，如陈独秀说，"剧之为物，所以见重欧洲者，以其为文学、美术、科学之结晶耳。吾国之剧，在文学上、美术上、科学上果有丝毫价值耶?!"钱玄同说，"应该将过去的本国旧文化遗产拔去，将现在的世界新文化'全盘承受'，总而言之，非用全力'用夷变夏'不可。"同这些言论比较起来，萧先生的态度还是比较温和的。这也许因为当时音乐界没有出现像林纾、黄侃那样势不两立的反对派，因而也没有文学界那样你死我活的斗争吧。

音专当时除理论作曲和国乐两组之外，其他各组都是带有洋味的，各组主任也是洋人充当的，事实上我们自己也还没有可与洋人分庭抗礼的演奏家。可是声乐组呢，虽然组内各位洋教师的歌唱艺术应该说还是高于周淑安的，组主任却由周淑安担任。理由是声乐组的学生要唱中国歌曲，中国歌曲又必须由中国人来教才能够"搔着痒处"。据说声乐组主任人选决定的时候，也有人提出疑问：周淑安并不是唱得最好，为什么要她来做声乐组主任呢？哪里晓得从民族角度看，还是萧先生想得周到啊！

音专的教学方针无疑是注重提高的。但是普及工作始终是放在重要的地位。不论什么时候，什么地方，萧先生总是想到培养师资的问题。只有音乐师资大量培养出来，音乐才能够真正普及。普及做到了，音乐水平也就跟着提高了。除了在音专设立师范科之外，他还呈请教育部发函各省教育厅，要求每省保送学生两三人来音专学习。毕业之后，再回原地工作。这样一来音乐教育才有可能普及到边远地区。记得我在一次座谈会上谈到这件事的时候，有人问我培养出了什么人才，我随即点出了陈传熙的名字，听的人也点头表示同意。但是这一项措施的积极意义并不在于培养出若干高水平的专家，而是针对我国边远地区音乐教育的落后状况，提出了一个提高边远地区音乐教育水平的办法。

要办好一个学校，师资固然重要，一般职工也是配合教学工作不可缺少的因素。在这方面萧先生也是想得周到的。国民党政府有时减发经费，教职工的薪水因此大打折扣。教师的薪水比较高，日子还好过，特别是工部局管弦乐队的成员，他们本职的薪水根本就相当高，音专的兼职等于是副业收入，基层的职工可不一样。他们平时的日子已经是相当紧的，现在一打折扣，叫苦是必然的。萧先生看到这一点，于是把他那一份薪水分给生活比较困难的职工，好让他们安心工作。受到这种好处的自然记在心里。所以"文化大革命"期间，音专的红卫兵要音乐院创办伊始已经来院工作的老工友王浩川揭发萧友梅的"罪行"的时候，他坚持说没有什么好揭发的，即使被骂为"工贼"也不肯改口。"真金不怕火炼"，此之谓也。

与王浩川的态度差不多的还有周淑安。"文化大革命"期间，红卫兵曾逼周淑安交代她所认识的"反动分子"的罪行，其中当然也包括了萧友梅。可是周淑安所写的材料，只说萧友梅这个人脾气怪，50岁才结婚，还是她介绍的对象。此外就说不出什么劣迹了。

说到萧先生对恋爱的态度，他很能作具体分析。他同青主说过，他有一个老朋友想来音专教书，他认为这位先生见到女学生就好像着了迷，哪里敢请他来教书。另外又有一件事：有人向他打小报告，说某某人胆敢追女学生，以为萧老先生一定会大发雷霆，不料萧先生却问是什么追法。那个人说：写情书。"还有什么？"——"没有。"他于是说，如果只是写写情书，没有什么越轨行为，那么，学校就不能干涉他私人的生活问题。这可是非常之通情达理的。

萧勤世兄出世的消息传开之后，我上他家去祝贺添丁之喜，顺便问他取的是什么名字。萧先生说，叫萧勤。"民生在勤"嘛，"业精于勤荒于嬉"嘛。托斯卡尼尼常说的一句话就是"天才就是勤奋"。巴赫曾经说过，谁能够像我一样勤奋，他也会有像我一样的成就。因此他最不能容忍一个人浪费时间，打麻将也在反对之列。说起麻将牌，差不多可以说是我们的"国粹"，风行全国的娱乐方式。严复、梁启超也会逢场作戏的来它八圈。但是萧先生绝对不来这一套。他在北京曾经因为家里有人打麻将，他把麻将牌扔进火炉里去，虽然他平时对一草一木都非常爱惜。还有一次我上他家去，碰到他小病卧床，因此坐在他床边闲聊解闷。聊呀聊的聊起青主，说他到青主家（那是青主与华丽丝分手，另组家庭之后）看见他正在打麻将。他叹口气说，青主打麻将，我看这一下子青主该没有下文了。

刚才说起萧勤起名的故事，原来他起个名字也有他一番道理。

萧先生的名字是友梅，字思鹤，又字雪朋。林和靖梅妻鹤子，别字思鹤，与友梅的含义相应，有道理。雪朋呢，踏雪寻梅，也有道理。其实事情远不是那么简单。这雪朋二字的读音有文章。他在德国向莱比锡大学提交的博士论文的外文署名是Cho-pin Hsiao Yiu-mei，中文是雪朋萧友梅。可见雪朋这个大号固然是与梅花相关，但更重要而又极其巧妙的则是它是波兰音乐家 Chopin 的姓氏的音译。这位音乐家，我们现在通行的译名是肖邦，学音乐取名肖邦固然也顺理成章，但是他为什么看中肖邦的呢？这里需要结合 19 世纪末叶、20 世纪初期中国国势来考查。为了推动变法，康有为曾经给光绪皇帝写过一部波兰亡国记，鲁迅作《摩罗诗力说》也有一大段专论波兰诗人密茨凯维支、斯洛伐斯基和克拉辛斯基，突出他们热爱祖国，反抗外族压迫的精神。那么音乐家中间具有这种精神的当然是肖邦了。这正是萧先生参加孙中山所领导组织的同盟会而且冒险掩护孙中山达一个月之久的思想基础。五四运动以后蔡元培发表《劳工神圣》的演说，胡适作《平民学校校歌》，其中有这样的话："靠着两只手，挣得一身血汗。大家努力做个人，不做工的不能吃饭。"这无疑是同情劳动人民的。萧友梅追随蔡元培工作，又为胡适这首校歌配曲，说他受到了"五四"精神的洗礼，这是符合事实的。我们不必为此张大其辞，拉他做"同路人"。但是在时代潮流激荡之下，一个人是会有意或是无意地跟着时代的步伐前进的，特别是中国知识分子普遍具有的爱国精神是贯串着他毕生行动的一根红线。他对日本帝国主义的态度就是有力的证明。

大家知道，"九一八"事变之后，萧先生抗日态度的坚决。实则 1928 年，即"九一八"事变前三年，日本帝国主义出兵济南，残杀中国军民，造成震惊中外的"济南惨案"，萧先生就在当时的《国立音乐院院刊》上与院中师生一起发表了声讨日军暴行的歌曲专刊，并寄给北京的《音乐杂志》转载。"九一八"以后连续三年，音专主办的各种刊物都有抗日救亡歌曲和歌词发表，有机会也在音乐会上唱出来。使人愤慨的是，南京国民党政府竟然发布"敦睦邦交令"，禁止一切抗日宣传。黄自的《爱国合唱歌集》虽然已经在商务印书馆印好了，还是不准发行。但是萧先生的抗日态度并没有软化，因之有前面提到的拒绝接受近卫秀麿赠送钢琴的壮举。

上海沦陷之后，上海变成了受到日本侵略军四面包围的孤岛。有些意志薄弱的人已经先后"落水"，他却还是苦心孤诣地维护着风雨飘摇的音专。汪精卫汉奸政权建立之后，妄想拉拢萧先生去为他撑门面。他始终保持着民族的气节，不予理睬。他一死，继任人就把音专改变成汪伪政权的音乐院了。

萧先生病中最后说的一段话，是告诉来看他的同事，说某些琴房的窗门关不严，要用硬纸条把窗缝封起来，以免冷风吹进来，冻坏了学生练琴的手指。从这一点也可以看出我们的一代宗师真正是为中国的音乐事业做到了鞠躬尽瘁，死而后已。

这也正是我们的一代宗师留给我们的宝贵的精神财富。

原载《萧友梅纪念文集》戴鹏海　黄旭东编　上海音乐出版社出版，1993 年 12 月

纪念老校友夏之秋

参加老夏追思会的老老少少的人们中间，我大概是属于最早认识他的一个了。我认识他的时候，他还叫夏汉兴。当时音专学生学钢琴、小提琴、声乐的最多，铜管乐属于冷门。他没有赶热闹，学吹小号。也正因为这样，他是我国第一代有相当高的造诣的铜管乐专家。他的活动范围不限于教学和演奏，他还是乐器制造的第一代的大师。我写的挽联说"宗师遗泽被三科"，就是指他艺术活动有三个方面。

他引起我的注意，原先并不是他的教学和演奏，而是抗战期间创作的歌曲《歌八百壮士》。也是从这首歌曲开始看到夏之秋这个名字。在重庆一次聚会上我向我一个女学生介绍他的时候，我就直截了当地说，他就是《歌八百壮士》的作者。现在写挽联，我也突出了这件事："壮士英名歌八百。"这首歌曲当时是到处传唱的，可以说是与聂耳的《义勇军进行曲》、冼星海的《在太行山上》、贺绿汀的《游击队之歌》、麦新的《大刀进行曲》、张曙的《壮丁上前线》那些名歌同样盛行的鼓舞人心的杰作。这一次它被选为"二十世纪华人音乐经典"的作品之一可以说是实至名归。历史是公正的。

我和老夏认识虽早，接触并不很多。但是每一次见面，都是非常亲切，特别是在常州，国立音乐院幼年班所在地。他和我都同样愿意同那些穷孩子打交道。他同穷孩子打交道是有长远的历史的。早在1941年他已经应陶行知的邀请到育才学校无偿授课。到常州幼年班，他已经是第二次做"孩子王"了。在常州有一个时期我和他住在两隔壁，来往比较多。他有两本德文书，他认为自己用处不大，慷慨地送了给我。其中一本书名叫《柔板和谐谐曲》（*Adagio and Scherzo*）是音乐家逸事的汇集，成为我给幼年班的同学讲述音乐家的生平行事的很好的插曲。可惜"文化大革命"的一阵狂风把它同我的其他藏书一起卷走了。

"文化大革命"期间我们一道住牛棚。有一个时期忽然下了一道不准吸烟的乱命。可是他不把那道令当一回事，他天天照抽不误。当然采用的是游击式，把抽不完的烟头塞在墙脚或者茅草缝里。同房的难友看到了，谁也没有去告发他。

他的眼睛不好，在牛棚里特准他在书桌上装一支台灯。有一天我抹窗子，不小心掉下一块木头，把他的灯泡砸碎了。当时虽然高叫"抓革命，促生产"，实际上什么生产也谈不上，灯泡供应紧张是不消说的了。我为此特地跑回家里摘下一个灯泡，回到牛棚里给他的台灯安上去。可是他无论如何不接受我的灯泡。这样甘心自己吃不该吃的亏，却不让别人承担应该承担的损失，今天旧事重提，也许有人会以为是不足挂齿的小事一桩，那个时候实在是非同小可的负担。因为每个人的工资都扣压了，只发给刚够吃饭的生活费。从这件事我体会到老夏博大的胸襟。

话虽这样说，他也有想不开的时候，那就是对于那顶戴在头上的资产阶级知识分子的帽子。所以当他听到陈老总的广州讲话，说知识分子是国家的财富，我们再不要给他们加上资产阶级什么的称呼的时候，他立刻像放下了一个沉重的包袱，说好久没有这样轻松过。

他自己说过，他之所以能够在艺术上有那么一点成就，有一部分是得力于外语的帮助，因为通过外语他可以直接了解到一些新鲜的东西，所以他常常注意不要荒疏了外语。鉴于当时得不到外文书重温外语的方法，只有听听外语广播。可是这一来却又在"史无前例"的时候给安上了偷听敌台广播的罪名。

他有一种看似平常，却是一般人很难做到的待人接物的方式。他总是随随便便，不摆什么架子。对待地位比他高的人，他没有显得低人一等的样子；另一方面，对待地位比不上他的人，他决没有一点居高临下的神气。他是自然而然地表现出一种"众生平等"的态度。这也许正是老夏最值得我们怀念的立身处世的修养功夫吧。

原载《夏之秋纪念文集》陈先栩主编　中央音乐学院学报社出版，1994 年 5 月

齐尔品与鲁迅通信问题小议

1990 年我写过一篇短文《鲁迅·音乐·萧友梅》，发表在 1990 年第 1 期《中央音乐学院学报》上。其中提到美籍俄罗斯音乐家齐尔品曾经给鲁迅写信，请他写一部中国题材的歌剧。鲁迅在 1936 年 5 月 28 日的日记上写道："得 G. Chereprin 信。"Chereprin 即齐尔品的原名。依照鲁迅日记的习惯，他在收信之后大都有"即复"或数日后写着"复某某信"。但是在他收到齐尔品的来信的当天或以后，始终没有给齐尔品回信的记载。据我的推测，他从来没有写过剧本，他是主张写作的分工的，依照他直截了当地拒绝白薇请他写剧本的先例，他是不会答应为齐尔品写歌剧脚本的。另外一点他可能认为齐尔品是白俄。就思想认识上说，他是不会同白俄应酬的，所以他根本就不会考虑写回信。关于白俄的问题，我在 1991 年写的《关于齐尔品》（原载《中央音乐学院学报》1991 年第 1 期）里面曾经提出三点论据说明齐尔品不应属于白俄之列，那就是他欣赏马雅可夫斯基的诗，还为苏维埃诗人布洛克的长诗《十二个》谱曲。第二次世界大战期间，他困在巴黎，听到同盟军把希特勒的侵略军赶出法国的消息，他说这使他感到与十月革命推翻沙皇一样的痛快。但是这些都是鲁迅不能预知的，所以他认为齐尔品是白俄是可以理解的。

拙文发表之后，引起不同的反应。有些人同意我的意见，认为这是符合鲁迅一贯的精神的，但是也有人提出异议，根据是贺绿汀的文章。贺老的文章《纪念齐尔品先生》登在 1982 年第 3 期的《音乐艺术》上。其中有这样一段话："他（指齐尔品）想根据《红楼梦》写一部歌剧。创作一部歌剧，请鲁迅先生替他写剧本。我把鲁迅先生的信交内山书店转去，居然得到鲁迅先生的回信。一俟他的病好一些，就可以着手写。不幸鲁迅先生一病不起，这件事也从此落空。"这是白纸黑字写得清清楚楚的，有什么可以怀疑的呢？

但是这是事隔 40 多年的追述，还无法动摇我对鲁迅日记的信赖。而且白纸黑字也不是绝对保险的。远的不说，说近一点的关于曹雪芹卒年的问题吧。我在这里无意介绍这个问题的来龙去脉，我只说这个问题的事实。

脂砚斋在《红楼梦》甲戌评本上有这样一段话："壬午除夕，书未成，芹为泪尽而逝。"乾隆壬午换算公历是 1763 年。脂砚斋与曹雪芹关系是非常密切的，他的话当然非常可信。但是后来却有人发现疑问，定为曹雪芹卒于癸未除夕，即公元 1764 年。不过看过双方论难的文章之后，我还是倾向于壬午说，但我非常尊重癸未说那一派怀疑的权利，也佩服他们发现问题的眼力和向权威挑战的勇气。可惜的是曹雪芹的年代究竟是过于久远，要找到说服对方的强有力的证据是十分困难的。我们现在要谈的齐尔品却是我们的同时代人。虽然他们一家也遭到第二次世界大战折磨，也逃过难，但是他家的精神财产却是保存得相当完好的。齐尔品夫人李献敏返国探亲，居然把她保存多年的我送她远行的拙诗和音专同学送她远行的话别会上的签名纪念册页复印出来送给我。此外，旅美音乐家欧阳美伦女士返国访问，也曾光临寒舍，把音专聘齐尔品为名誉教授的聘书和齐尔品当年在北平举行音乐会的节目单复印件送了给我。据欧阳女士说，她曾拜李献敏为师，李氏逝世之后，她接受李氏的委托，负责清理齐家有关中文方面的文献。听她这么一说，我当即同她提到齐尔品与鲁迅通信的问题。如果鲁迅真的给齐氏写了回信，那一定是加意珍藏的，因为这样的信件比我们的题字不知贵重多少倍。所以在她回到美国之后，我就写了一封信给她，请她查找鲁迅的回信。

欧阳女士的回信来了，没有说到鲁迅回信的下落，目前是没有找到，只提供了有关鲁迅回信的两点资料。一点是贺绿汀在澳大利亚国际音乐理事会开会时遇见美国音乐学家布鲁克（Barry Brook），请布鲁克带给李献敏一卷卡带，一卷录音的口信，其中有这样一段话："1935 年，他（齐尔品）到了上海，住在锦江饭店，我们去看他，他跟我说，他想用《红楼梦》作为题材写一部歌剧，并且他想请鲁迅先生替他写歌剧剧本，可是他不认识鲁迅先生喔。他告诉我，是不是可以把这信转给鲁迅先生，我告诉他，鲁迅先生是懂德文的，要他用德文写一封信给鲁迅先生。我把这封信拿到四川路的一个内山书店，书店的老板名字叫做内山完造，是鲁迅先生的好朋友，这信交给他了。后来齐尔品先生说，他已接到了鲁迅先生的信，说是等他生病好了，就来写这个剧本。很不幸鲁迅先生在 1936 年就去世了，所以剧本也没写成。"

这段话与贺老在《纪念齐尔品先生》文中所说的差不多，只是把齐尔品创作歌剧和给鲁迅写信提前到 1935 年，那也许是贺老的误记，因为鲁迅的日记里写明，收到齐尔品来信的时间是 1936 年 5 月 28 日。另外新出的一点是贺老提议可用德文写信，如果齐尔品真是用了德文来写信的话，那么，鲁迅收信的时候大概又可能会说那一句习惯的玩笑话：这是茄门话。要是他真的要写回信呢，那就要德文对德文。按照鲁迅生平谦虚的慎重的作风，他不会自己动笔，而是要请精通德语的朋友来帮忙。这样一来，他就更会郑重其事地在日记里记上一笔。现在日记里根本没有这方面的记载。这又为他没写回信添加了一个旁证。

欧阳来信提的另一点是她关于李献敏谈话的回忆：

"1991 年，李献敏曾对我说：'齐尔品非常欣赏鲁迅的《阿 Q 正传》，鲁迅曾答应为齐尔品写歌剧《红楼梦》的剧本'。"

这样看起来，鲁迅答应写歌剧《红楼梦》的脚本好像是实有其事了。不过，一件事传了几十年，总是难免走样的。我这死心眼抱着鲁迅的日记一时还是转不过弯，还是相信鲁迅不会写回信答应这件事。我当初写《鲁迅·音乐·萧友梅》这篇文章的时候，对于齐尔品给鲁迅写信请他写歌剧脚本的事只是顺便提到的，所以只从原则上推测鲁迅不写回信的理由。现在问题摆开来了，这就需要结合当时的实际情况进行考察。当时的实际情况是怎样的呢？

1936 年 4 月末，鲁迅写了瞿秋白《海上述林》下卷序言之后，5 月整整一个月没有写过任何一篇那怕很短的文章。看他的日记，在他收到齐尔品的信前后那几天，低烧总是不退，须藤医生频来诊视并注射。31 日日记说："下午史君引邓医生来诊，言甚危，明甫译语。"史君即史沫特莱，明甫为茅盾。这个邓医生即鲁迅在《死》那篇文章里所说的 D 医生，据他诊断的结果，认为肺部坏到这个程度，在欧洲人八年前即当死亡。病情的严重可想而知。他写了 20 多年的日记，从 6 月 4 日起已经中断了，写作的事也大受影响。他的《(苏联版画集) 序》里说："他……生了病，缠绵月余，什么事情也不能做了，写序之期早到，我却连拿一张纸的力量也没有。"所以这篇序是把苏联版画展览期间他写的那篇《记苏联版画展览会》印在前面，删去文后的附记，另外补上一段。由他口述，许广平笔录。在此之前的两篇文章，《答托洛斯基派的信》则是由 O. V. 笔录的。《论现在我们的文学运动》则是"病中答客问，由 O. V. 笔录"。

现在再看一看他这一段时间的书信。5 月底写了两封信，6 月 3 日写了一封信，信中说："我病加重，连字也不会写了。"所以随后两封信已经是"由鲁迅口授，许广平代笔"。身体这样衰弱，还会这样轻率地答应写剧本吗？

我们试想，要把《红楼梦》这样的煌煌巨著浓缩为一部剧本，需要怎样的惨淡经营才能弄出来，而且要写的并不是一般剧本，而是歌剧脚本，这是中国人还没有做过的新鲜事物，非要经过充分的准备、广泛参考有关的材料，是不能轻易下笔的，而且歌剧的声乐部分除了宣叙调的文字比较自由之外，其余的咏叹调、重唱、合唱的歌词都是严格的韵文，还要表达剧中人物各不相同的身份和个性。要鲁迅这个重病在身的老人为一个素昧平生的外国人，拼了老命去承担这样一项陌生而又艰巨、吃力而未必讨好的工作，我以为是不可想象的。退一步说，假如鲁迅真的是写了回信，那也可能是婉言辞谢，而不是欣然答应。当然，我们在这里说来说去，终归不免是所谓的空对空。问题的解决归根结蒂还是在于鲁迅的那封回信。据欧阳美伦来信说，齐家还有一部分文物存在巴黎，其中还有李献敏用中文写的日记。齐尔品的儿子不懂中文，还等待欧阳美伦去弄个明白。欧阳说，她需要去巴黎一次，也值得去巴黎一次。陆游诗云："山重水复疑无路，柳暗花明又一村。"也许鲁迅的回信几十年来正是静悄悄地在那里躺着。希望欧阳美伦既然要去巴黎就早日成行，而且从巴黎传来使我们惊喜的消息。

原载《音乐艺术》1996 年第 4 期

刘三姐与屈大均

乍一看这个题目，似乎有点近于风马牛不相及的胡扯蛮缠。一个是民间传说的歌仙，一个是反清复明的明遗民。刘三姐借助一部电影，差不多家喻户晓，屈大均则还要交代几句。他走南闯北，多次参加反清复明的军事活动，直到郑成功在台湾的孙子屈膝降清，反清的最后一个海上据点都丧失了，他认识到反清复明再也没有指望了，他才黯然回到广东，最后以岭南诗人三大家之一在中国文学史上留下他的名字。这样两个人有可能拉上关系吗？我说有的，因为屈大均在他的著作《广东新语》里面有关于刘三姐的记述。

刘三姐，又名刘三妹，是广泛流传的对歌无敌的歌手，历代文人写她的故事的多得很。为什么你要讲屈大均？道理很简单，他的文章比较平实，比较简净，而且他除了记述刘三姐之外，还有不少有关音乐的论述，也算得是我们的同行。

屈大均那篇文章《刘三妹》并不很长，让我做一下文抄公："新兴女子有刘三妹者，相传为始造歌之人，生唐中宗年间。年十二，淹通经史，善为歌。千里内闻歌名而来者，或一日，或二三日，卒不能酬和而去。三妹解音律，游戏得道，尝往来两越溪峒间，诸蛮种类最繁，所过之处，咸解其言语。遇某种人，即依某种声音作歌，与之倡和，某种人奉之为式。尝与白鹤乡一少年登山而歌，粤民及瑶、僮（今作壮）诸种人围而观之，男女数十百层，咸以为仙。七日夜歌声不绝，俱化为石，土人因祀于锦石岩。……"

由于作者是文人，出于他的阶级本性，或者也可能出自他的所谓"好心"，居然把一个农村姑娘，提高到大家闺秀的地步，而且是才女，"年十二，淹通经史"，而且"解音律"。但是他走得还不算太远。他没有像王渔洋在《池北偶谈》里面把屈大均的"白鹤乡一少年"升格为秀才，倡和的曲名都是非常文雅的，也没有像张尔翮那样，把秀才和她的唱和说是一唱《阳春》，一唱《白雪》，说什么"非下里巴

612

人比也"。

屈大均说刘三姐是"新兴女子"，其实广东拉刘三姐做乡亲的还有潮汕、电白、合浦（现已划归广西）等地，广西除宜山之外，还有得州、贵县、恭城、扶绥等县都同刘三姐拉上关系。甚至于远至江西、云南，都可以找到刘三姐的踪迹，这是不足为奇的。这正是民间传说的典型的现象，希腊史诗《伊利亚特》和《奥德赛》的作者荷马的出生地，一共可以算到十多个。这正好说明作者的深远影响和他的作品的群众性。

关于刘三姐对歌的方式，一般都透露出是顺口溜的性质。屈大均论述《粤歌》的时候也根据同样的认识。所谓"粤歌"用现在的话说，就是广东民间歌曲。他写道："粤人善歌，凡有吉庆，必唱歌以为欢乐。以不露题中一字，语多双关，而中有挂折者为善。挂折者，挂一人名于中，字相连而意不相连者也。其歌也，辞不必全雅，平仄不必全叶（协），以但言土音衬贴之，唱一句或延半刻，曼节长声，自回自复，不肯一往而尽。辞必极其艳，情必极其至，使人喜悦悲酸而不能已已。此其为善之大端也。"至于对歌的要求，则是"或文或不文，总以信口而成，才华斐美者为贵"。"其歌之长调者，如唐人《连昌宫词》《琵琶行》等，至数百言千言，以三弦合之，每空中弦以起止。盖太簇调也。名曰《摸鱼歌》"。

屈大均讲述音乐，喜欢结合人民生活。例如有所谓"坐歌堂"者，那是新婚前夕，男女家行醮，亲友集会唱歌。此外，《汤水歌》是东莞妇女新年挨户送歌，讨点吃食的歌曲。还有也许算是广东的一种特殊习俗，失明的男女多以卖唱为生，走街串巷，听候雇主点唱，《广东新语》所述，多是长篇什么记什么，"或以琵琶篪子为节"。

屈大均讲述广东民间歌曲的时候，并没有忘记少数民族。广东有水上居民，俗称查户，屈大均说："查人亦喜唱歌，婚夕两舟相合，男歌胜则牵女衣过舟也。"

瑶族唱歌，屈氏引赵龙文的话说："瑶俗最尚歌，男女杂沓，一唱百和，其歌与民歌，皆七言而不用韵，或三句，或十余句，专以比兴为重，而布格命意，有迥出于民歌之外者。"还有狼族（今作僙），他又引修文的话："狼（僙）之俗，幼即习歌，男女皆倚歌自配。女及笄，纵之山野，少年从者且数十，以次而歌，视女歌意所留，而一人留。彼此相遗，男遗女以一扁担……女赠男以绣囊锦袋，……约为夫妇。乃倩媒以苏木染槟榔完之。婚之日，歌声振于林木矣。""二憧（壮）歌与狼（可良）歌相类，可长可短，或织歌于巾以赠男，或书歌于扇以赠女。其歌亦有《竹枝歌》，舞则以被覆首为《桃叶舞》……"

关于潮州及该地区少数民族的音乐，屈大均有这样一段叙述："潮人以土音唱南北曲者，曰'潮州戏'。潮音似闽，多有声而无字。有一字而演为二三字。其歌轻婉，闽、广相半。其中有无其字而独用声口相授，曹好之以为新调者，亦曰'攀歌'（攀，读如赊，畲族的古称）。农者以春时，妇子以数十计，往田插秧，一老挝大鼓，鼓声一通，群歌竞作，弥日不绝，是曰'秧歌'"；还有南雄的"踏月歌"，是妇女扶箕时唱的，既是乡间迷信活动，却也是少女追求自由的表现。长乐（今五华县）妇女，中秋夕拜月，曰"杯（音酌）月姑"，其歌曰"月歌"。比较叙述得详细一些的，应推关于黎族音乐活动的描写："黎人会集，则使歌郎开场，每唱一句，以两指下上击鼓。听者亦鸣小锣和之。其鼓如两节竹而腰小，涂五色漆，描金作杂花，以带悬系肩上。歌郎毕唱，歌姬乃徐徐唱，击鼓亦如歌郎。其歌大抵言男女之情，以乐神也。"

由民间歌曲的讲述，引起屈大均对民歌的功效的重视，因而提出恢复古代采诗的制度，用以推广陶淑性情的教育，真可谓有心人了。

屈大均还讲过一段中日人民友谊与音乐有关的故事："东莞李竹隐先生，当宋末，使其婿熊飞起兵勤王，而身浮海至日本，以诗书教授，日本人多被其化，称曰'夫子'。比死，以鼓吹一部送丧返里。至今莞人送丧，皆用日本鼓吹，号'过洋乐'，乐人皆楼人楼服以象之。"

讲起民间歌曲，屈大均总是津津有味的。对于少数民族的音乐活动，他也能做到一视同仁，没有使用什么含有贬义的词句，这是难能可贵的。另一方面，当他讲到古琴的时候，他就自然而然地显示他文人雅士的本色。他对广东唐宋以来的古琴名家，一一叙述他们的生平和著作，说到他们的著作失传了的时候，他是极为惋惜的，特别是讲述明末诗人邝露（湛若）在清兵攻破广州后，他把他心爱的古琴和其他珍贵文物摆在他的周围，然后绝食而死。后来他的古琴绿绮台流落市上，他的朋友出重金把它买回来。当屈大均去惠州探问他的朋友时，他的朋友给他看这张名琴，他不禁潸然泪下，写出这样的诗句抒发他的亡国之痛："……城陷中书义不辱，抱琴西向苍梧哭。嵇康既绝太平引，伯嗒亦断清溪曲。一缕萦肠寡女丝，三年血变钟山玉。……"

《广东新语》还有相当的篇幅分给钟鼓，但是其中讲述的大都是关于钟鼓的神异的故事。只有讲到铜鼓的时候，引《周礼》"掌六鼓四金之事"的史实，说明铜鼓属于军乐，算是与音乐搭界。但书中记事也是荒诞不经的居多，这里也就从略了。

潘耒为《广东新语》作序，称屈大均诗人又能著书，是为"兼工并美""一代盖无几人"。实际上屈大均还有更大的著作计划，那就是他所说的"补乐经"。他引前人的话，认为"乐之起在度数"，"度数者律吕声音之谓也"。他自述他的计划道："乐经之缺，自年四十而致意焉。间取诸家律吕之说，而损益更张以文之，拟为《古乐经》一篇，而以《乐记》诸见于载籍者列于后，以为之传，经以定其度数，传以发其义理，而乐其可知矣。"依他的话分析，他的所谓经，只是定其度数。那么，"乐经"就仅仅是一部乐律书而已。可是既称之为经，总应该有"移风易俗"，"同民心而出治道"，以至声政相通一类的大议论，不能仅仅限于纯属技术范畴的律学。这也许正是所谓"智者千虑，必有一失"吧。

屈大均生于 1630 年，卒于 1696 年，他的著作随时流露对清朝统治的不满。他的《四朝成仁录》为南明的抗清人士立传颂德，深受清朝的忌恨，因此在雍正、乾隆两朝都曾严令禁毁。在他死去 100 多年之后，还有人向清政府提出刨他坟墓，实行剖棺戮尸的建议。倒是乾隆批了一句："亦不必矣。"他才免遭吕留良身后一样的厄运。今年是他逝世 300 周年，这篇短文也算是对他小小的纪念。

原载《中央音乐学院学报》1996 年第 4 期

音乐史研究的误区及其他

　　1935 年，齐尔品访问音专，同萧友梅会谈之余，顺便问我做什么工作，我说介绍一些欧洲音乐家，如肖邦、舒曼、勃拉姆斯、马勒等等。他的前任夫人在旁边插嘴说，都是一些死人哦！意思是说我没有赶上时代，还抱着死人不放。事实上当时音专正规教学，还是古典音乐为主，并没有接受齐尔品的建议，把教学重点转到"摩登"音乐方面来。所以我介绍的也以 18、19 世纪的音乐家为主；而且介绍死人，也有更方便的一面，因为材料比较丰富，当然材料多了也有多了的麻烦。因为各人的见解不同，同一个音乐家可以有十人十色的议论，一方面有汉斯立克那样死捧勃拉姆斯的作者，另一方面又有反复谩骂勃拉姆斯的沃尔夫，你不能兼收并蓄，只好择善而从。既然是择善而从，那就谈不上有什么自己独到的见解了。说到独到的见解，自然要想到歌德的那句话：一个人说什么独创性，那是因为他一无所知。的确是这样，你以为是自己独到的见解，一看书，好，前人已经说过了，于是只好认输。然而人大都是不甘寂寞的，有机会就要来一个前无古人的所谓石破天惊的高论。所以近年来音乐史学界就出现过一些匪夷所思的新议论。举例来说吧。

　　关于莫扎特的穷困，过去一致的说法是他的夫人不会当家。我认为这是符合事实的。我就认识过一位大学教授，在物价稳定的年代，大学教授是高薪阶层，他又教私人学生，又有字画润例，可他还是常常拖欠房租水电费，原因是师母不会当家。所以莫扎特闹穷的原因是可信的。但是近年来却有了新的"发现"，说是莫扎特自己赌输钱闹到穷困的地步。当然说他赌钱，并不影响他的名誉，俄国文学家陀斯妥耶夫斯基真正是一个赌徒，他常常写信向人借钱，说是又赌输了，我们并不因此要贬低陀斯妥耶夫斯基，给他降级的判决。但是我们要尊重事实。莫扎特没有一次说过自己赌输钱，也没有任何一个人提出过他赌钱的事实，所以该文一出，立刻遭到评论家的批驳。

另一件事是关于舒曼自杀的原因。过去的定论是他神经系统的毛病作怪，而且他有家族遗传的病史。但是近年来却出现爆炸性的新闻，说是舒曼之所以痛不欲生，是因为勃拉姆斯作为第三者破坏了舒曼纯洁的家庭，还说克拉拉的某一个孩子是勃拉姆斯的血统。证据呢，对不起，什么也没有，只是写推理小说般地找什么言外之意。这一次批驳的意见更具体，他们从舒曼的日记，从舒曼私生活的暗号等等证明舒曼夫妇关系的透明度是高到极点的。音乐史上的舒曼夫妇是与文学史上的白朗宁夫妇一样传为千秋佳话的，柏辽兹还说过克拉拉·舒曼夫人是世界上第一的也是独一无二的女性，要对这样的历史人物信口雌黄，实在是不可取的。

如上所述，说这种捕风捉影的学风属于音乐史研究的误区，大概不算过分吧。

过去的音乐史对某些音乐家的优缺点是不怎么偏重的，所以对于吕利并不讳言他的暴虐和狡诈，对肖邦也不讳言他的任性和贫嘴。可是近来好像比较多讲甚至只讲优点，对于消极面即使小小一点也不愿多说。例如格林卡，他是俄罗斯民族乐派的奠基人，这是举世公认的。但是事情总有一个发展过程，当时俄罗斯的音乐不如西欧发达，这是历史事实，所以格林卡漫游西欧各国，也不会没有取经的用意。他在柏林跟德恩学习的时候，由于志在学习，可能难免有崇拜西欧的表现，这才引起德恩对他提出注重民族音乐的建议。这本来是师友切磋的他山之石，可是有些音乐史却不愿多提这种事，是不是认为这样提便有损于民族的尊严呢？

本世纪 50 年代，前德意志民主共和国出版过一本论述俄罗斯与苏联音乐的历史著作，在关于柴可夫斯基那一章里提到柴可夫斯基同性恋的问题。苏联音乐家当即对此提出批评，认为这是以讹传讹，混淆视听，可是近年新发现的材料又说柴可夫斯基的死因，不是由于霍乱，而是由于他同性恋的癖好曝了光，只好自杀以免遭到严肃的处理。平心而论，在音乐史上要不要提这种生活上的问题是可以讨论的，只是断然提出否认，即使出于维护柴可夫斯基的名誉的好心，也未必是必要的。英国文学家王尔德，不是一个因为同性恋出了乱子，弄到吃官司的吗？但是这一事件并没有动摇他在文学史上的地位。即使老柴真有其事，我们不是也照样崇敬他吗？只要他没有装出道貌岸然的样子进行道德的说教，那么这种事就不妨说属于个人的隐私，我们是不必查根问底的。

杨荫浏先生说过，论述古人最好是隐恶扬善。这是忠厚长者的胸襟，不过他所说的"隐恶扬善"，只是引用成语，他的所谓恶其实只是一些小毛病缺点，要是真恶，那是不能宽恕的。说到论述古人要不要兼讲缺点，讲到什么程度，那是个人写作的自由，并没有一定的标准。不过我认为兼讲优缺点也许更能展示一个人的全貌，帮助我们对他进行深入的了解。鲁迅晚年关于知人论世的那句话："倘有取舍，即非全人；再加抑扬，更离真实。"我以为实在是我们写作史传应该遵奉的至理名言。

原载《音乐艺术》1997 年第 2 期

谈所谓萧（友梅）黄（自）矛盾的问题

近年来常有人向我提起萧友梅和黄自矛盾的问题，我总以为这并不是什么了不起的问题，而且事情已经过去半个世纪了，认为没有多谈下去的必要。但事情还是继续传下去，而且越传越走样，有的说，黄自有野心，有的说，黄自提的教学改革的意见，萧友梅拒不接纳，所以黄自愤而辞教务主任之职。这究竟是怎么回事呢？现在连外国人也远道来信询问，恐怕还是要说个清楚才好。

据我所知，这两种说法都近于言过其实。黄自是谦谦君子，对萧友梅是毕恭毕敬的，写信署名总是"后学黄自鞠躬"，说他会当面一套，背后一套，甚至会背后捅他一刀，我以为是不大近乎情理。至于萧友梅会拒绝黄自教学改革的意见，那也近于捕风捉影。萧友梅接任音专校长的时候，一直为教务主任的人选发愁。他最先想到青主，后来一听到黄自返国，立刻不考虑同青主老朋友的关系转而登门敦聘黄自来校任职。当时黄自还只有 25 岁，这是打破论资排辈，破格用人的壮举。后来音专的教学设施，萧友梅并没有照搬德国的一套，而是博采众长，而且主要还是参照英美音乐教育的有益经验。这方面黄自的贡献是主要的。萧友梅对黄自正倚重之不暇，哪里还会拒不接纳他的意见呢？但是既然提出了矛盾的问题，正所谓空穴来风，总会有些凭据的。不过这些传闻，与其说是发生在萧黄本人身上，还不如说是别人引起来的。就说一点来龙去脉吧。

萧友梅欢迎独身职工住在学校宿舍里，学校入夜比较不那么荒凉。当时韦瀚章、黄自都还没有结婚，同住一个宿舍，相处得很是融洽，后来黄自结婚，自己组织了一个小家庭。可是应尚能又搬进来了，因为他也还是单身汉。他们两位也相处得非常融洽。黄、应、韦三人因此得了"三剑客"的美称。他们什么事情都力求取得一致，这里说一件有趣的小事。黄自的外文拼音是 Huang，应尚能的外文拼音拼作 Ing，当时俄罗斯籍教师很多，他们有一种特性，叫人的时候总要把结尾的辅音"g"

叫出来，所以黄自被叫作"黄格"，应尚能被叫作"应格"，韦瀚章的韦字没有尾音的，却也要叫作"韦格"以示一致。但一致之中却又有不一致的地方。黄自是教务主任，应尚能是教授，韦瀚章却只是一个"注册"，那是普通的办事员，这未免相形见绌。有一次工作总结，黄自就提出增设注册主任的建议。这一提给音专的那个会计知道了，立刻跑到萧友梅那里去，说会计也应该升格为会计主任。萧友梅当即表示，什么也不能升为主任。要是提升，学校的组织机构就要膨胀起来，学校的经费负担不起。萧友梅认为，黄自不会不知道升格主任是行不通的，他这种做法是我们现在称为"矛盾上交"的手段。自己做一个人情，把别人的怨望转嫁到萧友梅头上。

中国有一句老话"文人相轻"，民间的说法则是"同行如敌国"。音专的规模虽然不大，教师之间也还是"未能免俗"。音专的声乐组主任是周淑安，应尚能是专任教员。他们两位都开过个人的独唱音乐会，群众的反映是应尚能的比较成功。音专每年总要举行几次公开的音乐会，应尚能每一次都有独唱节目，周淑安没有，但是她指挥的合唱还是相当成功的。1928 年她指挥的合唱团参加上海外侨组织的纪念舒伯特逝世一百周年声乐比赛，赛倒了当时的德、法等外侨，获得一等奖，所以她还是高自位置的。周、应之间如何闹矛盾我不清楚，只是听到一些闲话，说明他们之间的关系并不是风平浪静的。周淑安的丈夫胡宣明帮周淑安译过一些舒伯特作品的歌词，韦瀚章就拿他的译文作为取笑的材料。"九一八"之后胡宣明面对日本的侵略也写了一些抗敌救国的歌词，由周淑安谱曲作为声乐教材，也作为音乐会的节目演出过。有一次胡宣明来学校，恰巧见到一些外籍教师，黄自给他们介绍，除了胡宣明的身份之外，还说他是一个 poet（诗人），这更让韦瀚章拿作笑料。另一方面，我也从周淑安的学生那边听到他们谈论应尚能、韦瀚章和他们那个男佣人的生活，说得非常难听。到了周淑安的一些学生拒绝上周淑安的课，闹到周淑安提出辞职，矛盾就表面化了。

据说有一天应尚能的学生蔡绍序把周淑安班上几个保送生召集到一起，说他们跟周淑安上课学不到什么东西，并说克里洛娃是怎样怎样好，教他们不要到周淑安班上去上课。那些学生真的就听他的话不到周淑安班上去。周淑安急了，走去告诉萧友梅，萧友梅找到不上课的一个学生，问他们为什么要这样干，说他们新来乍到，不要轻举妄动。他们是保送学生，弄得不好就要送回去的。那个学生刚从内地到上海来，没有什么经验，就老老实实地把事情的经过"坦白"出来了，并表示愿意回去上课。事情就算解决了。萧友梅认为这不会是学生的自发行为，提出克里洛娃只是转移视线的手法，这件事应尚能有一定责任。黄自身为教务主任，又是应尚能的老同学，他本来可以利用他对应尚能的关系劝阻应尚能不要走得太远，这也是对学校不够负责的表现，但这些都是闷在心里的，大家都没有当面争论过。只是以萧友梅的名义对学校教职员发了一封公开信，说学校最近发生了一件不幸的事，希望大家以学校事业为重，和衷共济，不要制造混乱。"否则此倾彼轧，无有已时，而学校之前途将不堪问矣。"只有周淑安自感切肤之痛，又想到"三剑客"的连锁反应，直到文化大革命期间写历史交代材料，还说是黄自有野心。至于黄自这方面呢，因为他与应尚能的特殊关系，处境比较尴尬。本来他长期以来都感到担任教务主任一职，影响他的创作和著述，他的《长恨歌》还差三章没有完成。他还计划写一部音乐史，还想根据他多年的教学经验，编一部有中国特色的和声学，所以早就请萧友梅另简（按：选择）贤能接替他的职务。萧友梅则因为找不到适当人选，一直没有同意。现在黄自为了表明自己不是一个贪图名位的人，坚决要求辞去教务主任一职，萧友梅深感无可挽回，于是想到那位与马思聪共创广州音乐院、远在广州素未谋面的陈洪。陈洪则深感意外，答应先来试一试，结果他来到的第二天就因日本侵略军又把战火烧到上海，帮同萧友梅应付音专从江湾向租界的大搬家，自此与萧友梅共同维护风雨飘摇的音专，成为一个善始善终的得力助手。这是后话不表。

现在还是回到黄自的所谓野心问题，这是应该弄明白的。我为此曾同黄自的得意门生、在下的知心好友江定仙谈过，他也认为黄自不会有这种野心。就他的品格论，他不是这种见利忘义的小人，而且就事论事，他当时才 30 多岁，萧友梅已经50 出头。当时 50 岁已经算是进入老年，萧友梅又体弱多病，黄自是萧友梅的天然的接班人，他何必急不可耐地干抢班夺权的事呢？黄自死在萧友梅之前两年半，这是万万没有料到的。假如黄自不死，萧亡黄继，也许音专不会那么轻易落入汪伪政权的魔掌。黄自的夭亡不仅是黄家的不幸，更是音专的不幸！

说到这里，所谓萧黄矛盾的问题已经可以找到答案了。所谓矛盾，其实主要不是他们两人之间的问题，更多的倒是别人造成的。关于这方面还可以谈一谈。

说到音专举足轻重的人物，萧友梅之外，首推黄自，谁有什么要求，在萧友梅那里得不到满足，就会找黄自去发牢骚，希望黄自帮一把。黄自生性随和，为了安抚来人，总是好言相劝，在来人说到萧友梅的什么短处的时候，他有时也不免要附和几句。同是一件事，可以有种种说法，例如萧友梅穿的西服是后背开叉的，当时时兴的却是整幅的。对于这件事，可以说他俭朴，也可以说他寒伧，说他吝啬，甚至发挥到说他贪小便宜，完全看你用在什么情况上。前面说的来人先是向黄自发牢骚，黄自附和了他几句，后来萧友梅在本单位或是利用他的社会关系在外单位满足了那个人的要求，他这就转过来觉得还是老萧有办法，黄自只是口惠而实不至，于是又回过头来讨好萧友梅，把黄自附和他发牢骚的、对萧友梅颇为不敬的话或在他家里听到的不利于萧友梅的话向萧友梅报告了，而且还加以渲染。举例来说，黄自家里有一个姓胡的客人自言善观气色，会看相，看得相当准，相当灵验，随即说某某人如何如何，某某人如何如何，听的人也点头说好。黄自的夫人汪颐年听得入神了，想起萧友梅常常闹病，年纪也不小，因此问胡某人对萧先生的寿命有什么估计。这番话后来传至萧友梅那里却变成是：汪颐年问胡某人，问你什么时候死。这就变成了搬弄是非了。我因此想起，有些传说是越传越走样，越离谱，使人不敢相信。

萧友梅有 staccato 的雅号，雅号的实例有过这样一件事。有一个音专学生因为开学了交不起学费，跑去请萧校长让他先上课，补交费，萧先生不答应，说："那你明年再来吧！"（一说是下学期，我是听别人说的，我没有听过萧说这句话。）这个故事传到后来却发展成为"没有钱念什么书，退学"。这种口吻恐怕旧社会的学店老板也不会说出来的。事实上学生没有钱，萧校长倒是曾经让他抄乐谱挣点生活费。前有冼星海、陈振铎，后有陈田鹤、张昊，都有相当时间是抄谱的。小提琴学生张捨之还长期承担清洁工作，即我们口头上惯说的"打扫卫生"的工作，过着半工半读的生活。

关于萧黄矛盾的问题，我所知道的就是这样子。当然，事情不止这几件，不过性质都差不多，就不必一一罗列，浪费读者的时间了。也许读者看了会觉得刺激性不够强吧。其所以不够强，正因为他们之间本来就不曾出现剑拔弩张的局面。四年前我听上海音乐学院的校友说，有一次他们去南京查阅原国民党政府教育部的档案，发现萧友梅的一份呈文，那是 1938 年 5 月黄自逝世之后萧友梅写给教育部的。呈文历述黄自对音专的贡献，请求教育部准将黄自的薪水继续发给黄自的家属，直到聘书期满为止。他们看过之后，觉得这件呈文说明萧友梅对黄自始终是非常倚重的，对黄自的感情是始终不渝的。外间所传他们矛盾的种种说法看来是言过其实的。我同意这种论断，我因此想起武者小路实笃的诗句，即借以结束拙文：

> 一棵大树，
> 要全面的去看他，
> 别去单找那虫蛀的叶！

原载《中央音乐学院学报》1997 年第 3 期

旧事一束

上海音乐学院今年 70 岁了。"人生七十古来稀",这是一句老话,现在已经不能算数了,不稀了。学校是长生不老的,70 岁自然算是年轻的,试拿上海音乐学院与本院开院元勋萧友梅当年留学的莱比锡音乐学院相比,沪院的年龄还不及莱院年龄的一半。虽然在中国来说,70 岁的音乐院已经是够老的了。它是长生不老的,不同于"人事有代谢"。

说起"人事有代谢",上海音乐学院第一代的教职员中可以查考的实在是所余无几了。音乐学院的旧事不予记录,恐怕不免要失传了。有些事虽然琐碎,却也反映了当年的一些珍闻逸话,今天就趁上海音乐学院古稀大庆的机会,说些出来,算是促膝谈心的闲聊吧。

办音乐学校,照当年张作霖的北京教育部长刘哲说,是有伤风化的,所以音乐院同人之间颇有同病相怜或者说同舟共济的感觉。因为要想学音乐是必须冲破重重障碍的,黄自为了专学音乐,还给家长写了长信,终于得到家长的允许,所以大家进了音乐院,就有"相濡以沫,相煦以湿"的感觉。萧友梅为了让穷学生挣点生活费,就让他们抄谱,前有冼星海、陈振铎、后有陈田鹤、张昊,都干过抄谱这种活。小提琴学生张捨之,还长期担任学校打扫卫生的工作。

关于上课用的乐谱,当时学校因为经费短少,不可能出借乐谱。出售乐谱的基本上只有外国人开的琴行,他们生活水平比较高,所以乐谱的定价也高得可以,萧友梅于是托上海的德国书店向德国订购乐谱,由学校按原书定价由学生购买。这样的售价一般不到外国琴行的乐谱售价的一半或三分之一,这也是减轻学生负担的一种办法。

音专同人之间来往久了,就会形成志同道合的小组,最著名的是"三剑客",即黄自、应尚能与韦瀚章三人的小集体。声乐组学生马国霖是韦瀚章的好朋友,缴费注册限期到了，他交不出学费，找韦瀚章商量，韦瀚章有心无力，向黄自伸出求援之手，黄自当即慷慨解囊。黄自为穷学生代交学费，一时传为美谈。

另一件老师帮忙学生的事是出自查哈罗夫。查哈罗夫的学生巫一舟到期交不出学费，不能注册上课，在校园里踱方步，给查哈罗夫看见了，问他为什么不来上课，巫一舟说家中汇款没有寄到，不能缴费注册。查哈罗夫一听，二话没说，领着他去找黄自，请黄自批准巫一舟先上课，后缴费，如果发薪之日巫一舟还交不出学费，就扣他的薪水，事情于是解决了。

音专的另一个三字号的小集体，是由三个在上海美术专门学校开除出来的学生陈田鹤、江定仙、林霁霖组成的，名为三和弦。后来林霁霖离校，由廖辅叔补缺。廖辅叔写的歌词由陈田鹤和江定仙谱曲，后来又增加了胡然，陈玠和刘雪庵组织了朗诵会。因为大家的普通话都说不好，所以请来声乐学生孙德志校正读音。1935年，陈田鹤、江定仙、刘雪庵把他们创作的儿童歌曲编成一册，定名《儿童新歌》，由萧友梅介绍给商务印书馆出版，因为有几首歌曲是由廖辅叔写的歌词，他们决定将来收到版税分为四份，分一份给廖辅叔。他们的慷慨是很可感佩的。遗憾的是出版之后没有多久，对日本侵略的全面抗战开始了，一切都打乱了，我们一分钱的版税也没有收到，只留下一段宝贵的纪念。

有一些穷学生的故事值得在这里讲述一下。陈田鹤是作曲选科的学生，要学钢琴必须再交一份学费，陈田鹤是负担不起的，青主的德籍夫人华丽丝知道了，立刻让他到她班上上课，不收他的学费。

胡然初来音专，是在周淑安班上上课的。他是用功的学生，成绩也很好，奇怪的是他常常上课迟到。时间长了，周淑安忍不住问他老是迟到的原因。胡然说，他是把坐电车的钱省下来买烧饼，烧饼不能不吃，电车可以不坐，走路耽搁时间，所以迟到了。周淑安听了，一阵难过，接着就给他买了一张季票，上海电车不卖月票，一买就得买三个月，这是一个小职员一个月的工资的数目。

音专定购的乐谱不可能满足学生的全部需要，有些乐谱还得到外国人开的琴行购买。周淑安利用她的社会地位，可以用 Mrs. S. M. Woo（胡宣明夫人）的名义介绍学生买乐谱，打个优惠的折扣。

关于老师照顾学生的故事也出自修理乐器方面。修理乐器也照样要找外国人的修理商店，学生的大提琴坏了，余甫磋夫照样写介绍信，说明该学生经济不很富裕，请适当少收修理费。这类事情绝不止这一两件，现在不过举例来说而已。

音专办过两个杂志，前者是《乐艺》，后者是《音乐杂志》。这是所谓的同人杂志，音专同人的文章是有稿必登，但是一律不给稿酬。虽然不给稿酬，来稿却是非常踊跃的，这也算是音专精神的一种可贵的传统吧。

前面说过以数字三命名的小集体，还有一种则是以数字四命名的。旅美音乐家、齐尔品的夫人李献敏的助手欧阳美伦女士三年前告诉我，说音专有四大金刚的名称，成员是李献敏、喻宜萱、戴粹伦和陈又新，问我是不是这样？我回答是不知道，事后我问四大金刚之一喻宜萱，她也说不知道。她说是不是误传，我也同意喻大姐的想法，如果要选举金刚，音专够标准的我以为不止这四位，随便举些人名吧，像丁善德、胡然、裘复生、陈田鹤、江定仙等等都不能遗漏。如果选科生不算，那么丁、胡二位是决不能落选的。所以我以为上面的只提四位是不够全面的。

音专另一个四字头的小集体是称为四大弟子的黄自的学生贺绿汀、刘雪庵、陈田鹤、江定仙（以年龄长幼为序）。据说最先提出这个名字来的是声乐组学生胡投。他们跟黄自学习的时间相当长，黄自有什么工作，如主持编纂商务印书馆的复兴初级中学音乐教科书，应征中英庚款董事会的小学唱歌教科书，他们都大部分或全部参加，所以这种提法真有点所谓"不胫而走"，只要提起他们，便差不多总要加上"四大弟子"这顶帽子，听的人也等于默认。算起来，从最先提起到现在，已经过了半个多世纪了。可是近几年港台之间却有人把林声翕加上去称为"五大弟子"。事实上林声翕跟黄自学习的时间并不长，工作上也不曾有过什么重要的联系。如果这样随便增加，那就决不能只限于五了。黄门四大弟子之一江定仙为此曾经发表过这样的意见：四个真要加做五个，那么，这第五位应该是钱仁康，因为他跟黄先生学习的时间很长很长，在继承黄先生史论方面特别是作品的分析研究方面，他的确不愧是黄自先生的衣钵真传，在这方面钱仁康是实实在在地独树一帜的。这样做正可补最先四大弟子的提法的不足。老江的意见我认为很重要，虽然改排座位是否可行可以考虑，指出这一事实却是持之有故，言之成理的。

拉杂写来，卑之无甚高论。但是这种可以算作音专风格的互相关心，助人为乐的精神还是值得怀念的，提高一点说，也许是值得提倡的吧。

原载《音乐艺术》1997 年第 3 期

追忆萧友梅先生

——在成立"萧友梅音乐教育促进会"大会上的讲话

关于要设立萧友梅音乐教育建设奖这件事是极有意义的。萧友梅，这位中国近代音乐的奠基人，的确是与教育连成一体的，他在选择安身立命的一开始就同时与教育挂钩。在日本学习音乐的时候，就没有忘记同时学习教育学，在德国，他在莱比锡大学听讲教育学课程。我清理他的遗书，就发现有不少教育学的著作，还有德国学术界典型的某一专业的大部分著作，两寸厚的，大开本的三本一套的教育学专著。他相信要提高国民音乐的水平，就不能不培养合格的音乐师资，要培养合格的音乐师资，就不能不把音乐学校办好，只有这样，才有扶植高雅音乐的听众。有了扶植高雅音乐的听众，一个国家的音乐水平才有提高的希望。

萧友梅从德国回来之后，在北大任音乐研究会导师，不久又改组为北大音乐传习所，并立即充实传习所的教学内容，同时对北京高等师范学校的音乐教学提出当时算是大胆的改革意见。当时中国的高等师范学校虽然没有忘记培养音乐师资，但是音乐总是处在无足轻重的地位。当时中国的高等师范学校的音乐专业一般是与别的学科合在一起的，有的叫图音科，有的叫音体科，广东更有图工操唱的说法，那种"一身而二任焉"的做法是很难兼顾的。萧友梅在北京的第一个改革就是体育与音乐分科，让学生单打一的学习一门，这样一来，学习比较集中，成绩当然也会比较好些了。到了他经过不少的挫折和反复，终于在蔡元培的支持下创立了第一所正规的专业学校国立音乐院的时候，他也没有忘记开办师范科，培养具有较高的专业水平的音乐师资。为了把专业的音乐教育向边远地区开放，他还请教育部通令各省教育厅保送几个学生来上海音专学习。其所以需要人保送，是因为凭边远地区学生的音乐水平是不可能通过音专的入学考试的。保送来校之后，他们本身的音乐水平才有可能在老师循循善诱之下充分发挥出来，他们结业之后一律返回原地，发展地方的音乐教育，边远地区的音乐水平才有可能逐渐接近沿海城市的音乐水平。这在当时来说，无疑是一件破天荒的大事。

我从 1930 年到 1937 年这七年间是没有间断在萧先生身边工作的，我从来没有听到过他关于本人生活的打算，更不用说有什么享受的愿望了。像他那样全身心扑在音乐教育上的人我相信是不会很多的，这里不妨举几个例子。音专学生上课以个别课为主，大大小小的房间全充作课室，萧友梅于是把阳台装上几片玻璃窗就成为他的校长办公室。有一年学校年终结余有了一笔钱，别的大学都买了汽车，萧友梅则考虑到开音乐会还缺乏一台比较好的三角琴，于是向德国订购了一台巴赫牌三角琴，现在还保存在上海音乐学院作为艰辛创业的活教材。

1932 年 1 月 28 日，日本侵略军突袭上海，十九路军奋起反击，南京国民党政府以军费浩大为由，扣减学校经费，教职工因此对折发薪，200 元减为 100 元，一百元减为 50 元，这还勉强过得去，可是那些低薪职工，月薪只有二三十元，日子就不好过了。萧友梅考虑到要使他们安心工作，必须使他们生活安定，于是把他那份薪水分给他们，这样安稳度过那段动荡的时期。

音专虽然穷，却穷得有志气。1936 年 2 月日本首相近卫的弟弟应邀来上海租界工部局交响乐团任客座指挥，慕名来音专参观，为了表示"亲善"，他答应送给音专一台钢琴，后来钢琴送到上海，日本领事馆通知音专定期举行交接。可是萧先生却不领情，拒绝接受。这正是萧先生民族大节凛然的表现。

对这样一位先哲的典型，是永远值得纪念的。我是就我所知，向大家作个汇报。说得不好，谢谢大家。

1997 年 4 月 19 日

苏石林二十周年祭

苏石林，俄罗斯优秀的男低音歌唱家、卓越的声乐教育家、中国人民真诚的朋友，离开这个世界已经满二十周年了。中国老一辈的音乐家，大都对他抱有异乎寻常的感情。回顾中国新式音乐教育起步的时候，外籍音乐教师是一股不可忽视的力量。上海是西方各色人都向往的地方，其中也有一些音乐家，特别是俄国十月革命之后，相当一部分对革命缺乏了解的音乐家离家出走，向西主要是法国巴黎，向东则是中国上海。多得这一批流亡的音乐家，上海租界的交响乐团获得了大有选择余地的乐手，萧友梅也看准这一点，把首创的音乐院设在上海，以便择优聘用各门各类的音乐师资（当然，这中间也有不是属于流亡音乐家的行列的）。音专教学水平的提高，外籍教师的贡献是应该记上一笔的。那位先是法籍，后是美籍的俄罗斯作曲家齐尔品曾经对丁善德说过，音专的教师，像查哈罗夫、拉查雷夫、富华、苏石林等人，就世界范围来说，也称得上是第一流的。具体来讲，各人有各人的特殊情况，如果要从业务水平、工作态度、生活作风以至对学生的关心爱护各方面综合衡量，那么，我敢说，苏石林是应该名列榜首的！

苏石林初来中国是在 1924 年。在此之前他是彼得格勒基洛夫歌剧院的独唱演员（基洛夫歌剧院的前身是圣彼得堡帝国歌剧院）。基洛夫歌剧院是十月革命后改名的，命名的意义应是为了纪念列宁格勒市委书记基洛夫。基洛夫 1926 年任列宁格勒市委书记，1934 年被谋杀。基洛夫的命名最早也是在 1926 年之后，命名的时间定为 1934 年更为合理。苏石林 1919 年在彼得格勒音乐学院毕业，前一年已受聘为"基洛夫"歌剧院独唱演员。这一年已经是十月革命之后一年，不可能仍称帝国歌剧院，也不可能已经改名基洛夫歌剧院，而应该有临时改用的名称。可惜一时查不到各个名称使用的准确时间。又圣彼得堡这个名称也有它变迁的不同时间，称为圣彼得堡是因为这个城市是在 1703 年由彼得大帝创建的，这个名字延用到 1914 年。

1914 年第一次世界大战爆发，俄国与德国拼个你死我活的时候，不甘心继续沿用这个德国化的名字，改称为俄国传统意义的彼得格勒，1924 年列宁逝世彼得格勒改称为列宁格勒。1924 年列宁格勒音乐家协会组织一个音乐演出团到东北来慰问当时属于苏联的，沙俄时代在东北修筑的中东铁路的工作人员。由于当时组织工作没有做好，演出团维持不下去，只好让团员自找出路。苏石林因此留在哈尔滨，接受格拉祖诺夫音乐学校的聘请教授声乐。哈尔滨的音乐生活相当活跃，苏石林有时也举行音乐会，或参加综合音乐会的独唱节目。

1930 年春天，他到上海与上海租界的交响乐团合作，参加了独唱节目。国立音乐专科学校校长萧友梅那天晚上去听音乐会，对苏石林的歌唱艺术非常赞赏，立刻像去年登门拜访查哈罗夫一样请他来音专任教，苏氏欣然答应，即于秋季开学时开始他在上海长达 26 年的音乐活动。关于他在音专开始工作的时间，一般流行的说法是 1929 年，事实是他来音专是在我来音专工作的半年之后。音专的教员姓名录的苏石林名下注明的到校年月是"十九年九月"，即 1930 年秋季开学的时间，这是不错的。

苏石林对中国事物的喜爱是不论什么地方都要表现出来的。这里只说些小事情。例如一张照片的签名吧，一般是签一个名，再多是写上年月日，苏石林不然，先是在他的玉照底下工工整整地写上三个中文"苏石林"的毛笔字，然后在下面写上他的大名的俄文，而且是用毛笔写的。又如喝酒，上海有中国的、外国的各种牌子的产品，他特别喜欢的却是五星啤酒，他翘着大拇指说："Five star, number one！"既然是对中国抱有特殊的感情，最终要找一个中国女子结为终身伴侣，也就是顺理成章的了。

上海的俄罗斯人绝大多数是十月革命之后逃离俄国的，所以说起俄罗斯人往往干脆管他叫白俄。台湾出版的《中国现代音乐家传略》就说胡然的声乐老师是"白俄籍"苏石林。苏石林对待他的国籍问题的态度是非常严肃的。当时上海的实际情况是，一般的白俄家庭都挂着一张尼古拉二世的照片，表示他们是忠于俄国的末代沙皇的，与苏维埃政权是势不两立的。苏石林家里却堂而皇之地挂着一张斯大林的照片，明确无误地表明他是苏联公民。

他对工作是非常负责的，他常常是在上课之前已经来到学校。因为不到上课时间，他就坐在办公室同我们聊一会儿天。可是聊天的时候差不多总有电话打来找他。他听电话之后回来，又不免说说打来的是什么电话，原来他的女人怕他借口上课另外去干什么拈花惹草的勾当，所以打电话核实一下他是不是真的到了学校。他还说，上课的时候，为了具体指导运气的方法，有时会在女学生的腹部按摩示范，他的女人都要疑心，找他的麻烦。也正因为这种家庭的纠葛，导致生活的混乱，直到他与周慕西结成伉俪之后才算享受到生活的乐趣。

说苏石林的事情差不多总要归结到他爱中国这一点上。说他同女人的关系还是点到他与中国妻子的良缘。换一个题目怎么样？说他演唱节目吧，他又是最先选唱中国歌曲的外国音乐家。他在学校举行的一次综合性音乐会上唱了萧友梅的歌曲《问》，他不单咬字清楚准确，而且传达出歌曲的感情，"你知道今日的江山，有多少凄惶的泪"，听的人都觉得天地变色，改容悚听。在另一次音乐会上，他又唱起了赵元任的《教我如何不想他》，那种无可奈何，欲罢不能的感情，真的是唱得恰到好处。

他自己唱得好，他教别人唱又教得好，别人班上的学生到了一定的程度不免出现"跻攀分寸不可上"的情况。学生唱得脸红喉急，听到的看到的人尽在替他着急，可是一调到他班上，立刻显现出飞跃的进步。胡然、斯义桂都有这样的经验，旁观者因之就为苏石林的教学发出由衷的赞叹和钦佩。

教得好的先决条件是教者本身要唱得好，唱得好才能示范。示范的目的并不是教学生照葫芦画瓢，而是启发学生懂得怎样运气，怎样吃透角色的个性以至作品的涵意，这就需要高度的耐心和细心，才能达到教学的目的。由此可见，教育家所要具备的条件是十分广泛的，反观音专的另一位意大利籍小提琴教师法利国（后来改译为富华），作为演奏家，他不愧是第一流的，但作为教师，他所缺乏的正是上面所提到的细心和耐心。他同样执教好几十年，他的收获就远远不及苏石林那么丰硕了。

1937年夏天，日本帝国主义蓄意扩大对中国的侵略。从卢沟桥事变发展到占领平津之后，又于8月发动对上海的进攻。中国奋起抵抗，从而展开了对日的全面抗战。战争爆发之后，我有一天碰到了苏石林，他第一句话就是中国的对日抗战真正开始了，这真是莫大的好事。日本太可恨了，欺人太甚。中国的对日抗战得到全世界人的同情，特别是苏维埃政府，我知道，他们全力支持中国的抗战，给中国送来大量的武器。我为苏维埃政府对中国的帮助感到高兴，我相信中国会取得最后的胜利。他说话时那种眉飞色舞的表情是非常令人感动的。

基于对中国抗战的认识和他坚决站在中国一边的鲜明态度，当1942年汪精卫卖国政府跟在日本帝国主义军队进占上海租界的背后霸占国立音专的时候，他毫不犹豫地毅然脱离音专，自办苏石林音乐学校，与汪伪组织划清界线。也正因为他反对日本侵略的正义立场，他的寓所遭到日伪特务的骚扰与搜查，他的态度却并不因此而有所改变和畏缩。

日本投降之后，苏石林也分到了胜利的喜悦。他重返音专任教，同时接受南京国立音乐院的聘请担任声乐教授。当时南京国民党政府正在全力进行消灭共产党的内战。反内战、反饥饿的进步学生横遭学校当局的迫害，苏石林大义凛然，公开表示他对进步学生的支持。

中国有一句老话说："树高千丈，叶落归根。"苏石林热爱中国，他的根却是俄罗斯，1956 年，他年过 60，带着他的中国夫人周慕西回苏联去。苏联通过光荣而又艰苦的卫国战争，打败了横扫欧洲、不可一世的希特勒德国。那些长期侨居国外，包括原先敌视苏维埃政权的白俄都愿意回去取得苏联公民的身份。实际上这一类人并不能得到苏维埃政府的重视。当时上海有一个青年钢琴家秦格尔已经达到相当高的水平，希望回苏联得到深造的机会。听说回到苏联之后却被分配到苏联作曲家协会担任抄谱工作。苏石林可以说是少数幸运的例外，一方面是我国文化部给了他一份高度表彰他的教学成绩的鉴定；另一方面他又有作曲家萧斯塔科维奇和莫斯科音乐学院院长沙波林那样声名显赫的老朋友，所以他被安排到莫斯科音乐学院担任声乐教授。这样他一直在莫斯科音乐学院工作了 18 年，1974 年因病退休，1978 年 10 月 23 日逝世。

他回到苏联之后，不论教学、待客、论事他总喜欢拿中国人事做比喻，喜欢谈中国的珍闻逸事。遇到来自中国的同行，他又极尽其接待，照顾的能事，而且他说到中国的时候，又往往在中国的前面加上"我们"字样，因此苏联人给他加上了"中国教授"的绰号。退休之后他还念念不忘要再去中国看望他的老朋友和学生。他还有一桩心事，为中国声乐学生设立一笔奖学金。可是由于苏联政策的限制，私人财产很难转移出国，珠宝首饰更是严禁出境，因此始终筹不成一笔够分量的数目。这是苏石林、周慕西终生未了的憾事。不过奖学金虽然办不成，苏石林的高尚品德和宏伟的事业却是永远铭刻在后人心头的丰碑。这是没有疑问的。

（罗兰如同志为这篇文章提供了宝贵的、准确的材料，特此致谢。）

原载《中央音乐学院学报》1998 年第 2 期

《中国男儿》的词作者——杨度？

　　说起近代中国的学堂乐歌，大概《中国男儿》算是比较产生深远影响的一首。翻开那一段中国近代史，"甲午战争""戊戌政变""八国联军"甚至于"瓜分""共管"。所谓"瓜分"，是帝国主义国家要像切瓜一样把中国分割成几片，由每一个强国控制一片。所谓"共管"，则是帝国主义国家联合起来对中国实行管制。这样一来，中国还成一个国家吗？在这样内忧外患不断袭来的时候，稍为敏感的中国人，不管男女老少，都有一种大难临头的感觉。在这样风雨如磐的时候，唱起《中国男儿》这首歌："中国男儿，中国男儿，要将只手撑天空。睡狮千年，睡狮千年，一夫振臂万夫雄。……虎突狼攻，日暮途穷，眼前生路觅无从。中国男儿，中国男儿，何如奋勇向前冲！……决胜疆场，气贯长虹，古今多少奇丈夫。黄尘碎首，燕然勒功，至今热血犹殷红。"我们就感到有一股无穷无尽的，"中国男儿，何如奋勇向前冲！"

　　当时我喜欢这首歌。自己一个人的时候，也会引吭高歌，颇有不可一世的气概。但是关于这首歌的歌词是谁作的，我却没有注意过。直到我小学临近毕业的时候，青主从德国留学回来，向我灌输一些音乐知识，我也不甘落后，谈一些有关唱歌的问题——事实上我当时除了唱歌之外，对于音乐可以说是一无所知的——有一次谈到这首《中国男儿》，青主告诉我，这首歌词是杨度作的。我当时听了也就过去了，没有更进一步的追问。后来我多听到一些有关杨度的事情，才对杨度与《中国男儿》的关系发生兴趣。

　　杨度是何许人也？首先让我们看看梁启超是怎样评论杨度的。"湘潭杨皙子度，王壬秋先生大弟子也。昔卢斯福演说，谓欲见纯粹之亚美利加人，请视格兰德。吾谓欲见纯粹之湖南人，请视杨皙子，顷皙子以新作《湖南少年歌》见示，亟录之，以证余言之当否也。"王壬秋即王闿运，更显著的名字则是王湘绮。他是古典文学

632

大师，钱基博《现代中国文学史》头一个举出的人物就是他："方民国之肇造也，一时言文章老宿者，首推湘潭王闿运。"其实王闿运自己并不甘心做一个文人，杨度是他的学生，《湖南少年歌》提到王氏，说"更有湘潭王先生，少年击剑学纵横。游说诸侯成割据，东南带甲为连衡"。意思是说王氏曾向曾国藩、胡林翼提出"割据连衡"的建议，曾国藩没有采纳。王氏临死前预作挽联，还有"纵横计不就，空余高咏满江山"的话。杨度跟王湘绮学习，除了文学之外，也学了他的"帝王学"，即《湖南少年歌》中所说的，"归来师事王先生，学剑学书相杂半"。杨度本人就曾经打算跟袁世凯干一番包打天下的大事业。袁世凯窃据总统高位的时候，熊希龄有一次延揽梁启超、张謇等名流组织第一流人才内阁，梁启超、张謇都答应做财政总长和实业总长。熊希龄也没有忘记杨度，请他担任教育总长，你猜杨度怎么说？他对熊希龄说："我帮忙不帮闲。"做教育总长不过是帮闲，那什么才算帮忙呢？他的志愿是为袁世凯做皇帝制造舆论，拉拢严复、刘师培等也不愧为第一流人才的名流组织筹安会，自己要做洪宪皇帝的开国元勋。这是一种逆历史潮流而动的开倒车的行为，结果当然是一败涂地。

经过重大的挫折之后，他进行深刻的反思，反思的结果又来了 180 度的大转弯。1927 年奉系军阀张作霖逮捕共产党北方领导人李大钊，杨度得到消息曾进行多方营救，但是张作霖先走了一步，杨度的努力没有收效。他随即参加中国互济会，一个援救革命志士的民间组织。1929 年正式参加中国共产党，与夏衍单线联系，他的一生真算得上是充满传奇色彩的一生。

作为歌词的作者，他写的那首《黄河》，在当时也是广为传唱的。梁启超《饮冰室诗话》对这首歌词也给予肯定。既然写过《黄河》，会不会继续写下去呢。梁启超提到《黄河》的时候，还说他写过一首《扬子江》。既然写了又写，再进一步，就来一首《中国男儿》并不是不可能的。但事实并不是那么尽如人意。你喜欢把《中国男儿》的歌词算在他的名下，你就得像考据家说的那样："拿证据来！"

说到证据，唉，把握不大。《中国男儿》歌词的作者署名为"石更"。这无疑是一个笔名。有人说它的主人是辛汉。根据是辛汉 1906 年上海普及书店出版的辛汉编的《唱歌教科书》收了《中国男儿》，署名"石更作歌"，此外别无确证。但是轻易地把它算在杨度名下也是不够严肃的。查实杨度原名承瓒，字皙子，外号是虎公、虎禅师，并没有"石更"这个名字。杨晴波编的《杨度集》约 60 万字，包括了他从青年到晚年各个时期的诗文、函电和论著。《黄河》这首歌词是收入集中的，编者还注明："本篇系杨度为中等学校所作的歌词，由曾志忞谱曲，收入曾所编之《教育唱歌集》。又《天津大公报》1904 年 7 月 19 日曾刊载《黄河》歌词全文。今日某些老人犹能诵唱，可见当时影响。"但是《中国男儿》却没有编入，这是令人失望的。

正式标明《中国男儿》是杨度作词的是柯政和、张秀山合编的《名歌新集》第二册，1928 年北平中华乐社出版。但是编者并没有说明署名杨度的理由，所以也不能轻易肯定把它的著作权归之杨度。

除了柯、张合编的《名歌新集》之外，更有说服力的是 1936 年 3 月商务印书馆出版的，由当时南京国民党政府教育部中小学音乐教材编订委员会编选的《中学音乐教材初集》收入这首歌曲，并请黄自编上钢琴伴奏，现在收入新出版的《黄自遗作集·声乐作品分册》，署名杨度词。我是最近看了《黄自遗作集·声乐作品分册》，看见长年盼望的正式署名杨度词，于是眼睛一亮，写信给该书编者、音专老校友钱仁康，希望他提供具有白纸黑字的真凭实据。钱先生的回信还是只限于一般的材料，并没有特别的新鲜东西。不过我想，南京教育部编订这份声乐教材是由该部音乐教育委员会亲手抓的，音乐教育委员会的成员如沈心工、萧友梅、黄自、周淑安、唐学泳等都是老一辈音乐家，相当熟悉当年音乐界的情况，他们对这首歌曲的作者定为杨度，也许是没有什么问题的，所以不作什么说明，正如当年青主说到歌词作者是杨度的时候，也只是平平淡淡的说了一句，并没有多加解释。记得十多年前在有一次会议上我提到《中国男儿》歌词作者是杨度的时候，在座的一位同志也曾经附和我的说法，我当即问他有什么根据，他只说听人这么说，没有进一步的发挥。现在所能说的，恐怕只能是这样：《中国男儿》歌词"传杨度作"。

至于歌词本身，《中国男儿》是一首发扬蹈厉、英勇无前、充满蓬勃朝气、振奋人心的佳作，与真正属于杨度的手笔的《黄河》是一脉相通的。他还有一首《湖南少年歌》可以联系起来看。那首歌比较长，有些话是可与《中国男儿》和《黄河》互相启发的，如"欲返将来祖国魂，凭兹敢战英雄气。人生壮略当一挥，昆仑策马瞻东西"。不是同"要将只手撑天空……一呼振臂万夫雄"（《中国男儿》）以至"愿得十万兵，长驱西北边。饮酒乌梁海，策马乌拉山"（《黄河》）同一路数的吗？

《湖南少年歌》的精神是与祖国同命运的。诗中有句曰："若道中华国果亡，除非湖南人尽死。"写了《湖南少年歌》，更进一步写一首《中国男儿》，充分显示

"要将只手撑天空"的精神，这正是合乎逻辑的发展。所以说，《中国男儿》归在杨度名下，并不是没有道理的。

这个问题在我头脑里盘旋了不少年，一直没有解决。现在写出来，算是向大众请教，希望起到抛砖引玉的作用，有人出来提出突破性的真凭实据。

原载《音乐研究》1999 年第 1 期

从艺术歌曲的定名说起

　　艺术歌曲这个名词开始使用是在 20 年代，当时称为"艺术歌"，是萧友梅从德语 Kunstlied 转译过来的。Kunst 的原文是艺术，Lied 是歌曲，合为一字就是艺术歌曲，可谓滴水不漏的译文。1928 年我初到上海，看到一本美国版的《舒伯特歌曲集》，开头有一篇序文，说是如何认识和唱好 artsong。英文 art 是艺术，song 是歌曲。据说这个名词也是起源于德国。可见艺术歌曲这个名词是国际通用的了。顾名思义，它是特别重视艺术性的歌曲。然而一次偶然的谈话却为这名词给予翻案的解释。那是一位捷克留学生伍康妮的意见。有一次我们闲谈，随便谈到人造丝的德语的名称：Kunst-seide，她接着说 Kunstlied 的 Kunst 也是这个意思。这真好比是"醍醐灌顶"，一语道破了仓颉的秘密。是耶？非耶？录以待考。

　　查考起来，德文：Kunst 这个名词，兼有本领、技能以至作为人工制品的前缀，如人造丝称为 Kunstseide，人造革称为（Kunstleder），化肥称为（Kunstdünger），假肢称为 Kunstglied 如此等等，不胜枚举。所以艺术歌曲的艺术的含义不在于艺术而是在于人工的，加工制作的。它与民歌的区别就在于它是一定的专业人工制作的，与民歌的口头流传，基本上是无名氏的作品，与我们习惯地所谓为天籁者大异其趣。它们的区别是产生过程不同，并不是艺术上有高低之分。

　　记得在有一次会上谈到歌曲的分类问题，有人提出可分为民歌与艺术歌曲两大类，同时有人提出不同的意见，难道民歌不算是艺术？当时讨论没有继续下去，大概他们认为艺术歌曲这个名称本身就有片面强调艺术性的倾向，所以不宜采用。后来比较通用的名词是抒情歌曲。有些正式出版的歌曲集也称为抒情歌曲集。遗憾的是抒情歌曲这个名称并不能统摄所有的专业创作歌曲。例如贝多芬的那首大气磅礴、天马行空式的《十方诸世界》就不是抒情两个字可以笼罩得了的。诗歌的两大门类是抒情和叙事，如果歌曲前面加上一个抒情的定语，那么，叙事歌曲要不要入选呢？

如果不要，舒伯特的《魔王》，舒曼的《两个榴弹兵》应该摆在什么地方呢？拿叙事诗谱曲是歌曲的一大宗，舒伯特是连歌德的《天神和歌舞妓》，席勒的《潜水人》那样的作品都谱成歌曲的。吕威是特别以谱写叙事诗的歌曲占有音乐史上重要的一席的。他的像片在某一本音乐史上像舒伯特一样印成整版，他谱曲的《魔王》有人说是可与舒伯特的杰作媲美，有人甚至于说是后来居上。要不是自信敢与舒伯特比高低，他也许是不会轻易动笔的。除了《魔王》之外，他以歌德的叙事诗谱写的歌曲如《魔术学徒》与《死的舞蹈》也是备受赞扬的精品。至于沃尔夫的《主显节》和《花妖之歌》则是带有喜剧性的叙事歌曲，都是抒情歌曲范围之外的作品。所以抒情歌曲这个名字是不免过于狭隘的。然而抒情歌曲这个名字还遇到了正面的挑战。

有一位年轻朋友喜欢唱流行歌曲，他的一位喜欢严肃音乐的长辈颇不以为然，问他唱这些东西有什么好处，他答道："抒情。"因为流行歌曲是以言情说爱的内容占上风的，在有些人的心目中，差不多是给流行歌曲与抒情歌曲划上等号。这样一来，属于严肃音乐领域的爱惜羽毛的抒情歌曲面对流行歌曲的挑战，自不能不改弦更张，以求保持自己严肃的本色。就在这个时候《中国大百科全书·音乐舞蹈卷》正式统一使用艺术歌曲这个专门名词。抒情歌曲回到本来就已经用过的艺术歌曲这个名字上来自然是顺理成章的了。

《中国大百科全书·音乐舞蹈卷》里面《歌曲》这个词条有详细的分类的说明，艺术歌曲是其中的一大门类，另外"艺术歌曲"还另立一条，用英语注明（art-song）。可是在《歌曲》这个词条里面，艺术歌曲后面却说德语名为"Lied"。实际上 Lied 是歌曲的总名，德国出版的音乐大百科《古今乐典》（MGG）的《Lied》这个词条的名下把歌曲分为三大类：Kunstlied（艺术歌曲）、Volkslied（民歌）和 Kirchenlied（教堂歌曲）。可见把艺术歌曲简单称为 Lied，是不免近于笼统的。

说到这里，倒要接触到我们目前艺术歌曲的情况了。我没有调查研究，没有发言权，只听说歌唱家说过，现在好歌少，差不多到了无歌可唱的地步。真是这样吗？是不是施光南一死，连歌曲也一起带走了？

写歌曲要有歌词，诗人为此也有一份责任。舒伯特之所以成为一代歌曲之王，得力于诗人的帮助是不少的。光是歌德的诗篇他就谱写了 72 首，席勒的 46 首，米勒的 44 首。我们中国的赵元任的歌曲也多是从徐志摩、刘半农、刘大白等诗人那里取得素材的。我们现在是作曲家找不到合适的歌词呢，还是诗人的作品得不到作曲家的赏识？我是门外汉，不敢妄加议论。不过歌唱家所说的无歌可唱，指的是新作品缺乏，补救的办法是不是也可以对过去的遗产进行挖掘呢？

关于艺术歌曲的遗产，远的不说，光是五四以来的作品，还是有不少值得注意的，要都说出来，恐怕太多了，还是略举一二，留下的让歌唱家自己去发掘吧。

萧友梅的作品，除了《问》之外，我觉得《南飞之雁语》就是不失为优秀的作品。赵元任呢，现在唱来唱去总是《教我如何不想他》，其实好的东西还多着呢。略举一首，如《上山》就是不可多得的佳作。其他如《也是微云》也是值得低徊吟味的。有一次应尚能开独唱音乐会，结束之后，群众高呼"再来一个"，他随即唱了一首《听雨》。虽然短小，趣味盎然。至于青主，现在翻来复去，不外是《大江东去》和《我住长江头》。其实遗珠还是有的，我这里只举一首：《红满枝》。还有黄自，这位比孔子悲叹为"不幸短命死矣"的颜回只多活了两岁的杰出的多面手音乐家的作品算是传唱得比较多的，但是也只限于《春思曲》《思乡》和《玫瑰三愿》以及清唱剧《长恨歌》的选段《山在虚无缥缈间》。是的，还有一首儿童歌曲《西风的话》。但是可以作为保留节目的岂只是这一些吗？例如《花非花》和《卜算子·黄州定慧院寓居作》表现了幽渺深沉的境界，《南乡子·登京口北固亭有怀》和《点绛唇·赋登楼》又是雄浑壮阔的一派。

这个时期中国出现了两位异军突起的杰出人物：聂耳和冼星海。关于这两位伟人也许用不着多作介绍了，这里只提出几首特别不能忽略的名作：聂耳的《铁蹄下的歌女》《卖报歌》《毕业歌》《大路歌》和《梅娘曲》，冼星海的《夜半歌声》《茫茫的西伯利亚》和《江南三月》。

我们不能忘记，年纪才满30岁，就惨死在日本侵略军飞机炸弹之下的张曙。就他生平的行事和艺术成就而论，他与聂耳和冼星海的关系，也许可以借用席勒的叙事诗《人质》的最后一句："在你们的盟约中做个第三名。"他的作品可以举出《芦沟问答》《一条心》《洪波曲》和《丈夫去当兵》。

此外，贺绿汀有《嘉陵江上》，张寒晖有《松花江上》；贺绿汀有《游击队歌》，张寒晖有《游击乐》，可称双璧。我们也不能忘记吕骥的《毕业上前线》，抗战期间我们办过各种训练班，结业分别的时候，毫无例外地总是唱这首歌。刘雪庵有《长城谣》，还有他的《过闸北旧居》，与应尚能的《吊吴淞》，同是"一·二八"淞沪抗战留下的伤痕。日本帝国主义侵略的罪证，铁案如山，要翻是翻不了的。中国现代作曲家可以说没有一个不曾写过抗战歌曲。夏之秋的《歌八百壮士》、陈田鹤的《巷战歌》、江定仙的《打杀汉奸》等等，真是不胜枚举。不过题目是谈艺术歌曲的，还是回到艺术歌曲上面来吧。

陈田鹤的歌曲，胡然是认为百唱不厌的，这里只举出他的《山中》《秋天的梦》

和《江城子·西城杨柳弄春柔》。江定仙则有《静境》和《岁月悠悠》。任光的《渔光曲》、陆华柏的《故乡》是传到海外去的佳作。这里我还要爆一个冷门，举出钱仁康的《山鸡救林火》，这是我国近代少有的叙事歌曲。

最后我还想提出两位女作曲家：周淑安和华丽丝。周淑安在《乐艺》发表她的歌曲《乐观》的时候，赵元任作为她的老朋友，极力赞赏这首歌曲是"很有音乐价值的作品"，但是可惜它"做得难唱极了"，当时的确是很少人唱，现在过了将近七十年，这首歌是几乎被人忘记了。今天的歌唱家会不会该是觉得它并不难唱，让它重见天日呢？此外她的那首《关不住了》，我在音专工作的时候，经常听见有学生在课堂里练唱，我觉得是蛮好听的。

还有一位华丽丝，青主的第一任夫人，德国籍，青主为她写过一首《望海潮》，有"枯木逢春，仙娥许状"的话。"枯木逢春"是说第一次大战期间，德国遭到封锁，吃的主要是代用品，要不是华丽丝的帮助，他难免饿死异国。她写的合唱曲《金缕衣》，赵元任认为是"最好的中文合唱曲"。她写的歌曲《少年游·并刀如水》，得到梅柏器的赞赏。她那首曹植的七步诗《煮豆持作羹》，喻宜萱和胡然都在音乐会上独唱过。当时蒋介石正在打内战，唱到"本是同根生，相煎何太急"那一段，听的人都深感震动。

因为听见有人说，新歌少，几乎无歌可唱，我因此不揣冒昧，提出五四以来艺术歌曲的宝藏，希望有心人从这方面进行挖掘。说实在的，每个歌唱家都应该有一套自己独具特色的保留节目，这就需要古今中外，广收博采，不能限于几首新歌。当然，五四以来的优秀歌曲远不只是我这里所说的一些，我这里所说的也只是就我所知提出个人的意见，绝不会全都正确。语云："愚者千虑，必有一得。"姑且借这句话帮我解嘲好了。

原载《人民音乐》1999 年第 9 期

萧友梅与澳门

　　1999 年 12 月 20 日，澳门继香港之后，重新回到祖国的怀抱。它虽然以东方的蒙地卡罗而闻名中外，同祖国的文化却也有相当的瓜葛。早在四百年前，明朝的戏曲大家汤显祖在他的杰作《牡丹亭》里面就曾经给澳门安排过一出戏，叙述柳梦梅上京考试，路过澳门，晋见钦差苗舜宾，得他赠送盘缠。开头先来一段洋人献宝，通事传话的场面。洋人的道白"伽喇喇"有音无义，正如鲁迅在他《故事新编·理水》里面的"咕噜叽哩"一样，只是表示中国人听不懂的洋话。我早年读《牡丹亭》，看到"一领破袈裟，香山奥里巴"那段话，只是囫囵吞枣般看过去，根本没有查考是什么意思。50 年后才知道"香山奥里巴"是指澳门耶稣会教堂三巴寺。其实柳梦梅从广州出发，上京考试，并不需要绕道澳门，是汤显祖为了好奇，故意穿插一段澳门的洋人献宝戏，说明这位戏曲大师对新鲜事物是蛮有兴趣的。凭我的孤陋寡闻，这大概是澳门进入古典戏曲最早的一次了罢。

　　汤显祖之后，清初绘画名家有"四王吴恽"的说法，其中之一的吴历 50 岁入了天主教，取道澳门，想去欧洲取天主教的经，但是没有去成，在澳门住了 6 年，将居留在澳门期间的诗作编为一辑，名为《三巴集》，亦即汤显祖所说的"香山奥里巴"，可见他对澳门也是有所留恋的。

　　到了近代，魏源以林则徐的《四洲志》为基础，扩编为《海国图志》，主张"师夷长技以制夷"，"师其所长而用之，即因其所长以制之，风气日开，智慧日出，方见东海之民犹西海之民"，可见他的文章都是"裨益经济，关系运会"的。但是他又并不轻视文艺，自称"应笑十诗九山水"。可惜我们现在话题的中心是澳门，我们关心的事情是音乐，所以这里只能引他的那首《澳门花园听夷女洋琴歌》。据他诗序说，"有洋琴如半几，架以铜丝"。关于演奏方式，有"按谱鼓之，手足应节"的话。那么，所谓洋琴，可能就是钢琴。看他的描写："初如细雨吹云间。故将儿女幽窗态，写出天风海浪寒，似诉去国万里关山难。倏然风利帆归岛，鸟啼花放槛声浩，触碎珊瑚拉瑟声，龙王乱撒珍珠宝。有时变节非丝竹，忽又无声任剥啄。雨雨风风海上来，萧萧落落灯前簌。突变千声归一声，关山一雁寥天独。万籁无声海不波，银河转上西南屋。……"不是钢琴，恐怕弹不出这样繁复的变化。花园的主人是葡萄牙人，序文结段说"主人闻予能文，乞留数句。喃喃涌之，大喜，赠洋画而别"。从序文结语"乞留数句，喃喃涌之"，好像这首诗是即席成吟的，真可谓捷才了。

以上各位虽然都为澳门留下一些记载，终究是苏东坡的诗句"泥上偶然留指爪，鸿飞那复计东西"那样的过客。过后就过去了。比较与澳门关系密切，而且生平思想事业都在澳门居留期间开始起到推动作用的应该说是萧友梅。

萧友梅5岁随父亲移家澳门，澳门有3个人对他的终身事业发挥了决定性的作用：孙中山、葡萄牙神甫和陈子褒。

孙中山和萧家是世好。萧家定居澳门3年之后，孙中山也来澳门开设诊所。孙中山有机会就要宣传他的政治主张；据他自述，他是"以学堂为鼓吹之地，借医术为人世之媒"。当时广州与香港有定期来往的渡轮。航行途中为了消除旅途的寂寞，旅客可以自由表演弹唱，或做买卖广告。孙中山也不甘寂寞，起来讲他救亡图存的道理。我廖家大院一个长辈就听过孙中山的船上演说，盛称他那吸引大众的口才。孙中山与萧家往来甚密，萧友梅从小听他这位世交长辈的议论，使他懂得国家兴亡、匹夫有责的大道理，所以后来留学日本，经孙中山的介绍立即加入同盟会，并以自己学音乐的学生的身份，政治色彩不那么浓厚，自己的宿舍成为孙中山与同志密谋的聚合地点，甚至于掩护孙中山藏在自己的宿舍，躲过了日本警探配合清廷对孙中山的追捕。

葡萄牙神甫是萧家的邻居，他家里有一架风琴，引起了萧友梅天真的注意，他听得多了，自己就跟着唱；唱得多了，引起了那个葡萄牙神甫的注意，终于领他到自己家里去，让他摩弄那个洋玩意。他说那时的情况是"羡慕不已，然未有机会学习也"。小时的羡慕是特别深刻的，未有机会学习，更加深了他对音乐的憧憬。到了自己可以掌握机会又有选择的权利的时候，他就立刻选择了东京音乐学校。当时的社会风气，学音乐是没有出息的，属于倡优的行业。萧友梅先是在东京高等师范学校的附设中学上课，同时又在东京音乐学校学习钢琴及唱歌。升入东京帝国大学教育系，也没有放弃东京音乐学校的钢琴专业的学习。1913年，他身在莱比锡音乐学院，也没有忘记兼听莱比锡大学的教育学课程。这种学习音乐兼学教育的双重课业的攻读方法是不是也可以从他的启蒙教师、灌根草堂的山长那里找到答案呢?

我在《萧友梅传》里面说到灌根草堂的时候,说灌根草堂的课程设置,除了四书算术之外,还有英文和日文,颇有别于当时一般的"搏斋"。后来读《陈寅恪最后的二十年》,其中有一段关于陈子褒的话,说他与康有为是同榜举人,康有为发起的"公车上书"陈子褒也参加了。所谓公车上书,是中日甲午战争失败之后,清政府签订马关条约,康有为联合各省上京考试的举人三百余人签名上书,提出拒签中日和约,迁都抗战,变法图强三项主张,是五四以前北京知识分子一次有声有色的爱国运动。戊戌变法失败后,陈子褒赴日考察,认为要救中国须从教育入手,教育又须以妇孺为根本。日本归来之后,设帐授业,自号"妇孺之仆",开一时之教育风气。这一下使我觉得我对陈氏的评价是大大的不足,于是托广东的朋友找有关陈氏的资料,承他给我寄来《康门弟子述略》中的陈子褒传略,觉得很有多作介绍的必要,但又不可以多占篇幅,只能举其荦荦大者。戊戌变法失败,慈禧太后发动政变,认为康有为是"罪魁祸首",康有为只身逃遁,他的家人因得陈子褒及时通知,避居澳门,才免于"满门抄斩"。他提倡妇孺教育的实例是1903年起已招收女生,实行男女同校,自编《妇孺新读本》。统计他从事教育的26年间,共编著出版通俗课本及读物40多种。他还提倡语文合一,认为文言将要"祸亡中国",因为普通中国人读不懂文言,所以他亲自动手编辑《妇孺译文》,用广州白话写成文章,与文言对照,使"生徒之视文言,不啻其视俗语。凡粗浅之事,口所能道者,笔亦略能述之矣"。

还有一点,他说:"中国士人,向不讲求逮下,正谚所谓肚饱不知人肚饿者,今日编书宜为极贫极愚之国民设法,乃为有补大局。"因此他在澳门亲率弟子创办佩根平民义学,赞化平民义学及灌根劳工夜学,在香港又创办联爱会工读义学(这里的工读义学是半工半读的意思,与我们今天的工读学校不是一码事)。这样的一些议论和行动都是在五四运动十多年前先后的表现,真可谓先进人物了。

在这样的一位先进人物启迪之下,萧友梅的重视教育的思想,也无疑有其渊源的了。

《康门弟子述略》的作者开列了一连串的人名,说他们是受业陈子褒门下的港澳名流。却没有提到萧友梅这一位中国近代音乐的播种者,影响深远的一代宗师。就在他所列举的名流中,那位冼玉清也是远远越出港澳的知名人物。她是岭南大学的资深教授,史学大师陈寅恪题她的《修史图》,有句曰:"若将女学方禅学,此是曹溪岭外宗。"称许她是创立了岭南学派。冼玉清的诗集名《碧琅馆诗集》,陈寅恪

1957年1月春节曾送给她一副春联："春风桃李红争放。仙馆琅玕碧换新。"可见她是备受陈氏推重的。这里是限于音乐家的范围，只说说她与冼星海的一段因缘。

冼星海在岭南大学附中学习的时候，冼玉清是国文教师。冼星海喜欢书法，常向冼老师请教写字的方法。冼玉清顺口把练字歌诀告诉他："字无百日功，勤学便工。笔执正，墨磨浓。画平企直贯当中，排匀撇捺分西东。"他跟冼老师学习书法，也跟她学习诗词。他写的一首《如梦令·春思》，曾得冼老师的称许，并介绍这首词在岭南大学校刊《南大思潮》发表。词曰："试问春归何处？勿指柳梢残雨。往事那堪论，尽在游丝飞絮。无语，无语，乳燕双双归去。"冼玉清曾说："写字、作曲、吹直箫（单簧管）三样，都是星海的特长。可惜他的书法，后来为音乐所掩了。"

现在再回到萧友梅这边来。他在澳门所受到的这三个人的影响，一直贯穿着他的一生。他后来在日本和德国的学习和研究，都可以说是澳门影响的延续和扩大。因而他对澳门怀有特殊的情结，是完全可以理解的。具体的事例是，上海沦为孤岛之后，1938年春夏之间萧友梅取道香港前往武汉，与国民政府教育部商讨音专内迁问题。他在逗留香港的短暂时间，作为广东省中山县人，他没有趁便回广州或中山去转一转，却去澳门找他的老朋友，并与他们在白鸽巢花园合影留念。这也许足够证明他情之所钟，端在澳门了罢。

原载《人民音乐》2000年第1期

青主与澳门的一段因缘

澳门已经回到祖国怀胞，我因此想起青主与它的一段因缘。

1927 年 4 月，国民党发起反革命清党，对共产党大开杀戒。青主当时在广州，是比共产党还要共产党的风云人物。他幸而死里逃生，去了澳门，随即与武汉总政治部取得联系。但是好景不长，武汉的汪精卫也跟着走上了反共的道路。青主只好在澳门呆下去。这时间他写了一些无题诗，这是中国文学史上传统的借美人香草来表述政治思想的手段，亦即李商隐所说的"楚雨巫云皆有托"。青主的诗句有"月暗朱楼频怅望，城高白帝欲何之？"朱楼是指红色，白帝表面上是白帝城，李白的诗句"朝辞白帝彩云间"的白帝城，实际上则是白色帝国主义的缩写。诗的第二首的结尾"朱门他日桃花发，寸寸春泥记落红"说的自然是将来革命胜利了，不要忘记牺牲的烈士。这是套用龚自珍"落红不是无情物，化作春泥更护花"的名句，却赋予新的含意。还有为了表明他对胜利的信心，他还就李商隐《夜雨寄北》的起句"君问归期未有期"反过来说，"若问归期定有期"。

同年秋天，张发奎率领的第二方面军包括黄琪翔为军长的第四军回到广州，青主的归期算是到了。由于黄琪翔与邓演达的关系，黄对青主早有相当的认识，所以青主同他见面之后，很快就被任命为第四军政治部主任。第四军的参谋长是叶剑英，还兼教导团团长，后来成为广州起义的主力部队。但是广州起义没有几天，国民党的军队就从各方面杀回来了。汪精卫、陈公博借广州起义事件趁机排挤黄琪翔，罪名是任用"著名共党廖尚果"。这一次廖尚果是比清党的处境更危险了。我当时是与青主一家住在一起的。广州起义之后，青主一直没有回过家。但是国民党军队重据广州，他还不见回来，事情就有些尴尬了。同时我自己也不是逍遥事外的人，当时满街满巷的标语是"杀绝共产党！""枪毙 CY！"走！打听大哥的下落！到哪里去找呢？第一步是离开广州去香港。到了香港，碰到了好几个原第四军政治部的工作人员，他们都不知廖主任在什么地方。我想，依照行踪的习惯，也许会走熟路去澳门。于是我上了去澳门的轮船。在澳门找到孔教会的一个英文教师，没有结果，于是再折回香港，打算去九龙新界大埔找一个亲戚。我看时间还早，还没到去大埔的区间车开车的时间，于是抽空去找一个清党之时已经来了香港的 CY。人找不到，看那里的报纸，一条触目惊心的消息把我怔住了：廖尚果在薛岳司令部被拘禁，黄琪翔亲保不出。……这一下可不得了，这还有命吗!? 非打听清楚不可。去哪里打听呢？青主认识一个在澳门赌场工作的朋友。上次我没有去找他，这次是赌场也非去不可了。到了澳门，赌场是找到了，要找的人却不在那里。据说是去了香港，当晚会回来，我可以在这里等他。等到夜里，吃过宵夜——赌场是吃喝任意，我也沾了光——那位先生回来了。他一看见我，倒也非常托熟的样子，好像是料到我会来找他。他告诉我，他正从青主那里回来。他叫我把我手上的那本书交给他，他翻开书，在一页夹缝中间一笔一画地写出九龙深水埔的地址。这一次澳门算没有白来，我随即在赌场休息室里睡了一觉，第二天一早立即上了开往香港的轮船。

按书籍夹缝中的地址敲开了人家的房门，一进去就看见青主坐在行军床上。主人是原总政治部的工作人员，主任邓演达一走，他也不安于位，从武汉来到香港。香港普通的出租房子一般是一层一层的出租。那是空荡荡的一层统楼，由房客根据本人的需要用木板分隔卧房和厅堂，目前现住的主人来到香港，只是暂且栖身，并不作久居的打算，所以根本不为分隔房间支付多余的花费。有人来住就用一道屏风隔开一个铺位，这完全是临时凑合的居住。好在我看到了青主，心上的大块石头落了地。我也不再多耽搁，按原定的计划去大埔。在大埔住了约莫一个多星期，接到青主的来信，说华丽丝和女儿玉玑到了澳门，要我去澳门接她们来香港，香港方面已经由居停主人接洽好住处。这样我又第三次去澳门。我直奔赌场那位朋友，由他领我去旅馆和华丽丝母女见面。一见面，大家当然很高兴，总算是全都脱离了危险。据华丽丝说，国民党真的派人来搜捕廖尚果。捉不到人，还全屋搜查了一遍，要寻找违禁物品。可笑的是他们拉开抽屉，看到吃西餐用的刀叉，于是拿起刀来朝华丽丝脸上晃，认为这是杀人的凶器。华丽丝把刀子接过来，做一些切菜的动作，随后向嘴送。她不会说广州话，只能做一些吃饭的手势。他们还算讲道理，没有继续追究。华丽丝觉得广州是住不下去了，根据另一个朋友提供的澳门的线索，由一个姓区的，也娶了一房德国太太的先生帮她们找到澳门的赌场。现在我来了，区先生当即回广州，由我在那位赌场朋友的帮助下，陪同华丽丝母女带着从广州搬来的包括一架钢琴在内的行李运上直奔香港的轮船。这是逃难，也够得上是相当规模的搬家，就差没有笨重的家具。

华丽丝母女到了香港，家事的牵累算是告一段落。不巧的是在香港准备同住的那家人竟是一个陈公博的喽罗。对我们居然动不动就恶声相向，实在不可能和平共处。我们不得不又来一次搬家。搬家之后，青主仍然不敢与华丽丝同住。他搬到另一处也是原总政治部工作人员的统楼，不过这已经与澳门没有关系了。

为了澳门回归，我最近想起了与澳门有关的一些旧事，曾写了一首小词，题为《澳门感旧》，调寄浣溪沙：

> 亡命三番去复来，乱离兄弟切胸怀。等闲曾此拟蓬莱。　　巧取强侵终放手，香江濠镜后先回。一匡犹待统澎台。

所谓三番去复来，前面已经交代清楚了。关于什么是蓬莱，这里还要多说几句，蓬莱，在古书上说是海上的仙山。这里则是把它当作是海外的避风港。当时的情况是，有许多从广州和武汉涌来的"政治难民"，香港报纸管他们叫"灾党"。为了逃避反动势力的迫害，跑到香港来避难。大家见面的时候，往往会开玩笑地说，革命胜利之前，暂时不要收回这块地方为妙。事实上呢，香港这块地方也不是什么海上的仙山。就在我们到来不久之前，这里还发生过一场"红夷猾夏"的风波。当时香港学校作文课还是用文言的，有一位国文教员韩习之批改学生作文的时候，写到中国近代积弱的历史认为是始于"红夷猾夏"。红夷等于说红毛。过去中国人的地理知识相当贫乏，所说的红毛很难确定指的是哪一国，阮元算是比较有新知识的学者，他说时辰表，前面加上红毛两个字。论钟表的生产国，应该说是瑞士吧，他说什么红毛时辰表，究竟指的是什么地方呢。《汉语大词典》在"红毛"名下说是"旧指荷兰"。但是广东香港说的红毛总是实指英国人。"猾夏"是古文，出自《尚书》，义为扰乱华夏。韩老师这句话说明他是一个爱国的有心人。"红夷猾夏"译为白话就是英国侵略中国。不知是谁捣的鬼，这件事报告到港英当局那里去了，他们于是声势汹汹的指责韩老师是共产党，真是非同小可，旅港同胞关心韩老师的安全，群起声援。港英当局终因证据不足，不能拿韩老师怎么样。但是他们悍然下令学校解聘韩老师，而且永远不许韩老师在香港教书。所以说香港是什么避风港，那么玩笑还只能当作玩笑而已。

原载《音乐艺术》2000 年第 1 期

关于《大地之歌》那两首唐诗的难题

十多年前我曾为中央人民广播电台写过一篇关于《大地之歌》的广播稿。除了李白、王维、孟浩然等人的原诗找了出来之外，第二和第三乐章的歌词已经说明查不到原诗。最近《大地之歌》中那两首唐诗的问题在报上公开提出来了，我为此重新把旧稿翻了出来，发现其中夹有一张抄上钱起《效古秋夜长》的纸片。什么时候找出来的，已经记不起来了。把它同德译本比较起来，觉得过于空泛，所以不敢轻下断语。只是把它夹在原稿里，准备有朝一日当作补订的参考。现在上海音乐学院老教授钱仁康发表文章《试解〈大地之歌〉中两首唐诗的疑案》及总参离休同志任一平、陆震纶的文章《确证马勒〈大地之歌〉第二乐章〈寒秋孤影〉源于钱起〈效古秋夜长〉》，都认为第二乐章的歌词是钱起的作品，特别是任、陆两同志的文章找到比戈谢《玉书》更早的圣丹尼斯的译本，书中载有这首《效古秋夜长》的作者是白纸黑字写作钱起。戈谢书中标明该书的作者是张籍，那是明显的错误。可以说，《大地之歌》第二乐章歌词的来源问题是有了明确的答案了。

至于第三乐章《青春》是怎么回事呢？我在当初的广播稿里根据德译《瓷亭》的考虑，认为亭一般是有顶无墙、四面通风的，它同瓷有什么关系呢？所以我想陶瓷的瓷也许指的是琉璃瓦，但是从李白的诗作里又找不到与琉璃瓦有关内容的篇章，只好作为悬案。现在钱仁康的文章却从陶瓷亭子找到了李白的诗篇《宴陶家亭子》。钱先生是我平生钦佩的老朋友，他读书常有妙悟。这陶亭的发现就是有趣的实例。外国人对中文的理解往往是望文生义，例如元稹《行宫》的后两句"白头宫女在，闲坐说玄宗"就有人译为老宫女闲着没事，坐在那里谈论玄妙的宗教。这无疑是对唐明皇李隆基的庙号玄宗的误解。又如《陌上桑》诗中"头上倭堕髻"本来是指一种歪在头上的一侧、似堕非堕的发髻（一说是说发髻斜覆在前额上），但是英译却写作日本型的发髻。有人甚至于说诸葛亮不单是政治家、军事家、他还是音乐家，他在作官之前还对管乐器进行比较研究。这是从"孔明自比管乐"这句话派生出来的推论。他不知道管乐是管仲和乐毅两个人物的姓氏。所以陶家亭子译为陶瓷亭子是不足为奇的。但是李白原诗《宴陶家亭子》里面包含的重点的物事如"高门大士家""林吐破颜花"以及"若闻弦管妙"等等在译诗里都不见了，却凭空冒出一座虎背样的拱桥。所以说《青春》的原诗是李白的《宴陶家亭子》似乎说服力还不够。只能备此一说。

考虑到贝特格的德译是从法国戈谢的译诗集《玉书》转译过来的，也许法文原译可以提供若干有用的线索，于是请中央音乐学院音乐研究所的温永红女士把戈谢的法译译为中文。法译只有四节，德译竟发展成七节。但内容差别不大。于是转念一想，法文 Pavillon 这个字除了亭子之外，还有没有别的什么意义呢。找到法语字典一查，还有天盖床、帐篷等等的意思，可是带着这样的含义又翻检李白的诗集，仍然找不到有关的作品。这可真是到了山穷水尽的地步了。

还有什么办法呢？这时又想起我国驻法大使馆曾为《大地之歌》歌词写过一封致李副总理办公室的信。信里面提到《大地之歌》的歌词，其中第一、第四、第五、第六四个乐章的唐诗都和我们所说的一样。第二乐章的原诗据说是"李白诗《古风》第26首及《长相思》部分诗句的组合"。第三乐章的原作则是李白的《夏日陪司马武公与群贤宴姑孰（一作熟）亭序》。经查信中所举第二乐章的原诗与译诗经过对比，觉得过分牵强，而且钱起的《效古秋夜长》已经得到确认，可以不必再去研究。至于李白的那篇序却值得查对一番。序文的开头一段是这样的：

> 通驿公馆南有水亭焉。四甍翚飞，巉绝浦屿。盖有前邑令河东薛公栋而宇之，今宰陇西李公明化，开务成务，又横其梁而阁之。昼鸣闲琴，夕酌清月，盖为接辖轩、祖远客之佳境也。制置已久，莫知何名，司马武公长材博古，独映方外，因据胡床，岸帻啸咏，而谓长史李公及诸公曰：此亭跨姑熟之水，可称为"姑熟亭"焉。

我们现在就拿《瓷亭》的译文同李白的这段文章对比一下，看它们彼此之间有什么相通之处。《瓷亭》的译文是这样的：

小池的中心
有一座青瓷和白瓷
构筑的亭子。
一条白玉的小桥
像虎背一样拱着
通向那座小亭。
朋友们聚集在小屋里
衣裳楚楚，喝酒，聊天，
有些人即席题诗。
他们丝绸的衣袖
向后倒卷，他们的便帽
愉快地滑到了脑后。
在小池静静的水面上
一切都落入
神奇的倒影。
在那青瓷和白瓷
构成的凉亭里面
一切都颠三倒四。
小桥像是一弯新月
拱背向着水底。朋友们
衣裳楚楚，喝酒，聊天。

序文一开头点出"水亭"，译诗的小池可以说有了着落。"四甍翚飞"，是说屋檐彩瓦四角延伸，也许正是瓷亭这个译名之所以为瓷。从"栋而宇之"到"梁而阁之"，是说从简陋的建筑物扩建为层楼叠阁。横其梁的原意是架起负重的栋梁。但是托名"苏李赠答"的古诗"携手上河梁，游子暮何之"是家喻户晓的名句。河梁者桥也，译者会不会把栋梁的梁误解为桥梁的梁呢？根据过去洋人译汉诗的经验，这一类的误解并不是个别的。这样一来，给梁字再加一加工不就是虎背样的拱桥了吗？主人与长史李公及诸公的谈话与译诗中的朋友们相应，译诗的便帽推向脑后啦，写诗啦，自然可以说是从原文"岸帻啸咏"生发出来的。凡此种种似比《宴陶家亭子》更有可能是译诗的底本。遗憾是大使馆的来信没有写明那位指点迷津的先生是何方人氏，一时无从请教，只好由我按图索骥，找到李白的原作做一次文抄公，并擅自加以臆测。能不能也备为一说呢？

关于《大地之歌》的评价，总的来说，都认为是一部伟大的作品，有人甚至认为是马勒生平的第一部大作。但是在思想上却有不同的看法。有人认为一开头的"悲来乎"已经给整部作品定了调子。它的卒章《告别》，乐谱开宗明义就注明"沉重"，音乐进行中使人感到非常之压抑。第一部分等候中的朋友总不见来，心情渐渐的变为急迫，终于唱出了孟浩然原诗中没有而是外加进去的"美啊！永恒的柔情——生命的——沉醉的世界"。这是一个高潮，高潮过后，转入开头的沉重的情调，断断续续的悠长的锣声，点出了阴沉的丧葬进行曲，笼罩在低音 C 上面是一片荒凉的空虚。另一派则说，《告别》的确是伤心的，但是正是这一乐章体现了马勒的矛盾思想的统一。马勒理解的死亡是"有生必有死"的死亡，是合乎自然规律的必然性的死亡。个人死了，世界却是永存的。"可爱的大地到处是春花烂漫，草木再发青！极目远望，到处是蔚蓝的闪亮！永远……永远……"结尾那一阵悠长的合奏也是从小调转为大调，来宣告"告别"的结束。这种对生命的肯定难道还有疑义吗？我以为这后一种说法是有道理的。这也许可以从他的生平经历中得到解释。

他的父亲原先是一个运货马车的车把式，后来自己开了一个烧酒作坊。马勒1860 年出生的时候，他家的窗户还装不起玻璃。他是多得他的老师看中了他的音乐天赋，替他交付一半的学费，他才能上维也纳音乐学院学习的。他经历过生活的苦难，也有改变这种生活的要求。1905 年，当他看到维也纳工人为了争取普选权带头举行示威游行的时候，他立刻加入示威的行列，意气昂扬，高呼口号。游行过后，他对人说，他现在明白，他应该为什么人创作。事实上他说过这句话之后，一直在大西洋两岸忙来忙去，并没有腾出手来为工人写过什么作品。不过在 90 多年前，他有这样的认识，说出这样一句话，总算是难能可贵的了吧。

原载《中央音乐学院学报》2000 年第 3 期。另载《马勒〈大地之歌〉研究》王次炤主编，毕明辉编选，2002 年 5 月，上海音乐出版社出版

关于"《大地之歌》那两首唐诗的难题"的补充发言

这次会议印发的那批文件中我的那篇短文已经表明我的意见，这里只有稍为补充一点。

第三乐章《青春》的原诗，钱仁康先生认为是李白的《宴陶家亭子》。我虽然对钱先生的意见表示赞许，同时也认为说服力还不够。经过更进一步的考虑，恐怕连备此一说也难以成立。外国人对中文的了解，在我的文中所列举的例子老外往往是误解文意，因而走入斜路。但是外国人对中文每一个字的含义理解还是相当正确的。即如说管乐两个字理解为管乐器并不能说错，可是他不知道这两个字在这里却是指两个人的姓氏。玄宗理解为玄妙的宗教也不算大错，错是错在这里说的是一个皇帝。照外国人对中国字的了解推论下去，陶家两字他应该会理解为陶姓的人家，而不会错到陶瓷那边去。因为这两个字并不冷僻，而且陶这个姓，稍为接触过中国文学的外国人是没有不熟悉的，因为谁也不能忽视那位大名鼎鼎的田园诗人陶渊明。他是与李白、杜甫、自居易、苏东坡一样受到外国人的高度景仰的人物。既然陶家这两个字不会引起误解，那么，把陶家亭子说成是陶制亭子就是难以成立的了。

《青春》的原诗，除了《陶家亭子》之外，还有两种说法，一是源出《夏日奉陪司马武公与群贤宴姑孰亭序》，一是源出《沉香亭》题注。但是题注与译诗出入太大，而且经过计算机的检索，也承认检索结果不如《效古秋夜长》的理想。所谓《沉香亭》题注的说法也难成立。至于《宴姑孰亭序》呢？周笃文教授认为序文与诗歌在文章学上区别很大，这固然有道理。但是文与诗在形式上有区别，内容上也有相通的地方。我以为译者也许看过李白的诗篇《姑孰十咏》，所咏的是十个景点，但是就诗意而论，似不及《宴姑孰亭序》。李白是横绝古今的大诗人，他的诗意无处不在的，这篇序也不例外，把他译成诗是可以理解的。试看马勒选谱的这些唐诗，只有李白的《春日醉起言志》是押韵的，其他各首都只是分行书写，并不押韵，说他们散文化是并不过分的。外国人翻译中国文学作品，有时也不怎么严格划分诗与文的界限。我看过德国那位译过《西厢记》和《牡丹亭》的洪豪生译的《卖油郎独占花魁》，竟是一篇分行的长诗，不过是不押韵的，他们惯用的五步抑扬格，英语称为 Blank Verse。可见把散文译为诗体并不是绝无可能。在没有找到确实的唐诗原文之前，把《宴姑孰亭序》列为一说，应该是可以允许的。说它是这首译诗的原文的定论当然为时尚早。老话说，集思广益，希望通过大家的努力最终会有颠扑不破的真正解决问题的发现。

原载《马勒〈大地之歌〉研究》王次炤主编，毕明辉编选，2002 年 5 月，上海音乐出版社出版

老生常谈

——幼年班忆旧（为建院五十周年作）

先解题。老生常谈。顾名思义，就是老迈书生的平凡的议论，引伸开去，一切听惯了的老话都属于这一类。现在欣逢中央音乐学院建院五十周年纪念，要我讲一讲学院初建时的组成部分之一的南京国立音乐院幼年班的旧事。这些事已经讲过不止一次了。今天旧事重提，岂不是又来一通听惯了的老话吗？记得30年代上海有一位90老人马相伯，每逢生日，祝寿的客人都要他讲他早年的经历。因为听的人有老有少，没有听过的觉得很新鲜，听过的也趁机重温一次，所以并不腻味。最近冰心逝世，我回头重读了她的文章，发现她晚年的文章也往往有重复的东西。可见翻翻老帐，也是可以容许的。那么，我也就不怕东施效颦，打开我那老话匣子了。

一般学音乐的学生，大都是家里买得起乐器，自己跟私人教师学到一定的程度之后，才去报考音乐学校的。幼年班的学生却一反常态，入学之前，恐怕做梦也没有看见过什么钢琴、小提琴那些玩意儿，顶多是唱过什么"摇呀摇，摇到外婆桥"或者"小白菜呀地里黄呀，两岁三岁没有娘呀"的。然而一夜之间却名列全国最高音乐学府附属幼年班。这是怎么回事呢？这笔帐应该算在吴伯超名下。

吴伯超在比利时留学的时候，曾从誉满欧洲的指挥大师夏尔显学习指挥，也许可以算是我国第一个系统地学习指挥交响乐团的音乐家。他回国之后，总想找个能发挥他学到的本领的机会，而且认为一个国家总应该有自己的交响乐团，因此，要自己培植一个管弦乐队。为了保证乐团的质量，乐团的成员必须从小开始培养。于是开始了他创办幼年班的计划，小孩子从哪里来呢？去孤儿院，难童救济院那里去挑选。挑选的办法是派遣音乐学院的教师带着唱机和唱片，从那些穷孩子听唱片的反应测验他们的音乐感，合适的就成为幼年班的学生。

幼年班创办的时候日本还未投降，音乐院设在重庆青木关。幼年班是一些茅草屋顶，四壁是竹片抹上石灰的围墙。学费、伙食费是学校供给的，乐器也是学校交付使用的。孩子的义务就是好好学习。

国民党政府是实行党化教育的，学校都设有平行的两个主任：一个教务主任，一个训育主任。幼年班的训育主任是班主任带来上任的。他原来是一个有进步倾向的剧作家，他的剧本《大凉山恩仇记》得到洪深的赞赏，曾在上海兰心戏院公演。解放后他写了不少电影剧本，如《燎原》及《南昌起义》等等。训育员当时是由视唱练耳女教师兼任。既然学生都是小孩子，所以训育员实际上更多的是做保育员的工作。那位训育主任后来和一位女训育员结婚，因之同另一位视唱练耳教师兼训育员的女教师也比较接近，思想上得到启迪。有一次大家聚会，他喝了一点酒，还同那另一位训育员说，你将来如果没有成为革命的对象，你应该记住我们这一段时间的遇合。

既然那两位训育员是兼职的，吴伯超还想找一位专职的训育员。他问我有没有适当的人选。恰巧有一个我广东工作时期的同事因桂林失守来了重庆，我当即介绍她与吴伯超见面。工作开始之后，吴伯超对她赞不绝口。但是她没有长期待下去。日本投降之后，她立即回广东去了。因为她是地下党员，她工作的落脚点还是广东。解放之后，特别是四人帮覆灭之后，她来北京出席妇联的会议，也一定来看我们。我还约幼年班的老同学和她见面，老同学都很怀念她。

说起上面提到的地下党员，我又联想到另一个地下党员和音乐院的关系，虽然有点跑野马，却是值得说一说。

日本投降之后，音乐院从青木关搬到南京，幼年班却设在常州。因为音乐院的校舍是新盖的，一时筹不到那么多建筑费，幼年班只好在常州借住一家贫儿院暂且栖身。为了提高教学质量，不得不借助外力。南京，常州分别聘请上海的音乐家来任教。南京聘请的外籍音乐家由上海来南京兼课的丁善德负责照料。1947 年丁氏要去法国留学，一时找不到合适的"向导"来接替丁善德的工作。正在束手无策的时候，丁善德找来了他的妻舅子，负责在上海买火车票、"打的"，车上照料饮食，到下关"打的"，引路。到晚上又从南京到上海重演一次。说麻烦也够麻烦的。他看在姐夫的面子上都答应了。吴伯超对他更是千多万谢。解放后这位先生对丁善德露出了谜底。原来他是趁陪同外国音乐家来往沪宁线上的机会，做了党的临时传递信息，携带文件的交通员。同几个外国音乐家混在一起，管保万无一失。这也算是南京音乐院的一段插曲吧。

幼年班好像是与穷孩子结了不解之缘似的。他们从孤儿院一类的地方来，现在定居的地方又是贫儿院。从他们破破烂烂的衣着上看，他们与贫儿院到是合拍的。当地人也把幼年班同贫儿院一样看待。

吴伯超是要花大力气办好幼年班的，他把原上海租界工部局交响乐团的首席及其他外籍好手都请到常州来。当时的教务主任是上海音专的毕业生，一位热心的好老师梁定佳。他冒着大热天去上海接收一大批日本留下来的唱片，比上海音专图书馆的收藏还要多。为了照顾好那些外籍教师的生活，他教那个掌管西餐的大师傅学习一些实用的英语，并将一些英文生活用语一句一句的写下来，配上中文注音，交给大师傅参考使用。不幸的是在外籍教师正式上课之前，他却一病不起。这一下吴伯超急了，外籍教师来了，没有通晓外语的人从旁协助，他们怎么教课呢？看到他急成那个样子，我当即"毛遂自荐"，把这项工作包了下来。这种无偿劳动，有时也会听到一些恭维的话语。其实这算得了什么啊。以鲁迅的地位和声望，当日本人为中国青年讲述木刻艺术的时候，他欣然承担了翻译的任务。也许可以说，鲁迅博大的精神，无论在任何一面都为后人提供了可效法的榜样。

外籍教师的到来，只有少数经过挑选的学生有机会接受教育。没有选上的当然无限羡慕。同时也激发他们加倍努力。他们是穷孩子，上街的时候，偶尔也会听到当地人说什么贫儿院出来的。语言之间还流露出一点轻蔑的意思。这多少伤了他们的自尊心，还不免由此产生一点自卑感。所以给他们适当的鼓励是必要的。我给他们讲，交响乐之父海顿的父亲是铁匠，母亲是厨娘，歌剧的改革家格鲁克的家庭是守林人和猎手；空前绝后的小提琴鬼才帕格尼尼的父亲是小贩；捷克首屈一指的大作曲家德沃夏克是在屠宰场度过他的童年生活的；俄罗斯的男低音歌王夏里亚平早年是与高尔基一道做搬运工的……如此等等。从而提高了他们的自尊与自信。当放唱片听到是巴黎音乐学院管弦乐队演奏的音乐的时候，便对他们说，将来有一天唱片将会有中国音乐院管弦乐队，亦即你们组成的管弦乐队演奏的音乐，你们还不高兴吗？听后他们点头，他们越发起劲。夏天不怕蚊虫叮，冬天不怕风和雪，鞋子开口了，照样在茅草搭起来的琴房前面，拉他的小提琴，吹他的单簧管。老师们看在眼里，痛在心里。我那口子贤内助也不甘落后，教学之余，有什么好吃的总要想起他们。当然那时所谓好吃的也不过是一碗肉汤活鱼汤之类，或者荷包蛋什么的。但是这一点点东西远远不及郑华彬老师那么呕心沥血。他是印尼华侨，抗战开始他一片赤诚共赴国难。最先分配给他儿童保育工作，后来转到幼年班。他单身一人，自己省吃俭用，把省下来的钱买实用的，好吃的东西送给他们。学生有病更是嘘寒问暖，做病号饭，营养饭直到半夜熬药。他管伙食，更是货比三家，找到最便宜又最好的东西，去改善学生的生活。甚至学生病倒休学回家，他还千里迢迢把适用的食品和药带给他。从重庆到常州，到天津，到北京，三十年如一日，一条心惦念着他的小朋友。然而就是这样一位无私忘我的好老师，还逃不过"史无前例"的劫难。工宣队在华侨上面做文章，从外国回来，就有可能是里通外国的，于是穷追硬逼，逼到他往死路上走。今天回想起来，还是深感悲愤的。

俗话说："同病相怜""推己及人"。幼年班学生出身穷苦，更容易体会到穷人的酸辛。他们看见工友们为学生的生活早晚操劳，本人却过着穷苦的生活，于是建议从自己的伙食费里匀出一部分去改善工友们的生活。这一下可急坏了训育主任、班主任，他们向吴伯超做了汇报。当即把牵头的毛宇宽"揪"了出来，叫他的家长把他带回家去"反省"，听候处理。过了一段时间，他的父亲带他再来常州，说他的动机只是出于对工友的同情，没有政治背景。毛的父亲是蒋介石嫡系陈诚的手下中级偏高的官员，相信自己的儿子不是共产分子，请求学校准许毛宇宽继续上学，但要有个保人保证毛宇宽不再闹事。毛的父亲说，听儿子说，他很佩服廖老师，听他的话，所以提出请我做保人。现在请我来就是征求我的意见。我当下表示同意。从此以后，他比从前更常到我们的宿舍。说句笑话，他还因此知道中国有一本《新民主主义论》。也算是我这个保人保了他。

经过淮海战役，南京国民党政府的寿命已经屈指可数。吴伯超的妻子已经先期去了台湾，他自己等着有人肯接过他的关防，他也就立即动身。传闻他舍不得丢掉幼年班，打算把这些宝贝孩子带到台湾去。幼年班霎那时间也有点山雨欲来的样子。孩子们问我是不是要去台湾，但是他们关心的是共产党来了会不会热心搞音乐这一套。我告诉他们，共产党在延安那个穷地方，弄不到乐器，把洋油桶装上琴弦去充当低音提琴。将来有了条件，当然会办起正式的管弦乐队来的。孩子们一听，放心地说，那我们就不要走了。

就在这个时候，毛宇宽的父亲跑来了，他是决定举家迁台的。这个儿子当然也要同行。但是毛宇宽却表示愿意留在幼年班不走。父亲算是开明的，看见儿子不走，他倒并没有强迫他随家行动。但是天下父母心总是爱护子女的。儿子单身留下来，万一有点差错，做父母的能够放心吗？不知道他们父子之间有过什么打算，总之是他们找我们夫妇来了。做父亲的知道他们这一去，让儿子留下来，什么时候能够再见面，甚至于是从此音讯断绝都说不定。怎么能够丢下不管呢！这就引出又一幕三方会谈。父亲去台湾，总担心儿子没有人照管会出什么意外。想到我曾经是孩子的

"保人"，于是找上门来，问我们有什么意见。我们两口子当即表示，既然毛宇宽坚决留下来，我们师生之间感情不错，从今以后，我们就负起托管的责任，我们吃干的，他也吃干的；我们吃稀的，他也吃稀的。如果你做家长的相信我们，就这样办吧。结果是他走了，毛宇宽留下来了。事实上也根本没有发生什么意外。解放军渡江了，南京解放了，幼年班跟随南京音乐院成为新建的中央音乐学院的一部分。大家皆大欢喜。

然而这一段本来就很平常的师生之间的契合，在"文化大革命"期间却成了严重的政治问题。工宣队在这个问题上大做文章，追问我同毛宇宽父亲的关系。一个人可以接受逃到台湾去的人的托付。照管他的儿子，这必定是非常密切的勾勾搭搭的关系。他问我同毛的父亲是怎样认识的。我说是他带毛宇宽来幼年班，请求照旧上学，要我做保的时候认识的。

"以后呢？"

"以后没有来往。"

"胡说！他不是把儿子都交给你了吗？不是关系密切，会这样吗？"

"那是毛宇宽不愿跟父亲去台湾，他父亲找我商量办法的。"

"你当时什么态度？"

"我赞成他不去台湾。"

"为什么？"

"因为去台湾不好。"

"你当时就知道去台湾不好吗？说得好听！"

俗话说："秀才遇见兵，有理说不清。"今天呢，秀才遇见工宣队，有理也不对了！是的。他们还问毛的父亲是不是穿军服。陈诚的部下可能是军官，军官是穿军服的。推测他们的意思，如果是穿军服，那一定是反动军官。我和反动军官来往，我无疑也是反动派了。可是我的答复却是"穿大褂"，这一招又落空。大概内查外调，始终没有查到什么反动证据吧。这场审查只好是不了了之。我的专案终于没有造成冤案。现在回头追忆，算是重奏一支谐谑曲吧。

现在还是回到幼年班来吧。1947 年春天，上海几个音乐爱好者组织过一次少年音乐比赛，邀请幼年班参加，比赛项目有小提琴、大提琴、长笛、小号等等。上海参加的少年当然是衣冠楚楚，幼年班的学生却是衣衫褴褛，一派穷酸的样子。但是他们并没有自惭形秽，而是精神抖擞地使出浑身解数，结果除了小提琴第一名被上海少年获得之外，其余的第一、第二名差不多全给幼年班拿下来了。这一次比赛颁发的银盾真是满载而归。老师的心血没有白费，他们也交了一份合格的答卷。解放后多数人参加了世界青年联欢节的演出，成为日后组建的中央乐团的中坚力量。

老生常谈也应该适可而止了。

完稿于 2000 年 6 月

缅怀老友江定仙

　　最近一些年来，老朋友一个又一个的走了，现在结识最早的老友中间的一位——江定仙又离开了我们。我写挽联的时候，不得不凄然长叹："桑榆寻故旧，可怜在世已无多！"

　　记得是在 1930 年音专秋季开学不久，两个新学生到图书馆来，可能是借书吧（记不得了），我请他们在登记本上签名，那位新同学好像就在等着这一句似的，欣然——真是欣然，一点不夸张——拿起笔签上自己的名字：江定仙。另一位是陈田鹤。说实在的，当年学音乐的有好些是少爷小姐，不把小职员放在眼里的，他俩友好的态度引起我友好的反应，于是很愉快地聊起来，真所谓"一见如故"。过后不久，听萧校长说，他们是被美专开除出来的。于是再见面的时候，便问老江是怎么回事。他相当严肃地说，"以革命的名义"我告诉你，开除的原因是他和陈田鹤对音乐教师的教课感到不满足，要求学校另选贤能，学校认为这是对老师的不敬。僵持下去，结果是开除了事。他说的"以革命的名义"这句话对音专学生来说是满新鲜的。原来他是在汉口上学的时候，正是北伐军占领武汉，国共合作水乳交融，国民党右派给武汉加上一个"赤都"的定语的时代。江定仙的父亲江涤玄老先生是董必武的好友，江定仙耳濡目染，也参加了少年先锋队，高唱"走上前去啊曙光在前，用我们的刺刀和枪炮开自己的路……我们是工人和农民的少年先锋队！"

　　武汉政府的革命只是昙花一现，汪精卫一叛变，武汉政府就变色了。江定仙因此去了上海考入上海美术专门学校音系。当时一般学校的音乐师资是相当缺乏的。像江定仙、陈田鹤这样比较拔尖的学生当然感到不满足，于是有了前面所说的开除的一幕。开除之后，他和陈田鹤把原来的名字李仲超和陈启东改成现在的名字，考入音专作曲选科，这才如鱼得水地名列黄自门下。江定仙除了作曲选科之外，还选修钢琴。作曲选科再学钢琴需要再交一份钢琴选科的学费。他先是排在吕维钿班，等于副科，但是再高一级，吕维钿就有点不能胜任了，他当即转到查哈罗夫班上。查哈罗夫是特级教师，他的学生都是主科的尖子如丁善德、李献敏、夏国琼、吴乐懿、裘复生之类。所以江定仙之能够加入查哈罗夫班，说明他的钢琴已达到相当的水平。1933年喻宜萱要开毕业音乐会，需要一个比较相称的钢琴伴奏，学校选上了江定仙，查哈罗夫亲临现场，考察他们的排练。结果他认为合格。这是查哈罗夫班上唯一的不是钢琴作为主科的学生，而是黄自班上的作曲专业的学生。

他和陈田鹤的成绩是突出的。黄自认为陈田鹤的特长是和声，江定仙的特长是对位。他们的作业差不多成为课堂的样板。现在成为美谈的四大弟子，当时特别引人注目的却是陈田鹤和江定仙两个得意门生。听胡然的夫人陈玠说，她在女学生中间常常听见她们议论男同学，其中突出的一点是说江定仙，有人曾忘情地同人商量用什么办法去接近江定仙。江定仙本人呢，是属于比较随和的那一种，他在同学之间很容易与人打成一片，有的女同学也的确是常常找上门来向他请教什么的，可他却没有利用这种优势胡来一气。

我们来往的都是一些穷学生。这些穷学生能够单独租一个亭子间已经算是了不起的了，多数是几个人合租平房的一个大些的房间合住。只有江定仙因为他父亲是在中央研究院物理研究所工作，做李四光的助手，生活比较安定，租有一幢独立的一楼一底的弄堂房屋。楼下正面是一个客厅，我们有什么活动，例如星期朗诵会或者小型音乐会，就设在江定仙家里。江老先生富有民主风度，看见我们来了，他便到楼上他的卧室，任我们这些野孩子大嚷大闹。兴致来了，江定仙除了钢琴之外，还会拉上一段小提琴助兴。有时谈得夜深了，我还会在他家留宿。正是这样的一次，我体会到他对朋友关心的深切程度。时间好像是放春假，因为江老先生工作地点换在南京，江定仙要到南京去，他同我说，他父亲会到车站去接他。说过之后发现我默然不语，就抱歉地说，我说错了话，引起你的伤感了吧。原因是我因为反对我的包办婚姻，引起我父亲对我的痛斥，甚至不认我这个不孝的儿子。他知道我的底细，现在说他所感受的父爱，自然会触动我的伤痕，因此后悔他的失言。他这种细腻的友情是非常感人的。

江家成为穷学生的俱乐部，同时也为陈田鹤准备了栖身之处。陈田鹤的学习生活是一种特别形式的半工半读。他先要挣到一笔生活费，然后又中断工作，继续跟黄自上作曲课。陈田鹤先是自己租的小房间，后来江老先生搬到南京去了，房子可以多分出来了，江家就成了他的宿舍。这种友谊在十里洋场里大概是不易遇到的吧。

他那厚于友谊的德性在他叨念父爱触我伤痕的那段故事上已经够深挚的了。在物质上他也有他慷慨的一面。有一年夏天，我要去济南找陈田鹤，口袋里却没有买车票的钱。他知道了二话没说，立刻掏他的腰包。就当时的物价而论，这一笔是不算很小的数目。当然，这笔钱事后我没有还他，他也根本不会来讨债！

学了作曲，当然就要创作。创作一般也是从创作歌曲开始。创作歌曲要有歌词，当时以青主和黄自为代表大都选谱古典的诗词，陈田鹤和刘雪庵也倾向于这一套。只有江定仙比较注意选用白话诗。随着时代的演进，他选上了左翼作家而且是到了延安的艾青和田间的新作。这在所谓"学院派"音乐家中间算是比较少见的，这也说明他思想上始终维持着"赤都武汉"的根基。

1946年蒋介石在抗战胜利之后又一次大举进攻解放区。南京的御用文人曾经发起过形形色色的替蒋介石反共卖力的活动，他都相当冷静地置身事外。反之，他却在国民党迫害民主运动的进步学生的危急形势下挺身而出，保护进步学生免遭国民党的迫害。同时大力支持学生组织的山歌社，为他们出版的民歌集作序，并亲自动手编配了脍炙人口的康定情歌《跑马溜溜的山上》。

他的创作可以说是与时代同步的，抗日战争、新社会的建没、毛泽东诗词直到1976年清明声讨"四人帮"的天安门诗抄，他都有专题的作品。至于电影音乐，抗战以前已经为进步电影《生死同心》写了主题歌，并为左联话剧创作配乐。进入新社会，则有反映大革命时代知识分子的《早春二月》及中日合拍的《一盘没有下完的棋》。当然，他的创作包括声乐曲、器乐曲、管弦乐曲以及民歌改编等等，我就不一一列举了。

他的另一类贡献是教学工作。他从20世纪30年代初一直到90年代初，从未间断教学工作。40年代开始担任作曲系主任前后长达40年，吴祖强曾戏称为创吉尼斯世界纪录的教学活动。他之所以被称为"在教学岗位时间最长、学生最多、影响最大"的作曲家，正所谓实至名归、一时无两的。

1949年7月2日，全国解放前夕，中华全国文学艺术工作者代表大会在北京隆重开幕。江定仙作为国统区音乐界的代表应邀参加大会。这一届的代表也许算是最严格意义上的代表。因为大会开始之后还有揭发审查，这一关过了之后，代表资格才算正式确定。可以说，第一届全国文艺界代表大会对江定仙的邀请是对他生平行事最早也是最有力的认同。

杜甫诗云："人生七十古来稀。"定仙活过了米寿，到了古人艳称的望九之年。他的作品已经出版①和录音，历年的及门弟子遍布海内外，高龄硕望，可以说没有什么遗憾。但是说到我们订交 70 年的深情厚谊，那是永远难以忘怀的。

原载《中央音乐学院学报》2001 年第 2 期

① 《江定仙作品集》（上、下册），中央音乐学院学报社 1992 年 8 月第一版。

冰心与刘天华一段师徒情

冰心老人没有等到大家为她举行百龄祝寿会就匆匆地走了，这真是天大的憾事。她的生平正如她的作品一样，达到了真善美统一的境界。像她那样具备完美人品和文品的作家的确是少有的。用不着我再来多说称颂的空话。我只想说一说她与音乐的一段故事，即与刘天华的师徒关系。

1930年年底到1931年年初，她因母亲在上海患了重病，赶忙南下侍候。据她的叙述："她的骨痛是由指而臂，而肩背，而膝骨，渐渐下降，全身僵痛。日夜处在桎梏之中，偶一转侧，都痛彻心腑。"说到她的咳嗽，是"愈见艰难了，吐一口痰，都得有人使劲地替她按住胸口。胃痛也更剧烈了，每次痛起，面色惨变"。面对这样凄惨的病状，感情深厚而又热爱她的母亲过于一切的冰心，内心的痛苦是可想而知的。但是她在病床之前只能强颜欢笑，尽量对母亲说些安慰的话，到伤心真的再也忍不住的时候，就急忙跑到外面，低声饮泣。又怕眼睛哭红了，引起母亲的疑虑。这样的处境正如她给吴文藻信中所说，"实在不是人过的"。这样折腾了半个月，办完丧事，回到北平，真是身心交瘁，最后病了一场。病后心情很坏，她想借音乐来缓和心灵的创伤。这时恰好刘天华和他的哥哥刘半农都在燕京大学教课，刘氏兄弟和冰心的老伴吴文藻都是江阴人。同时又是同事，因而成为她家的常客。现在要找一个音乐教师，眼前就有一位刘天华，还有比这更合适的人选吗？

冰心的生活是富于诗意的。关于音乐的名句如"花影吹笙，满地淡黄月""指冷玉笙寒，吹彻小楼春透"等等都是她非常熟悉的，于是她想请刘天华教她吹笙。但是他对冰心的健康情况相当了解，他说："你有吐血的毛病，吹笙伤气，不如学弹琵琶吧。"但是他发现冰心的手臂和指头部很短，于是热心地为她特制了一张很小的琵琶。不巧的是才上了几堂课，冰心就因为阑尾炎，住进了协和医院。到她手术过后，刘天华又病了。这样一拖，琵琶竟没有学下去，只能把那张富有历史意义的特制琵琶，盛以锦囊，永留纪念。冰心与刘天华的师徒关系，仅仅成为她生平的一段小插曲。

冰心说过："我的小舅舅杨子玉先生十分注意我的学习，他还似乎有意把我培养成一个'才女'。他鼓励我学写字，给我买了许多字帖，……又给我买了许多颜料和画谱，劝我学画，他还买了很讲究的棋盘和黑白棋子，……他还送我一架风琴，因此我初入贝满中学时，还交了学琴的费。但我只学了三个星期就退学了，因为我一看见练习指法的琴谱就头痛。"由此可见，冰心之于风琴，正有如歌德之于大提琴，歌德学了一段时间，对于 CGDA 那四根弦始终调不准，到他出外升学的时候，大提琴就在家里，没有随身带去了。人的禀性各有短长，这是无法强求一致的。

原载《音乐周报》2001 年 4 月 27 日

陈明律情牵中国音乐

独具慧眼不耻下问

《西风的话》借助黄自的曲谱，60 年来已经唱遍了海内外。唱得多了，版本也跟着多了。版本一多，有时就难免出错。例如歌词的第一句"去年我回去"，有些版本就印成"去年我回来"，有些人也习焉不察，跟着唱成"去年我回来"。幸而其中也有独具慧眼的，认为应该是回去，而不是回来。理由是西风之所以回去，是因为它要让位给冬天。冬天来了，下一句的棉袍才有着落。这位独具慧眼的就是台湾的花腔女高音歌唱家陈明律。陈女士还不耻下问，征求我的意见，问她的处理对不对。我的答复当然是肯定的。不仅肯定而且钦佩。但更使我钦佩的，却是她发心营造五四以来老一辈作曲家艺术歌曲的宝库。这些年来她已经录制了赵元任、黄自、陈田鹤的专辑以及应尚能与刘雪庵作品的合辑。跟着就是录制华丽丝与青主的合辑。为了搜集华丽丝与青主的材料，她与我联系上了，因而有了前面有关《西风的话》头一句的问题的一段问答。

我们有一句历代相传的老话："闻名不如见面，见面胜似闻名。"这句话用在陈明律身上非常恰当。过去我对陈明律一无所知，为了有关艺术歌曲的问题的通信我们才算是结识了。但是这种结识只是表面的，真正识面却是最近的事，那是 2001 年 3 月 29 日。见面一谈，对陈明律才有了进一步的了解，她之作为歌唱家，并不是只靠她的好嗓子，而是得力于良好的家庭教育。父母都是大学教授，开明民主，不反对女儿跳舞，也不反对女儿结交男朋友。1946 年，她 12 岁，随家庭去了光复后的台湾。因为从小喜欢唱歌，到了台湾之后，就跟台湾的声乐名师林秋锦学习声乐。林秋锦只会讲台湾话，陈明律只会讲广东话，开始她们不能交谈，只凭腔调示范，到了双方学了普通话之后才有了语言的讲解，这也是有趣的插曲。这和音专当年白俄教师同中国学生上课的情况差不多。教师方面主要是一些洋泾浜英语，学生则是零碎的英文单词，对话只能如此进行，然而学生还是一样取得了进步。

一副天生的好嗓子

陈明律是受过正规的文化教育的，初中升高中，高中升大学。不过她上的不是综合性大学而是师范大学，也许是由于林秋锦是师范大学的专职教授，她又是决心献身声乐教育事业的，所以她考上师范大学，正好比如鱼得水。毕业之后，她虽然有一副天生的好嗓子，依然是留校任教，继续从林秋锦深造，前后达十余年之久。她自己说："我总觉得自己不适合表演，还是留在学校教书吧。"其实她表演起来一样是出人头地的。她听林秋锦唱《蝴蝶夫人》，震动得从座位上跳起来，她自己唱起来，也赢得听众的喝彩。日本的一个评论家还说中国人唱《蝴蝶夫人》应该是让她拔个头筹。当然，他未必全听过所有中国人唱《蝴蝶夫人》说的头筹也不一定符合事实，但是陈明律唱得到高水平，却是没有疑问的。此外值得提出来的，1962年为赞助香港侨胞慈善运动举行两场独唱音乐会，1991年在美国波士顿举行独唱音乐会，1998年与世纪交响乐团合作演唱了亨德尔的歌剧《里那尔多》的咏叹调《让我哭吧》等声乐名作，还有早年电影《阿里山风云》的主题歌《高山青》之类等，都使她名噪一时。但是这种种桂冠都动摇不了她献身教育事业的坚定信念。

弘扬祖国音乐文化

有趣的是除了艺术之外，她又是家务劳动的能手。你只要走进她的厅堂，首先感到的就是一尘不染。更深入了解一下，窗帘、椅套、枕套、以至桌布等等，无一不是出自女主人的双手，每到开筵款客，可口的菜肴又同样是花腔声乐大师的杰作。这一点她是可以和家嫂华丽丝媲美的。华丽丝天性好客，每逢亲友光临，她兴之所至，便会揭开钢琴，一面弹着伴奏，一面唱她拿手的《美丽的磨坊女郎》或是舒曼的《诗人之恋》。时间长了，留客便饭，饭后点心又是她拿手制的糕饼。她还不无自负地说，又能唱歌，又能制饼，这样的主妇算是不错的吧。

这样一来，我对陈明律就有了更亲切的感觉。但是更使我肃然起敬的，还是她作为台湾回归祖国之后第一代的花腔女高音的歌唱家，正当我们有人以为新歌少了，于是感到无歌可唱的时候，她却为了弘扬祖国的音乐文化，以自费的方式推广五四以来的艺术歌曲，而且准备继青主、华丽丝的合辑之后，依次陆续录制冼星海、贺绿汀、黄友棣等人的作品。以我的孤陋寡闻，还没听到有第二个人从事同样的工作。可敬可佩啊！陈明律，中国音乐的有心人！

原载《中外杂志》台北圣文书局股份有限公司出版，2001年6月号总69卷第6期

卷前赘语

——为廖乃雄所著《忆青主》所作序

乃雄发愿为其先德，亦即为先兄青主立传。但是首先碰到的难题，就是对他早年的生活知之极少。因为乃雄呱呱坠地的时候，青主已届不惑之年，虽然平时听他父母闲话家常，多少听到过一些事情，但是随意闲聊，总不免有些零碎，因此我有责任就我所知比较详细地说个明白。当然，我所提供的材料，特别是他早年的材料，也有些是别人说的，好在说的人都只是实话实说，没有故意的加油加醋，也没有为自己编造借以抬高身份的东西，所以还是比较可靠的。为了积存这些材料，于是打开录音机，让我信口开河地说了好几个半天。

既然青主早年的行事，基本上是我提供的，乃雄建议这本关于青主生平的作品标明是我俩叔侄的合著，他还动手这样写起来。待我看过之后，觉得书中一会是辅叔云云，一会是乃雄云云，总显得有些松散，于是倚老卖老，大笔一挥，把两个名字删掉，换成作者一人的口气。这样读起来就比较紧凑了。

从作者方面考虑，换成一个人的口气，所写的东西前半部分却主要是另一个人提供的，是不是侵吞了别人的果实？话又说回来，要写一个人的传记，如果写的是古人，那么，哪一点材料不是属于别人的？如果写的是同代人，作者的亲人或者是师友，又有多少材料是作者单独掌握的呢？只要不是隐瞒材料的来源，私自就拿到的材料加以改头换面，变成自己独得之秘，而是声明得自某人的指授，就算是文德无亏了。

记得有人说过，青主的工作经历是大起大落的，其实岂止是工作，他的日常生活也是时时要弄成大起大落的。杜甫诗云："语不惊人死不休。"青主自己也自称是"磨盾题诗，覆毯草檄，惯作惊人语"。抗战时期他在昆明的一位朋友送他的一首诗说："河山破碎不胜哀，痛饮狂歌日几回。自是伤心无处说，睡壶缺应掌中杯。"颇能传出青主那种惊人的，即是大起大落的情态，青主生活的这一面，书里似乎还没有讲透。这也许算是一点不足之处吧。

完稿于 2001 年 11 月 14 日

丁善德往事杂忆

说起我与丁善德的交往，那是远在 70 年前开始的。当时他已经是上海国立音专的高才生，我仅是一个普普通通的图书馆小职员。但是他不像某些尖子那样盛气凌人，每次到图书馆，不论是借书还是买乐谱，总是那么客客气气地提出他的要求，我也就礼尚往来，好好满足他的要求。因此，关系十分融洽，每次见面总是很愉快的。

他初来音专主科是琵琶，钢琴是副科。到了圣彼得堡音乐学院教授查哈罗夫来校任教，享受高级教师的待遇，只教高级的学生。萧友梅校长却好比是相马的伯乐，从马群中找出千里驹，把丁善德分配到查哈罗夫班上，结果呢，丁善德不负重望。查哈罗夫发表他的意见，密司忒丁真是个好学生。初来班上还是个刚刚出手的学生，后来竟是这样的突飞猛进，这是我极感高兴的。

他跟朱英学琵琶，修满学分就离开了朱先生班。朱英是个琵琶大师，喜欢作曲。而且都是规模宏伟的大曲，每次写好之后，就要丁善德译成五线谱公开发表。丁善德虽然功课繁忙，还是欣然从命。在朱先生班上是这样，离开朱先生班之后，还是这样。这与有些学生离开先生班之后，即视老师如同路人，正好说明丁善德秉性的笃厚。

日本偷袭珍珠港，扩大了第二次世界大战的太平洋战争，日本侵略军进占上海租界，音专的校长甘心附逆，投靠汪伪政府，改音专为音乐院。丁善德与俄籍教师苏石林和一些进步教师愤然离校，与伪院断绝一切关系，一向是文质彬彬的丁善德在大是大非的紧要关头，保存了民族气节。

日本投降之后，青木关音乐院从重庆复员到南京。吴伯超为了提高教学质量，请丁善德为他延聘外籍名家苏石林、佛兰克尔和拉查雷夫来南京音乐院任教。但是他们上海、南京的来往交通，需要有人负责办理。恰好丁善德也在南京教授钢琴，他不怕麻烦，把买车票、雇汽车、做向导那些琐碎的工作都包了下来。丁善德虽然是钢琴名家，但总不甘心限于钢琴演奏这一门，他要借音乐表现胸中蕴藏的思想。

原先跟黄自学习的那点作曲理论是远远不够的，他要出国深造。通过留学考式，就要准备留洋。他出国就出国好了，家事有他的老伴料理，他是放心的。倒是伴送外籍教师来往宁沪的工作，一时找不到适当的替人。本来这不是他分内的工作，他要出国，把问题留给吴伯超去解决就是了。但是他放心不下，吴伯超也希望他能够找到合适的人选，结果他找到的妻弟庞其芳。他也的确是一位助人为乐的好人，欣然承担这一份工作。这一来，吴伯超如释重负。一直伴到解放军渡江前夕，外籍教师不再来上课之后，庞其芳才善始善终的完成任务。1954 年马可、丁善德和我一道参加当时德意志民主共和国音乐节，回国途中在莫斯科多留了几天，趁机多领赏一些苏联的歌剧和音乐会。期间李德伦、吴祖强等都来相会，庞其芳正在苏联留学，也来看望他的姐夫。谈起往事，才揭开了他陪伴外籍教师义务劳动的秘密。原来他当时已经是地下党员，趁这陪伴外籍音乐家这个纯粹艺术性机会，躲过了南京政府军警特务的耳目，平平安安的为党传送文件信息。吴伯超感谢他好心的帮忙，却正好与他在幼年班延聘一个管理小学生生活的女训育员的地下党员，为她出色的工作赞不绝口一样，无意中大说共产党的好话。这是这位对共产党抱有成见的国民党院长做梦也没有料到的。

1949 年 4 月，解放大军横渡长江，南京上海先后解放，解放战争全面胜利已成定局，丁善德在法国的进修也已经大功告成，于是急匆匆地准备回国到北京，属于解放后回到新中国最早的留学生。随即受老同学贺绿汀的聘请担任当初名为中央音乐学院华东分院的作曲系教授。

他是专心致志的音乐教育家，一有机会就要探索新社会音乐教育的经验。1954 年参加民主德国音乐节，同时深入了解民主德国音乐改革的新情况。接见的负责人知道他通晓英法文，可以直接交谈，因此收获更多。回国之后，他写了一篇关于民主德国音乐教育的洋洋大文，与马可参观布痕瓦尔德集中营的文章同为这次访问民主德国的成果。

访问期间，有一天他一个人单独出去，我望着他的背影，对马可说，他可没有一般留学生那股洋气。马可说，他就是这么朴素得可爱，的确，他待人接物那么随和，你简直想不到他是音乐界响当当的领头人物。

完稿于 2002 年年初

编者按：这是廖辅叔的绝笔之作。是本书编者之一出面约写，为上海音乐学院拟编丁善德纪念文集之用。

音乐篇什荟萃

音樂雜誌

第 二 期

出了 Town Hall 之后

　　在上海租界工部局管弦乐队的第二十四演奏会的 Programme① 的广告上，登有一张拜耳药厂的阿司匹灵广告。如果我的推测不是太过诡怪，那么，它是告诉人一种灵药，预备我们听音乐听到头痛时服用的；不过，对于一般演奏乐人以至于乐队指挥，怕都不免有多少侮辱之处罢，是不是？

　　听音乐听的要头痛，本来不是什么大不了的事，以我自小的经验来说，每逢听到我不愿意听的留声机器片，则我的头痛是无有不得心应手的，虽然在 Town Hall② 却未曾痛过。但这只能怨我的灵魂早既卖给洋鬼子而已，一班长辈不会因此说我是不足教训么？

　　总之，灵魂卖给洋鬼子也罢，不足教训也罢，我已经是和那些我不愿意听的音乐无缘，无论如何总感觉得欧洲的音乐是胜过我们的土产了，正如当我头痛时，只服用阿司匹灵，不再烦中医诊断一样。现在虽然有许多人在那里反对西医，说什么信仰西医，即是卖国，但是为自家生命的安全起见，也就顾不得这许多了。

　　同一样的道理，为了我音乐的好尚，我宁愿去听洋鬼子的音乐。

　　至于别人之反对西洋音乐，因为这是别人的自由，我却说不得什么。

　　有时我也偶尔想过，为什么中国人不喜欢西洋音乐呢？"兹事体大"，非我这狂妄小生所可以解答；惟根据我的直觉推论得来的结果，却很想写出来，至于有没有说错，那就有待于一般饱学之士的指教了。

　　依我的观察，反对西洋音乐的中国人可以分作下列这几派：

　　第一派是绝对不赞成音乐这件东西，即使不至像墨翟一样过朝歌而回车，但对于音乐——不论是中国的，外国的——都一律反对。

---

　　① 今译节目单。
　　② 今译市政厅。

第二派是排外的同胞。一切外来的都是不好的，不论你钢琴，哈法，大小提琴……都不及我们的"胡琴琵琶与羌笛"，至于"胡""羌"是不是指的我们的"华夏"，便不入他理解的范围之内了。

第三派是折衷派。我们是中国人，绝不能事事模仿欧洲，就算欧洲的东西好到绝顶，我们也不能够遗弃了我们祖宗的遗产。最高限度只可以取彼之长，补我之短。

第一派是根本和音乐凑不上来，这里不说；

第二派诸公早既有了成见，你就说到舌敝唇焦也白费，这里也不说；

第三派呢，他们是保存遗产的孝子贤孙，这使我有说几句话的必要。祖宗遗产之必须保存，这是天公地道的事，但是保存并不是等于使用。假如你是一个将门之子，你的祖宗给你的有一张雕弓，一束羽箭，你要保存它，这是很应该的。但是当你上马杀贼的时候，在你腰间挂着的，大概要把弓箭换上盒子炮了罢！

音乐进步到使用和声作曲法，确实是人类的一种极伟大的文化成绩。我们不说音乐则已，如果我们不愿做世界艺术的门外汉，则不依照和声学的规律的音乐作品，无论如何，我都不敢承认它是合乎现代的乐艺潮流。因为使用和声作曲法与只用单音，并不是声调的繁简问题，乃是音乐本身的完缺问题。没有和声的音乐，正如用清水煮成的羹汤，连盐也没有放进去。

写到这里，算是完了，觉得一点零碎的感想，如下文：

中国人的习惯和欧洲人是绝对相反的，有钱人不到名山胜水去旅行，却长年在家里玩假山，不到树林里去做 Picnic①，却在室内种古树，虽曰嗜好各有不同，但我们从此也可以得到一个极明显的对照了。

如果有人说：难道中国的音乐是等于假山和古树么？"假山和古树在我们中国人的眼中是极有艺术的价值的，在欧洲找不到的我们中国的珍宝，那些蓝眼高鼻的洋鬼子还在那里对着它流连不置呢。这正是我们的光荣，何有于丢脸？"这便是我的回答。然而想起洋鬼子，我又不免有些恐惧。我是不是和那些学会弹琵琶和说几句鲜卑语来欺负汉人的少年一样呢？正好我还是少年，纠正我现在的错误的将来的机会还多着哩！

署名"黎斐"

原载《乐艺》第一卷第 2 号 1930 年 7 月

---

① 今译野餐。

Arturo Toscanini 和 Leo Slezak

　　稍为留心世界乐艺界的人，差不多都知道现代有一个唱歌艺人 Leo Slezak①，但是他除了唱歌之外，还有一个到家本领——说笑话。只要我们肯耐心把他的那本 Meine Sämtliche Werke 和 Der Wortbruch（前者译名作《我的全集》，1922 年出版，据他在《我的全集》自序里说，这是他最初同时亦是最后的灵魂的成绩。但是在 1927 年，他的第二著作又既经出版了，这就是后一部 Der Wortbruch《食言》。）翻阅一遍，我担保你会露出从心底发出来的笑容。

　　"游戏人间"确是 Slezak 的处世哲学，他和新闻记者开玩笑，本来是不足为奇，但是他拿来开玩笑的材料，却实在是出人"意表之外"。大家忍耐，请看下文。

　　有一个 Cincinnati② 的新闻记者问他："谁是 Toscanini，他究竟是什么东西？" "我们歌剧团里面的 Bariton③，一个最讨厌的同伴，自己并不知道许多，却非常的妄自尊大。"这是 Slezak 的答话。

　　这些说话，并不是没有效果的，在隔日的报纸上，便可以看见这种的论调：Toscanini 是一个卑劣的 Bariton，严格的说起来，他实在不配在纽约的美特罗泡里坦歌剧团④里面演唱。

　　这是一段多么骇人听闻的话！实际上 Arturo Toscanini（1867—）⑤ 是一个什么样的人物呢？

　　我们不必替他吹牛皮，他不稀罕这些，我们只说一句简单的话，他是意大利米

---

　　① 今译莱奥·斯勒察克（1873—1946）。
　　② 今译辛辛那提。
　　③ 今译男中音。
　　④ 今译大都会歌剧院。
　　⑤ 今译阿尔图罗·托斯卡尼尼（1867—1957）。

兰最伟大的艺术化的乐队指挥。

他去年到中欧去的那一次歌剧旅行，简直是破了乐艺指挥的新纪录。他空前的成功，自然要推他的指挥 Verdi① 的歌剧 Falstaff②。关于指挥 Falstaff 的演唱，何以是一种惊天动地的事，Falstaff 是一部什么样的歌剧，青主先生既经有过详尽的记载在国立音乐专科学校校刊第二期上面发表，用不着我再来哓舌，我的意思，只是在说明 Toscanini 真正是一个了不得的天才的乐队指挥而已。

这样说来，Slezak 张冠李戴，向新闻记者胡说，把他硬派做他的同伙，而且是卑劣的 Bariton，这对于那位绝世的天才乐队指挥 Toscanini 不是一种极大的侮辱么？虽然是开玩笑，亦不能够这样无法无天的放肆。

果然，Slezak 自己似乎也觉得是过火了一点，于是即刻拨转船头，除在答话的中间马上夹注是"最有声誉的乐队指挥"之外，兼在下面恭而敬之地写了一段"Toscanini 言行录"。他说："在这里，对于这位天才的乐队指挥，使我有不能已于言者。"他有四年的时间在 Toscanini 指挥之下演唱，他从那里认识出 Toscanini 是一个超绝的，伟大的天才，他的出生真可以说是等于凤毛麟角。以下是 Slezak 自己的话。

在平时的生活里面，他是一个温良有礼的人，但是当他站在指挥台上的时候，便简直是另一幅面孔。他威严，他强硬，他毫无通融的余地在指挥他的乐队的齐一，整顿全神，不向左，不向右，要求每一个人使出他最后的一点精神和力气。不论谁，都要目不转睛的照谱表上面所写的一丝不苟的学习，都要副他绝对的期望，不然的话，他的申斥是不客气的。

有一个娇养惯了的，给纽约的听众抬高了声价的歌艺女明星，当她第一次在 Toscanini 的指挥之下举行乐队试演的时候，竟敢随意增减各个唱音的时间。Toscanini 催促乐队照原来的步骤继续演奏之后，又命令道："赶上去，姑娘，赶上去！"

那个歌艺女明星竟敢不受羁勒，气愤愤的说道："名师，你要跟着我的速度指挥，我是一个明星啊！"

Toscanini 把指挥台敲了一下，乐队即刻停奏了，待到声息毫无的时候，他尖锐不过的对她说："姑娘，明星是在天上的，我们这里都是艺人，好的和坏的，——你是一个坏的艺人。"

---

① 今译威尔第。
② 今译《法尔斯塔夫》。

他用指挥仗敲着指挥台，试演继续奏下去。

他的眼力是很弱的——普通人都以为他是盲了，不过，多谢上帝，他并不是这样。因为这个缘故，他要把那些乐本预先背熟，指挥的时候，他是不要乐本的。每当一种新的作品初次试演的时候，他自己的预备工作已经完全做好。对于他这种神异的记忆力，是无人不惊奇的。

当我参与 Götterdämmerung① 的试演的时候，同平时一样他并不要乐本。

忽然，他停止了乐队的演奏，说道："先生们，请从 K 部第七节重新开始。"这是怎么样的一回事！这样一部巨大的乐本竟能够从记忆中把它分别得这样清楚，只有看过这种厚的，满浮着百十万的音符的乐本的人，才懂得佩服。——

那些演奏艺人和听众，每每震惊于他这种神异的记忆力，停止了他们的演奏，向那位指挥说出一大堆赞美的话，但是他大都把它拒绝，他不喜欢别人对他馨香膜拜。

固然，发扬 Wagner② 的作品的光耀是他所最擅长的，但是，他不限于这些，他对于那些现代最新的音乐，如 Dukas③ 的 Ariadne und Blaubart④ 之类，如果有一个小提琴师把一个半音弄低，或是弹得太高的时候，他总可以从错综的繁杂的奏乐声中听出来，立刻从记忆中把这音的位置告诉他在乐本的什么地方，并要他重奏一遍。所以 Toscanini 所指挥的常是节日的演奏，一个正确的，美丽的奇迹。

每一个极小的错误，他都觉得同灾祸一样，如果谁竟犯了"罪"，便要小心在剧中的休息时间不要给他碰到。

那个在戏台前面小箱内提示曲本的人，——在意大利歌剧团里面，比在我们这里重要得多，因为他要向那些歌人提示一切，并要在箱内帮同指挥。当闭幕的时候，常常面如死灰，踱到化妆室来，含着绝望的心情叱责我："啊，不可救药的 Tenor⑤——你生吞了一个四分音符了，指挥真是气急了。"

一天晚上，那时是演唱 Meistersinger⑥，一不小心，有些细微的地方竟给我唱错了，当剧中休息的时候，Toscanini 绝望的把他的头撞向墙上，不歇的说道："Tenor，你是禽兽！"

---

① 今译《众神的黄昏》。
② 今译瓦格纳。
③ 今译杜卡。
④ 今译《阿里安娜与蓝胡子》。
⑤ 今译男高音。
⑥ 今译《名歌手》。

我自然不敢再近他，他整晚不屑眨我一眼，我使尽我平生的本领，唱得那么动人，——无效。直到全部歌剧完场之后，我在我住的酒店，——他也住在那里——的升降机门口等候着，他来了，把他的帽子压到额头，表示不愿再看我的样子。我走前去，请求他的原恕，说明此后再不会有同样的事发生。

他这才平心静气，说一声："亲爱的，我刚才是太过火了。"就言归于好了。

我们没有一个人不使出他最好的本领来，一切他的指挥我们都愿意盲从，因为我们相信他是引导我们到成功的大路上去。

*　　*　　*

话说得不少了，我这里只就原书的内容把它翻过来，并不管是直译还是曲译。我的目的只在使人多一点对于 Toscanini 的认识而已，并不想自己捞一个翻译家的空头衔。

Slezak 是最喜欢说笑话的，但是看他叙述 Toscanini 的行事，却又这样地辞严义正，而且对于自己的过失，也很坦白地说出来，不做那文过饰非的勾当，这固然是 Slezak 最可取的地方，然即此也就如见 Toscanini 那种望之俨然的气象了。写到这里，忽然想起我们贵国那些妄以东方的 Paganini① 或是 Caruso② 自比而不肯自承其丝毫错误的风头主义的英雄，则像 Slezak 那般不逞个人的气，只知有最高的艺术的心怀，或者也不会没有表而出之的需要罢。

现在是本文的尾巴了；诙谐和严肃相隔本来只是一张纸，天下好说笑话的人，他的心也一定是分外的冷寂。因为对于人生太过正视了，一切悲欢离合，盛衰兴替，原来都不过是广义的变戏法，幻灭了，于是只好拿诙谐来填补内心的空虚。如果真是板起面孔，冷冰地度过了一生，试问于己于人究竟有什么的益处？倒不如眼泪未干的时候，大笑几声，还较能够把枯燥的人生润泽一下。Charlie Chaplin③ 承认他自己是一个最苦恼的人，正可以应用这同一的解释。但求诙谐而不至于下流到像《笑林广记》，便不论什么都有意义，也就是所谓"不为无益之事，何以遣有涯之生"了。

署名"黎斐"
原载《乐艺》第一卷第 3 号 1930 年 10 月

①　今译帕格尼尼。
②　今译卡鲁索。
③　今译查理·卓别林。

留声机器和音乐教育

当我幼小的时候，我曾听老年人开过一些留声机片。那时候是在一座中国式的县城里面，所听到的不是《王佐描容》，便是《秦琼卖马》。关于我从那些音乐得到的印象呢，说起来怕话长，而且似乎有点侮辱音乐的神圣，我只许可我自己这样想着：学音乐是坏事，就说贪写意，亦没有什么好玩的地方。——学音乐已经是不好，何况是听机械化的假音乐呢，滚你的罢！

总算是三生有幸，我的性质终于有了改变的机会。在一个留学生的家里偶然听到一张外国的留声片，名目是记不清了，因为我那时对于西洋音乐是陌生。说也奇怪，我对于音乐的成见竟不由自主地打破了，而且对于音乐的爱好渐渐增长起来，此后也就高兴去听听那些所谓"音乐大会"了。然而我心目中的西洋音乐还只限于 Violin Solo①，Piano Solo② 等等而已，绝不知世界上有所谓 Symphony③ 或是 Opera④。

时间是飞鸟过目般的逝去，我的音乐欲也更加无可遏止，论功行赏，我不能忘记那一张外国的留声片。

一个人在感情的面前最容易发出主观的论断，为避免这种毛病，我愿意很客观地把留声机论述一下。

留声机器是没有价值的，这一派的代表是幼小的我。

留声机器的价值是其大无外，这是多数人的意见。

我们不必引易卜生的话，说"多数人的话常是不对的"，但是很愿意说出我个人的意见。

---

① 今译小提琴独奏。
② 今译钢琴独奏。
③ 今译交响乐。
④ 今译歌剧。

留声机器的功用固然能够把那些大音乐家的艺术，无远弗届的传达到我们的耳边，但是它不能把音乐家那点最微妙的艺术传出，这是无可讳言的事实。就说 Caruso 罢，他是举世公认的歌艺大王，从留声片上传出来的决不是他的全部艺术。

话虽这样说，但是留声机器在今日之重要，既经是无人能不承认，我这里所说的不在娱乐，而在教育。

中国人旧日说读书应该心到，眼到，口到，胡适之又加上一个手到。学音乐呢，除了心眼口手之外更要加上一个耳到。什么是耳到？第一自然是一丝不苟的练习。怎样才能够毫无错误？错误之后，要怎么样把它纠正？假如你是学钢琴的罢，钢琴的音是完全固定的，弹起来当然不会有太高太低的毛病。但是速度和表情便成问题了，一个学生断不能使他的教师整天站在他身边来指导他弹奏，那便只有靠留声片的帮助了。说到弦乐器便更难人，比方你是拉小提琴的学生，练习的时候，所有的乐音都要在你的手指底下滑出，是的，关于音的正确与否，你可以借钢琴的乐音辨别出来，但总不如直接从小提琴上听出来较为亲切有味。还有，音乐艺人的本领并不仅在他技巧的纯熟，唯一的问题，还是灵魂与感情的丰富。谁可以教给你？一个幸运的学生是可以找到好的教师，但是在中国，好的音乐家还数不到双手，更从何处说得上演奏的艺术呢？然而留声片可以满足你这至上的要求。

现在应该不应该唱歌吹箫第一件一件说下去呢，这虽然是很详尽，但似乎未免有点傻气。——好，转一个方向罢。

当日本作曲家山田耕筰在德国住得久了，打算回去日本的时候，他问他的先生他回日本后应该看什么书，他的先生回答的话是"看乐谱就够了"。Richard Wagner 生平也曾从抄写 Score① 学到了不少的音乐理论。这样看来，一个学习音乐理论的学生是不是只要看死谱便可以成功一个作曲家呢？照 Kretzschmar② 的说法，听音乐而不懂理论，是没有多大用处的，不过，既经学习音乐理论，便绝对不能不多听音乐。一本盈千累万的音符的 Score，只有那些学有根底的人，看的时候才能够马上在耳边响起来，但这怎能够要求一个学习音乐理论的学生？所以，无论如何，乐队演奏的留声片是少不得的。

耳到的第二条便是到音乐会或歌剧院去。

说起中国的音乐会或是歌剧，便再没有使你更难解决的问题。歌剧，我们根本

---

① 今译总谱。

② 今译克雷奇马尔。

便没有这劳什子，演奏艺人，我们更没有一个可以在世界上站得住脚。叫洋鬼子福荫，在上海的人，还可以每个星期听一听 Symphony Concert①，和有时举行的 Chamber Music②。在内地便冤哉枉也了。那里完全没有音乐会这一回事。在这种青黄不接的情境里面，留声机片做了一个极得力的音乐大家的代表。

上面所说的都是关于学习上的话，但是，它对于音乐学生的德性也有不可埋没的功绩。当一个学生学习音乐到了既有门径的时候，便常常以为自己既经是一个全能的艺人了，如果让他多听由世界艺人演奏的音乐，至少可以减少了他的骄气，更引起他努力向上的诚心。在中国，世界的艺人既经是很少到来，那便只有开留声机这个办法。

在将来，我希望每一所音乐学校都有灌片的设备。所有学生上课时所练习的歌曲都把它制成留声片。这样，一个学生的进步或是退步，可以得到极准确的记录。进步的自然可以因此更加努力，退步的也可以因了这恶劣成绩的检察而痛加反省，此后更加刻苦用功。这样看来，留声片在音乐教育上有极大的价值，不是明明白白的事么？

除了教育上的功效之外，留声片对于声音艺术的保存也有极大的贡献。我们试想，假使留声机器的发明早百数十年，Liszt③，Paganini 的艺术不是到现在都还可以洋洋乎在我们耳边活着吗？然而事实上是不能够了，他们的艺术既经跟他们的躯壳永埋地下。往者已矣，此后艺人的艺术能够好好的保存，也尽够我们高兴了。或者有人说，这到底不是艺术的本身。诚然，这远不如听艺人自己在台上演奏，但是在艺人未曾得到不死药之前，我们现在只好取灌片的办法。虽然是无聊，也胜过褚河南临王右军的兰亭诗序。

和别种艺术比较，音乐是根本异样的。雕刻家把大理石凿得个样子，画家拿起画笔在纸上涂满，便算是功德圆满。惟有作曲家却辛辛苦苦创作完成之后，还不得不有待于演奏艺人。没有艺人演奏，他的乐谱只是废纸而已。演奏只限于一时一地，对于音乐艺术的保存依然是说不上。一句话，只有留声片才可以担负这重大的使命。因此我不能不想起 München④ 国立乐艺研究院院长 H. W. V. Waltershausen⑤ 的说话："那些

---

① 今译交响乐音乐会。
② 今译室内乐（音乐会）。
③ 今译李斯特。
④ 今译慕尼黑。
⑤ 今译瓦尔特斯豪森。

纪念古代声音艺术的团体将不仅注重于印刷，他还要在制片上用工夫。"

话是对的，不过返观我们中国，这句话至少是超过时代一百年。中国的作曲家现在还是寥寥无几，演奏艺人更没有一个可以在世界上站得住脚，还说什么乐谱的印刷，还说什么制造留声片！说来说去，只是替 Odeon①，Victor② 做了义务广告而已！

才难不其然乎？我希望 21 世纪是中国作曲家和演奏家的世界！

原载《乐艺》第一卷第 5 号 1931 年 4 月

---

① 此为百代（EMI）公司旗下德国唱片公司的名称，成立于 1902 年。此名作为商标一直用到 2000 年，但未查到对应的中文译名。

② 今译胜利唱片公司。

不会先知的音乐艺人

我在 Ludwig Karpath① 那部《诙谐的音乐艺人》里面看见一段很可笑的故事，我特把它转述如下：

有一个弹奏大提琴的音乐艺人，——因为他现时还生在人世，所以作者没有说出他的姓名——欠下了一身债。当他那个裁缝匠到来索债的时候，他总会寻出一些说话把他推辞。有一次，那个裁缝匠被他推得不耐烦了，特请他约定一个日期，免至每次空跑，因为坐车也要钱的。他略为延迟了一下，然后对那个裁缝匠说："今天是礼拜一，后天礼拜三，我一定付钱给你。"那个裁缝匠看见他这一次说得这样爽快，所以心里亦很欢喜，但是到底是不能无疑；当临走的时候，他又这样问了一句："你后天一定可以付钱给我么？"那个弹奏大提琴的艺人至是毫不思索的回答："我不是先知的圣人，我怎能够说定。"

原载《乐艺》第一卷第 6 号 1931 年 7 月

---

① 今译路德维希·卡帕特。

Joseph Hellmesberger 对于懒学生的教训

Joseph Hellmesberger[①] 是旧日维也纳音乐院里面的小提琴教授。他平日是很喜欢说笑话的，就遇着生气的时候，他亦会说出很诙谐的话。他有一个学生，平时总不练习，今天曾经 Hellmesberger 改正的错误，明天总是重犯。Hellmesberger 问他："你知道这是错误么？"他说："知道了。"——"为什么你又重犯？"——"因为这处地方是很难奏得好的。"Hellmesberger 至是对他说："你可以相信我，做人是一件极难的事，你用不着先行试试！"

原载《乐艺》第一卷第 6 号 1931 年 7 月

---

① 今译约瑟夫·黑尔默斯贝格尔。

关于勃拉姆士的话

今年是德国大作曲家勃拉姆士（1833—1897）的诞生百年纪念。

一提起勃拉姆士（Johannes Brahms）[1] 我们便会立刻想起那幅美髯盈握，长发垂肩，斜倚窗前，凝神独坐的名画。音乐史上有名的三 B，有一个便是他（巴哈 Bach，贝托芬 Beethoven,[2] 勃拉姆士 Brahms）。但是他生前却很受到一部分人的非难，沃尔夫（H. Wolf）等不用说了，就是鲁宾斯坦（A. Rubinstein）也要奚落他几句，兼之他生长的地方是汉堡，而汉堡却并不是出产幽默的地方。所以他生平玩世不恭，嬉笑怒骂，好比他的家常便饭。但是维也纳那温和的，南方的空气他吸了数十年，结果终于改变了他的一些顽强的气质。他的作品的评价不是我能力以内的事，所以不敢来饶舌，至于他的流风余韵，能够给我们窥见天才的另一面者，我却很愿意摘录一些出来，让大家认识。假如读者对于这个大师的生平发生兴趣，因此要进一步去研究他的作品，那我这浅薄的记录也就不算枉费了。

勃拉姆士自己是一个天纵的作曲家，但是却讨厌别人在他的面前玩音乐。所以当他去找房子的时候，为试探那处地方的音乐情形起见，往往故意向房东说出下面的话："啊，听着，好太太，这个房子我很想就定下来，但是我是极喜欢音乐的，所以我愿意在我的周围都有音乐。"——"这个请你不要担心，"每一个房东都是这么说，"我们住家里本来就有好几架钢琴，还有手风琴等不歇来到这里，老实说，只怕你嫌多，不怕你嫌少！"于是乎他的回答总是："谢谢你，好太太，我明天来租这房子。"说完便笑着走了。只有一处地方那个房东老实对他说："我很抱歉，先生，我们这四近都是很静的，与其你后来才晓得，还是不如我现在声明的好。"那

---

① 今译勃拉姆斯。

② 今译贝多芬。

个大师一听完这句话，马上眉飞色舞，于是立刻租下来，一直住到逝世（维也纳四区卡尔街四号）。

勃拉姆士跟华格纳（R. Wagner）① 是死对头，沃尔夫是崇拜华格纳的，所以在《维也纳沙龙消息》上面常常有沃尔夫攻击勃拉姆士的文字。但是勃拉姆士不以为意，反高高兴兴地读它。有一天他又收到了一份这种刊物，在这里面沃尔夫以为这样一个粗制滥造的作曲家如勃拉姆士者居然写得出这样的一首歌（《永久的爱》）不得不叹为奇事。他读了，摆摆他的胡子，说道："一个人真是再也不能靠别人做事——现在连他都来称赞我了。"

勃拉姆士对于敌人的攻击虽然不当作一回事，但是他也不高兴别人对他开侮辱的玩笑。有一次有一个爱好音乐的，惯以毒口伤人的庄主哈士和勃拉姆士同在市立公园散步。他们平常是很相得的，勃拉姆士也常常为哈士的笑话发笑。在这公园面前有一个舒北尔特（F. Schubert）② 的纪念像，哈士于是对他说："百年内一定有人在公园的另一面对着你的纪念像表示惊叹，大师……"——"请你不要说这种话！"勃拉姆士这样回答。但是他还要说完他的颂辞，于是他继续说："让我说完它吧，你还不晓得我要说什么呢。"——"那么你想讲什么呢？"——"我不过想说，"哈士狠毒地结束他的话，"那些人们将要站在你的纪念像前，愕然发问：他是什么人呢？"——勃拉姆士不听则已，一听便冒起火来，即刻离开哈士，长久避免和他见面。

有人说勃拉姆士没有创作歌剧，是因为写起来怕赶不上华格纳，这是不正确的评论。为歌剧的脚本他曾经找过海塞（P. Hoyso），盖北尔（E. Geibel），灰厄巴哈（H. Feuerbach）及惠德曼（J. V. Widmann），但是结果都没有成功。这是性格上的问题，而不是才力上的问题；同样的不凑巧也是他的婚姻。他生平爱过克莱拉（Clara Schumann，鼎鼎大名的舒曼夫人），只是恨不相逢未嫁时，那时候又不盛行三角恋爱，于是勃拉姆士便曾经沧海难为水，从此独身到老了！

勃拉姆士是一个个人主义者，但是这是环境造成的。少年的勃拉姆士原另是一个人。从舒曼 1853 年在《新轨道》发表的文章③ 可以知道。舒曼说"他的时代伴侣祝福他初入世途的旅程，在那里他或者要得到创伤，但是也可以得到月桂和棕榈。——我们欢迎他是一个强坚的战士！"当舒曼下葬的时候（1856）勃拉姆士手

① 今译瓦格纳。
② 今译舒伯特。
③ 此处应为：在《新音乐杂志》撰文《新的道路》。

执花圈，备极忍痛。及至克莱拉随罗北尔特（Robert 舒曼的呼名），同入殡宫（1896），勃拉姆士老泪纵横，形神沮丧。葬事完毕之后，勃拉姆士失声痛哭："我如今再没有可以丧失的人了。"明年而勃拉姆士亦死，有此种感恩知己的深情，而后知惟舒曼夫妇乃能认识勃拉姆士灵魂的深处也。

奥大利诗人格利尔拍尔切尔（F. Grillparzer）于 1827 年为贝托芬的纪念像的演说里面有这样的几句话："自古以来，有过诗人和英雄，歌人和闪耀着天帝的灵光的人，一切可怜的，受难的人们都因他们苏醒，纪念他们的渊源和他们的目的。"这是好文章，同时就把它拿来做这篇不成文章的文章的结束。

署名"伊令眉"
原载《音乐教育》第 1 卷 6、7 合刊 1933 年 11 月

瓦格纳的童年

Richard Wagner! 只一提这名字，便觉得有一种天风海雨逼人的气象。他是诗人，尤其是作曲家，韦柏尔①所计划的诗歌——音乐——与舞台艺术之合一，在瓦格纳的手里得到彻底的，极顶的成功。他是德意志音乐戏剧的创造者，他是贝托芬②以后的第一人，后来者没有一个人能够和他并驾齐驱。假如北尔约士（H. Berlioz）③是新罗曼派的开基者，则瓦格纳便可以说是这一派的完成者。他的幻想，他的热情，他的气魄，在这一派的戏曲家中——包括文学——无有出其右者。

不过说起来很可惨。我不曾到过西洋，我不敢说：我认识瓦格纳的作品。虽然即使我到了德国，听过他的《飞航的荷兰船主》④，或是他的《特立斯坦与伊左尔德》⑤，或是他的《尼贝龙根的指环》⑥，又或是他的《帕七法尔》⑦又或是……之后，我敢不敢说"我懂得了"也还是一个疑问。没有经历过舞台上的瓦格纳的有声，有色，有表情，有动作的艺术，仅仅东听一套留声机片，西听一支管弦乐队演奏的序曲，——是的，今年当他的逝世纪念时还听过几个他的合唱，——这算是什么东西呢？把一口海水喝了，固然可以说是认识海水的味道，但是关于海的汹涌，海的阔大，你压根儿就不会有一点点正确的想象，是不是？

这样一来我现在想摇起笔杆来谈瓦格纳，岂不是故意叫人笑破肚皮？然而（这一转是这篇文章的救星）听其乐不知其人，可乎？于是，谈瓦格纳。但是据实提

---

① 今译韦伯。
② 今译贝多芬。
③ 今译柏辽兹。
④ 今译《漂泊的荷兰人》。
⑤ 今译《特里斯坦和伊索尔德》。
⑥ 今译《尼伯龙根的指环》。
⑦ 今译《帕西法尔》。

名，这里要写的只可以叫做"瓦格纳的童年"而已。

瓦格纳在 1813 年 5 月 22 日生于莱比锡（Leipzig）的一间三层楼上面。受洗的名字是理查威廉，他的父亲菲立德力希（Friderich），当时是莱比锡警察局的司法书记，因为公务繁剧，兼以莱比锡是当日自由战争的中心，受的刺激很多，因此得了当时流行的神经寒热，那时理查出世还不到半年，他的父亲便亡故了（1813 年 10 月）。他的母亲的姓氏是比慈（Johanna Rosina Paetz，一作 Beetz），她的父亲是面包师（一说是磨坊主人），她的生平是有点奇怪的，她自称姓批尔忒斯（Perthes）实际上却是比慈，她说她早年是靠他一个父执辈的朋友——后来她对理查们说是一个外马①公子（Weimarischer Prinz）——的供给在莱比锡读书，后来那个朋友死了，她便因此辍学。所以她是缺乏完全的教育的，但是天性很是幽默，而且待人也是和蔼的。

理查的祖父是一个体面的官吏，所以他的两个儿子都受到很好的教育，长子菲立德力希习法政，次子亚呆夫则研究神学，这一位叔父对于小理查的生平有很大的影响。

理查的父母都喜欢戏曲，他们曾经为看施勒尔（F. von Schiller）②的《墨西那的未婚妻》的初次上演，特别到劳赫斯铁（Lauchstedt）去，他们结识有一位极相得的朋友名叫盖厄尔（Ludwig Geyer）。他是一个演剧艺人，同时也擅长写诗和绘画。菲立德力希死后一年，盖厄尔便和他死友的孀妇结婚，同时尽他的能力照料他死友的遗孤。

当理查 2 岁的时候，盖厄尔受聘于德列斯登（Dresden）③王室剧场，于是全家在德列斯登定居，他极爱理查，所以最注意他的教育，同时他更想理查永远做他的儿子，所以当理查入学的时候，他的姓氏是理查盖厄尔，直到他义父死后 7 年的一个圣诞节，他们一家都回到莱比锡的时候，他才重新称为理查瓦格纳，那时候他已经是 14 岁了。

他的义父最先很愿意他学习绘画，他也曾经用心描摹过萨克逊奥古斯都王的画像，但是那个先生的学究气太使他讨厌了，他于是连绘画也不高兴学习。

有一次理查跟着他的义父在剧场里认识了那位《自由射手》（Freischuetz）的作者韦柏尔（K. M. von Weber）和他的音乐。这给他很大的印象与兴趣。

刚满 6 岁，他的义父便送他到德列斯登附近的坡仙村（Possendorf）的一个宣教师

---

① 今译魏玛。
② 今译席勒。
③ 今译德累斯顿。

那里去读书。在那里他听到鲁滨孙，但尤其使他高兴的是莫查尔特（W. A. Mozart）①的传记，过来②便是报纸上和日历上所记的希腊自由战争的时日与史实，他对于这神话的国土从小便发生了一种爱慕的心。

这样过了一年，便因父病被人带回德列斯登，他在病榻前面省视了他的义父，那种衰弱的病态使人痛苦到哭不出来，他的母亲带他到旁边一间房子里面叫他弹弹钢琴，给父亲消消郁闷，他那时弹的是一首《要永远是忠实与正直》。他的义父听过之后，对他的母亲说："难道他有音乐的天才吗？"

义父死后之次晨，理查的母亲呜咽地对他说："他是一心想望把你培植成才的。"

那天的下午宣教师来，又把他带回坡仙村去。过了8天，死者的兄弟从哀斯勒本（Eisleben）③赶来会葬，表示愿照顾那个无告的家庭并负起教育理查和他的兄弟姊妹的责任，于是他便向教师和同学作别了。后来他的叔父把他们一家带回故乡哀斯勒本去，他于是进了一间私立学校。当他有一次读音乐新闻读到关于坛徽塞尔（Tannhaeuser）④的故事的上演的消息的时候，心中生出极大的感动。

后来他的叔父要结婚了，独立的家庭组织起来，他便又被带到莱比锡他的叔父家里——理查生父的兄弟——住了一些时。他叔父的住家正在莱府市集附近，居室很是繁华，满街大学生穿着古式的男子服装，这很使小理查见猎心喜。就是房里有一种装饰很教这个小孩吃苦：这就是那些贵妇人的画像，她们有青春的面庞，抹粉的头发，穿着硬骨裙，这些画像在他的眼里就是鬼魅。只要他一个人在房里坐了一会，它们便好像要活起来的样子。理查是一个天生的强项孩子，在他的婶母面前，他一点惊恐的样子都不做出来，但是实际上他是无夜不骇汗浃背，觉得要屈服在魔鬼的势力之下的。到后来，只要他对着一件固定的东西，如桌椅之类，经过相当的时间之后，它自然好像会生动起来，逼他发出颤抖的绝叫。做噩梦吓到大声呼喊，惊醒别人，更是家常便饭。弄到后来他的兄弟姊妹都不愿意睡在他的附近。

他的大哥亚尔北（Albert）本来学医，因为美好的歌声得到韦柏尔的赏识，便到布勒斯劳（Breslau）⑤唱戏去了。跟着他那个二姊露茜（Luise）亦献身于剧院，大姊罗纱丽（Rosalie）在德列斯登王室剧院，可以就近帮助那个忧劳的母亲。——

---

① 今译莫扎特。
② 廖先生的早期文章中习惯用"过来"表示"在此之后"的意思。
③ 今译艾斯莱本。
④ 今译汤豪舍。
⑤ 今译布雷斯劳。

原来他们一家又回到德列斯登去了。——到理查的三姊克莱拉（Klara）又带着美丽的歌声到剧院去之后，他的母亲便再也不放理查去管演剧的事了。他还有一个兄弟，但是除了冶金之外便没有什么特长，于是他母亲的全副期望便都放在理查身上。

8 岁已满，理查即被送入德列斯登的一间完全学校（这种学校是从小学到可以进大学的程度的）。正如前面说过，母亲不愿理查再管演剧的事情，只希望他做一个诗人，画家或是音乐家。

话虽这样说，小理查在家里还要玩他的傀儡剧场。布置舞台，裁制服装，常常都是为这种事情忙。那时他的大姊罗纱丽已经会弹钢琴，克莱拉也开始学唱了，小理查也曾结合一些年纪大些的伴侣学演《自由射手》。但是因为生活的不安定与仅由女人的教训，所以他的幻想与兴会渐渐消失，好在那时又有了新的转换，那就是学校里的先生和同学。

不消说，在家庭里以至在学校里小理查都是被认为有一副明敏的头脑的。他在学校里并不十分用功，但是成绩并不低劣。尤其是因为他的朗诵及他诗歌的翻译获得他的教员西里希（Sillig）的欢心与注意。那时小理查还是一个约莫 12 岁的小孩子，不独能够在讲台上朗诵《伊利亚特》里面那一段赫克陀的离别，就是汉姆列特[①]的独白他也能够用适当的表情向大家朗诵起来。那个西里希先生因此对他独垂青眼，教小理查不妨常到他家里去玩，并可以把作品拿给他看。——那时刚巧有一个同学死了，校长发出布告，说每一个同学都可以做一首悼诗，第一名的便拿去付印，那时候第一名就是小理查。自此以后，他已经替自己决定志向了：他是生来做诗人的。

他喜欢希腊文，因为它的神话，传说以及历史更加强了他的幻想。但以文法艰深，加以小孩子缺乏长期的耐性，所以没有学成功。他那时已经学作史诗以及悲剧，但是都没有完成。

1816 年，他的姊姊罗纱丽受聘于蒲拉格（Prag）[②] 剧院，母亲及兄弟姊妹也从德列斯登搬家到那边去，理查因为不想辍学，所以便独留德列斯登，寄居在一个同学家里。那种安心工作的静穆和那个兄弟姊妹共同构成的幻想的摇篮于是成为过去，接上眼前来的是一种粗暴的生活。从前素不熟悉的东西在那里也渐渐认识起来。那个同学家里已经有成年的女子以及她们的女朋友塞满了那狭窄的房间。小理查对于女性的恋慕也是在这个时候开始。有一次他故意装成昏迷到不省人事的样子，等候

---

① 今译哈姆雷特。

② 今译布拉格。

那些少女们来把他抬到床上去。因为在那种情形之下，那些少女们是无从推避的。他却藉此得到直接接触女子的机会。

那年冬天小理查被他的母亲来德列斯登接到蒲拉格去玩了 8 天。蒲拉城的风光又给小理查很多深刻的印象。

明年春天（1824）他同他的同学波墨（R. Boehume）再去蒲拉格——步行。这一条路车行要三日，现在两个小孩子要步行，那么，他们的辛苦可想而知了。他们行了一天，双脚已经肿了起来，到明天只得雇车，但是车只到得罗波质慈（Lobositz），袋里的钱又用光了，他们只得晒着灼热的太阳，载渴载饥地走路。傍晚的时候他们走到一条大街，对面有一辆华丽的车驶来，于是小理查迎头赶上去，自称是一个行旅的手工学徒，现在日暮途远，身边又没有钱，恳请贵人布施布施。那时候那个同学已经害羞到躲在街边濠道里面去了。他居然得到一点钱，于是便和他的同伴商量，把这钱拿来买东西吃呢，还是拿来做住客店的房钱？他们的决议是拿钱来买东西吃，夜里露宿在天底下。碰巧当他们吃饭的时候，他们在那里遇到一个游行音乐家，从他扁帽上那个诗琴的徽章和背上驮着的竖琴可以知道。小理查渐渐地和他谈得非常投机，因此过夜问题也解决了，而且他还向那个竖琴师借了两个双角做路上的零用。

1827 年小理查参加他的校友们组织的旅行团来到莱比锡，他在那里见到他的叔父并得读他父亲的遗书。

那一次莱比锡的旅行，引起他对于大学生生活的憧憬，因此很希望能够到莱比锡去读书。恰巧他的姊姊露茜受莱比锡剧院的聘请，从布勒斯劳起程经过德列斯登。当初她当义父逝世不久之后，即去布勒斯劳，对于她的弟弟理查简直等于不曾相识。这次在德列斯登姊弟重逢，他们的快乐也就可以想见，小理查从此更认识姊姊的温存，莱比锡之行，于是便于那年圣诞节由理想成为事实了。从那时候起我们的理查再不叫做盖厄尔，乃是至今不减他的光荣的瓦格纳。

在这里还有一件事要指出来的，就是自 1827 年复活节以后，理查即渐渐失去了对于教会的信仰与尊敬，甚至于把他份下的一些悔罪金都拿来买东西请朋友吃了。但是到举行誓信礼，在礼拜堂里受到那庄严的仪式与合唱和大风琴①的感动的时候，他还是生出一种敬畏的心，而且得到一种永远不忘的印象。

原载《音乐教育》第二卷第 1 期 1934 年 1 月

① 今译管风琴。

早死然而永生的沃尔夫

　　这篇不是开心的文章，谁把音乐当作好玩的工具看，谁把音乐家的生平当作沙龙里的谈话资料看，可以不必读这篇文章。沃尔夫的生平没有维尔第①的寿命，瓦格纳的福气，洛西尼②的放诞不羁，梭彭③的温柔旖旎。他的一生就是辣生生的，阴凄凄的，穷愁落拓，抑郁终身的纪录。你读它的时候，先要预备好一副神经两包眼泪。虽然艺术家本来多是命定的穷人，然而亨德尔在英伦，摩查尔特④在普拉赫⑤，都曾经出尽风头，从未有少年沦落，枵腹读书，苦斗一生，处处碰壁，到头来只落得两袖清风，在疯人院里断送了残余的生命如沃尔夫者。想起巴赫虽然眼盲，贝托芬虽然耳聋，还能够自由作曲；舒北尔特⑥虽然穷愁潦倒，还能够在病榻上神志清晰地修改他的《冬日游》⑦，则沃尔夫的悲哀，真有如汪容甫自序所云："嗟乎！敬通穷矣，孝标比之，则加酷焉；余于孝标，抑又不逮，是知九渊之下，尚有天衢；秋荼之甘，或云如荠！"何况在这社会里做人，谁不因沃尔夫而感到切肤之痛！

　　他的生平虽然不会使读者开心，却是不折不扣的励志哲学！

　　沃尔夫（Wolf），名胡果（Hugo）⑧，1860 年 3 月 13 日生于许太亚麦（Steier-mark）⑨ 的文第许格列慈（Windischgraetz）⑩ ——一开头便碰到那个倒霉的十

---

　①　今译威尔第。
　②　今译罗西尼。
　③　今译肖邦。
　④　今译莫扎特。
　⑤　今译布拉格。
　⑥　今译舒伯特。
　⑦　今译《冬之旅》。
　⑧　今译胡戈。
　⑨　今译施泰尔马克（州）。
　⑩　今译温迪施格拉茨。

三！——他的父亲菲立普（Philipp）是一个硝皮匠，胡果是他的第四子。菲立普的音乐禀赋极高，他会弹小提琴，七弦琴，① 钢琴并且在家中组织一个五部合奏。菲立普弹第一小提琴，胡果第二，他的兄弟大提琴，他的叔父铜角②，还有一个朋友弹中提琴。所以他对音乐的爱好是自小便养成的。

他的学生时代很不出色。不歇的转学，说是他的资质的下劣罢，恐怕不大确切。总之，这个人和这俗世压根儿就是没有缘分的，他非常爱好音乐，当然，他愿意把音乐做他的终身职业，但是他的父亲很懂世故，所以他老人家虽然也喜欢音乐，甚至于在家里组织五部合奏，仍然不愿意让他的儿子把音乐做他的正宗职业——谁不晓得这不是生财之道！——后来经不起他的恳求，终于送他到维也纳，1875 年进维也纳音乐院，但是事情很不妙，过了两年便因为"违反校规"被学校开除了。

那时沃尔夫真是祸不单行。一场火灾把他家中所有的一点点财产都扫荡了，他已经有家难归，于是便以一个 17 岁的少年，在他乡自己想方法维持生活。

假如沃尔夫早年遇着较好的生活，他的作品早一点受世人的赏识，那么，他的身体，他的心情便一定不会这么单弱，这么抑郁，他的狂疾一定不致于发生得这么利害而且早死，至少我们可以听得到他的歌剧《威臬格士》（Manuel Venegas）③。然而时代好像故意要向沃尔夫作难，同时也就是向全人类作难，到得现在，沃尔夫的乐歌已经与舒北尔特的受到同等的荣誉了，可是在当时，他从他的牟力克的——歌德的——埃贤朵夫的——刻勒尔的——西班牙的歌集以及意大利歌集第一部所得到的五年长的版税，却只是 86 马克 35 分尼。这究竟是不④

他崇拜歌德，醉心于克莱斯特（H. von Kleist，1777—1811 自杀，诗人）亦爱好格利帕切尔（F. Grillparzer，1791—1872，诗人）⑤ 和黑别尔（F. Hebbel，1813—1863，诗人）⑥ 至于牟力克（E. Moerike，1804—1875，诗人）⑦ 的真价值，他更是发现的第一人。除此之外，他还看英文及法文的文学作品。音乐家懂文学的虽然很多，但深刻到像沃尔夫的却实在是很少，那个少年沃尔夫每天只吃一顿饭，可是他居然有能力找到机会学习英文和法文，这种毅力，这种热心，我们这一群好吃懒

---

① 原文如此。
② 今译铜号。
③ 今译《曼努埃尔·贝内加斯》，未完成。
④ 原文如此，应有漏文。
⑤ 今译格里尔帕尔策尔。
⑥ 今译黑贝尔。
⑦ 今译默里克。

做的青年——我也在内——对着他真要愧死。

1875 年瓦格纳到维也纳指挥他的《檀徽塞尔》（Tannhaeuser）和《络恒格林》（Lohengrin）①，沃尔夫曾经去拜访过他两次，但是他的作品却始终得不到这位大师的一盼，瓦格纳说，沃尔夫只可以把自己的作品在钢琴上面弹给他听，但是他现在连听一听都没有时间。他临末对沃尔夫说："好朋友，我祝望你的前途，努力干去吧，到我下次再来维也纳的时候，你把你的作品拿来给我看好了。"此后他们再没有见面的机会，但是沃尔夫却从此是瓦格纳的斗士，他生平虽然得力于巴赫，贝托芬，舒北尔特，与舒曼，他也爱好北尔约士，但是他所受的最大影响还是瓦格纳。他自己没有钢琴，他总是把贝托芬的模范曲（Sonate）②带到公园里面坐在露天的长凳上面研究。

莫特尔（Mottl）、哥尔许密德（A. von Goldschmidt）③是最先救济他的穷困的人，他们替他找到教书的机会，他教那些七八岁的小孩子的音乐。他不是好教师，所以修金所入，只够一天吃一顿饭的钱，而且天晓得是怎样的一顿饭！1881 年哥尔许密德替他在扎尔慈堡（Salzburg）④剧院里找到一个乐队副指挥的职位，他原先偶然想到的到美国去的计划便打消了，他在那里要耐心练习许忒劳慈（Strauss）⑤和米略开尔（Millocker）⑥的小歌剧⑦里面的合唱。他非常尽职，但是他说不出地厌闷，结果他便辞职再回维也纳。

他创作的生涯开始于他到维也纳那一年（1875），他写乐歌，模范曲，交响乐，四部合奏等等。1883 年他把他那最心爱的克莱斯特的悲剧《片帖西列亚》（Penthesilea，亚马松族的女王，被亚希雷斯杀死，见希腊传说）⑧谱成一首交响乐诗。

1884 年他写《沙龙报》的音乐批评，但是那不过是一张"小报"，专登体育新闻与沙龙消息的小报，他的文章充满了生气与幽默，他在那里做格禄克（C. W. R. von Gluck）⑨，摩查尔特，贝托芬以及瓦格纳的卫士，北尔约士的先锋，同时尽情攻

---

① 今译《罗恩格林》。
② 今译奏鸣曲。
③ 今译戈德施米特。
④ 今译萨尔茨堡。
⑤ 今译施特劳斯。
⑥ 今译米勒凯。
⑦ 今译轻歌剧。
⑧ 今译《彭特西丽亚》。
⑨ 今译格鲁克。

击那些流行的意大利歌剧，他替勃禄克纳（A. Bruckner）①打不平，同时开始对勃拉姆士②猛烈攻击，对于这位大师，沃尔夫并没有一点个人的恩怨，对于他的作品也没有一点成见，他的室内乐比方说，便很受沃尔夫的尊崇，对于他的有些乐歌如《永久的爱》比方说，亦很受他的赞许，但是他指摘他的交响乐，他乐歌里面那些层见叠出的朗诵上的错误使他头痛，他压根儿就不喜欢勃拉姆士那种轻描淡写，缺乏生命力与欢乐的作风，而尤其激起沃尔夫的憎恨的，就是勃拉姆士无形中成为保守派反瓦格纳的领袖，一班不长进的音乐家都想借勃拉姆士做撑腰，所以沃尔夫才这样尽情攻击，但是勃拉姆士始终不改变他艺术的态度，对于沃尔夫的反攻也不亲自出马，只有他的信徒在那里烧起了三千丈的无名忿火，皮罗（H. von Buelow）③至称沃尔夫的行为是"百身莫赎的，侮辱神圣的罪恶"。今日事过境迁，我们对于这两位大师都表示至高的敬意，在德语系的国家里面沃尔夫和勃拉姆斯的乐歌，都一样受人热烈的欢迎，所谓"青史千秋有是非，"我们可不必替人不平或是惋惜，他们都尽忠于自己所确信的艺术，而沃尔夫对敌人不做人身的攻击，这一点是最值得我们学样的。

沃尔夫的作品终于在世上露面了，但是结果呢？看下面的批评罢：

"……有人劝他（沃尔夫先生）不如多做些曲，但是他的处女作却证明了这个好意的劝告不免糊涂，他还是写他的批评去罢！"（卡尔伯［M. Kalbeck］④，勃拉姆斯派的首领。）

他的交响乐诗《片帖西列亚》在维也纳管弦乐队协社⑤初次试演的时候，那个指挥打断了乐队的演奏说："先生们，我不容许把这篇东西演到末尾，——但是我要看看这个人，他究竟用什么资格敢对我们的大师'勃拉姆士'这样，胡说！"

怎么好呢？碰壁之余，沃尔夫便带着文学与音乐的书籍跑到他的姊夫许忒拉塞尔（Strasser）那里去，打算安心作曲。

1887 年是沃尔夫生活的一大转捩。那一年他的慈父逝世，深的悲哀激起他创作的源泉，同一年他的朋友厄克胥坦（Eckstein）．替他刊行了第一集的乐歌。这一次作品的发表，更引起他创作的兴趣，于是沃尔夫的创作到了全盛时代。1888 年他在

---

① 今译布鲁克纳。
② 今译勃拉姆斯。
③ 今译比洛。
④ 今译卡尔贝克。
⑤ 今译维也纳爱乐乐团。

维也纳彼希妥尔德村（Pberchtoldsdorf）安心作曲，在三个月内把 53 首牟力克的诗谱成乐歌，他那时可以说是发了创作的热，2 月 24 晚写完一首，25 又是两首，他写信给魏恩纳（H. Werner）说："你听了这一首歌之后，你只可以有一个愿望：死。"他那种兴高采烈的情形由此可见一斑了。

牟力克歌集写完，便动手写歌德歌集。从 1888 年 12 月到 1889 年 2 月，这三个月内他谱了歌德的诗 51 首，接着是埃贤朵夫（T. Von Eichedorff）① 的 17 首，再过来是海塞（P. Heyse）翻译的西班牙诗选（44 首），他写信给他的朋友说："我现在写出来的东西，都是给未来的世界的。"

"自舒北尔特与舒曼以来，都未曾有过比拟的作品。"

1890 年过后，他又谱了约莫十首瑞士诗人刻勒尔（G. Keller）② 的诗，接着又是意大利诗选（盖北尔［F. Geibel］及海塞的翻译），那时他乐歌的产量已近两百，无一首不表现他那独特的风格与强烈的个性。但是从那个时候起，他的内心便"全无消息，不透一点亮"。1891 年 8 月 13 日他写信给他的朋友未铁（Wette）说着这样的话："……要活便要切实地生活，我早就已经是一个死人，只有身体上的气力证明我还有生命——但是这只是'如生'罢了。……在我周围的一切都呼吸着幸福与和平，各个尽力于自己的工作与活动，——只有我啊，——皇天！像畜生一般昏钝冥顽地过日，……作曲的事是干了，完了，我自己再也不能想象什么是和声，什么是曲调，我自己已经开始怀疑，那些用我的名字谱成的乐歌究竟是不是我自己做的？……"

1891 年 9 月 29 日他的创作的源泉，好像又重新活动起来，他一口气谱了 15 首意大利乐歌，他的计划是 33 首做一集，但是写到第 22 首便不得不收手，他的创作的源泉又拥塞了，天晓得他那时的苦楚。他，一个除掉创作无快乐的人，这一次的沉默时间足足经过五年，他的精神之反常就在这里也可以见到。他写信给他的朋友考夫曼（Kaufmann）说："你问我关于歌剧的事情！皇天只要我写得成一首短歌我已经心满意足了，——还说得到歌剧吗？——我这种懒散的痛苦实在无从描写，我真想在那条开满了花的樱桃枝上面上吊。"

他写信给法衣士德至于说："请你重新给我感兴，摇脱我内在的那个昏睡的，再度把我作弄的鬼怪，我愿意像对上帝一样向你祈祷，愿意为你安设供奉的神龛"，

① 今译艾兴多夫或埃申多夫。
② 今译凯勒。

但是这只是空话罢了，他自己也知道要解救这种苦难是"不关人力只关天"，所以他虽然充满了绝望的恐怖也只得咬牙忍耐，静待他灵感的归来。直到1895年3月，沃尔夫的灵魂才再度苏醒。

沃尔夫早就有心写作一部舞台作品，有一个朋友从佛教里面给他找出了一篇歌剧的材料，他告诉他的朋友"这个世界一点都不懂这种深刻的思想"，而且"他没有这种兴致，给人传播新的头痛"，他以为"瓦格纳已经不使我们费一点力便收复了天国，现在聪明一点的办法，就是在这美丽的天国里面找一个优美的处所，但是绝不要是荒漠上跟水，蚱蜢，以及野蜜糖在一块，却是在一个愉快的本色的交际集会里面，有七弦琴的拨弄，爱的嗟叹，月夜，香槟酒等等。简言之，便是一部滑稽歌剧，而且是一本十分平凡的滑稽歌剧，背景里没有叔本华哲学里面那种阴沉的，解决世界的鬼魅。"（1890年6月28日给葛罗黑的信）

他从古典文学找到新文学，从莎士比亚找到他的朋友利利恩克伦（D. von Liliencron，1844—1909）。他自己也曾想过试写一部脚本，但是结果他选了梅列德尔夫人（Frau R. Mayreder）① 根据西班牙诗人亚拉康（Alarcon）② 的短篇小说编成的脚本：《三叉帽》（Der Dreispitz）③，又名 Der Corregidor④。这部歌剧的钢琴总谱是他当1895年春天（4月1日开始）三个月内写成的，经过好几家剧院的拒绝，直到1895年6月7日才在满海姆（Mannheim）⑤ 上演。因为这部脚本本身的缺点，所以虽然有美妙的音乐也不能得到什么成绩。

但是我们可以感到安慰的，便是沃尔夫的天才已经归来，1896年4月一个月的工夫，在他腕下流出了意大利歌第二集22首，圣诞节的前后，他的朋友牟勒尔（Müller）又寄了一些妥诺夫（W. R. Tornow）德译的密开尔安琪罗（Michelangelo）⑥的诗给他。他非常高兴，打算做一本乐歌专集，1897年写了三首，同时开始他新的歌剧的写作。《威尼格士》（Manuel Venegas），何耳枭士（M. Hoernes）根据亚拉康的诗作⑦，他好像一点都不曾想到，他自己会有这样一个不幸的归结，有一次牟勒尔向他说起舒北尔特的早死，沃尔夫回答道："在一个人未曾说尽他的话之前，他

---

① 今译迈雷德。
② 今译阿拉贡。
③ 今译《三角帽》。
④ 今译《市长》。
⑤ 今译曼海姆。
⑥ 今译米开朗琪罗。
⑦ 原文如此，此句似有漏文。

是不会就死的。"

他自己说他工作的努力好像是一架"蒸汽机"，1897 年他废寝忘食地写他的《威尼格士》，在 14 天之内写了 50 面的钢琴总谱——全部歌剧的母题以及第一幕的上半都已经完成了，但是这一次上帝不独拥塞了沃尔夫创作的源泉，而且简直忍心把它断绝了：1897 年 9 月 20 日他刚刚写到第一幕里面威尼格士一首独唱的中途，他的狂疾便忽然发作了。

他被送到司未特林（Svetlin）医院里面去，住到 1897 年 1 月，他的神志恢复了，到 2 月大家又送他到特里司特（Triest）① 及威尼梯恩（Venetien）② 旅行，好让他恢复身体的健康与创作的能力。

不久他便回到维也纳，好像他的健康已经当真回复的样子，但是连他自己都觉得奇怪的，便是：他已经变成一个沉默的，稳重的人，不喜欢接见宾客，他也没有开始作曲，只把旧日谱好的密开尔安琪罗的歌从头审看一遍，并且把它们发表出去，他定了一个冬天的计划，打算隐居起来，专心而且安心地过他艺术的生活，但是当 1898 年秋天，他便再因狂疾被送进疯人院里面去，而这一次却真是完了。

最先，他还能够接见宾客，和那个疯人院院长四手合奏钢琴，明年春天他还可以出去散步，但是他的认识渐渐地糊涂起来，他对于物件对于人，甚至于连自己都认不清楚了，他曾经悲叹地自言自语："假如我是胡果沃尔夫的话……"到 1899 年的中间，他的麻痹病忽然加重，1900 年的开头他已经不能够清楚说话，1901 年八月便麻痹到全身，1902 年医生便对他的病宣告绝望。但是他的心还不就死，因此那个可怜人还要捱足一年凄惨的时间，才因肺炎于 1903 年 2 月 16 日脱离了人世的苦恼。

当沃尔夫出殡的时候，送葬的行列非常盛大，连开除他的学籍的音乐院都来参加，大家唱他的遗作《引退》（埃贤朵夫的诗）。他的好朋友法衣士德为首，替他在贝托芬和舒北尔特的附近造起他的坟墓。

在艺术家中绝对找不出与沃尔夫相同的悲剧，——舒曼虽然也害精神病，但是他还有他的克莱拉 Clara！——他活了将近 43 年，狂疾占去 5 年，沉默的时间又是 5 年，而他创作生涯的正式开始却是 27 岁，他生命的短促也就够值得痛哭了。但是话虽如此说，他那数年的活动已经在音乐史上留下不灭的奇迹，当日那些近视眼的批评家，谁也不知道他们的名字了，只有沃尔夫却永远在人类的记忆中活着。

---

① 应为的里雅斯特（Trieste）。

② 今译威尼斯。

　　他的主要作品当然是他的乐歌，在音乐史上他被推为新的舒北尔特。这个"新"字并不是说他是第二或是复生的舒北尔特，如果只是第二或是复生，我们要舒北尔特好了，谁稀罕这冒牌货！他之所以称做新，因为他的乐歌不论在内容上在形式上都是崭新的。世界还在进化，我们不必替他盲吹，说是"后无来者"，但是"前无古人"却是铁案。他的乐歌的特征，第一是注重诗歌的朗诵（Deklamation），伴奏的本身更彻底地发挥诗人的思想，因此他的乐歌里面的钢琴伴奏常常可以成功一首钢琴独奏曲，然而和唱音的结合，却如生铁铸成，绝对不容人变动一下，如歌德的《帕罗米修士》①，唱音是帕罗米修士的呼声，而伴奏里面却表现着宙斯的毒辣的威胁（这就是那段帕罗米修士擅行将火送给人类，触动大神宙斯的愤怒，因此将他锁在山头，用老鹰啄他的肝脏的故事）。这样的一首诗，在古典派的作曲家中是认为不能作曲的，但是沃尔夫对着这种作品却偏能尽量地发挥他横溢的天才，在乐歌里面开辟了一个新天地。至于朗诵则在沃尔夫乐歌里面占着和音乐相等的地位，一个字音的轻重都不肯苟且，他的乐歌在技巧上因此并不怎样难唱，难者多在艺术上的表情，不懂文学的人几乎是无从唱得好他的乐歌的（朗诵法在中国音乐界已经引起一部分人的注意与讨论，迟日我或者要另做专文发表）。他的乐歌的第二特征是内容的广大，在从前，作曲家选诗的标准是音调的铿锵，词句的晓畅，海涅（H. Heine，1797—1856）的《抒情插曲》（Lyrisches Intermezzo）与《归来集》（Heimkehr）因此不论舒北尔特，舒曼，门德尔斯尊（Mendelssohn）②，李斯特（Liszt），彦生（Tensen）等作曲家都喜欢拿来作曲。歌德的诗，被人作曲者以抒情的居多，到沃尔夫，天下乃无不可作曲之诗，只要它好就成，所以歌德的《三王节》，《人类的界限》等等在沃尔夫看来都是作曲的好材料，他的气魄，他的胆量，实在是不可几及的。

　　说到他对诗的了解，没有几个作曲家比得他上，在前面已经说过了。他写信给胡姆彼尔丁（Humperdinck）③说："诗是乐歌的原动力"，要是诗的本身没有文学的价值，他压根儿就写不成歌。在他作曲之前，他必先请人，把那首诗朗诵好几遍，或者自己在晚间大声朗诵，以求彻底了解它的神髓，过后便沉思梦想，以至睡觉，明天醒来，马上笔不停挥地一气写下，他写信给牟勒尔说，他简直快乐到叫了起来，牟勒尔说，他叫得活像是一只下蛋后的母鸡。

---

① 今译《普罗米修斯》。
② 今译门德尔松。
③ 今译洪佩尔丁克。

关于歌德的诗，凡舒北尔特作曲之后，他认为满意者他便不再作，但是如《竖琴师》，《君知是何处》等诗，沃尔夫认为舒北尔特对于诗的了解还未透彻，因此他便再来一次，还歌德的诗一个本来面目。

他的第一部成功的，同时也是最普遍的作品自然是《牟力克歌集》。因为篇幅的关系这里不能列举了。总之沃尔夫的乐歌没有一首不是纯粹深刻，充满了独特的个性的，他从不粗制滥造，没有一首歌的歌词不是第一流的诗，没有一首歌不把诗人的思想与人格活泼泼地再现出来，对着这样一个伟大的艺人，崇拜之余惟有惭愧与惶恐而已！

本文叙述作曲家的生平，大部分依照罗曼罗兰《今日的音乐家》但是除此之外，却有不尽相同的地方，因为在见解上我觉得没有强同的必要。

原载《音乐教育》第二卷第 3 期 1934 年 3 月

莫查尔特

  我本来没有写莫查尔特①的生平的预备。我不配而且也不必。说不配,因为我没有音乐的素养;说不必,因为在我未写之前,在中国已经有人写得比我好,比我详细,正不必由我再来舐皮论骨。可是最近我看到一篇文章,说莫查尔特的死是投河自尽,却使我拿起我读过的和未曾读过的关于莫查尔特的书籍细心翻检,都找不到相同的记录。至于我翻检的结果,却写成这篇文章。如有什么不妥当的地方,希望大家指教。

  1787 年 4 月 4 日莫查尔特有一封信写给他的父亲,说到他对死的感觉,有下面的一些话:"……死,是我们生命的真正归结,所以我在最近这几年,对于这个人类的真正最好的朋友,已经是这么亲切,他的形象对于我不独是不带丝毫恐怖,而且的确使我感到安息和慰藉,我要感谢上帝,让我得到这宗幸福,给我一个机会,(你明白我的意思)拿他做我们认识我们真正的福乐的'钥匙'。我不卧床而已,一卧床,马上便会想到,或许我(虽然我是这样年轻)明天就不是我了。——可是凡是我的相识,都不会说,或在与人交接的时候,有过不平或是愁苦的颜色。——为这宗福乐我每天都在感谢我的造物主,而且也诚心祝望,我的每一个同类都可以享到这宗福乐。"

  在这封信里面莫查尔特说出他对于生的厌倦。生活决定人的思想,诚然,当一个人受尽世俗的迫害和残虐之后,是不会再对这个世界有什么留恋的,然而出自莫查尔特的口里却是那么和平,那么自然,而且那么轻快,正如他自己的话,没有一点不平或是愁苦的颜色,似其所以不愧为天人。正无怪他连自己的形骸都不给后人留在一个确实的处所。但是生平对他磨拳擦掌,死后替他造铜像设立纪念馆,正是

---

  ① 今译莫扎特。

704

人类惯给天才扮演的悲喜剧。对于莫查尔特当然也没有例外。

莫查尔特的名姓是沃尔夫刚·亚玛台·莫查尔特（Wolfgang Amadeus Mozart）①。1756 年 1 月 27 日生于扎尔兹堡（Salzburg），1791 年 12 月 5 日死于维也纳（Wien）。

他的幼年是幸福的，顺利的，享受稀有的荣誉的。他的父亲列奥坡尔德（Leopold）是扎尔慈堡大主教的宫廷作曲师兼管弦乐队副指挥。沃尔夫刚出世的时候，他的母亲几乎因此丧命，但是她的健康不久便恢复了，那个婴儿也渐渐长大，而且不久就在音乐上显出他超绝的天才，当他 5 岁的时候，他的姊姊——比他长 5 岁——学过的钢琴曲他都自己弹出来，不曾学习便会依谱随弹弦乐三部合奏的第二小提琴部。只学习了一课钢琴弹奏便开始作曲。而且天性又是那么善良，他的父亲说，他从不曾给他的儿子一下耳光。他常常喜欢问他父亲的朋友："你爱不爱我？"假如那个被问的故意说个"不"字和他开玩笑，他的眼泪便会即刻掉下来。

1762 年那个父亲看见沃尔夫刚的音乐天才已经有出神的发展，他的姊姊的钢琴也已经学成，于是便带同他的两个孩子做了一次音乐旅行。这一次的成功决定了他们明年的远游。从德国到巴黎，从巴黎到伦敦，然后再回巴黎，经过瑞士于 1766 年再回到扎尔慈堡。这一次的旅行，最出风头的当然是神童莫查尔特。他那早熟的天才，他那自由的幻想曲及变体曲②，他那跟唱音随手伴奏的才能，都使听众惊奇而且赞美。这一年他的作品正式付印；钢琴和小提琴合奏的模范曲。

12 岁的时候他已经谱成了一部歌剧 "Bastien et Bastienne"③（说这是一部唱的戏 Singspiel④ 似乎更适当些，剧名是男女主角的名字）和一部弥撒曲（Messe）。14 岁即任扎尔慈堡大主教的管弦乐队首席小提琴师。这以后的一连三年他们父子大部分的时间都是留在意大利。这一次的旅行给沃尔夫刚连续不断的荣誉，波龙那（Bolona）⑤ 的音乐协会请他加入做会员，教皇赐给金质徽章，米兰的歌剧院问他定谱好几部的歌剧。这种荣誉落在一个那未成年的童子身上，是从来不曾有过的。

但是命运不惯给天才好日子过，从这时莫查尔特便开始碰壁了。那个扎尔慈堡的老大主教亡故之后，他的继任者柯罗列多伯爵（Graf Golloredo）对他便毫不客气，不答应他请假，因此剥夺了他活动的机会，他请求增高薪金又被他拒绝了。一句话，

---

① 今译沃尔夫冈·阿玛德乌斯·莫扎特。
② 今译变奏曲。
③ 今译《巴斯蒂安与巴斯蒂安娜》。
④ 今译歌唱剧。
⑤ 今译博洛尼亚。

他拒绝了莫查尔特的一切请求。莫查尔特受不惯这种刻薄的待遇，便索性把他的职务辞掉，再开始一次旅行（1777 年）。

这一次他的父亲再不能伴他同行，但是他又放心不下，知道他的儿子太过好心，太过不知世途的险恶，怕他受到恶人的玩弄、欺骗，因此特别叫他的母亲同行。莫查尔特这一次旅行的主要目的是找一件相当的职业，但是结果只给他意外的失望，在闵贤（Muenchen）①和奥格士堡（Augsburg）②他得不到一点成绩，在满海姆（Mannheim）却发生了一场热恋，那个女子名叫亚罗衣兹亚·韦柏尔（Aloysia Weber）（《自由射手》的作者的姑母）是一个美丽而且赋有音乐才能的女子，但是莫查尔特的职业问题还得不到解决，他还只得离满海姆远走巴黎，那里本来是他的旧游处，他曾经以一个 8 岁的童子受到天神般的崇拜。但是这一次却两样了，他也是一无所得，而且祸不单行，他的母亲竟在客中病死，莫查尔特没奈何，只得带着眼泪和失望再回扎尔慈堡。后来做了宫廷大风琴师。

1780 年当他任职的时候他从闵贤接到一部定谱的歌剧：《伊朵墨臬乌》（Idomenen）③，法列斯柯（A. Varesco）④写的脚本。这年年底莫查尔特到闵贤，打算在那里完成他的歌剧。这个计划实现了，1781 年正月便正式上演。成绩也极好。但是在快乐里又混进了一些刺心的事。那个扎尔慈堡大主教要在维也纳勾留一些时候，他的乐队随行，同时那个少年的、享盛名的宫廷大风琴师，也要调到维也纳去弹奏，用他的天才替主人增加开心的资料。这件事对于莫查尔特是倒霉的，那个大主教不准他开个人的音乐会，也不准他在体面的交际场中出头，他对莫查尔特的要求是专门受他的指使，做他的奴才。这种态度莫查尔特是受不了的，他于是一脚踢翻自己的饭碗，情愿在维也纳过他清苦的教书生活。

莫查尔特自己说，他与人交接的时候，从不曾有过不平或是愁苦的颜色，但是这一次对于大主教的举动却实在是意外的特例。一个自尊的艺人是不会甘心受这种糟蹋的。他周身发抖，像醉汉一般在街上乱冲乱闯。"今天同昨天一样留在家里，但是整个上午躺在床上。""憎恨那个大主教直憎恨到要发疯。"他说："心地使人高贵：即使我不是伯爵，但是我身上或许比有这伯爵有更多的光荣。不管他是家奴还是伯爵，他侮辱我，他就是一个狗东西！""谁侮辱我，我便要对他报仇。但是报仇

---

① 今译慕尼黑。
② 今译奥格斯堡。
③ 今译《伊多梅纽斯》。
④ 今译瓦雷斯科。

的程度绝不高过他对我无理的程度。这只是报复。说不上什么罪罚。"

他本来是极爱他的父亲的,他说过"上帝之外,便是爸爸!"但是这一次他的父亲不赞成他的举动,他却写给他的父亲说:"我要对你承诺,从你那一封信里没有一点可以使我认识出,你是我的父亲!——该是一个父亲罢,但不是最好的,最可爱的。顾到自己以及儿女们的荣誉的父亲——一句话,不是——我的父亲!"他因此和他父亲闹了一些时的意见。他同康士坦慈韦柏尔(Konstanze Weber)——亚罗衣兹亚的妹妹——结婚(1782 年 8 月 7 日)也是在他得到父亲同意之前。到后来他要同他的夫人一起回去拜访他的父亲的时候,他问,怕不怕那个大主教把他抓去坐牢,因为"一个宗教光棍是什么都做得出来的"!

他在维也纳的生活专靠学费和作曲报酬来维持。奥大利①皇帝约瑟夫第二(Joseph Ⅱ)为举行"国家唱戏"定他谱一部滑稽歌剧:《北尔蒙特和康士坦慈》(Belmonte und Konstanze)或叫做《密约逃出胥拉伊》(Entfuhrung aus Serail)②,这部脚本是司铁凡尼(Stefanie)根据勃列慈纳(Bretzner)的戏剧改编的。1782 年 7 月 16 日在维也纳上演,博得最响的,最普遍的采声。他得到的报酬是一百杜卡田(合九百六十马克多,刚好做他结婚的费用)。演过之后,那个皇帝对他说,对于这些时下的耳朵,这部作品差不多是太过美丽了,它的乐音真是多得厉害。莫查尔特截然回答道:"不多不少,正合需要,陛下!"实际上,约瑟夫预备拿来上演的是一部"唱的戏",一种歌唱和说白参杂上台的舞台作品,但是在莫查尔特手里却写成一部规模伟大的德意志歌剧。而且从前他的歌剧还不免受到前人的影响,从这一个时期起,莫查尔特才创立了歌剧的新风格。

因这部歌剧的成绩莫查尔特多得到一些学生,作曲的收入也比较像样。他那个期间特别致力于器乐的作品。他写弦乐四部合奏,这就是那六种献给海登(J. Haydn)最有名的杰作,和好几部交响乐,杰出的三部是大降 E 调,小 g 调及大 E 调。

对于他的器乐作品,瓦格纳有过极妙的话:"他给他的乐器吹进一种人类的声音的最热情的气息,而这种声音是有他的天才和超越一切的爱融合着的。他引导丰富的和音的不竭的源泉到曲调的中心。"

莫查尔特当时有一个供给歌剧的脚本的意大利诗人彭特(L. da Ponte)③,他给

---

① 今译奥地利。
② 今译《后宫诱逃》。
③ 今译达蓬特。

他写的第一部脚本是《费加罗的结婚》（Figaros Fochzeit）。是根据法国诗人博马善（Beaumarchais）① 的喜剧编成的。莫查尔特用这部歌剧"让这似乎枯槁的地面建造一所光华璀璨的乐曲的花园"。1786 年在维也纳上演，几乎每一段都要重复演唱，但是这种盛况过不长久，一部流行的意大利歌剧占了它的位置。

这部歌剧在维也纳虽然收场，但在蒲拉赫② 却受到热烈的欢迎，那个剧院总理杜色克（Duschek）因此向莫查尔特定谱一部新的歌剧，那就是《段欢》（Don Juan）③。1787 年他到蒲拉赫，受到极殷勤的接待。交际一多，工作便不免迟延，到上演（10 月 29 日）的前一晚，那篇序曲还不曾动手写下，直到夜里他从一个宴会回家之后，喝了他太太自制的五味酒，才一面听着他太太讲的笑话，一面便写他的序曲。明天早上 7 点钟那个折谱生来拿谱稿，刚刚来得及把它分部抄出来，乐队预备的时间可没有了，上演的时候，一律得到热烈的喝彩，约瑟夫第二因此聘他做宫廷作曲师，年俸八百古尔登（约合 1800 马克）终身支给。

彭特给莫查尔特写的第三部歌剧脚本是《他们都是这样做》（cosi fan tutte）。④ 这本歌剧说妇人的忠贞是不大可靠的。在题材上当然受到广大的非难，但是在音乐上却也得到广大的赞美。

虽然，莫查尔特得到这种种的成绩和名誉，他的经济情形却还是一天坏过一天。他的太太不时害病，要到有温泉的地方去疗养，求诊要钱，买药要钱，儿子的教养又要钱，宫廷作曲师的年俸正好比杯水车薪，没有大的帮助，他只得问人借债。他想方法多多招收学生，而且特别到柏林去另谋活动，结果都只是精神的枉费，他陷入"贫病交迫"的苦况里面，而且日甚一日。

后来忽然差不多同时接到了三张"定单"，一部意大利歌剧《提图司》（Titus）⑤，庆祝列奥坡尔德第二在蒲拉赫加冕纪念用的，一部德意志歌剧，维也纳剧院的总理希坎臬德尔（E. Schikaneder）定的，还有一部是秘密进行的诔乐（Requiem）⑥。

《提图司》是要赶快完工的，莫查尔特那时虽然害病，还是勉强支持，在 18 天之内便把全部歌剧写好了。这是一部软弱的作品，所以也得到软弱的反响，莫查尔

---

① 今译博马舍。
② 今译布拉格。
③ 今译《唐璜》或《唐乔瓦尼》。
④ 今译《女人心》。
⑤ 今译《狄托的仁慈》。
⑥ 今译安魂曲。

特带着抑郁的心情和困顿的病体重返维也纳。回来之后，便即刻动手写他的德意志歌剧。它的名字就是《魔笛》（Die Zauberflote）。

他的歌剧有最重要的两点，第一是他会用音乐把剧中人物的个性生动地显现在我们的眼前。在希坎臬德尔的脚本里面，太米诺（Tamino）① 是一个冷漠的王子，但是一经过莫查尔特的音乐的描写，便使听众认出他是一个纯洁的，无邪的少年，甘心冒尽重重的危难去解救他的恋人。其次便是管弦乐队的能言性。在他的作品里面管弦乐队再不光是一件伴奏的乐器，它变成表现戏剧的盛情的工具，当歌人不能说话的时候，如太米诺比方说，它代他说明一切，它奏出或好或丑的诙谐，它的地位和在意大利歌剧里面的完全两样。它和唱音融成最完全的一体，给群众一副最鲜明的也最完美的图画。

《魔笛》是莫查尔特最后完成的作品，最有特色的，典型的歌剧作品。1791 年 9 月 30 日在维也纳初次上演，群众的感觉是惊奇过于赞美，但是两者的表现方法都是喝彩。这部《魔笛》与韦柏尔的《自由射手》（Freischuetz）成为德国歌剧的双璧。

当莫查尔特进行《魔笛》制作的时候，他已经在计划着那部诔乐。现在《魔笛》已经大功告成，于是便集中精力来对付这一种新的工作。但是他那时的疾病已经很沉重，他仿佛预感到，他是在写自己的哀祭乐，果然，他还来不及完成他的诔乐，便于 1791 年 12 月 5 日夜半 1 时断绝了他最后的一口气，未完成的工作由他的学生徐斯梅厄尔（Suszmayer）② 补足，而那个秘密也就揭露了，原来是一个附庸风雅的伯爵要在交际场中出艺术的风头，所以特别秘密莫查尔特定谱一部作品，预备当作自己的作品演奏，证明他也会作曲。

当莫查尔特出殡的时候，康士坦慈恰巧卧病在床，那些送葬的朋友也都因为受不住那特别凄厉的砭骨的风雪一个一个的退后，让葬工独自把他的遗骸安葬。几天之后，康士坦慈勉强起来，走到坟场里去，可巧那里已经换了一个新的葬工，他压根儿就不知道那里埋着一个姓莫查尔特的人，于是那个绝代的天才的肉体便永远从人间消隐。

莫查尔特生平从不和别人结怨，他就是憎恨那个侮辱他的大主教。给他亏吃的是一些当日流行的意大利音乐家，葛禄克（Gluck）的学生沙里利（Salieri）③ 是很

---

① 今译塔米诺。

② 今译苏斯迈尔。

③ 今译萨列里。

出名的一个。他病重的时候曾经说过，他是被意大利人毒死的，这种猜测或者是他神经过敏，但是使到他生出这种疑心，则他受人迫害过来是总可以相信的了。

他的一生在物质上可以说是生于安乐，死于忧患，在精神上他却永远是和平，忠厚，诚实，认真，活泼，仁慈，谦逊，女性——或者说是童心更为适当。——总之，人类所有的优良品性，在他身上你都可以找出来，他最大的快乐就是作曲和恋爱——纯洁的，专一的恋爱。他说："作曲是我唯一的快乐，唯一的欲望。"他作曲不比巴赫或是贝托芬的吃力。巴赫说过与"十室之邑，必有忠信如丘者焉，不如丘之好学也"相似的话，想想罢，他的眼是为什么盲了的？贝托芬作曲的时候气急汗流，好像"如对位的军队打了一场拼命的大仗"（写小d调弥撒曲的时候）。但是莫查尔特呢，他的作品正等于花的香气。花的香气是自然发出来的，他的作品也是自然写出来的。他主意写一篇前奏曲（Praeludium），结果写成一篇赋格曲（Fuge）（1782年4月20日）。有一次他要和别人合奏钢琴和小提琴的模范曲，前一晚才写了小提琴部，但是他倦了，再来不及写钢琴部，于是当开会的时候，就凭着记忆力，跟着小提琴的曲调随手弹奏（1781年4月8日）。

关于他的爱情，只举他一封写给他的太太的信就够了："你实在想不出，我在这整个期间内是怎样的思念你！我不能把我的感觉向你说出来，它是一种空虚，——它使我捱受痛苦——一种依恋，永远得不到满足，因此也永远不会休止。——老在继续。是的，逐日生长；——想起我们一块儿在巴登（Baaden，维也纳郊外的风景优美的处所）的时候，我们是多么快活而且稚气；——可是现在我在这里过着的是怎样的愁苦而且闷损的日子啊！——我的工作也不能使我快乐了，因为我是惯当工作的时候，忽然中止，回头跟你谈几句话的，可怜这一种乐趣，现在竟也是一件不可能的事情。——走到钢琴面前，从歌剧里找些歌来唱，也逼着要马上停止，——它给我太多的怅触！"（1791年7月7日）

一句话：莫查尔特的生平是真美善的合一！

要说莫查尔特的生平最先是无从说起；开头之后，却又找不到结尾。但是到得这里看看已经可以交卷了，只可惜没有多说他的作品。但是与其简单地写他的生平和作品（总数将近六百），还不如专写他的生平（实际上还是挂一漏万），而且我不是一开头便说过我不配么？所以这篇文章就在这里收束了。

原载《音乐教育》第二卷第5期1934年5月

柴可夫斯基

1896 年柴可夫斯基①的《悲怆交响乐》（Symphonie Pathetique）在柏林演奏的时候，那位著名的乐队指挥外因革特纳（Felix Weingartner, 1863—）②说过下面的话："柴可夫斯基的《悲怆交响乐》对于别的交响乐的形式上的区别是在这一点，Adagio③不像平常是中间调④而做了一章尾调（Finale）⑤。只要用一点较为切近的观察便知道这种改换是为了全部的诗意，它是一种深沉严肃，我还要说是一种悲观的世界观。沉忧的维系是斯拉夫民族的诗学的特色，那种生命的'夜色'，我们在斯拉夫诗人的诗歌及小说里每每可以得到超绝的描写。那幽默，那舒适，很少是冲得破闷围的。至于那愉快则常是勉强，几乎是痉挛性的。就在斯拉夫音诗人的作品里面，minor⑥亦是压倒了major⑦。忧郁的情调比泼辣的，欢乐的多得到它的具体的表现。在所有从东方传来的管弦乐作品里面，这部摆在我面前的悲怆交响乐，据我看来，除了博罗丁（A. Borodin, 1834—1887)⑧的 b 小调交响乐之外，是俄罗斯音乐的最有价值的，最本色的作品。"

是的，这种苦闷与彷徨的厌世思想纠缠着柴可夫斯基的一生，不过到了这部《悲怆交响乐》便思想与艺术都达到了登峰造极的境地罢了。虽然法国音乐家勃鲁诺（A. Bruneau)⑨说柴可夫斯基的作品免不掉迅速的没落，因为未来是属于进步和真理的艺术的。但是柴可夫斯基终不失为 19 世纪一位伟大的作曲家，至于全体而

---

① 今译柴科夫斯基。
② 今译魏因加特纳。
③ 今译柔板。
④ 今作"中间乐章"。
⑤ 今译终曲乐章。
⑥ 今译小调。
⑦ 今译大调。
⑧ 今译鲍罗廷。
⑨ 今译布律诺。

论，他的天才与造就都高过博罗丁，大概也不是一人的私言罢。

1840 年 5 月 7 日在沃特肯斯克（Wotkinsk）① 新有一个小孩初次看见人世的光辉，这个小孩就是这篇文章的主人公：彼得·伊立区②·柴可夫斯基（Peter Iljitsch Tschaikowsky）。传说他的远祖是波兰人，但是他的曾祖父已经做了哥萨克骑兵队长去和瑞典人打仗了。他的父亲伊立亚（Ilja）是矿务部的坑井技正，前妻德国人该塞尔（M. Kaiser）亡故之后，他续娶法国人亚西列（A. A. Assiere），彼得是继室的第二子。不论是父亲，母亲，姊姊以及哥哥，都不曾有过一点音乐的天赋，只有那个小彼得却一早就散射出他音乐天才的光芒。他不喜欢和他的姊姊、哥哥或是别的同年纪的小孩玩孩子的把戏，只喜欢一个人坐在钢琴前面去寻找乐调或是和音。他的父亲从彼得堡带回一个玩具时钟，他才 5 岁便可以在钢琴上面照样弹出它的乐调。他的第一个音乐女教员龙基诺夫（M. M. Longinow）也只可以教给他初步的钢琴技能，直到一个波兰军官马舍夫斯基（Maschewsky）在柴家来往的时候，小彼得才开始认识了朔旁（F. F. Chopin）③ 的作品，他于是用功练习朔旁的马竹尔卡（Mazur-ka）④，有时他的神经因为音乐受到非常的刺激，他的保姆因此要想尽方法把他从钢琴边拉开。

柴可夫斯基 8 岁，随父一迁至莫斯科，再迁至彼得堡附近的亚拉帕耶夫斯克（Alapajewsk），哥哥尼古拉及彼得因为年纪长大，便留在彼得堡念书，彼得颇用心求学，但是更用心的是他对于钢琴功课。那时的教师是费利坡夫（Filipoff）。不多时彼得因为发麻疹退学，医学禁止他用脑，于是便回到亚拉帕耶夫斯克去修养，复原之后，他便开始作曲，那时他约莫是 10 岁。

他的父亲希望他将来做官，他因此再到彼得堡进法政学校预科。他在学校里读了八年长的书，一年升一级，但是始终没有出色的成绩。那些法律，数学，渐渐惹起他的憎厌。他自己早就已经"天狗吃月"——肚里明白，官场不是他活动的处所。音乐的功课，那时是中断了，只偶然运用一点音乐上的技能来跟同学寻开心，同时学校里有一个合唱团，那位合唱指挥罗麦肯（Lomakin）不久便发现到柴可夫斯基出众的才能，有时让彼得代理他的职务。在家里也终于有"合乐"的机会了，因为有一个亲戚是女歌人，她要求彼得给她弹伴奏，他趁这机会认识了莫查尔特

---

① 今译沃特金斯克。
② 今译伊里奇。
③ 今译肖邦。
④ 今译玛祖卡。

（W. A. Mozart）的歌剧《段欢》（Don Juan）。一连数星期那本钢琴缩谱不离手。

1852 年他的慈母死于霍乱，明年他得到一个钢琴专家衮丁额尔（R. Kuendinger）做教员，他从他的教师认识了德意志各大师的音乐作品，过后他又结识了一个意大利唱歌教员辟齐阿里（Piccioli），于是更认识了洛西尼（G. Rossini），朵尼切提（G. Donizetti）①以及北里尼（G. Bellini）②。到他 1862 年进安东·鲁宾斯台因（Anton Rubinstein，1829—1894）③创办的彼得堡音乐院的时候，他已经有极丰富的音乐知识了。

当柴可夫斯基在法政学校毕业之后，他任司法部书记官，但是他觉得不舒服，末了他的父亲只得让他专心从事音乐，但是他自己一时又决断不来，直到 1862 年才终于弃官入音乐院做学生。他有一封信写给他的姊姊："去年，你知道，我用功研究音乐理论，现在我终于确信，早晚要把我的席位同音乐交换。但是你不要相信，以为我妄想成功一个大艺术家，——我只是要做那种学我内界的职责所驱使的工作。"

1864 年他写了他的第一部乐队作品《暴雷雨序曲》（Das Gewitter Ouverture）④。1865 年他的交响乐体俄罗斯舞曲初次由旋舞曲王许特劳慈（J. Strausz）指挥上演。这一年他在彼得堡音乐院毕业，毕业试验由安东·鲁宾斯台因主持，考卷是一首Kantata《给欢乐的歌》。鲁宾斯台因否定柴可夫斯基的天才，瞿伊（C. Cui，1835—1918）⑤亦说这是一部极多弱点的作品，可以原谅的是因为它受了时间，题材及形式的限制，于是他终以勤勉及有恒的评语得到及格的承认。

同在那一年，尼古拉·鲁宾斯台因（Nicolai Rubinstein，1835—1881）⑥ 在莫斯科创办音乐院，聘柴可夫斯基做理论教授。那时柴家景况极坏，他到莫斯科的时候，身上一件像样的衣服都没有，尼古拉因此要先送一些旧衣服给他，然后他才能在交际场中露面。他在莫斯科暂时没有什么事情可做，他有充分的时间去听歌剧及音乐会，他在莫斯科出产的第一部作品是 C 小调序曲，同时并修改他在彼得堡写成的 F大调序曲，1866 年 3 月 14 日公演，得到群众极大的欢迎。他的第一部交响乐亦在这个时候完成，他题作《冬天的梦》（Wintertraeume）。这可以说是一种标题音乐，但是只头两章有标题"冬天旅途的梦幻"（Allegro tranquillo）及"荒地·雾国"（Adagio cantabile ma non tanto）至于末两章则仍是普通的 Scherzo 和 Finale。

① 今译多尼禾蒂。
② 今译贝利尼。
③ 今译安东·鲁宾斯坦。
④ 今译《暴风雨序曲》。
⑤ 今译居伊。
⑥ 今译尼古拉·鲁宾斯坦。

1867 年他的钢琴曲出版，那年夏天他住在哈蒲萨尔（Hapsal），写了三首钢琴曲，题作《哈蒲萨尔追想曲》（Souvenir de Hapsal）。他有封信给他的姊姊，说他极爱静穆的乡村生活，他想自己建造一所"陋室"，虽然在年龄上他还说不到是退隐的时候，但是他深切地感到一种生的疲倦。他就是爱沉默与寂寞。但不独是说话懒，而且是思想懒。只梦想着那沉静的，快乐的舒畅。他又怕人家说他的情感使他容易想到结婚，他更加极力否认。他承认他的懒散不能做一家的主人，不能负妻子命运的责任。这种思想果然证实了。他虽然 1877 年 7 月 27 日和一个女学生结婚，但是过了六个星期之后，他便跑到他姊姊那里去诉那段做丈夫的苦楚。后来再回去三个星期，到 11 月他们的夫妇生活便告终结。要不是他在遗嘱里面说明由安通妮娜（Antonina）承受他的遗产，他大部分的朋友还根本不知道他曾经结过婚。

1868 年秋天，他写了他的第一部歌剧：《将军》（Der Woiwode）①。里面的一段《少女之舞》由尼古拉·鲁宾斯台因编入 12 月份的交响乐会演奏节目里面去，柴可夫斯基自任指挥。他非常忙乱，连给乐队队员演奏的记号都弄错了。这部歌剧上演的成绩很不美满，他把那部歌剧拿回来，一把火把它烧掉，只留下《少女之舞》。

他那时结识了两位艺术家，一个是诗人斯托梭夫（W. W. Stossow），一个是作曲家巴拉奇列夫（M. Balakirew）②。这两个人都领他去认识莎士比亚。因头一个他写了幻想曲《狂飙》（Tempest）③，因后一个他写了《罗密欧与朱丽叶序曲》（Romeo and Julia）。这是一首极有价值的作品，尤其是那段 Allegro guisto 证明了他役使管弦乐队的天才，也是一部最先得到西欧音乐界赏识的作品。倒霉的是他的第二部歌剧《温第妮》（Undine）④。它的结局又是柴可夫斯基的一把火。

他死心不息，他动手写第三部歌剧：《恶悖力驱匿》（Opritschnik）⑤。（这是 16 世纪俄国暴虐君主约翰⑥的卫队的名称，各国均从音译。）这一次的成绩很不差，但是他自己不高兴多看了，一溜烟跑到意大利去。

1871 年他开始写室内乐，他的成绩是一鸣惊人，这就是那套有名的 D 大调弦乐四部合奏，尤其是第二章的 Andante cantabile⑦，更容易得到热烈的欢迎与喝彩，它

---

① 今译《司令官》。
② 今译巴拉基列夫。
③ 今译交响幻想曲《暴雨》。
④ 今译《乌亭》。
⑤ 今译《禁卫军》。
⑥ 今译伊凡雷帝。
⑦ 今译如歌的行板。

的曲调是他从一个工人口里听来的民歌。

这一个时期是柴可夫斯基的"丰年"。他的那部《和声实习纲领》（Ein Leitfaden praktischen Erlernung der Harmonie）亦于 1870 年出版。这本书理论经验，两俱丰富，不愧为音乐名著。

过后他又写了他的第二部交响乐（C 大调），乐器的配合非常精妙，末章具体表现出俄罗斯民族那种犷悍的气象。公演的成绩极好，群众要求下一次的音乐会再来一遍，虽然这样，他自己仍然觉得不大满意，要把许多琐碎的地方修改一下，他原来是一个严格的自我批评家。

1873 年他写了一套乐曲配合阿斯特罗夫斯基（Ostrowsky）① 的诗作《白雪姑娘》（Sneguroschka）②。音乐的价值远胜过文学的价值。

数年前薛洛夫（A. N. Seroff，1820—1871）曾经打算为大侯爵夫人帕夫罗夫娜（H. Pawlowna）把坡隆斯基（Polensky）③ 根据郭歌尔（N. Gogol）④ 的作品《圣诞的前夜》改编的脚本《铁匠瓦苦拉》（Wakula der Schmied）⑤ 谱成歌剧，但是 Seroff 死于 1871 年，于是彼得堡音乐协会悬赏征求谱曲。投稿的共有七部，那部得奖的署名 Ars longo，vita brevis⑥，原来就是彼得柴可夫斯基。对于这部歌剧他虽然也曾经有过不满意的表示，但是到了晚年，他承认《瓦苦拉》是一部满意的作品。

当柴可夫斯基把他的 F 大调弦乐四部合奏拿给安东鲁宾斯台因看的时候，安东说，这不是室内乐，只是一种音的混淆。尼古拉鲁宾斯台因对他的降 B 小调钢琴音乐会曲⑦也说不好弹，不切实，要求他大加修改，他不听，把那两部作品原样发表，却都得到群众热烈的欢迎。

1875 年他创作了第三部交响乐（D 大调）及降 E 小调弦乐四部合奏。他从前的交响乐大都依照普通的形式，到了第三部便换了个新样子。开头从 Allegro 转到旋转舞的 Andante eligiaco，第三章是 Scherzo，第四章用波兰舞曲 Polonaise 结尾。写完这部大作之后，他元气大伤，医生禁止他再接触五线谱，他因此到外国旅行，回来的时候，那部弦乐四部合奏已经打好了腹稿，这部作品是纪念故小提琴家劳勃（F.

① 今译奥斯特洛夫斯基。
② 今译《雪姑娘》。
③ 今译波隆斯基。
④ 今译果戈理。
⑤ 今译《铁匠瓦库拉》。
⑥ 意为"艺术久远，生命短促"。
⑦ 今译钢琴协奏曲。

Laub）的，它的情调非常黯惨，尤其是那章 Andante funebre①，是他生平最好亦最高贵的作品之一。

1876 年他又接莫斯科大剧院定谱表演舞曲②《天鹅湖》（Der Schwanensee）。一种妩媚的温柔的题材，和他的第二部作品交响乐诗 Francesca da Rimini③ 那种粗野的凶恶的气象刚好相反。这一年还要特别提出来的作品是《季节》（Die Jahreszeiten）④。哪一个钢琴学生不晓得那首乐曲《雪橇》（Troika）？

柴可夫斯基生平不了解瓦格纳（R. Wagner），1876 年他到拜雷特（Bayreuth）⑤，他私人写信给他的兄弟，说《尼贝龙的指环》（Der Ring des Nibelungen）是"厌闷的呓语"，"使人受苦的音乐"。在公开的报告里面则说佩服瓦格纳"浩瀚的大才以及那种了不起的不曾有过的技巧"。他不赞成瓦格纳"用交响的形式写歌剧"，他怀疑瓦格纳的歌剧原则的正确性，结末还说那是一件震动世界的事，一部划时代的艺术作品。

一个女歌人劝他把普希金（A. Pusehkin）的《阿涅申》（Eugen Onegin）⑥ 谱作歌剧。他托一个优人希洛夫斯基（Schilowshy）编脚本。他只写得一部分，他的第四部交响乐的计划又已经成熟了。

1878 年优人赖查利（Lazary）说他着魔似的，忽然从少年变成老翁，只有那童真的笑容和幽默的风度还不曾消失。他自己亦常常说是未老先变，他说："我那双翅膀已经折断，要高飞是不中用的了。"话虽这样说，他的《阿涅申》就在这个时候写成。不过柴可夫斯基是"俄国的舒曼"R. Schumann，长于抒情，短于戏剧。这部歌剧又是一个有力的证明。至于音乐的价值，特别是配器的艺术，并不比别的作品逊色，全欧洲的大舞台都上演过这部作品。

第四部交响乐（f 小调）他题作《命运的权力》。第一章由小提琴和大提琴奏出命运的巨响，第二章 Andantino 来了一种道地的俄罗斯的忧郁。第三章 Seherzo 真可以说是一种拨奏（Pizzikato）的练习，他自己说：越快越好！第四章是特快的 Allegro。有一个批评家说，这篇作品闹得这么利害，就只差两声大炮。这部作品他是献给一个"最好的朋友"的，至于那个朋友他却终生不曾见过面，他原来是墨克夫

---

① 今译葬礼行板。
② 今译芭蕾舞剧。
③ 今译《里米尼的弗兰切斯卡》。
④ 今译《四季》。
⑤ 今译拜罗伊特。
⑥ 今译《叶甫根尼·奥涅金》。

人（Meck）①，是一个莫斯科的富妇，每年送给柴可夫斯基 6000 卢布，因这助力他辞去音乐院的教职。1879 年更从俄罗斯政府得到每年 3000 卢布的津贴，于是他专心作曲，大部分的时间居留在外国。

在日内瓦湖畔，他将施勒尔（F. von Schiller）的《奥重昂的少女》（Die Jung frauvon Orleans）② 谱成歌剧。同时又写了一部管弦乐组曲（D 小调）和那篇著名的序曲《Ouverture 1812》。这部作品是描写俄罗斯的胜利与拿破仑的没落的，这部作品艺术的评价有各种不同的意见，大都说这不算是他本色的作品。

1881 年他写了一部 A 小调三部合奏纪念尼古拉鲁宾斯台因的逝世。

1882 年至 1883 年他又写歌剧《马切帕》（Mazeppa，哥萨克的首领）③ 原作是普希金的。他自己对于这部作品并不满意，卡许肯（Kaschkin）看见他在试演的时候扳起一个"死囚的面孔"。

1887 年秋天他开始一个大规模的音乐旅行，在维也纳韩斯力克（Hanslick）④ 称他的小提琴音乐会曲⑤是"臭的音乐"，但是结果并不见臭，他的作品因此渐渐加入欧洲著名的音乐会的节目单里面去，他自己的创作兴趣，也重新抬起头来了。他那部《门佛列德交响乐》（Manfredsymphony）⑥，第五交响乐，以及歌剧《黑杏夫人》（Die Pique Dame，扑克牌名，即那张有一个"鸡心"的 Q）⑦ 都在这个时候计划成功。在《门佛列德交响乐》里面，大家可以晓得他所受的贝尔约（H. Berlioz）的影响，那种乐器的配合真是"神乎其技"，耳边的声音同时幻变作眼前的图画。

第五部交响乐亦指出他进步的痕迹。所有俄罗斯的作曲家，不论以前或是以后，都不曾接近过这个标的。死的愁苦，忧郁，以及爱的思慕都在他的手下得到有声有色的表现，至于那种精神与物质的矛盾，为了忘却内在的痛苦，便纵情于享乐的麻醉的人生哲学，便是这部交响乐的内容。

那部歌剧《黑杏夫人》也是取材于普希金的小说，他自己写信给大侯爵夫人康士坦丁（Konstantin）说："……这是非常靠得住的事，一年后我会憎恶它像我憎恶我别的许多作品一样，但是现在，我觉得它是我的最好的作品。总算我在一种工作的特殊状

---

① 今译梅克。
② 今译《奥尔良少女》。
③ 今译《马捷帕》。
④ 今译汉斯利克。
⑤ 今译小提琴协奏曲。
⑥ 今译《曼弗雷德交响曲》。
⑦ 今译《黑桃皇后》。

态下面创造了一点东西。"这部歌剧有非常恐怖的场面，但是总找不到稳固的立足地。

除此之外，他还写配有一套表演舞蹈《擘胡桃者》（Nuszknacker）① 的乐曲。这一套组曲已经到处得到普遍的爱好。

点缀他的晚年的是两部伟大的作品：歌剧《约兰特》（Yolanthe）② 及《悲怆交响乐》（Symphonie pathetique）。《约兰特》是他的兄弟莫迭斯特（Modest）根据丹麦诗人赫尔慈（H. Hortz）③ 的戏剧《国王莱涅的公主》（Koenig Renes Tochter）编成脚本的。它的内容比较别的几部都较愉快，在这里可以看见有情人终成眷属，即所谓 Happy end 的场面。论者多说这部歌剧比《阿涅申》有更高的价值，在西欧也到处得到上演的机会。

那部《悲怆交响乐》的目的是描写一个伟人的生活与痛苦，战斗，胜利与死亡。柴可夫斯基在这里达到了他的配器艺术的最高点。第一章 Adagio 及 Allegro non troppo 清晰地处理了他的题材，第二章 Allegro non grazia 是和平而优美的，第三章像是取法与贝多芬（L. van Beethoven）的英雄交响乐（Eroica）的 Scherzo，那段进行曲也许不免生硬与粗暴，但是他的配器艺术在这里压倒了他过去的一切作品。第四章 Adagio lamentoso 是一种战栗的伟大。伏尔（F. Phohl）说："这些音响像是血从死的创口里流出来；一种最凄惨的流血。谁也不能听过这一章音乐他的灵魂的深处不受到剧烈的刺激，同时想到这位天才的音乐家借这部战栗的音乐唱出了他的天鹅歌。"

事情的确是很可悲，1893 年 6 月 13 日，他接受英国剑桥大学的音乐博士学位，10 月 28 日在彼得堡音乐协会指挥《悲怆交响乐》的首次演奏，11 月 1 日在酒馆里面得病回家，医生说是霍乱症，5 日逝世（一说是 6 日）。

柴可夫斯基的创作是多方面的，但是最值得大书特书的，却是他的器乐作品。最逊色的是他的乐歌，它的数量虽然很不小，但是杰作并不多，不过全体而论，无论如何，他在近代音乐史上已经坐稳了第一流作曲家的一席了。

写完之后，想起外因革特纳说的"从东方传来"那一句话，我不禁感慨系之。要到什么时候，西洋人说音乐说起"从东方传来"的时候把中国同时计算在里面，而中国，又要到什么时候才可以产生一个柴可夫斯基？（实际上这还远不是我们的终极目的！）

原载《音乐教育》第二卷第 9 期 1934 年 9 月

---

① 今译《胡桃夹子》。
② 今译《约兰达》。
③ 今译赫茨。

骑士格禄克

1826 年歌德（J. W. von Goethe，1749—1832）把他创作的诗剧《伊菲格仪在陶利斯》（Iphigenie in Tauride）[1] 赠送给伊菲格仪女歌人安娜·米尔德尔－豪普特曼（Anna Milder-Hauptmann），书上题有一首作者的赠诗，意思是：

> 一部纯洁，虔诚的戏剧，
> 受尽最宝贵的赞赏，
> 果真达到一个更加的目的：
> 格禄克谱曲，你歌唱！

是的，格禄克的真价值，在德国最先是受到一班诗人的赏识，如克罗帕许托克（F. G. Klopstock，1724—1803）[2]，薇蘭（C. M. Wieland，1733—1813）[3]，黑德尔（J. G. von Herder，1744—1803），歌德，席勒尔（F. von Schiller，1759—1805）。这理由不难探寻，因为格禄克是第一个承认诗艺在歌剧里面的价值而得到极大的成功的音诗人。他的先辈甚至于他的后辈，如莫查尔特都不重视诗艺的价值，莫查尔特公然说"诗歌是要做音乐的顺儿"，他的杰作《魔笛》的脚本，稍为懂得文学的人，都知道它是浅薄可笑，但是这种现状是不会发生在格禄克的歌剧里面的。所以当他的歌剧《伊菲格仪在陶利斯》1779 年在巴黎公演之后，格林姆男爵（Baron Grimm），本来是他艺术的敌人，发表他的感想说："我们所听到的是不是歌唱，我们不得而知，或者是一种远比它好的什么东西罢，我忘记了它是歌剧，我觉得我是置身在希

---

① 今译《伊菲姬尼在陶里德》。

② 今译克洛普施托克。

③ 今译维兰德。

腊悲剧里面。"因这种赞美我们想起他和匹齐尼（N. Piccinni，1728—1800）① 的"剧"战，从这"剧"战想到格禄克的风头——不光是个人的风头而兼是歌剧革命的成功！

好，我们谈谈这位革命家的生平罢！

克利斯妥夫·薇立巴尔德·格禄克（Christoph Willibald Gluck）②，1714 年 7 月 2 日在厄拉司巴赫（Erasbach）③ 出世，父亲亚历山大 Alexander，母亲瓦尔普耳加 Walpurga 的长子。不比巴赫，莫查尔特等大师是音乐传家，他的父亲最先是扎孚雁王子（Prinz E. von Savoyen）的随从猎人，后来在各处替贵族做森林管理。

克利斯妥夫就是在森林里在一个严厉的父亲的管辖之下长大的，坚忍耐劳，是那个孩子的天性，即使是在严寒的冬天，他也要和他的弟弟赤着双脚跟随他的父亲运送打猎的工具。他的父亲对他的期望就是一个绳其祖武的猎人！但是克利斯妥夫却对于音乐显出特别的才能与爱好。到他 1726 年进天主教文科中学的时候，除了唱歌，弹小提琴和大提琴之外，他更学习钢琴与大风琴。

中学六年毕业之后，他升学到普拉赫（Prag）大学。那时他的父亲还要照顾六个孩子的衣食，再没有余钱供给克利斯妥夫。他于是靠教唱歌和大提琴维持他俭朴的生活，同时在教堂里面或弹琴或唱歌，放假的时候则到附近各乡做一个漫游音乐家，后来居然在城市里面开大提琴音乐会，因此受到那些贵族的赞赏，尤其是罗布柯维茨（Lobkowitz）④，格禄克一家累代替他做护林和狩猎的工作的贵族。到 1736 年克利斯妥夫到维也纳去的时候，不独从罗氏得到食住的供给，而且得到学习作曲的机会。

在维也纳他又有一段奇遇。有一天有一个意大利侯爵美尔奇（Melzi）⑤ 听见他唱歌和弹琴，立刻聘他做室内乐音乐师，1737 年带他同到米兰，在那里他从沙马梯尼（Sammartini）⑥（1700—1770）学习作曲四年而学成。他的第一部歌剧《亚他赛司》（Artaserse）⑦，美泰斯太索（Metastasio）⑧ 写脚本，于 1741 年在米兰公演。这

---

① 今译皮钦尼。
② 今译克里斯托弗·维利巴尔德·格鲁克。
③ 今译埃雷斯巴赫。
④ 今译洛布科维茨。
⑤ 今译梅尔齐。
⑥ 今译萨马丁尼。
⑦ 今译《阿塔赛尔斯》。
⑧ 今译梅塔斯塔西奥。

一次的成绩决定他终生的事业。此后数年（1742—1745）在米兰，威尼司，克利马（Crema），图林（Turin）陆续公演了七部新歌剧，此外还有两部"剧情碎锦"Pasticcio①。盛名所播，密德列息司爵士（Lord Middlessox）特招他到伦敦，但是成绩并不怎样好。亨德尔（G. F. Haendel，1685—1759）批评他："他的对位法的学识不比我的厨子瓦尔兹多。"但是他对格禄克说："给英国人作曲要弄到鼓角喧天才可以。"他接受这位老翁的劝告，给那些歌剧的合唱曲加上伸缩喇叭之后，彩声也果然增加了许多。

法兰西的"大歌剧"经过鲁利（J. B. de Jully，1632—1687）② 和拉莫（J. Ph. Rameau，1638—1761）的努力，已经不复是专让歌舞明星出风头的意大利式歌剧，转而注重舞台和朗诵的艺术。这种改革给予格禄克极大的启示。1746 年他回德国，在一个意大利的游行歌剧团里面做歌人和乐队指挥。

1750 年 9 月 15 日他与一个维也纳巨商的女儿玛丽安妮·彼尔庚（Marianne Pergin）结婚，于是定居维也纳，除交际之外，他潜心研究文学，补习拉丁文与法文，替他的事业立下一个很好的基础。

1754 年 6 月他被任为"剧院及学院音乐作曲的乐队长"，年俸 2000 古尔登（约合 4500 马克）。

1756 年到罗马，2 月 7 日公演他的歌剧《安梯哥诺》（Antigono），因此得到教皇的金催马环的勋章，骑士格禄克便变作他喜欢的称号。

1755 年有一个意大利人卡尔沙必基（Calsabigi）③ 发表论文，说明一种诗艺，音乐，合唱，跳舞，以及布景与剧情一致的综合艺术。他自己不是音乐家，但是他精研朗诵与戏剧。1761 年他到维也纳把他的脚本《阿飞鸟》（Orfeo）④ 给杜拉楚伯爵（Graf Durazzo）看，杜氏介绍他与格禄克相识。两人一见倾心，格禄克立刻替《阿飞鸟》谱曲。1762 年 10 月 5 日那部新歌剧在维也纳公演，歌剧改革于是由理想成为事实，这部歌剧的基本原则是简洁和一致。歌人，舞队，乐器都一律无条件地供戏剧的指使。那种夸炫的歌唱，艳丽的跳舞都受到极度的限制。因为它的风格是质朴的，崭新的，一班人都对它感到厌闷，甚至于有人说：只有劣等歌人的国度里这部歌剧才说得上有价值。但是反对的尽管反对，它的真价值却渐渐得到世人的认

---

① 今译集成曲，集成歌剧。
② 今译吕利。
③ 今译卡尔扎比吉。
④ 今译《奥尔菲斯》。

识，北尔约（H. Berlioz，1803—1869）称它是诗人的杰作，他在那部《乐器配合法》①里面引了不少那篇前奏曲的音乐做例子。

1767 年他又与卡尔沙必基合作，成功一部《亚尔赤斯特》（Alceste）②。这部脚本的本身已经比《阿飞乌》进步，在这里格禄克创造了一个最圣洁的典型。北尔约称《亚尔赤斯特》的叙情调③为"格禄克的天才最成熟的表白"。同年 12 月 16 日在维也纳首次公演。群众的意见很不一致，尊能飞尔斯（Sonnenfels）说："我置身在神工的国土里面。一部严肃的唱剧没有阉人，一种音乐没有连绵的颤音，或者，不如说，没有漱口的声音。而且是怎样的诗歌啊，没有浮华的词藻和滑稽的恶趣！……"别的人则嘲笑道："我相信，这里用不着眼泪，但是可以的，我流它一些——为了厌闷！"

这部歌剧出版的时候，格禄克写有一篇有名的序文发给妥斯卡拿（Toscana）④大公爵列奥坡尔德（Leopold）。格禄克在这里表白了他艺术的信仰。它的要点是："序曲应该给听众宣示剧情，同时把它的内容具体化，使乐器的运用与兴趣和热情的节度相适应，并且不使在叙情调和'弹词'的中间有过甚的切断，免得时间受到它不合理的破坏，或是剧情的力量和温度有不合时的中断。"过来便是"用全力创造一种优美的简洁，所以我避免，为难能的技巧牺牲明晰，我从来不重视什么新的创获，如果它不是因地位和表情的关系自然产生的话。还有，我不惜为求效率的增进而破坏任何的规律"。

他彻底忠实于他的原则，他不因《亚尔赤斯特》的失败灰心，1770 年他再发表他的新作：《巴黎和厄列拿》（Parie le Elena）⑤。前面也有一篇长的序文献给勃拉甘查（Braganza）公爵。

在维也纳，在意大利，在德国，他所得到的只是失望，于是他把眼光转向法国。在那里他得到一个知己，他的旧学生，安通妮公主（Dauphine Marie Antoinette）⑥。当时法国驻维也纳使馆里面有一个随员名鲁列（B. du Roullet，1716—1786）⑦替格

---

① 今译《配器法》。
② 今译《阿尔西斯特》。
③ 今译宣叙调。
④ 今译托斯卡纳。
⑤ 今译《帕里斯与海伦》。
⑥ 今译太子妃玛丽·安托瓦内特（路易十六的王后）。
⑦ 今译迪罗莱。

禄克根据拉相（Racine）① 的戏剧《伊菲格仪在奥立斯》（Iphigenie en Aulide）改编成歌剧脚本。格禄克马上把它谱成歌剧。鲁列把这部歌剧介绍给巴黎大剧院长朵卫格（d'Auvergue）朵卫格的复信说：格禄克要答应给巴黎写六部歌剧，然后才让《伊菲格仪》在巴黎公演，因为这样的一部歌剧已经足以打倒法国的一切歌剧而有余。

　　1773 年格禄克携同太太和姪女到巴黎，那里立刻开始一种新旧派的争斗。那时拥护意大利歌剧的人物如格林，狄迭罗（Diderot）②，卢梭（Rousseau）等等都是有名的哲学家与文学家，兼音乐家，法国派的人物势力实际上是薄弱得很。但是格禄克全无惧性，他尽力克服那些独唱歌人，合唱团，甚至于乐队的弱点的骄气，他的指挥是最严格的，一个和蔼的绅士一上指挥台便变成一个铁面无情的君主。那些乐队有时要反复弹到二三十遍，那些乐队员因此当格禄克指挥的时候要加倍的报酬（在维也纳的情形）。

　　这部《伊菲格仪在奥立斯》的公演时间定在 1774 年 1 月 13 日，因主角女歌人莱格拉（Legras）生病，又延期到 4 月 19 日。那些信徒和敌人各各摩拳擦掌，公演的结果却是格禄克的胜利。卢梭承认失败，取消了从前的议论，从此做格禄克的信徒。他的年俸从一千里维莱（Livres）（与佛郎只有分毫之差）加到三千，那个 18 世纪的思想界圣人福禄特尔（Voltaire，1694—1778）③ 也一样对他表示钦佩。每当他指挥歌剧演习完毕的时候，那些名公贵族都抢着去替他拿外套，拿假发。

　　他喜欢谈音乐，尤其是自己的音乐。到他是一个 70 老翁，他说起过去的歌剧改革，还要老泪纵横，感情兴奋。他不管日夜，不管睡眠或是饮食，一有灵机触发，他便立刻起来把他的思想记下。他的专一和认真许就是他之所以成功一个革命家罢。格禄克的工作是这样的："在我工作之前，我最主要的工作是勉力忘却，我是一个音乐家，我忘记自己，只为的是要观察我的人物。我多数的作曲计划是当我在戏院的大堂里面的时候构成的。一到我把全剧的编制和主角的人格描写计划清楚之后，虽然在纸上我还未写下一个音符，我已经把我的工作当作完成，至于这种腹稿的经过时间普通约莫是一年，而且有不少次给我弄出一场大病。"

　　1775 年春天他经过许脱拉慈堡④回维也纳，那时他要替巴黎写两部歌剧：《罗

---

① 今译拉辛。
② 今译狄德罗。
③ 今译伏尔泰。
④ 今译斯特拉斯堡。

兰》（Roland）和《亚米达》（Armide）①。他一听见两个意大利作曲家匹齐尼也写
《罗兰》，便即刻把他的谱稿烧掉了。在巴黎的匹派与格派的争斗因此非常利害。
1776 年 2 月他再到巴黎，指挥他的法语本《亚尔赤斯特》公演，结果是失败了而且
受群众吹牙哨。但是他对柯郎西（Corancez）说："看 200 年后罢，如果法国话不变
样，它便会受群众欢迎，因为我确信，他适合一切自然律，时髦是打它不倒的。"

一年以后，《亚米达》又在巴黎出世。他写《亚米达》的时候，他写信给鲁列
说："我现在用我剩余的一点精力来完成这部《亚米达》。我打算在这里使画家与诗
人的成份多于音乐家的成份，我供认，我要用这部歌剧结束我生平的工作。至于那
些群众要了解这部歌剧，当然需要和对《亚尔赤斯特》一样的时间。在这部《亚米
达》里面那些精微之处在《亚尔赤斯特》里面是找不到的。因为我有新的成功，让
登场人物发言，使人可以从他们的情态立刻体认到，是亚米达还是别人在说话。"

1777 年 9 月 23 日《亚米达》在巴黎上演。除了第一幕的一个合唱，第三幕的
憎恨一场，第四幕的一些叙情调以及第五幕的爱情场面之外，观众对它非常冷淡。
经过相当的时间大家对于《亚米达》才从局部进到全部的欢迎。

1778 年 1 月匹齐尼带着他的歌剧来到巴黎，为避免严重的纠纷，他便去和格禄
克要好，格禄克也不存成见，而且帮他歌剧演习的忙，从这一点可以见到他出众的
伟大。

有一次格禄克和匹齐尼在一个宴会里碰头，有人谈起歌剧的事情，于是便问格
禄克，他统共写了多少部歌剧，"并不多"，他回答，"约莫是 20 部，而且都是十分
吃力写成功的。"（实际上可以考证的格禄克歌剧是 107 部，见利曼：《音乐辞书》。）
匹齐尼不待询问便贸然插嘴道："我写了 100 多部，而且都是不大费力的"——
"你不应该这样说啊，好朋友。"格禄克低声告诉他。这又可以见到他的谦逊。

因为歌剧的成绩好，所以他得到的报酬也特别多，他可以过最舒服的生活。在
维也纳他有一所漂亮的房屋，在城外不远的彼希妥尔村又有一所消夏别墅。他不吝
啬，但是他不乱花钱；他有点自私，但是不损人利己；他当然不免好名，但是他不
浮夸；群众的毁誉他一概不理，只尊重内行的批评。

现在要说到他的《伊菲格仪在陶利斯》了，这部脚本的取材是尤利匹迭斯

---

① 今译《阿尔米德》。

(Euripides)① 的悲剧。伊菲格仪是脱罗亚②君主亚加绵农③的女儿，被用作对女神亚贴米斯④赎罪的牺牲，但是那位女神却教她在陶立斯做道姑。在那里她解救了她的兄弟阿列斯贴斯⑤。那个为报杀父之仇杀死母亲和她的情夫的阿列斯贴斯正因赎罪要到陶立斯取亚贴米斯的肖像，他们兄妹相遇，于是一同逃到亚忒卡，伊菲格仪以道姑终老。格禄克所用的脚本是规拉（Guillard）⑥ 改编的。1779 年 5 月 18 日在巴黎公演，立刻受到众口一词的赞美。德国诗人黑德尔称它做神圣的音乐，席勒尔写信给柯尔纳尔（C. G. Koerner）说这部歌剧的纯洁与优美"自古以来，未尝有也"。匹齐尼的发言人格林也不得不承认这部歌剧的价值，至于匹齐尼那部同一题材的作品呢，只有倒霉。

格禄克的歌剧革命现在已经得到十足的成功，他自此离开巴黎，回维也纳去过他平静的生活。

在他晚年他打算根据克罗帕许托克的戏剧《黑尔曼的战绩》 （Hermannsschlacht）。聚精会神写一部德意志歌剧。那时他已经是将近 70 的老翁了。他自己常常学做号角的声音，或是盾牌后面杀敌的叫喊，因而决定要新造一种乐器做歌唱的伴奏。整部的结构已经在脑里完成而且他也已经记下了重要的关键。忽然因为疯瘫了右臂和右腿，接着舌头也僵硬了，后来病体虽然渐渐复原，却不能继续工作。他死之后，他的笔记的手稿也无处找寻，于是这部歌剧便跟他一同埋葬了。

除了歌剧之外，他写了六篇三部模范曲（两小提琴，一钢琴）和九部"交响曲"。这九部当然不及贝多芬的九部，但是在音乐史上却是一件重要的纪念品。他替克罗帕许托克的诗谱了好几首的乐歌，与莫查尔特的《紫罗兰》同为 18 世纪乐歌的主要成绩。他不擅长复调音乐，他常常说：一个人不会是全能的。一个明白的人不会做他能力以外的事。我能做的和不能做的，我自己知道。

格禄克作品的特征是国际艺术的综合，"意大利的曲调，法兰西的朗诵，德意志的乐歌，意大利作风的明白，滑稽歌剧的自然"。拉莫虽然伟大，但是他是一个法国人而限于是一个法国人，他的音乐理论有时颇近于冬烘，他的作品常不免受流行的限制，不及格禄克使出雷霆万钧之力，冲破时代与国家的界限，用他的天才完

---

① 今译欧里庇得斯。
② 今译特洛伊。此处有误，应为迈锡尼。
③ 今译阿伽门农。
④ 今译阿耳忒弥斯。
⑤ 今译俄瑞斯特斯。
⑥ 今译吉拉尔。

成一件"8世纪以来无人完成的抒情革命的事业"。

1787年9月15日他与夫人驾车出游,(这是医生吩咐的,每天必行的代散步)中风逝世。

格禄克晚年常常叹息,在他的祖国没有人继续他的事业,莫查尔特,一个杰出的,使他惊叹的天才,有如天马行空,独来独去,但是他的原则,真确,简洁,自然和一致,就是莫查尔特也一样尊重。

刚好是他出世后的第一百年,在莱比锡诞生了一个继承他的事业的人,而且这个人居然跨灶了。——但是饮水思源,我们终得承认格禄克是乐剧(Musikdrama)的开山祖!

关于格禄克的生平,各家的记载多有出入。本文的根据是La Mara的《格禄克传》,德国Bretkopf & Hasriel出版的,较新亦较精确的单行本。

原载《音乐教育》第二卷第11期1934年11月

朗诵的理论与实习

　　说话是一切生物的本能，不论跳跑飞潜，都一样有他们的国语。做见证的在中国有公冶长，在外国有吃白蛇的国王。恕我孤陋寡闻，说不出鸟语等等的演变。不过人类因为脑汁特别丰富，所以说话也特别来的高明。他不独把话随便说出，而且还懂得把那些话编成节奏和谐的诗歌，唱出内界的喜怒哀乐。因为自从人类走路让两脚偏劳，将双手另有任用以来，除了劈柴造房子之外，还要用来结绳甚至于造字。于是数千年前的文献我们今日都得到领教的机会。就是可惜古人不曾发明留声机，以致我们一不留心便会把字音念错。我们没有保存到古音的蜡片，我们的判断只能听专家的说法。专家怎样说的呢？有的说古时平仄通叶（吴才老，程迥，陈第，顾炎武），有的说古时的四声和后来的不同（段玉裁，江有诰，王念孙）。段玉裁说古无去声，孔广森说，古无入声，黄侃说古无上声。陈澧有一段话可供我们参考："古以四声分为宫商角徵羽，不知其分配若何。《宋书》《范蔚宗传》云：'性别宫商，识清浊。'此但言宫商，犹后世之平仄也，盖宫为平，商为仄欤？《谢灵运传论》云：'欲使宫羽相变，低昂舛节。'《隋书》《潘徽传》云：'李登声类，吕静韵集，始判清浊，才分宫羽。'此但言宫羽，盖宫为平，羽亦为仄欤？《南齐书》《陆厥传》云'前英已早识宫徵'，盖宫为平，徵亦为仄欤？又云'两句之内，角徵不同'，此但言角徵，盖徵为仄，角亦为平欤？然则孙缅云宫羽徵商，而不言角，角即平声之浊欤？以意度之当如是，然不可考矣。若段安节《琵琶录》以平声为羽，上声为角，去声为宫，入声为商，上平声为徵。《玉海》载徐景安《乐书》以上平声为宫，下平声为商，上声为徵，去声为羽，入声为角。"淹博如陈兰甫先生对于这个问题还只能说出这样的意见，那么，对于这个问题除了音韵学专家负有解决的责任之外，我们正不必作茧自缚，惹蛇上身，抛开话的口语，拿出什么四声清浊的论调来和生人开玩笑。实际上我们说话做诗，对象原是生人，并不是想和周公讨论女子应该参政还是管家的问题，或是和子贡开辩论会，或者更想孔夫子赞我们的新诗，说道：思无邪。我们试翻开《广韵》的辨四声轻清重浊法，便知道有好些地方我们不能同意，如峰字是轻清，风字是重浊，墙字是轻浊，明字是重浊之类。假使我们照正规矩念，天晓得会闹出怎样的笑话！我们要换一条新路走走了。我们以为字音的正确只能拿国语的标准，同时要可能地抛开平仄，根据字义来决定读音的轻重！

我们现在是讲朗诵（Deklamation），因为朗诵是说话的最高的艺术，它的对象是美文学。一个人如果能够把一首诗毫无缺陷地朗诵出来，他已经很可以放胆说一句：说话的艺术皆备于我了。

诗所以别于散文，主要的原因是在节奏。中国诗的节奏是平仄，西洋诗的节奏是长短。西洋诗的节奏通用的是下面八种：

1. Jambus （短长调）

2. Trochaeus （长短调）

3. Anapaest （两短一长调）

4. Daktylus （一长两短调）

5. Spondaeus （双长调）

6. Kretikus （中长，短，上长调）

7. Amphibrachys （短长短调）

8. Choriambus （长短短长调）

中国诗因为一平一仄太过短促，所以大都是用两个平仄相同的字连在一块来调和音调的急迫。这样看去，西洋诗体似乎比中国诗体多变化，但是骚赋等实际上还是诗的一体，而且自从词曲兴起，便更增加了不少节奏上的变化。这是中国诗的进步，也是中国诗学的光荣。因为西洋文是拼音字，一字可有数音，于是便将每一个字分出主音节和副音节，从而定出读音的轻重，对于音调也自有伸缩的余地。中国文是单音字，一字常常只有一音，为了和谐平仄，便产生出很多凑合的字如悲哀，旋转，孤单之类。所以一首中国诗如果留心分别起来，同时可以具备西洋诗的各种形式。在这里要说一句不中听的话了。西洋人分出主音节和副音节，从而定出读音的轻重，已经是人类对自然立法，自己做了主人。比起我们全照自然的声调读诗，我们不得不承认，他们比我们走远了一步。不过我们的古人是聪明的，他虽然做了自然的顺儿，却能够在"桅杆顶上翻筋斗"。本来诗的起源同时就是音乐的起源，中国的平仄压根儿就是曲调的成分多过节奏的成分，如果你摇头摆脑，嘴里读着：

"月落乌啼霜满天，江枫渔火对愁眠。姑苏城外寒山寺，夜半钟声到客船。"一个不懂中国文学的外国人，一定猜你在唱歌，不过曲调稍为简单一点罢了。平仄的连缀愈得法，诗的节奏便愈美丽，我们的古人看清了这一点，于是便死力在这上面做工夫。旧日那些"倡优同畜"的乐人，论才能，论学历，都不是诗人的敌手。所以中国音乐尽管停滞，音韵的研究却代代有新花样。这些废话说起来和朗诵没有关系，实则我想趁这机会指出他们工作的成绩和矛盾。使正在走路的知道：路不通行。未曾开步走的人，不必枉费脚力。现在先说他们在这方面的成绩。

中国诗的音韵大体上分做平仄两类。平声分做上平和下平，又名阳平和阴平；仄声则分做上去入三声。而且还有轻清重浊等等。这种分法对于诗的音节美很有帮助。由长平与短仄发生出来的弛缓与紧张，缠绵与亢奋，能够使一首诗图画般显现在我们的眼前，心灵的感动自更不在话下。例如周邦彦的兰陵王："闲寻旧踪迹，又酒趁哀弦，灯照离席。梨花榆火催寒食。愁一箭风快，半篙波暖，回头迢递便数驿，望人在天北。"那"一箭风快，半篙波暖"两句一急一缓，活现出一幅"远浦孤舟"图，再用回头两个平声字一延长，接着"迢递便数驿"那小节末四个都是仄声字，结尾来一个入声的驿字，的确有迢递便数驿的情景。过拍的"望人在天北"把低徊凝睇描写得恰到好处。

苏轼的江城子："十年生死两茫茫。不思量，自难忘。千里孤坟无处话凄凉。纵使相逢应不识，尘满面，鬓如霜！"这一段一开头连用四个平韵，悲哀的感情如万丈瀑布，倾泻而下。一种愁肠百结，似断似续的情形，只要听的人不是耳聋，便一定受到极大的感动，而且承认它那最高的艺术价值。

吴文英的莺啼序："幽兰旋老，杜若还生，水乡尚寄旅。别后访、六桥无信，事往花委，瘗玉埋香，几番风雨。长波妒盼，遥山羞黛，渔灯分影春江宿，记当时、短楫桃根渡。青楼仿佛，临分败壁题诗，泪墨惨淡尘土。危亭望极，草色天涯，叹鬓侵半苎。暗点检、离痕欢唾，尚染鲛绡，亸凤迷归，破鸾慵舞。殷勤待写，书中长恨，蓝霞辽海沉过雁，漫相思、弹入哀筝柱。伤心千里江南，怨曲重招，断魂在否？"这两段可以说是一篇规模伟大的 Rezitativ①。两段里面的音调很有相同的地方。"渔灯分影春江宿"是平顺的七言句，"蓝霞辽海沉过雁"一句却把第六个字换上一个去声的过字，于是情调一变，而"漫相思弹入哀筝柱"便得到彻底的效果，第三节的过拍"泪墨惨淡尘土"，几乎全是一顿一顿的仄声字，这不是描写诗人的呜咽

---

① 今译宣叙调。

么？至于歇拍那一节是平顺的句法，正等于歌曲里面注明的 p pp ppp 唱出了那种无可奈何，缠绵婉转的情绪。还有他的一首贺新郎里面有前后相同的两节：

华表月明归夜鹤，叹当时花竹今如此！

后不如今今非昔，两无言相对沧浪水。

它们最大的异点是夜字和非字。前一节是追想的，所以很快的说了出来，转入"叹当时花竹今如此"。后一节则吊古伤今，藏蕴着无穷的感慨，所以用了一个平声字把那句拉长，来表示欲言不尽的心事。它的效用正等于一个 rit.①，给听者一种沉郁苍凉的感觉，运用平仄的技巧达到这个境地，真可以说是极变化之能事了，至于换巢鸾凤，渡江云，西江月等词牌忽然转入仄韵都使人得到一种新奇的 Modulato②。

写到这里，我相信一定有人怀疑我的态度，以为我在替旧词人捧场，说不定更有人因此认定词是最有价值的东西，即使没有万氏《词律》也要翻翻《白香词谱》来过填词的瘾。可是板垣鹰穗说过，对艺术批评要有温暖的同情与冷静的头脑，我在这里想把旧账算个明白，好的还它一个好，坏的也要指出来，省得我们一误再误！我们断不能因为它有这点好处便要永远驮着这传统的重担，让它压到我们透不出一丝气息，让它斫丧我们闪现的诗情，让它阻碍诗体的解放！就如前面所举的诗"月落乌啼霜满天"那一句，旧日的读书人念到乌啼的时候，总要把啼字拉得很长，实际上这是说不过去的。只把啼字拉长，教听的人怎晓得它是乌啼鸡啼还是猿啼呢？又如"梨花榆火催寒食"那一句，花字也要拉长，那究竟是莲花杨花还是梨花呢？这就是只顾到自然的语音，完全忘却本来的意义，为了这个缘故，所以我们要提倡朗诵，再不受平仄的拘束。

或许有人会说："这种说法是洋化，是奴隶性。就算你说的由字义决定字音的轻重是有理论的根据，但是念书是我自己的事情，我读它的时候我早已经晓得它的内容了，那何必因噎废食，来反对国粹的平仄呢？"不错，谁都有道理。螺旋也不妨说到笔直！不过光为自己的艺术是早已过去的了。我们不独要把诗念自己听，我们还要把它公开朗诵，让别人来听，从而得到一种实际的效用。而且想到诗是有被作曲家拿去作曲的可能，歌曲的命运完全系在唱与听上面。不依照字义来定字音的轻重，怎么行呢？所以要补救中国诗学的偏枯，并使中国的乐歌走上正轨，我不怕啰嗦再说一遍：只有提倡朗诵！

---

① riteardaudo, ritardare, ritardato 的缩写，今译渐慢。

② 今译意为抑扬顿挫。

　　和朗诵有关系的是文学与歌乐（在这里本有一段文章论朗诵与中国新文学的创作和翻译的关系，为节省《音乐教育》宝贵的篇幅起见，所以暂时把它删去）。在歌曲的演进上是从民歌到艺术歌。它们的区别除了歌辞的内容之外，便是做法的差异。民歌多是用同样的曲调唱出各段的歌辞。艺术歌则是逐段配音（Durchkomponiert）①。这Durchkomponiert 的乐歌的鼻祖，据 E. Naumann② 音乐史说是 W. A. Mozart 的《紫罗兰》（Das Veilchen），到 F. Schubert 便完全成功。至于乐歌所以需要 Durchkomponiert，最主要的原因是为诗的内容各段并不一样，虽然音节数相同，断不能驴头不对马嘴般谱出来，成为诗人的蟊贼！这是一大进步。经过 H. Wolf 的努力，朗诵在作曲上的重要更加没有人可以否认，他的乐歌的成分朗诵和音乐是 50＋50。在中国，文学与音乐关系密切的，词是一个重要的代表。我们试看，同是清平乐，晏殊的是："紫薇朱槿花残，斜阳却照栏杆。双燕欲归时节，银屏昨夜微寒。"辛弃疾的是"熊罴百万堂堂。维师尚父鹰杨。看取黄金假钺，归来异性真王。"只要读者稍有一点常识，一经比较，便能够立刻指出，晏词是凄婉的，辛词是豪迈的。这就是他们的风格完全相反。而且字音的轻重如"斜阳却照"和"维师尚父"，"看取"和"双燕"等等都是含有极显明的矛盾的。这不单是笑话，简直是耻辱！我们要认定先有诗，后有歌，诗的内容决定歌曲的表情，绝对不能够给现成的曲调配上不相干的歌辞。这是两败俱伤的办法。本来受语音的拘束来作曲这回事，欧洲当日的作曲家亦未能免俗，如歌德那首《野蔷薇》（Heidenroeslein）便有好几个音乐家作过曲。我现在把各家的起句抄下来给大家做参考：

S.F.Relchardt

F.Schubert

① 通篇创作之意，今译通奏歌曲。

② 今译瑙曼。

头两个都是照自然的读法作曲，只有 Schubert 把轻读的 den 配高了，于是歌德的诗得到锦上添花的表现。现在唱 Heidenroeslein 的人一定都喜欢唱 Schubert 的作品，大概是事实了罢。可见只有根据诗的内容来作曲才是正路。到了不能兼顾诗的情感和自然的语音的时候，便宁可牺牲自然的语音。尤其是在这尝试时期的中国，与其拘谨而迂阔，不如放纵而勇猛。一次尝试失败了，还有第二次，只有抱残守缺会把中国弄成半身不遂。而且语音迁就音乐，在中国也是古已有之。周德清把入声分配入平上去三声，戈顺卿替他说明道："制曲用韵，可以平上去通叶，且无入声。如周德清《中原音韵》列东钟江阳等十九部，入声则以之配隶三声。例曰广其押韵，为作词而设。以予推之，入为暗音，欲调曼声，必谐三声。故凡入声之正次清音转上声，正浊作平，次浊作去。随音转协，始有所归。高安（指周德清，他是高安人。）虽未明言其理，以予测其大略如此。"可见为了"制曲用韵"转变本音是免不掉的。在当日音乐幼稚的时代尚且如此，何况音乐——世界音乐——经过 18、19 两世纪的突飞猛进之后，已经成为一种最有个性，最有势力的独立艺术，难道还会受自然的语音的支使来损人利己的么？如果有人想用声韵来拘束乐歌的发展，因为没有看到这一层，那就是糊涂；如果看到了还要胡说八道，那他的居心就更不可问了。假使有人劝孙桂云参加亚林匹克运动会却同时要求她裹小脚，才算是於迎合世界潮流之中，仍寓保存国粹之意。我们即使不把它送进疯人院，也要请他免开尊口，不是？

现在，就要正式讲到朗诵的方法。

> 明月自来——还自去，更无——人倚玉兰杆。
>
> 枕前——泪共阶前雨，隔个窗儿——滴到明。

上面附有横线的地方，是表示中国人从前吟诗的停顿处。这就是说他们逢平念长，逢仄念短，只依照自然的音势，不理会诗人的原意。我们稍为用一用脑筋，便知道除了第一个来字没有毛病之外，其余三个都是不合理的。无什么？什么前？什么儿？我们应该把它念成

> 明月自来，还自去，更无人，倚玉栏杆。
>
> 枕前泪，共阶前雨，隔个窗儿滴到明。
>
> （ ⌣ 短读，— 长读，⌣̄ 长短之间）

要研究朗诵，先要注意下面数点：

第一：发音的正确；

第二：重音的位置；

第三：用停顿表示诗的关节；

第四：音色，音的强度，速度。

第一：发音的正确

顾炎武论方音说："五方之语，虽各不同。然使友天下之士，而操一乡之音，亦君子之所不取也。"接着他举出种种事实来说明国语之重要，於是下断语道："夫以创业之君，中兴之相，不免时人之讥，而况於士大夫乎？"这一段话说得很好，不过一个人要学习国语，并不一定是单为怕人嘲笑，或者是招不到学生，做不成西宾。因为现在的士大夫"语音甚英美"再不怕没有面子，教外国文比教国文还要光彩，只为我们不愿意和印度人拜把兄弟，便总应该学习国语。再不要说完"十四"之后，因为怕别人听不懂，必要补说一个 fourteen，才能够尽了语言的功用。夫以普通说话，还要学习正确的国语，而况於朗诵乎？学朗诵在发音上要注意

甲：韵母的正确：

血 ㄒㄧㄝ，雪 ㄒㄩㄝ；

林 ㄌㄧㄣ，零 ㄌㄧㄥ；

商 ㄕㄤ，霜 ㄕㄨㄤ

乙：声母的正确：

德 ㄉㄜ，特 ㄊㄜ；

物 ㄨ，服 ㄈㄨ；

决 ㄗㄩㄝ，缺 ㄑㄩㄝ

把发音弄清楚了，便可以讨论

第二：重音的位置

1. 理论上的重读

甲：单音的着重：（1. 弱，2. 中，3. 强。）中国文虽然是单音字，但是事实上亦有很多名词是由几个单字凑成的，尤其是新名词。遇到这种"复数字"便要分别每一个字音的轻重：

3 1 2	3 1 2	3 2 3 2	3 2 1
写 字 台	桃 花 源	自 来 水 笔	客 观 的

2 3 2 3	3 2 3 2	3 2 1	3 2
最 后 通 牒	人 生 哲 理	石 头 记	单 身

2 3	3 2	3 2
散 发	女 郎	神 女 。

乙：字音的着重　重读的字多是名词：

    寒<u>梅</u>着花未?（所以别于寒风寒士。）

    <u>夫</u>子之道（因为不是弟子之道。）

    红<u>杏</u>枝头春意闹。（因为不是红梅。）

丙：同等的着重　这种着重法是中文里面特有的。

欧洲各国凡有两个意义相反的字同时应用的时候，一定要加一个"或"字或"及"字，从不会如中文一样两字紧接的。这和 Spondaeus 的调子也不一样。因为那一个字有接连两个强音，好比中国字的繁华，思想，伶仃，盼望等字一样不分轻重，而这里要说的却是相反的两个单字如浮沉，贤愚，纵横，寿夭等等。念的时候必须先把第一个字念清楚而且酌量延长，然后稍一停顿便接念第二个字：

  浮　　　，沉　　　。呼　　　，吸　　　。

2. 修辞上的重读

乙：独立的　与理论上的相同，重读的多是名词或指陈名词与形容词：

    高<u>山</u>　大<u>海</u>　老<u>头</u>子　死<u>狗</u>　死<u>神</u>

    桂<u>花</u>　苏<u>州</u>　墨<u>盒</u>

乙：对比的　在这种情形下因为名词前后相同，所以先要通看全篇，然后将名词前面那个相反的字重读：

    听妇前致词：三<u>男</u>邺城戍。<u>一</u>男付书至，

    <u>二</u>男新战死。<u>存</u>者且偷生，<u>死</u>者长已矣！

    但见<u>新</u>人笑，那闻<u>旧</u>人哭！

    雏凤清于老凤声。艺是<u>针</u>神貌洛神。

    <u>举</u>头望明月，<u>低</u>头思故乡。

    <u>旧</u>恨春江流不断，<u>新</u>恨云山千叠。

    汜彼柏舟，在彼<u>中</u>河……，汜彼柏舟，在彼<u>河</u>侧

    <u>去</u>年元夜时……，<u>今</u>年元夜时。

丙：确指的　这种用法是就情形加以确定的断语：

> 夫子<u>自</u>道也。
>
> 不重生男重生<u>女</u>。
>
> 将缣来比素，新人不如<u>故</u>。

丁：平行的　情景相同，念的时候因此也采用相同的调子。

> 不过这是说在表情上应该这样，单字的注意还是需要的。
>
> 红满枝，绿满枝。
>
> 红了樱桃，绿了芭蕉。
>
> 醒也无聊，醉也无聊。

戊：高举的　这种句法多是应用在绝望或是惊骇的场面：

> 天丧予，天　丧　予！
>
> 我的父亲，我　的　父　亲！

巳：应用在伤心或失望的时候：

> 斯人也而有斯疾也，斯　人　也　而　有　斯　疾　也！
>
> 沙滩上再不见女郎，再　不　见　女　郎。

第三：用停顿表示诗的关节

每一篇诗都有它的关节，除了那显明的由诗人自己分成数段，用不着读者多费思索之外，（实际上还有例外，如辛弃疾的鹧鸪天："出处由来自不齐；——后车方载太公归，谁知寂寞空山里，却有高人赋采薇。"便不能应用普通的停顿法。又如徐志摩的《火车擒住轨》第九段末尾的"把他们不论"是要一口气连着第十段"俊的村的命"念下去。）一节有一节的停顿，一句有一句的停顿来表示诗的关节。用的得法便可以把那音诗活现出来，得到朗诵的极大的效果，它的分法是：主语连附加语，动词连宾语或副词句，宾语或副词句连其他停顿之作用。停顿之作用

甲：使听众容易明白；

> 更无人——倚玉兰杆，
>
> 汉皇重色——思倾国。
>
> 何等神明的巨眼——或是手。

乙：给听众一个思索的机会，接上来的常常是意外的话：

> 欲说还休，却道：——天凉好个秋！
>
> 上穷碧落下黄泉，两处茫茫——皆不见。
>
> 在他的怀里——孩子已经死去。

第四：音色，音的强度，速度

音色是很难说明的，我们可以凭直觉去体验。如啊哟表示痛苦，□□□①叹息，嘻嘻哈哈表示笑乐之类，都是很明显的。我们有时不懂得一个人说话的意思，但是说话人的情感我们却可以从音色领略出来。一个目不识丁的妇女可以听孟姜女听到出眼泪，就是很好的证据。音色约略可分三种：

1. 理智的；
2. 情感的；
3. 意志的。

理智的音色多安详，表情总是沉静的多。——如教员对学生。为听众不致厌倦起见，转换和停顿也是需要的。参考崔琼的《座右铭》等作品。

情感的音色多灵活，表现时需要极多的变化，把诗的内容得体地□□——悲与喜，爱与憎，诚实与虚伪，夸大的谦卑，热烈与冷淡，与安定，……参考曹植的《洛神赋》等作品。

意志的音色多坚决。转换的繁复虽然不及情感的，但是总不宜沉静。参考陈琳的《为袁绍檄豫州》等作品。

上面所说的那三种音色，很少是截然划分的。不必说规模伟大的作品如《离骚》，《哀江南赋》或是《长恨歌》，就是短短提供一首五言绝句也可以错综的音色。如："嫁得瞿塘贾，朝朝误妾期。早知潮有信，嫁与弄潮儿。"便三种音色都具有了。

音的强度是没有一定的，普通总是从平处开始：

> 帝高阳之苗裔兮，朕皇考曰伯庸。
>
> 孔雀东南飞，五里一徘徊。
>
> 新豊老人八十八，头发眉须皆似雪。

也有一开头便需要强大的声势的：

---

① 原文已看不见，用□表示（下同）。此处似为"唉表示"。

车辚辚，马萧萧，行人弓箭各在腰。

八月秋高风怒号，捲我屋上三重茅。

渡江天马南来，几人真是经纶手?！

诗中的直接语要有力地读出，夹敍的句子可以稍为轻些。

"别拧我，疼，"你说，微锁着眉心。

"天啊，天啊，"她叫道，"这到底是什么意义。"

音调的低沉很可以给听众一种充满期望的，阴森的或是凄伤的感觉：

我望着户外的昏黄，如同望着将来。

它爬过来，同时张开成百的钩爪。

妇人身旁找不出阴影，月色却是如此的分明。

一首诗有时因为表情的关系不能强读的时候，诵诗的人便要极力使段落分明，字音清晰：

划袜下香阶，手提金缕鞋。

脱屣妻拏非易事，竟一钱不值何消说！

啊，轻些！什么光在那边窗前透亮？

速度的作用在把人物与情境加以深刻化，它的标准完全凭地方的大小和听众的多少来决定。听众愈多，意调便愈要慢。这是指全部来说，等於乐曲开头注明的 Allcgro，Moderato 或是 Largo。至於内容的强弱与快慢当然得随机应变，如乐谱里那些 P，F，cresc.，rit，以至 a tempo 之类。

现在，这篇噜苏的文章可以结束了。上面所说的那些实习的方法，是近于机械的，同时也保不定没有遗漏。不过正如我们写文章，并不是每一句都是从教师那里学来的，万事都得靠自己去发现。我们要留心每一篇作品本质上的要点，而最主要的条例还是歌德借浮士德的口说出来的话：

海列那：

说罢，怎样才会有优美的辞令？

浮士德：

那很容易，只要是内心的呼声。

原载《音乐教育》第三卷第 1 期 1935 年 1 月

朔 旁

一说朔旁（Frédéric François Chopin）①，我便记起老杜的两句诗："庾信生平最萧瑟，暮年词赋动江关！"盖朔旁年"未"二毛，即逢丧乱，觌是流离，至于暮齿。他的马竹尔卡（Mazurka）②，他的坡罗枭司（Polonaise）③，都是对他那不堪回首的故国的凭吊，的憧憬，的怀念，他们的分别就是庾信用文字作他的《哀江南赋》，朔旁则用音乐作他的"哀波兰赋"。然而庾信北迁以后还是厚禄高官，一帆风顺，朔旁则虽然病弱到无力上楼，整天在"垫褥坟"里面苟延残喘，却还要出席奏琴，挣钱糊口。不宁惟是，他自己虽然死力抵御贫病的夹攻，却还要咬牙忍泪，写信给他的家人，说他出风头，受欢迎，省得他们着急。他遭遇之难，用心之苦，我们设身处地，忍得住一掬眼泪么，忍得住一掬眼泪么？老实说，他的德行，——不单指他的恋爱诚不能令人无微辞，但是一想到他的晚年，便谁也硬不起心肠，再对他求全责备了。何况他自己本不曾打起"道学"的金字招牌，而他对音乐的贡献，又远不止"以功掩过"呢！

朔旁的父亲尼可拉·朔旁（Nicolas Chopin）是法国人，母亲玉斯亭妮·克莱扎诺夫斯卡（Justine Krzyzanowska）是波兰人。朔旁生于1810年2月22日，他的父亲时在华梭（Warschau）④ 斯泰伯伯爵夫人（Grafin L. Sktarbeck）家中任家庭教师，即住居于她的领地哲拉查洼沃拉村（Zelazawa Wola）⑤（他的生年月日向有1809年3月1日及1810年2月22日两说，后经波兰短命作曲家卡罗维支［W. Karlowicz］发

---

① 今译肖邦。
② 今译玛祖卡（舞曲）。
③ 今译波洛奈兹舞曲。
④ 今译华沙。
⑤ 今译热拉佐瓦沃拉。

现了朔旁的洗礼证书，后一说逐被证实）。尼可拉是一个经验丰富的教师，所以儿子朔旁有很好的教育，父亲精于吹长笛及弹小提琴，母亲善弹钢琴，唱歌也很不错，朔旁入世 7 月，全家即迁至华梭。父亲在华梭文科中学任法文教授。

朔旁已有杰出的音乐天才，又有良好的环境，不及 4 岁，他已经自动在钢琴上面去找寻优美的和弦。有一天夜里，他忽然下床，把他平日从母亲听来的舞曲接二连三在钢琴上面弹出来。经过这一次惊人的举动，他的姊姊露衣茜（Luise）便担任给他钢琴功课。他的进步又使他的父母决定延请华梭的钢琴教师郅夫尼（Zywny）①做他的先生。郅夫尼是一个巴赫（J. S. Bach）的崇拜者，朔旁日后称巴赫做他精神的祖宗，就是郅夫尼的成绩。朔旁说过："一个天字第一号的驴子也可以从郅夫尼先生学到一点什么。"他使他的先生惊叹的，不单是钢琴的演奏，还有钢琴曲的创作。

朔旁当日的第二莫查尔特的名声，有一幅哥夫（A. C. Gow）的绘画题作："钢琴前面的五龄童子朔旁。"当他将近 12 岁的时候，郅夫尼先生已经声明再无能力继续教授。他的父亲是一个教育家，他不让朔旁荒废普通的教育，朔旁于是进华梭文科中学。他的父亲设有一所学生寄宿舍，他因此有机会交接各色各样的孩子。他喜欢模拟那些伴侣们的状态，尤其是他们那些可笑的动作，他的扮演技术，真够得上说是一个"千面人"。除了音乐与做戏之外，他兼擅长"谑画"（Karikatur）②。他的伴侣们一一做了他谑弄的牺牲，但是他们并不生气，因为他会给他们弹好听的钢琴，尤其是他的"即兴"（Improvisation）。他居然可以用音乐克服顽皮的小孩，甚至于"大人"。康士坦丁大侯爵（Grossfuerst Konstantin）脾气发作的时候，朔旁一弹琴，他便不再生气了。渐渐的，朔旁变作华梭贵族客堂里面的"骄子"。

他的创作生活开始得很早。他的自我批判非常严格。他磨炼，他修改，夜里还要起床，在钢琴上面试弹他的新思想。所以他的"处女作"已经很少幼稚的痕迹。这就是他 11 岁作的，献给他的教师郅夫尼先生的 f 小调坡罗臬司。

对于钢琴的演奏技术，他想尽方法去自求完成。他的手指太短小，不能弹奏远的音程，他竟当临睡之前，用木劈把手指撑开，然后睡觉。可惜这种努力反使手指变木强，于是他放弃了这种无益有害的方法，从此耐心自然地练习，他的成绩是他不久便成为华梭的第一钢琴名手。1825 年俄皇亚历山大第一（Alexander 1）到华

---

① 今译瑞夫内。
② 今译漫画。

梭，朔旁出席奏琴，俄皇赐给他金刚钻戒指。

他父亲的朋友里面有不少知名的音乐家，如吴斐尔（W. Wuerfel），耶吴勒克（Jawurek）及厄尔斯纳（J. Elsner）[①] 等。而对朔旁发生最大的影响的是厄尔斯纳。

厄尔斯纳是波兰民族音乐的创造者。如果郅夫尼是朔旁的钢琴方面的导师，则厄尔斯纳就启示了朔旁关于民族的及新的音乐的创作。朔旁每喜欢到田野间听农人唱波兰民歌，听过之后，他便随手记下。如果一次听不清楚，他便向他们说好话或用钱请他们再唱。当然他日后的作品里面并没有这种民歌的形迹，他只因此摄取了波兰民族的灵魂。

1826 年他在华梭文科中学毕业之后，入华梭音乐院，他的终身事业现在便正式决定了。

这里有朔旁 16 岁的一篇写照：

在佛莱德力克身上当日确没有预告出他会是欧罗巴贵族纱栊[②]里面的骄子，更不是一个受多数女子钟情的男子。中等的身材，孱弱的体质，狭隘的胸膛，使人担心他会像他的妹妹爱密丽（Emilie）一样死于痨瘵。他的额是美丽的，庄严的，他的眼是有充分的表情的，温和的：所谓鹿眼。这是要就近观察才可以觉到的。它已不自以美质炫耀，亦不散出天才的光辉。头发是丰富的，密的，像他的父亲的卷曲，色暗，带着淡红的光泽。那个大鼻子给他的面貌，那本来无从说得上是美丽的，衬出一种出众的品格。除此不论，朔旁的面孔给人非常同情的印象。他那副早坏的牙齿，给这少年频繁的，锐敏的痛楚。朔旁有小得出奇的脚和美好的白皙的修饰很好的手，他每每把它们惹眼地放在膝上。行动的时候他是活泼的，敏捷的，谈话的时候他是谐谑而稍近刻薄的。对于姊妹，他满是亲爱，对于父母，他虽然是"名流"却始终怀抱着一种深的敬畏。他压根儿就是特别的亲热而具有交际场中优雅的风度。有些音乐天才的神异在他身上是没有影子的。诙谐，愉快，活泼，他做了每一个他参加的宴集的灵魂。他特别钟爱那些美丽的，亲热的，富有灵魂的女子，末了，我还要特别提出，他是——酒精的仇人。……

朔旁的气质是多情善感的，这种气质与年俱进。18 岁，他钟情一个歌剧女歌

---

① 今译埃尔斯纳。
② 今译沙龙。

人，康士坦慈格拉科夫斯卡（K. Gladkowska）。但是她后来和别人结婚，所以这实在是一场"片面"的恋爱。

1828 年他随动物学教授耶洛奇（Prof. Jaroki）到柏林，最使他高兴的是亨德尔（G. F. Haendel）的祭神乐（Oratorio）①和韦柏尔（K. M. von Weber）的《魔弹枪手》（Der Freischutz）。后来他们从柏林到坡仙（Posen）②，朔旁在站长室里面候车，看见钢琴，不觉技痒，于是即兴弹奏，轰动了所有候车的乘客，到邮车开行的时候，大家都不愿上车，站长只得让邮车依时开行，这些钢琴迷后来听够了才坐上站长特别开出的快车，朔旁则由站长举到空中直到车上。

这时候他已经创作了他的第一首 f 小调坡罗臬司，b 小调及 E 大调的旋转舞，f 小调音乐会曲，那首有名的轮旋曲（Rondo a la Krakowiak）③，还有那些独具风格的练习曲（Etuede）。

1829 年 7 月 31 日朔旁旅行到维也纳，维也纳之行是他的声誉从华梭扩大到全世界的第一步。他自己本来不愿出风头，可是他那个旧日的"四手伴侣"吴斐尔把他捧了出来，他这才公开演奏。演奏的前一天他还是满怀愁闷，演奏过后他忽然判若两人，他写信回家，说他踏进了这个广大的世界里面去。这一次的成绩给他增加了"四年的智慧与经验"。他急欲回家，与家人共谈这次旅行的得意，他那时简直有点浮夸了。

当日的华梭音乐界分开了两个敌对的营垒，一边是厄尔斯纳的音乐院派，一边是库尔平斯奇（Kurpinski）的歌剧派。库尔平斯奇因为妒忌敌人的成功，竟利用报纸的力量中伤朔旁，说他在维也纳的音乐会并没有得到博大的采声。朔旁回家之后，于是开了几个音乐会用他的艺术来证明那种谣言的荒谬，同时也想藉此筹措一点日后旅行的费用。但是结果并不如他所期望的美满，于是他决定早日离开华梭，向外发展。第一步是维也纳。可是奇怪，他延期又延期，总找不到起程的日子。他写信给沃济卓夫斯奇（T. Wojciechowski）说："静悄悄的，不管家人的啼哭与苦留，——起程。"但是他又说："我总以为，我这一次离开华梭，便永远不会回来，总以为，我起程，是去死。……啊，这是多么辛酸的事啊，不死在自己生长的地方！那将是多么难过啊，不见亲人，只看见一个冷漠的医生和一个仆人在我的死床前面！……"他因此想根本打消他的旅行计划。然而他的行期终于决定了。

---

① 今译清唱剧。
② 今译波兹南。
③ 今译《克拉科维亚克回旋曲》。

在他友人赖恩兹密特（Reinszmit）家的欢送会中，他的朋友们送给他一个高脚银杯，里面盛满故乡的泥做临别纪念，勖勉他永远纪念他的祖国。这一个象征太伤心了，他爆发出凄厉的呜咽，但是他强自抑制，他即席写了一首歌"酒筵"，卫维奇（Witwicki）作诗，结尾是：

> 抛弃罢，兄弟，一切的疑虑，
> 莫再悲哀了，去，饮个痛快！
> 这是一个魔鬼的世界！……

他明早出城行到沃拉，他的先生厄尔斯纳已经在那里等着他，为他特谱了一首坎泰泰（Kantata）①。由他的同学合唱，送他那得意弟子的行。而朔旁这一次的旅行竟真是"壮士一去兮不复还"了！

朔旁去维也纳，他的友人沃济卓夫斯奇同行。不久，华梭的独立运动起事，消息传来，沃济卓夫斯奇来不及和朔旁说一句话，便赶着于回去，参加运动。朔旁得到这个消息，立刻趁上特别快车想追上他的友人一起回去。不过他终究是意志薄弱的人，所以只赶了半路，便又折回维也纳。

波兰当日完全是受俄国的势力统治，朔旁的出国护照是由俄国官厅发给的。到期之后，他便要另换新护照，但是经过这一次的"叛乱"，朔旁简直就无从想办法，所以在俄国官宪的眼中朔旁是等于"犯法在逃"，自此朔旁不独终身不能再入国门，就是他的遗骸也得不到俄国当局的允许运回华梭安葬。

在维也纳的日子再不似他动身时所想象的愉快了。他自己说他不能适应维也纳的生活，他的证据是不会跳 Walzer②。他在维也纳的交际除了音乐家之外，就是住在维也纳的波兰人。为维持他的生活，他打算作曲卖钱。为迎合维也纳人的嗜好，他便写旋转舞③，但是找不到出版家，写坡罗桌司（降 E 大调）也不行，只有一首钢琴及大提琴合奏的坡罗桌司（升 f 小调）由友人介绍出版，没有报酬。日子一天天的过去，金钱一天天的减少，穷到极度，他想到变卖那个留在家中的亚历山大第一赏赐的金刚钻戒指。

各种的尝试失败之后，他决定离开维也纳，去巴黎。从维也纳到巴黎的途中，

---

① 今译康塔塔。
②③ 今译圆舞曲。

他经过许突特革尔特（Stuttgart）①，得到华梭沦陷的消息，他几乎昏了过去，摘录他一段当时的日记，可以晓得他那悲愤的心情。

> 许突特革尔特的钟正打了半夜。多少地上的死尸在此刻搬运，从儿女身边抢去母亲，从母亲身边抢去儿女？多少悲哀，同时又有多少快乐都因这死尸产生？好的和坏的死尸，贤良的和奸恶的。——兄弟姊妹们，万一你们是死尸！那可以从这里看出来，死是人类的最好的工作！什么才是最坏的？生育就是那种最好的工作的反面！那我真有权利愤怒，我为什么要出世！我们为什么要过这种凄惨的生活，难道是只为变死尸?!

他担心父母挨饿"变死尸"，他的姊妹遭难，他的康士坦慈受辱，他的朋友遇害，他愿他的心永远僵死。"寂寞和孤单，无可形容是我的冤苦！"在那个时候他在钢琴上面绝望地哀诉，成功了他的 c 小调革命练习曲（Revolution Etuede）。他要"摇撼这个地球，在这上面他吞噬这今日的人类"。此外还有他的 b 小调谐曲（Scherzo）②，a 小调及 d 小调序曲（Prelude）。这几首作品都是朔旁的灵魂的叫喊。朔旁的独特的风格于是完全确立了。

1831 年秋天他到巴黎，他写信给厄尔斯纳说："我要创造一个新的世界！"他不是盲吹牛，他立志完成他的事业，他写信给他的同学说："我从这里的艺术家得到友谊和尊重。……音乐院的学生：莫舍列斯（I. Moscheles）③，赫尔慈（H. Herz）④ 及卡尔克勃连纳（F. Kalkbrenner）⑤ 的学生，一句话，成功的艺术家跟我学习，把我和费尔德（J. Field）⑥ 并列，简言之：假如我比我愚蠢，我便会说，我已经达到我的目的；可是我看得到，我还缺乏多少'成家数'的条件啊，……"他决定从卡尔克勃连纳学习钢琴，他承认"赫尔慈，李慈特（F. Liszt）⑦ 及希勒尔（F. Hiller）⑧ 比起卡尔克勃连纳是等于零，因为他是一个压倒一切钢琴家，连我在内，的巨人"。（他后来修正了他对李慈特的批评。他听见李慈特弹奏他的练习曲的时候，竟不免妒羡李氏手法的高

---

① 今译斯图加特。
② 今译谐谑曲。
③ 今译莫谢莱斯。
④ 今译赫茨。
⑤ 今译卡尔克布雷纳。
⑥ 今译菲尔德。
⑦ 今译李斯特。
⑧ 今译希勒。

妙。）从卡尔克勃连纳研究之后，朔旁的钢琴艺术才真是"神妙直到秋毫颠"了。

一个风流倜傥的音乐才子的交际场是巴黎贵族太太的纱帷，当然有不少的"韵事"。在他串演乔治桑（George Sand）悲剧之先，他有过两篇重要的罗曼司。一个是绝代佳人坡托卡伯爵夫人（D. Potocka），一个是沃德秦斯卡（M. Wodzinska）。

当他在巴黎接到康士坦慈结婚的消息之后，他终于收拾了他对她的痴心，不久便认识了坡托卡夫人。她的绰号是"女装段欢"，朔旁所以对她钟情，并不单是为她美丽的容貌，还是为了她美丽的歌唱，到他临死的时候，她还赶来巴黎和他作别。在朔旁一生，她是真心爱过朔旁的，当然，这是依据她那种独特的爱的方式。

沃德秦斯卡是和朔旁订了婚的，她貌并不美，却有音乐和绘画的才能，她替朔旁画像，和朔旁一起研究音乐，朔旁临别的时候献给她一首 f 小调旋转舞曲；还有一首 f 小调练习曲，他自称是她的灵魂的写照。但是当朔旁从莱比锡归来，她却和斯泰伯（Starbek）结了婚。经过这种种的波折，现在便转到那位女诗人：乔治桑。

他们的介绍人是李慈特。桑是一个"男性女人"，与朔旁这"女性男人"刚刚相反，她替朔旁创造一个舒服的家庭，减轻了朔旁漂泊的痛苦，而且朔旁最不会处理日常的琐事，有了桑便一切都有办法了。还有更妙的，就是桑是一个天生的看护。如果没有桑，朔旁恐怕要死得更早。从前大家都说乔治桑害死朔旁，朔旁的传记作者卡拉索夫斯奇（M. Karasosky）把一切过失都推在乔治桑身上，直到桑给朔旁挚友格勒齐玛拉伯爵（Graf Grzymala）的信发表之后，才给这种武断一个有力的反证："7 年以来（1838）我和他同居的生活如同一个贞女，假如世界上随便有一个他用得着的女人，那就是我；但是他不愿了解。我自己十分明白，大家都把罪过推在我身上。第一是我因纵欲戕害了他的健康，第二是我的任性使他绝望。我揣测，你该知道，这种话有几分的真实。他现在弄成这样，是说我对他的'宠爱'的拒绝使他感到不幸，然而我却绝对的确信，假如我不这样做，我才无疑的是把他杀死了。"这一段故事非常复杂，乔治桑不很恭维朔旁的人格，也是他们分裂的一个原因。朔旁的姊姊有一次到诺盖（Nohant），桑的别业，访问朔旁，同时结识了乔治桑，桑曾经当面对朔旁说："你的姊姊比你好 100 倍"。朔旁默然。至于他们所以不能言归于好的原因，则因为有波兰同乡的挑拨离间。

1838 年朔旁与乔治桑及她的儿子在玛约卡（Majorca）岛上养病，桑除调护儿子的病之外，兼要照顾朔旁。当日的岛民对于肺病还不脱中古时代的迷信，他们不独拒绝租房屋，甚至于不愿承包他们的饮食，他们逼着搬到瓦德莫沙（Valdemosa）的一所破旧的修道院里去，自己烧饭吃。朔旁在那里很为怕鬼的心理受苦，本来略见痊可的肺病又因为雨水天更变坏了，他那时的境况实在可怜得很。有一天乔治桑和她的儿子到帕尔麻（Palma）买东西，忽遇大雨，溪涧都泛作江河，他们归途陷入泥泞里面，经过种种生命的危险才于深夜回到瓦德莫沙。当她一入朔旁的房门，看见朔旁正在弹他的降 D 大调序曲。他一看见乔治桑便凄声叫道："啊，我明知道，你们是死了的！"乔治桑告诉他在路上经历的种种危险，他说，他一切都在钢琴上面亲身经历，而且后来简直感到自己淹死在水里了，沉重的冰冷的水点规则地滴在他胸上。因此种种感觉便写成了这首有名的《雨滴序曲》（Op. 28，No. 15）。

在这个"养病"期间，他的研究工作是巴赫的序曲，他自己的序曲亦以那个时期写得最多。除此之外，他完成了——大部分是修改——a 大调及 c 小调坡罗桌司，降 a 小调谐曲，降 b 小调模范大曲和 g 小调及 G 大调夜曲。还有一首新作的 e 小调马竹尔卡。

在玛约卡养病不成，便起程回法国。朔旁一行人乘的是运兽船——人船不要他坐——朔旁在船上被臭气熏到吐血。受尽船主、客店的勒索与困辱，他们才到达马赛，在马赛休养到夏天，朔旁才随同乔治桑回到诺盎居住。

朔旁写信给他的姊姊，说"桑和他这八年的同居，是她生平最有意义的年代"，其实朔旁自己亦何独不然。他在"桑时代"所作的乐曲可以举出来的有大部分的序曲，f 小调幻想曲，降 A 大调坡罗桌司，幻想坡罗桌司，b 小调模范大曲，多首的夜曲（Nocturne）和马竹尔卡，偶成曲（Impromptu）① 摇篮曲（Berceuse）以及摇船曲（Barkarole）②。

乔治桑说，朔旁不爱乡村生活，他在诺盎，只当作是一种生活的变换，不上几天，他便又思念着巴黎纱栊的脂粉气了。

他在巴黎的生活规程是：白天教授晚间交际。自然还有弹奏和作曲。他承认教授是一种最高的责任，他严格，他认真，做他的学生是极不容易的。他平时是一个一言一动都极儒雅的温柔男士，教书的时候却不时扭断了他的铅笔甚至于椅子，乐谱半空飞，詈骂随口出，女学生多是流泪收场。但是这一掬眼泪，又使朔旁口慈心软，劝她忘记了他刚才的暴躁。

做朔旁的学生，要过一重难关：净罪火。他先要彻头彻尾改变每一个学生的触键法。轻圆！轻圆！这个字他总是不怕麻烦的说了又说。虽有运气过得这一场"净

---

① 今译即兴曲。
② 今译船歌。

罪火"之后，便有上"天堂"的希望了。听他自己奏琴，或是由他伴奏。他让学生弹奏的作品第一是巴赫的。他自己曾经一气背弹了 14 首的巴赫序曲（二十佛朗一课的学费该不算贵了罢！）他的学生表示惊叹。他说："这是终生不会忘记的。"

他的教授步骤第一是克列门提（M. Clementi）① 的序曲和练习，跟着便是克喇麦（Cramer）② 的练习曲，再进一步就是巴赫的平均律钢琴集（Wohltemperiertes Klavier），序曲，赋格曲（Fuge）及组曲（Suite）。巴赫之后，还有胡默尔（J. N. Hummel）③ 及费尔德。他不让学生弹贝多芬的作品，因为——太粗鲁！舒北尔特（F. Schubert）和韦柏尔的作品受到较好的待遇，过来便是莫舍列斯，希勒尔及门德尔斯尊（F. Mendelssohn）。李慈特和舒曼（R. Schumann）的作品则在摒弃之列。

这种种的功课，实际上是演奏他自己的作品的预备。他自己计划著一部钢琴教科书，因为疾病的关系，所以未曾成功，只剩下一些零件的材料。

他不主张弹音阶从 C 大调弹起，这看起来极易，弹起来极难，所以他主张从降 G 大调弹起。他不赞成李慈特那种摇头摆臂的姿势，他叫它做"捉鸽"，他要求学生取一个严肃而静定的姿势，他憎恶"手指体操"式的练习，练习的时候要有思想有灵魂，然后"设色"和"装饰"才有繁的变化。他说：弹奏一首乐曲，等于朗诵一首诗。为学习回转音及复倚音的弹奏，他劝他的学生去听意大利名歌人的演唱。他的格言是：凭感觉弹奏。

朔旁自己的钢琴演奏技术是怎样的呢？当他在维也纳演奏的时候，有些人说他弹得太娇软，他说，娇软就是娇软，娇软也比"擂鼓式"的好。这"娇软"其实就是朔旁所以不同别人的地方。他的技巧是与生俱来的，他的手细嫩，似乎只是皮包肌肉，但是弹起琴来却是那么灵活，平均，他自称他没有"左手"，他的特色是温柔，但是他一样能够弹刚强的作品，在他的手下钢琴几不成其为键盘乐器。假如单说演奏的技巧，李慈特可以和他并驾齐驱，至于用钢琴传出一个人的思想和感情，则古往今来，只有朔旁专美。他的 Tempo rubato④ 论者多称为波兰那种无政府状态的象征。至于他那种拈题即兴的艺术，更是前无古人，后无来者。当他"即兴"的时候，他总是用双眼看定一处，整顿全神，沉浸在他幻想的世界里面。听的人都说朔旁的作品只是即兴的糟粕。海涅（H. Heine）说过："无上的快乐是听他的即

---

① 今译克莱门蒂。
② 今译克拉默。
③ 今译胡梅尔。
④ 今译伸缩速度。

兴，……他不是波兰人，也不是德意志人，也不是法兰西人，他有一个更高的血统：人家可以感到，他的祖宗是莫查尔特，拉斐尔（Raffael），歌德（J. w. von Goethe），他的真正的祖国是诗的梦境。"他的"封号"因此是"钢琴诗人"。

在巴黎的交际场中，他受尽欢迎和爱好，他最喜欢和波兰人往来，一有波兰人到巴黎，他便做游伴，做向导，甚至于被他们敲竹杠。他倾心于贵族的派头，乔治桑是主张民主政治的，但是对着她他也不说德谟克拉西好。他需要修饰的时间多过女人，衬衣雪白，皮鞋发亮，他的居室的陈设也是穷极奢华，所以他每年的进款约莫二万佛朗，在最后那几年有时弄到囊空如洗。

与乔治桑分裂（1845）之后，他的肺病日重一日，没有精神再教书，作曲更不容指望，他金钱的来源断绝了，只得计划去做他平日所鄙弃的卖弄艺能的演奏旅行，当他不名一钱的时候，有一个旧日的苏格兰女学生斯突灵小姐（Miss Stirling）送给他25000佛朗，才把他从穷困中救出，于是他决定到英国去了。他在英国的时候有人说要和斯突灵小姐结婚，他写信给格勒齐玛拉辟谣："……女人我完全不想，要多想的还是家园，母亲，姊妹……上帝替他们保存好的希望。……我距离棺材是比距离合欢床更近啊！……"

他那时写信回家说他在伦敦的风头，他所交接的贵人名士，但是实际上他白天躺在床上呻吟哮喘，晚间则穿起燕尾服去弹琴挣钱，奏罢回家，便又捱受呼吸的辛苦失眠直到天明。那时大家都以为不是由体力而是由灵魂支使他的手指，还有更奇怪的，他居然还能够旅行到曼彻斯特（Manchester），格拉斯果（Glasgow）①，以至爱丁堡（Edinburgh），他写信给乔治桑的女儿说："一线的光明给他增加勇气。"可怜这一线的光明终于只是"一线"，他从苏格兰再回伦敦，伦敦的雾再戕害了他的呼吸器，于是他起程回巴黎，他动身之前，写信给格勒齐玛拉，请他替他预备大束紫罗兰，因为他"还要一些诗意"。死之前他重新布置他的居室，他自己后来不能起床，由他的学生古特曼（Gutmann）给他奏乐，他并且请他的姊姊来巴黎，那封信写得很得意，可怜露衣茜接信之后，赶到巴黎，才知道所期待的天伦之乐原来只是姊弟诀别！

朔旁的死症已经确定了，但是绝命的时辰却延长又延长，他对一位侯爵夫人说："为什么我要受这样的苦楚？但是是在战场上，我还可以明白，因为我要给别人做榜样。但是现在我要死在床上，那还有什么用处，忍耐这种苦楚呢？"他临死之前，

①　今译格拉斯哥。

他的神志非常清醒。他绝对禁止在他的面前举行那种"忏悔的滑稽剧"。他到死忠实于他的信仰，他反对这种无聊的宗教仪式。乔治桑那时有一封信给露衣茜，说"一个人可以被儿女（指朔旁，桑每喜称朔旁做 mon enfant）① 离弃，却并不会中止爱他们"，颇有愿与朔旁一面之意。但是那些波兰人平日已经痛恨乔治桑与朔旁同居没有正式的结合，现在自然再不许她踏进房门一步，来玷污朔旁的灵魂，或者拆这忏悔的滑稽剧的台。所以她的来信竟得不到答复。至于朔旁根本便不明白，在他的病榻前面涌着泛泛的一面的朋友或相识，竟始终不见这位女诗人来临，他常常痴心对他的朋友大提琴家佛朗康（Franchomme）说："她常常对我说过：'我只好死在她的怀中'。"他那里知道别人玩弄的把戏呢。

在他辞世的两天或三天之前，坡托卡伯爵夫人闻耗从尼查（Nizza）② 赶来，与朔旁诀别。她的出现已经使朔旁欢心，听见她的娇声，朔旁更请求她为他歌唱。她遵照朔旁的意旨唱白里尼（V. Bellini）③ 歌剧《白亚特里切·第·天达》（Beatrice di Tenda）④ 的一首叙情调。朔旁听见，接二连三的欢呼：多么美丽啊，多么美丽啊！然而一曲未终，我们的音诗人已经昏了过去。

1849 年 10 月 17 日早上，他忽然神志清醒，他想再听音乐。佛郎康要弹他的模范大曲，他说："不，不是我的，给我弹真正的音乐：莫查尔特的。"他恳求他的姊姊，烧掉他那些逊色的作品，他说，他对群众，对自己，应负的责任，是专门发表好的作品。他知道俄国人不许他的遗骸运回华梭，因此吩咐把他的心取出葬在故乡伴着父亲和殇妹（他的心后来真的用一个金瓶盛着葬在华梭，1915 年大战期内，俄国人在华梭站脚不住，临走的时候竟垂涎这个金瓶，挖出带走。这次"心坟劫"证明了俄国人到死却不肯给朔旁一点安宁，死后的心还要遭此惨劫，哀哉！）他的遗体则葬在巴黎墓场（Pere-Lachaisc）⑤ 故意大利作曲家白里尼的旁边。他不忘记临别华梭时朋友送给他的乡泥银杯，叫他们把那些泥土撒在他的棺材上面，他更要求举殡的时候给他奏莫查尔特的诔乐。绝命之前，他用波兰话反复说"母亲，可怜的母亲"，跟着最后一声气息仅属的 Matko！（波兰文：母亲）便永远闭上了他的双眼。

朔旁是一个钢琴作曲家同时也是演奏家。他的工作他的成就，都是在钢琴上面。

---

① 法文"我的孩子"。
② 今译尼斯。
③ 今译贝利尼。
④ 今译《滕达的贝亚特里切》。
⑤ 今译拉雪兹神父墓地。

厄尔斯纳虽然劝他写歌剧，他却就是乐歌也只写了 17 首。对于管弦乐也一样不高明，北尔约（H. Berlioz）说，他的音乐会曲的管弦乐是一种"冰冷而等于无用的伴奏"。他是一个彻头彻尾的钢琴天才，而这个也自有他历史的必然性。波兰的音乐界是钢琴的天下，有博大的声誉的音乐家也就是钢琴家。如郅曼诺夫斯卡（Szymanowska，不是现代的 K. Szymanowski）①，康兹奇（Kontski）都是数一数二的人物，到了朔旁，波兰的"钢琴文学"便到了它的顶点。——这个顶点已经不是波兰的，同时也是世界的了。

因为他的天赋的，神奇的幻想与灵兴，和出众的演奏艺能，所以他的志愿"创作一个新世界"，并不是大言欺人。他的作品就是最有力的证据。他的建设不是钢琴音乐而是整个的音乐世界。他的艳丽的音色，幻化的和音，新异的节奏都把音乐推进一个新阶段。如果巴赫的平均律钢琴集是典型音乐的圣经，我们也就不能否认朔旁的练习曲也一样丰富了音乐的财产扩大了音乐的领域。当然，巴赫是一个全能的天才，而朔旁则对于管弦乐没有出色的本领，所以继承管弦乐的事业只好让瓦格纳（R. Wagner）。至于朔旁与瓦格纳的"精神血统"原来是同一的。他的《特里斯坦及伊左尔德》（Tristan und Isolde）显然有朔旁的，夜曲的影响，碰巧瓦格纳又不擅长钢琴作曲，所以开辟新音乐的天地便由两个天才"分工合作"。我们说朔旁是现代的钢琴音乐的一个父亲，瓦格纳则是管弦乐的一个父亲，是不会有什么语病的。

在世界音乐的进化上朔旁是一个时代的父亲，在波兰，朔旁又是民族音乐的创造者。最能够表现这种"二重人格"的是他的马竹尔卡。

马竹尔卡是朔旁独创的，前无古人的形式。它是三种波兰民间跳舞的综合：马竹勒克（Masurek）库耶维渥（Kujawiak）及阿白勒克（Oberek）。热烈的马竹勒克是勇武好斗的，沉郁的库耶维渥是深思善感的，愉快的阿白勒克是轻浮乐天的。朔旁的马竹尔卡的基本情调是库耶维渥的沉郁性。他藉此表现出他那种无可形容的思乡的情感。虽然有时好像有些愉快的情调，那也只是一种泪的欢笑，苦痛的故意的麻醉。至于这些乐曲同"舞曲"的关系，只是它的节奏，而一曲里面每每有不同的节奏。如 F 大调马竹尔卡（Op. 68. No. 3.）在第一，二部是马竹勒克，在中部里面却是阿白勒克。D 大调马竹尔卡（Op. 33 No. 2）则开头是库耶维渥，到中段便变作马竹勒克了。他生平写马竹尔卡写得最多，似乎他想借它建设出他那破碎的故国。他最精彩的作品之一也是他的马竹尔卡。1829 年后的作品已经到达了成熟的境地，

---

① 今译希曼诺夫斯基。

我这里不必零碎地列举了。全部计 52 首。

坡罗枭司——马竹尔卡是朔旁独创的，坡罗枭司则是由朔旁发展到最高的形式。他的先驱是韦柏尔。它是一种波兰的战斗的跳舞，最先经过阿金斯奇（Oginski）及李苹斯奇（Lipinski）的改善，到韦柏尔乃确立了它在艺术的地位。本来到了韦柏尔，坡罗枭司已经不是舞曲，不如说是"音画"。朔旁的作品虽然和韦柏尔发生关系，却是更加"波兰"的，他彻底表现出波兰那种战士的风尚。要认识波兰，读显克微支（Sienkiewiez）的史诗，还不如听朔旁的坡罗枭司。全部计 11 首（未列入的还有两首九岁作）。最著名的是那幅战争的音画：降 A 大调坡罗枭司（Op. 53）及 A 大调（Op. 40. No. 1）那首凯旋坡罗枭司。泰诺夫斯奇伯爵（Graf S. Tarnowski）叙述过，当朔旁独自在房里弹奏这首新作凯旋坡罗枭司，忽然好像房门洞开，一队波兰装束的武士及古装的波兰太太，跟着他的乐音蜂拥进来，吓得朔旁慌忙从另一房间逃走，一夜不敢回家。这首乐曲给人一个怎样的印象，我们从此不难推想了。

旋转舞——他自己说过，他不适合于维也纳式的生活，最充分的证据，便是不会跳旋转舞，他在维也纳写旋转舞还找不到出版家，但是他却终于提高了这种乐曲的地位。他是舒北尔特及韦柏尔之后的第三个。他不是德意志人却写得出黄金一般的旋转舞曲。在朔旁的旋转舞里面我们看不到波兰的特性，而多是纱帐的雾围气：它的富丽堂皇，它的温文尔雅，它的风流蕴藉，都一一得到具体的表现。但是朔旁终于忘不了他那乱离的身世，所以他常常"开眼做梦"。他的旋转舞曲因此每有乍悲乍喜的意外的变化。他的本色是 Op. 34 及 Op. 42 降 A 大调那一首。最普遍的是那首降 D 大调（Op. 64）。世称小狗旋转舞：是乔治桑的一只小狗有一天晚上狂追自己的尾巴，朔旁因她的鼓舞立刻写成的。全部计 14 首。

夜曲——朔旁虽然被称为"夜曲歌人"，但是夜曲的创造者却不是他而是费尔德。他的夜曲大部分是为稿费写作，所以在他的作品里面，以夜曲最为"良莠不齐"。最普遍的是降 E 大调（Op. 9）。那首升 c 小调（Op. 27. No. 1）是一幕夜的悲剧。芬克（H. T. Fink）说："在这四面的一首夜曲里包含着的恐怖的场面和戏剧的情节多过一部四百面的歌剧。"Op. 37 的两首亦是朔旁的杰作，至于那首 c 小调夜曲（Op. 48）则称为"夜曲之王"，小规模的 Eroica[①]，朔旁的"男性"的作品之一。全部计 19 首。

叙事诗（Ballade）——在乐器上面写叙事诗是朔旁开山，李慈特的交响乐诗

---

① 今译英雄（交响曲）。

（Symphonische Dichtung）不免是受了朔旁的叙事诗的影响。第一首 g 小调的内容颇朦胧，第二首 F 大调比较明白，它是因密奇维支（A. Mickiewicz）的叙事诗《斯维铁慈》（Switez）写成的。斯维铁慈是立陶宛的一个湖名，他的诗的根据是一段立陶宛民间传说。第三首降 A 大调的取材亦是密奇维支的诗：《斯维铁慈湖中少女》。第四首 f 小调说出朔旁的一种凄凉的声诉，它彻底表现出朔旁的诗人天才。可惜他就只写了这四首。

练习曲——朔旁的练习曲实际上并不单是练习曲，它是从技巧的练习进于诗意的表现。他反对手指的操练，所以一开头就给"技巧的动机"最高的形式的音诗。如果说没有平均律钢琴集便没有巴赫以后的古典音乐，则没有朔旁的练习曲便也会没有朔旁以后的新音乐。全部 27 首里面 Op. 10 包含 12 首，Op. 25 包含 12 首，另 3 首则是为莫舍列斯及斐提斯（Feitis）① 的"方法的方法"（La méthode des méthodes）而作的。Op. 10 的第三首 E 大调的乐调朔旁自称是生平最优美的乐调之一，它表现了波兰当日的无政府状态，朔旁把它题作 Tempo rubato，当古特曼有一次弹奏这首乐曲的时候，朔旁喟然长叹曰："啊，我的祖国！"从第六首降 e 小调我们可以知道《特里斯坦》的作曲家的渊源。实际上朔旁的全部练习曲都是珠玉，我们很难指出它的优劣，据舒曼（R. Schumann）的意见，是 Op. 25 比 Op. 10 更有价值。

序曲——朔旁的序曲并不是"前奏曲"或是"引子"。正如他的练习曲并不光是练习（Exercise）一样。全部 25 首，是最能表现出朔旁的个性的杰作，所以他有"序曲主人"的称号。

除了上面大数目的作品之外，他还作有摇船曲 1 首，摇篮曲 1 首，偶成曲 4 首，谐曲 4 首，幻想曲 1 首，轮旋曲 5 首，模范大曲 4 首（内有一首是钢琴和大提琴合奏曲），音乐会曲② 2 首，音乐会杂曲 4 首，杂曲 9 首，乐歌 17 首。这些作品大部分是美不胜收，逊色一点的作品是他的两首模范大曲（c 小调及 g 小调），两首音乐会曲及 9 首杂曲。他的乐歌自然比不上舒北特或是舒曼，但是在波兰艺术乐歌的发展上却有很大的贡献。最大众化的是那首《少女的愿望》，后期的三首《指环》《无边落木萧萧下》及《乐调》可以说是奠定了波兰艺术乐歌的基础。末了那一首《乐调》的歌词是克拉辛斯奇（Krasinski）的手笔，正道出朔旁那流离的身世，让我们把它的意思转译过来，为我们的音诗人同声一哭：

---

① 今译费蒂斯。
② 今译协奏曲。

他们肩着十字架的重担，
从山头远望那受歌颂的乐土，
在山下他们的同胞向那边进行……
只有他们自己永不能再履斯土
一切欢娱的佳节也永不能参加……
更可怜他们快要被世人忘却……

原载《音乐教育》第三卷第 2 期 1935 年 3 月

舒 曼

每逢我们打开一部音乐史，常常可以遇见一副画像：发长覆耳，左手支颐，凝神的眼睛似乎没有留下一些人世的反影，却从幻想界重现出一个中古的乐园，单看这幅画已经"罗曼蒂克"了。不错，它就是浪漫派作曲家舒曼（Robert Schumann）的肖像。

说到浪漫这两个字，在中国算是晦气透底的了，多轧几次姘头便说：这个人真是浪漫；把书架上的书东拉西扯，也说：这个人真是浪漫。甚而至于喝酒看戏，都是浪漫，但是假如你谈起这样的一个人，将浪漫翻成外国文，对一个外国人说：他的行为是多么罗曼蒂克啊，外国人一定摸不着头脑。原来罗曼蒂克的含义并不是这样。

罗曼蒂克（Romantik）的起源是在法国的中世纪。当时一切较长的，用 Romana 语写成的小说都叫做 Roman，到 17 世纪这个字传入英国，一切特别动人的风景和诗歌都说是 Romantic，过了不多久德国人也使用起那个 Romantisch 来了。最先是指 Roman 体的作品，后来它的含义却变成那种幻想的，梦境的，朦胧的诗的特征。德国诗人提克（L. Tieck，1773—1853）[1] 有几句诗说得很好：

> 银光照耀的月夜
> 迷住人一片神思，
> 神奇的虚无世界
> 在古代的繁华里高飞。

浪漫诗人一心追慕的是中古的艺术，喜欢的是空中楼阁，他们白日做梦，一任

---

① 今译蒂克。

753

自己的情感自由奔放，主张"诗人的意志不能忍受任何法则的压制"——许列格尔（F. Schlegel，1772—1829）① 的话。

浪漫运动从德国发生，渐次发展到法国，英国，意大利等国，于是成为世界文学史的一个大时代。不独文学，音乐和绘画也跟着染上浪漫主义的色彩。至于给音乐增加了浪漫主义的内容与技巧的主要人物就是舒曼。

舒曼出生的家庭从来和音乐少缘分。他的父亲 August Schumann 是一个书店商人，有文学的头脑和素养，可是因为自小学做生意，又恰巧生在占有歌德和席勒尔的国度，自然不容易做到出色的作家。结果便开办书店，好让他的嗜好在职业上到得满足。Robert 是他的幼子（第五），1810 年 6 月 8 日生于慈惠考（Zwickau）②，从小得到父母兄姊的钟爱，6 岁入学，另外在家里从私家的教师学习法文，音乐的功课也约莫在这时候开始。7 岁时他已经学写短小的舞曲。因为他的父亲有的是书籍，所以他自小就有文学的教养。9 岁时他写了一部强盗喜剧，得到他父亲，哥哥及小同学们的帮助，借家庭小剧场上演。他的父亲看见爱子那种出众的才能，抱着安慰的心情，希望会在荣儿（Robert 的意译）身上完成他自己早年努力过的文学工作。可是到了 Robert 的音乐才能占上风的时候，文学便只好让步了。——虽然中学时代音乐和文学曾经轮流占据他的生活，但是音乐终究得了最后的胜利。——他在 10 岁左右跟他父亲到卡尔浴场（Karlsbad）③，莫舍利斯（T. Moscheles，1794—1870，贝多芬的学生）的演奏点起那个孩子的音乐的火焰，回家之后对于音乐自然是加倍的用功。有一回他在父亲的货栈里发现了一部利基尼（Vincenzso Rhigini，1756—1812，柏林宫廷歌剧院指挥）的前奏曲乐队总谱，居然召集起他的音乐小朋友实行把它演奏。全副乐队由两个小提琴，两支长笛，一支觱栗，两支铜角组成，Robert 自任指挥，那些缺乏的乐器便由他在钢琴上面补足。

1826 年他的姊姊哀密丽（Emilie）和父亲先后逝世，这种大故给予他深沉的悲哀与震撼。他的神经那时已经有点不健全。1828 年他在文科中学毕业之后，他听从母亲的话在莱比锡（Leipzig）和海大堡（Heidelberg）④ 大学研究了两年的法学，终于在 1830 年把他的前途决定。他写信给他的母亲说："……现在我站在十字路口，提出问话来我便要塞心：向哪里走？——依照我的天赋，那便要指引我向艺术走去，

---

① 今译施莱格尔。
② 今译茨维考。
③ 今译卡罗维发利。
④ 今译海德堡。

我相信这是正路。可是实际上——请你不要生气，我只是亲昵地，细声地对你说——你就好像要阻塞我的路，这种做法是有你好心的，母亲的理由，我也明白知道那种事业你和我都叫过它做'不安定的未来'和靠不住的面包。可是怎样向前走去呢？对于一个人再也不会有比这个更大的苦痛的思想，自己在准备着一种不幸的'死的和浅薄的未来'！"接着他便说明他必得改行，和他研究音乐的计划，并请他的母亲写信给卫克（F. Wieck，1785—1873）①，请卫克评判他的音乐才能。——母亲的信一去，卫克的信一来，舒曼的音乐专门工作于是决定。

卫克是莱比锡当时有名的钢琴教师。舒曼从他学习钢琴，同时从朵恩（H. Dorn，1804—1892）学习作曲。他最初本来预备做一个钢琴演奏家，他发疯似地练习钢琴，依照他新发明的秘法。谁知在他的新法还未试验成功之前，他右手的食指已经受了损害。他的计划从此无法实现。不过，这在他自己当日也许认为一件不幸的事，可是实际上正用不着可惜，不然的话，他在创作方面或许不会有这样多的贡献呢？

在德国当日的音乐界有一种浅薄的风气。那些流行的音乐家没有幻想，感情以至好尚，他们以为作曲的技巧便是艺术。舒曼看见这种情形，于是约同卫克先生和一些朋友创办《音乐新报》（Neue zeitschrift fuer Musik）② 经过种种的波折，终于在1834 年出版，舒曼宣言道："我们的旨趣早就确立了。它是很简单的，就是：用所有的力量去追想古代以及古代的作品，同时留心体察，好明白只有从这纯洁的源泉才可以给新的艺术美增加势力。——接着，对那最近的过去，仅仅凭借浮薄的炫技的夸张，当作是非艺术的时期来攻击。——然后预备一个新的诗意的时代，帮助它迅速实现。"在办杂志的那个时间他自任写稿，通讯以至校对，而且他准备好一笔款子够为那杂志赔两年的本钱。

在莱比锡和海代堡（1828—1830）舒曼已经写了好几首的乐歌，八首四手合奏的 Polonaise，四手钢琴变体曲，以及钢琴弦乐四部合奏曲等等。到他重回莱比锡，从朵恩研究作曲，他的作品便渐渐成家了。1830 年以后的十年间，他的作品大部分是钢琴曲，计插曲，练习曲，偶成曲，嘉年华曲（Carneval）③，幻想曲，音乐会曲，《大卫社舞曲》（Die Davidsbuendlertaenze，大卫社是舒曼虚构的艺术团体，表现浪漫主义的双重性格，用 Florestan 代表刚强的男性，Eusebius 代表温柔的女性，Raro 则

---

① 今译维克。
② 今译《新音乐杂志》。
③ 今译《狂欢节》。

从中使刚柔两性得到调和）①，Die Novelletten（这一集只能译音，那时——1838——他热恋着卫克小姐，卫小姐名叫 Clara，他来说把这一集题作 Wiecketten 来表示他对她的崇拜，却觉得这个字发音不好听，所以改题 Novelleten，因为有一个女歌人名叫 Novello，Novello 的名字也是 Clara。这一集的钢琴曲从欢乐，晴朗，宏壮，忧郁以至沉痛的声音正反映出舒曼的爱的历程）② Die Kreisleriana③，《童年杂景》（Die Kinderszenen）④，Scherzo，Gioue⑤，Romanze⑥，Arabeske⑦，《花曲》（Blumenstueck）⑧，《谐曲》（Humoreske）⑨，《夜曲》（Nachtstuecke），《小赋格曲》（Fughette）等等。

舒曼所以多作钢琴曲的原因，第一钢琴是他自小熟悉的乐器，到了他的理论深邃了，发现到早年作品的弱点，于是尽力在创作上实验他的研究，至于第二，自从他结识了卫小姐之后，为了她，让她直接赏识他的才能，了解他的心事，那只有更加在钢琴曲上面做工夫。对于他这一期作品的批评，他自己认为最好的是 Die Kreisleriana，幻想曲，Novelletten 和那些 Romanze，还有那部《童年杂景》也是他得意之作，他曾经高兴地写信给卫小姐报告这部作品的完成。

说起卫小姐（1819.9.13—1896.5.19），大家都知道她就是舒曼夫人。她是舒曼生活的原动力。这种美满的配偶，或许英国诗人勃朗宁夫妇（Robert and Elizabeth Browning）可以比得上（Richard 和 Cosima Wagner 也不算退板）。她是卫克先生的女儿，音乐史上有数的女钢琴家。她弹起钢琴来，那个目无余子的钢琴诗人朔旁（F. Chopin）也跟着流泪。舒曼初到莱比锡的时候她才 9 岁，已经显露出钢琴演奏的天才，到舒曼重到莱比锡，在卫克家寄居的时候，相见的机会渐多，舒曼对她的恋慕也渐渐热烈。中间经历种种的风波与破坏，Clara 终于不顾父亲的反对，决定她对舒曼的婚约（那时她的母亲已经同意）。结果打了一场大官司，卫克先生失败，他们两人于 1840 年 9 月 12 日在玄涅菲尔德（Schoenefeld）礼拜堂举行婚礼。在结婚之前（1840 年 2 月）舒曼已经得到耶那（Jena）大学的名誉博士学位。

① 今译《大卫同盟舞曲》。
② 今译《新事曲》。
③ 今译《克莱斯勒偶记》。
④ 今译《童年情景》。
⑤ 原文如此，应为 Gigue（吉格舞曲）。
⑥ 今译《浪漫曲》。
⑦ 今译《阿拉伯风格曲》。
⑧ 今译《花之歌》。
⑨ 今译《幽默曲》。

　　根据舒曼 1840 年那一年的工作，可以说是乐歌年。他写信给 Clara 说："从昨天早上起我写了 27 张的乐谱，关于那些东西我没有什么可说，除了说：写着的时候我高兴到一面笑，一面哭！"（2 月 22 日）

　　"这里是为你最近那两封信的一点羞赧的酬答。这些乐歌是我头一次付印的，请你批评得不要太严格。当我作曲的时候，我的心总是依傍着你。没有这样的未婚妻，一个人断写不出这样的音乐。可是为了这一点我是要特别赞美你的。"（3 月 13 日）

　　统计一年间舒曼写成 138 首的乐歌，超过他全部乐歌作品（247 首）的一半。我们可以看到的诗人名字是 Goethe，Heine，Byron，Geibel，Reinick，Uhland，Burns，Moericke，Mosen，Freiligrath，Chamisso，Rueckert，Eichendorff，以及 Kerner。最得到出色的成绩是 Heine，Chamisso，Rueckert，Eichendorff，和 Kerner 的作品。如《用长春和玫瑰》（Mit Myrthen und Rosen），《荷花》（Die Lotosblume），《献词》（Widmung），《孤独的眼泪要什么》（Was will die einsame Traene），《你是好比一朵花》（Du bist Wie eine Blume），《我送玫瑰般的问询》（Ich sende einen Gruss Wie Rosen），《莱茵河上的星期日》（Sonntags am Rhein），《致阳光》（An den Sonnenschein），《在异乡》（In der Fremde），《林中人语》（Waldesgespraech），《月夜》（Mondnacht），《白尔沙查》（Belsazar），《两个榴弹兵》（Die beiden Grenadiere），《可怜的彼得》（Der arme Peter）等等都是有名独唱歌，此外还有不少的合唱歌，如《流民生活》（Zigeunerleben）[①] 等等，那种内心的深刻和温暖，飞扬的灵兴，洋溢的幻想，丰富的灵魂，温柔的表情，香艳的音响以至那些勇壮的，活泼的，诙谐的描绘都各自具备不同的面相，的确是舒北尔特（Franz Schubert）以后，沃尔夫（Hugo Wolf）以前的第一人。

　　"我有一个卓绝的女人，这种幸福超过一切。"这是舒曼与卫克结婚半月后写给 B. Stamaty 的信里面的两句话，他们共同生活的格言是：勤勉，俭朴，忠实。俭朴忠实可以不用多说，勤勉的证据是他的作品。新婚的那四年间他写成两部交响曲（降 B 大调及 d 小调），三部弦乐四重奏，一部钢琴五重奏，一部钢琴四重奏，三重幻想曲（Die Triophantasiestuecke），双琴变体曲，《乐园和不祥仙女》（Paradies und Peri）[②]，《浮士德的结幕》[③]，钢琴音乐会曲首章（Op. 54），配海涅的悲剧的合唱以及不少的钢琴小品。他写信给 Kossmaly 说："在你没有得到我一点消息的那段时间，

---

　　① 今译《吉卜赛人的流浪生活》。
　　② 今译《天堂与仙子》。
　　③ 今译《浮士德场景》。

是在幸福和工作中流去了。"

降 B 大调交响乐的写作时间，全部只有四个星期。他自己在日记里写着："对于那好心的神灵我常是非常感谢，他使我把一部巨大的作品这么容易而且在这么短期内便完成了……可是现在，经过多夜的不眠，接上来的便是神疲力尽。"d 小调交响乐与降 B 大调两部都是在 1841 年写成，精神上虽有它的独立性，却使人想到贝多芬（L. van Beethoven）的影响。

那部钢琴五重奏（Op. 44）写于 1842 年。它不独是舒曼生平的杰作，压根儿就是和贝多芬划清时代界限的音乐，它那形式的紧凑，严整和浑圆，充满了生命力和本色的创获，强毅而飞跃的，大胆而并不过火的表情，的确是一时无两。它自头到尾逐步升腾，到 Finale 的结束似乎是力尽的时候，却由首章和末章的主题的结合得到透彻的解决。比这部五重奏稍微逊色的是那部钢琴四重奏，但是这不过说和比起那部五重奏，实则它那种和善的温暖和灵活的性格在室内乐里面是有极高的价值的。

他写那三部弦乐四重奏所用去的时间约莫是一个月的光景。严格来说，舒曼的性格不适合于写弦乐四重奏，可是他的作品总有他的本色和深刻的思想，至于幻想和创获的丰富都是使他的作品达到最高的境界的原因，最出色的是第二部的降 A 大调变体曲。

他的三重幻想曲（Op. 88）舒曼自己认为不是钢琴三重奏，因为他并没有采取模范曲的形式（Sonaten form），而是一种自由的，乐歌和轮旋曲体（Rondo form）的运用。

1843 年门迭尔斯尊（Felix Mendlssonn-Bartholdy）创立莱比锡音乐院，聘请舒曼教授钢琴，作曲练习及总谱习奏。他奖掖后进的心事可以在他任教那一段时间明白地看出，他发起各种实行和奖励音乐研究的组织。不过他教授的方法不算高明，也许是因为师生的才能的距离太远的缘故罢。他那时写了双琴变体曲（Op. 46），首次演奏的音乐家是门迭尔斯尊和舒曼夫人。

除了那变体曲和一些钢琴小品（Op. 99 之 No. 11 及 Op. 124 之 No. 6），1844 年他还有一部规模伟大的作品：《乐园和不祥仙女》。他写信给 Kossmaly 说，"目下我正在从事一种巨大的工作，是我出世以来最巨大的工作。——它不是歌剧——我几乎相信它是音乐堂的新出品。"5 月初他说了上面的话，到 6 月初他已经完全写好，他说："那是一部 Oratorium（一种有独唱，合唱和管弦乐伴奏的关于宗教的戏剧体的音乐作品），不过不是为祷告堂而是为泼辣的人用的。当我写作的时候，有时有一种声音向我轻轻说道：'你做的工作不会是白费的'。"他当时承认这是他最伟大的作品而且希望是最好的作品。它的本事是从穆尔（T. Moore）的叙事诗 Lalla Rookh 取材的，述一个波斯仙女 Peri 入乐园的经过。豪普特曼（M. Hauptmann）批评这部作品，以为是用真心和实力写成的，不过似乎有些太卖力了。话虽如此说，那种表情的诚恳和真切，设色的热烈和灿烂，以至那种东方的光艳的温暖，都使人从头到尾感到极大的福乐。

因为这《乐园和不祥仙女》的两次演唱，他那位执拗的岳父卫克先生忽然回心转意，和舒曼言归于好。他自动写信给他的快婿："我们现在，对着克拉拉和全世界，再不是疏远的人了。你现在也做了父亲了——为什么要冗长的解释呢？"

从 1842 年年底他已经感受到神经的病弱，他用精神克服它，而且那个生活的魔鬼，——金钱又不给他多少安乐，他终于在 1844 年和他的夫人到俄国做一次音乐旅行，希望挣点钱来维持生活。从俄国回来之后，人是疲乏极了，便于秋天迁居到德列斯登（Dresden）休养。他那时的病状已经很是凶险，一用脑周身发抖，两脚发冷，怕见高山和高房屋和金属用具甚至钥匙。直到 1845 年年头才稍微好转。他不等痊愈，便和他的夫人共同研究对位法。研究的结果他写成四首赋格曲（Fugue，Op. 72）踏板翼琴练习曲（Op. 56）六首大风琴赋格曲（赋得 Bach，德文的 B 是 B flat，H 是 B），钢琴音乐会曲（Op. 54），此外还有踏板翼琴赋格曲（Op，58）及 C 大调交响乐的草稿。

1846 年写完了 C 大调交响乐和合唱歌集 Op. 55 和 Op. 59。他和他的夫人旅行诺迭奈（Norderney），① 维也纳，柏林和慈惠考。经过这一次的转换环境，很启发了他的灵感。从那时他又恢复了他的创作力。那部最普遍的圣诞集（Weihnachtsalbum，Op. 68，出版时题作为少年的 40 首钢琴曲）在 1848 年出版。此外钢琴三重奏（Op. 63 及 80），歌剧 Genoveva②，Manfred 的和乐③，幻想曲（Op. 73）钢琴曲 Adagio and Allegro，音乐会曲，乐歌，合唱歌，西班牙乐歌剧（Spanisches Liederspiel）（两部）德意志求凰剧（Deutsches Minnespiel），进行曲，《迷娘谏乐》（Requiem fuer Mignon），浮士德的和乐大教堂及花园等，四手儿童钢琴曲四集，《希伯来的歌》，小室内乐（Op. 70，73，102，113 及 132）以及《夜歌》（Nachtlied）等等都是完整的作品。至于零星的作品更是不胜屈指。经过这番的长期努力，便来了一个数月的休息。到 1850 年秋天，他迁居到杜塞尔多夫（Duesseldorf），后来接希勒尔（F. Hil-

---

① 今译诺德尼岛。
② 今译《格诺费娃》。
③ 今译戏剧配乐《曼费雷德》。

ler）的手做市府音乐会的指挥。对于指挥他自己以为很有把握，表情上或许是的确的，可是他那种沉思冥想的性格那里适合指挥乐队呢，兼之他的精神与体魄都是非常荏弱，外面那些阴谋家又乘机破坏，临末便弄到不欢辞职（1853 年）。至于他 1850 年以后的主要作品有降 E 大调 Symphony（莱茵河交响乐），大提琴音乐会曲，《美西那的未婚妻》（Braut von Messina），Julius Caesar 及 Hermann und Dorothea 的三首序曲，《舞蹈杂景》（Die Ballszenen），《玫瑰进香行》（Der Rose Pilgerfahrt），（与《乐园和不祥仙女》同一体裁的作品）。Der Koenigssohn（歌唱的作品），小提琴助奏的钢琴模范大曲（Op. 105 及 121），钢琴三重奏（Op. 110）。

1853 年他与他的夫人到荷兰做了一次音乐旅行，受到少有的热烈的欢迎与崇拜。那时他的精神病已经越来剧烈，可是他还能够编集他的论文集，还尽力奖励那个少年作曲家勃拉姆斯（J. Brahms），写了一篇大文章《新路》，预言那个天纵的，坚强的理想的战士。1854 年 2 月 27 日他竟静悄悄地从一个宴会脱逃，跑到莱茵河投河自尽，亏得有船夫看见，立刻把他捞救起来。自此留在蓬城（Bonn）① 附近的恩迭尼希（Endenich）医院疗养，到 1856 年 7 月 29 日逝世。

关于舒曼在音乐史上的评价，有人说他的本色是乐歌作曲家，有人说是钢琴作曲家。客观地说，他的性格是道地罗曼蒂克的，这就是说：热情的，幻想的，主观的。他作歌的时候，有时诗意已完，他还要接上一大段"后奏"来发挥他自己的情感，这样一来诗人的原意多少不免受点损害，我们爱舒曼，却不能否认这是他的弱点，所以他应该戴的荣冠还是钢琴作曲家的妥当些。抛开这点"过火的主观"不说，他在乐歌发展上那种继往开来的功绩自然不可埋没。正如浪漫派诗人替艺术增加了美丽的句调，丰富的感情和自由的个性。

他的爱情乐歌包含了一种贞洁的，热烈的灵魂，这是前无古人，后无来者的成就。代表作品是《妇人的爱和生活》（Frauenliebe und Leben，Op. 42），《诗人的爱》（Dichterliebe，Op. 48），以及那些从吕刻尔特（Rueckert）的《爱的春天》（Liebesfruehling）里面选谱的乐歌（Op. 37）。从音乐技巧上来区分，那么他的乐歌可以分作三类，第一类是规模宏大的，如《爱情使者》（Liebesbotschaft）或是《静默的眼泪》（stille Traenen）；第二类是相反的，简洁明快的作品，如《致阳光》（An den Sonnenschein），或是《夜夜在梦中》（Allnaechtlich im Traume）；第三类则比较不注重曲调的发展，音乐的主要成分却落在钢琴上面，如《胡桃树》（Der Nussbaum）。

① 今译波恩。

这是舒曼乐歌的一个特点，从这一点演化下去，便产生出沃尔夫那种朗诵的艺术歌。

当舒曼写钢琴曲的时候，他早就熟悉钢琴的品性，钢琴的一切都无条件地供他役使，他的幻想，他的热情，他的敏感，他的愿望，他的欢乐，他的悲哀都一一得到彻底的表现。在他的钢琴曲里面，可以听到贺夫曼（E. Th. A. Hoffmann，1776—1822）或是章袍尔（Jean Paul，1763—1825）（贺和章都是德国浪漫派诗人）的声音。抒情诗人不适合来写"大阵仗"的作品，这不是能力的问题而是性格的问题。所以交响乐或是歌剧一类的作品自然只好让贝多芬，莫查尔特以至瓦格纳等天才们凌驾一切了！

综观舒曼一生的工作，我们立刻可以发现他是一个进步的音乐家。他终生不息的探求，以期实现他美化的理想，他的生活和理想终于打成一片。他是创造的，积极的，严肃的，并不像我们中国人把浪漫当作荡检逾闲的同义字。他自己说过："自然我推受过不少的酸辛，经过了20年，不管赞美和毁谤，只直向着一个目标走去，来做一个艺术的忠仆"（1849年9月18日给Brendel的信）。

他晚年的工作时间几乎可以列成一个表。上午工作到12时，便和他的夫人和别的朋友去散步，1点钟午餐，稍为休息之后再开始工作到5时或6时，然后出去找一处僻静的地方看报纸，同时喝点酒，8点钟回家晚餐。

当舒曼1830年从法律转到音乐的研究的时候，他那个童年的钢琴教师昆区（B. Kuntsch）写了一封长信给他，祝贺他艺术的前途，结尾有这么一段话："——那就没有疑惑，有这种外界的和内界的才能的幸福的凑合，可以期望的便只有最优美的成绩了。这个世界可以在你身上多算进一个第一流的艺术家，而你的艺术一定可以给你创造许多的光荣与不朽。这个，可敬的朋友，是我坚强的信念。"

百年后的我们把这些话读完，也可以齐声说一句：他老人家的眼力不差！

原载《音乐教育》第三卷第6期 1935年6月

贝尔约

洛里哀（F. Loliee）著比较文学史①结论说："要不是19世纪有过一个雨果（Victor Hugo），就是抒情的作品法国也并比不上英国了。"他又说："法国人有一种特别长处，便是对外国曾发生重要的影响。"这是极公允的论断，同时也就替法国音乐说出它的命运。我们可以套他的调子说：要不是19世纪有了一个贝尔约（Hector Berlioz）②，法国音乐可真黯然无色。而且雨果的戏剧，并不是莎士比亚或是席勒尔（Friedrich von Schiller）③ 的对手，贝尔约在歌剧方面呢，我们只是提出瓦格纳（R. Wagner）的名字，便知道他的地位在歌剧方面并不重要了。但是法国音乐对外国发生过重要的影响，拉磨（J, P. Rameau，1683—1764）④ 影响格禄克（C. W. Gluck，1714—1787）⑤，贝尔约影响黎斯特（F. Liszt，1811—1886）⑥ 及瓦格纳。

在贝尔约之前，法兰西没有自己的音乐。法国音乐史上的杰出人才如卢利（J. B. Lully，1633—1867）⑦ 是佛罗伦斯人，格禄克是德国人，洛西尼（G. Rossini，1792—1868）⑧ 是意大利人，梅耶贝尔（G. Meyerbeer，1791—1864）是德国人，杜尼（E. R. Duni，1709—1775）是意大利人，格列特莱（A. E. M. Grétry，1741—1813）⑨ 是比利时人。只有拉磨是真正法国人，但是他努力奋斗的结果，却吃了意大利艺术的败仗，直到贝尔约出来，法国音乐才真的是法国音乐而且越过国界影响

---

① 商务印书馆出版的《万有文库》中有 F. A. 洛里哀著《比较文学史》四卷（1935年3月）。
② 今译柏辽兹。
③ 今译席勒。
④ 今译拉莫。
⑤ 今译格鲁克。
⑥ 今译李斯特。
⑦ 今译卢利。
⑧ 今译罗西尼。
⑨ 今译格雷特里。

到欧洲各国。所以现在法国人谈起他总是得意洋洋，写他的传记也特别卖力，要，钢①替法国人挣得体面，但是当时他受到的是怎样的待遇呢？呜呼哀哉！他破口骂巴黎是野蛮的城市，虽然是他玩世不恭，但是也可以想见他的一腔悲愤了。

贝尔约出世的时间是 1803 年 12 月 11 日，故乡在圣安德烈边（Cote Saint Andre）②，距巴黎颇远的一个小城市。他的父亲凑同别人从大城里聘请一个音乐教师，厄克陀③学吹长笛及弹六弦琴（Gitarre）④。对于钢琴，据当时的人说，他终生不曾像样地弹奏过，只用一只手指点点琴键而已。可是他的天才渐渐惹起别人的惊讶，同时自己也来一个创作的尝试了。

音乐和恋爱是灵魂的一双翅膀。这是他的名言。他的爱情是痴的，狂的，热烈的，甚至于可以说是盲目的，为了爱，什么忍心的事都做得出来，这是后话，按下不表。他 12 岁已经爱上了一个 18 岁的女郎哀斯贴（Estelle D.）。好一个热情的但丁第二！但是那个女郎只当他是胡闹，他受了她种种奚落，因此垂头丧气，亡魂失魄，整天躲在丛林或玉蜀黍田里。19 岁他离开故乡，听从他父亲的意思，到巴黎去研究医学。最先他是一个规矩的学生，他要做一个孝子。可是他偏偏听到了沙利尔耶（A. Salierie，1750—1825）⑤ 的歌剧，他又偏偏要打破砂锅问到底，晓得沙利尔耶是格禄克的学生，于是乎他便问巴黎音乐院借格禄克的歌剧谱表⑥看。不看还可，一看那就糟了，从那天起，他把医学一脚踢开，决定专门研究音乐。父亲反对，他不管；父亲断绝他的供给，他不怕。为了不致于饿死起见，他做了巴黎剧院的合唱歌人，后来做了列雪尔（J. F. Le Sueur，1760—1837）⑦ 及赖沙（A. Reicha，1770—1836）⑧ 的理论学生。

他对于德意志音乐名师的认识有些像是"得诸天授"。有一次列雪尔批评贝多芬的 c 小调交响乐说："随你怎样说法，这种音乐是不应该写出来的！"贝尔约当面给他一个回答："请你放心，这种音乐是没有多少人能够写得出的！"

他不高兴那种呆板的教授法，他和巴黎音乐院院长开鲁比尼（L. Cherubini，

---

① 原文如此。"钢"应为衍文。
② 今译拉科特—圣安德烈。
③ 今译埃克托。
④ 又译吉他。
⑤ 今译萨列里。
⑥ 今译总谱。
⑦ 今译勒絮尔。
⑧ 今译雷哈。

1760—1842）① 闹意见，他讨厌意大利派的歌剧，1825 年便离开巴黎音乐院，自己研究作曲。他崇拜格禄克，贝多芬及韦贝尔（C. W. von Weber, 1786—1826）②。在他发疯似地创作的时间，他发疯似地爱上了一个英国女伶斯密孙（Miss Henriette Smithson）③。她是一个英国剧团的女演员，这次到巴黎她扮演的是朱丽叶。他爱她，她却拒绝和他见面以至通讯。他绝望了，他叫道："我完了！"他整天整夜在巴黎城内和城外的荒地上面兜圈子。黎斯特及朔旁（F. Chopin, 1810—1849）④ 曾经到处找了他一夜。他倦到支持不住，便在稻草上面，草原上面甚至于在雪地上面睡一觉。有一次在咖啡馆的桌子上面睡了五个钟头，吓得那些人都猜他是死了。可巧后来有人向他说斯密孙的坏话，他立刻相信，他侮蔑她，借他的《幻想交响乐》（Symphonie fantastique）痛骂她一顿。到了她跟剧团离开巴黎之后，他爱上了希勒尔（F. Hiller, 1811—1885）⑤ 的女朋友穆凯（C. Mooke），她是一个漂亮的女钢琴家，他们两人不久便订了婚。1830 年他得了罗马奖，明年便入罗马的法兰西大学院，规定时间是两年，但是他等不到满期，便要离开意大利，因为他得到穆凯和钢琴厂主勃莱耶尔（Pleyel）⑥ 订婚的消息。他本来预定赶回巴黎，去实行他的双杀至少自杀的计划，可是到了尼查（Nizza）⑦，他已经转了念头，再来作曲。后来回到巴黎，碰巧斯密孙又来表演莎士比亚的《罗密欧与朱丽叶》，他自然去看了。他禁不住欢呼出来："我要和这个女伶结婚，并且要把这部戏剧谱成一部交响乐！"说得到，做得到，他安排得非常妥当，他举行一个音乐会，托人带斯密孙来，使人向她解说音乐里面表示的爱就是他对她的爱，斯密孙果然受到极大的感动。贝尔约成功了，他把《幻想交响乐》里面那些骂她的地方都改换了，于是乎结婚。一场婚礼使他负了一万四千法郎的债。至于那部戏剧式交响乐《罗密欧与朱丽叶》到 1839 年才创作完成，可是悲惨的幻灭已经来到了面前了。她的天性是冷静的，平稳的，理智的，和贝尔约的性格完全合不来。她真心爱他，所以又嫉妒他和别人往来，要求他过有规则的家庭生活。这不行。怎么办呢？离婚解决了一切（1840 年），那时他又爱上了

---

① 今译凯鲁比尼。
② 今译韦伯。
③ 今译哈里特·史密森。
④ 今译肖邦。
⑤ 今译希勒。
⑥ 今译普莱耶尔。
⑦ 今译尼斯。

一个西班牙女伶，莱卓（M. Recio）①。这一场恋爱实际上无聊得可怜，她有狡猾的，刁钻的性格，中等的歌唱技能，可是贝尔约爱她，任从她从作践那个伶仃孤苦的斯密孙。为了替她在剧场里面找职业，便去巴结那个剧场总理写言过其实的批评，替她捧场。甚至于她把他自己的曲调都唱错了，他也当作没有这一回事，这真是天晓得！1854 年他和她结婚，在斯密孙死了几个月之后。

1838 年他的歌剧 Benvenuto Cellini② 在巴黎首次公演，失败了，他非常愤恨，决意不睬巴黎，1841 年的冬天他到德国做一次音乐旅行，得到热烈的赞美与拥护，此后继续旅行到奥大利③和匈牙利（1845 年），俄罗斯（1847），英吉利（1848 及 1851）。他也到过比利时，在 1851 至 1853 年间，他再游德国数次，黎斯特特别为他举行一次"贝尔约周"，从此贝尔约的名字黄金般宝贵起来，1856 年终于被选为法兰西艺术院的委员。

帕加尼尼（N. Paganini，1782—1840）④ 曾经说过：贝尔约是贝多芬的圣裔。但是直到 36 岁，他还在坐音乐院图书馆的冷板凳，同时办巴黎日报 Debats 的副刊，辛苦维持一家的生活。别人举办音乐会挣钱，他一动手便亏了 360 法郎的本。有一夜他想写一部交响乐，第一章的结构完全想好了，他起来，提起笔正要开始，忽然想到：这一章写完了，一定要写第二章、第三章，这样一来，便得用几个月专心创作，不去挣钱，而且写完了总得上演，一上演准要赔本。还有房租，伙食钱，医药钱（那时他的太太正在害病），问谁去讨来应付呢？他用尽方法去禁止自己思索，于是一部交响乐便闷死在他的脑子里面了。他尽了他做丈夫和父亲的责任，只可怜那种艺术上无从估计的损失！

但是还有更不幸的事，他的天才在法国始终得不到赏识。古诺（C. Gounod，1813—1893）对他口蜜腹剑，有些人甚至说波尼亚陀夫斯基（Poniatowsky，1816—1873）高明过贝尔约。法国人这种对他冷落的待遇一直陪他到死。结果他失掉一切的信仰，他说："我没有信仰。""我把我的憎恨通通向哲学掷过去，向一切和它类似的东西。""我就是没有本领，自己创造一种信仰的灵药，正和我不相信医药一样。"他甚至于不相信荣誉，人类和美。他有两句最惨痛的话："无穷是无情的，无情是无穷的。"他对于艺术唯一的信念也给浅薄的人类动摇了，终于喟然长叹："我

---

① 今译雷西奥。

② 今译《本努韦托·切利尼》。

③ 今译奥地利。

④ 今译帕格尼尼。

疲倦了，不得不承认，那些庸俗的趣味对于人类的精神是少不得的，而且从它产生出来，正如虫豸从沼泽里产生出来一样。"毋怪瓦格纳 1855 年在亡命时期与贝尔约会见之后，写信给黎斯特说他要比贝尔约幸福了。

到了晚年，他的生活算是比较好了一些，他的肠胃病虽然已经很厉害，他还是说："即使我怎样受苦，我现在也不愿死，我还有钱维持生活啊！"但是这种笑话是含泪说的，事实上他的肠胃从 1856 年起已经不大健全，此后十多年只是越来越坏。在他在世的最后七年间，他不曾写过一个音符。有时作痛的时间延长到 30 个钟头，他在床上痛到缩成一团，他说：他活在肉体的痛楚里面同时受苦恼毁灭。

想起来是够伤心的，他眼见心爱的人一个跟一个死了，父亲，母亲，姊妹，斯密孙，莱卓，只剩得一个儿子是他的命脉，他说，他们亲爱到好比一对李生儿，但是不久他的儿子又在海里淹死了。当他举目无亲的时候，他还想起那个他少年恋爱过的哀斯贴。那时贝尔约是 61 岁，她呢，将近 70，已经做了祖母了。但是他爱她，希望凭着她的温存在这荒凉的地面断送自己的残生。他把这段痴情告诉他的一个朋友，接着便坐在行人路边石上面哭起来。可怜那位老太婆不了解贝尔约的痴情，她要用理智解释这种行为的无聊，而贝尔约惨淡的生涯便终于在惨淡的孤独中结束。时间是 1869 年 3 月 8 日。

贝尔约作曲的才能，据他说，大部分是自己学来的。他说，他的两位先生，列雪尔和赖沙对于配器法都只有渺小的或是局部的智识，他的配器本领是自己用功的结果。每当歌剧上演，他总带着那部乐队谱表，随听随读，渐渐的，他明白乐器的分配与结合了，乐器的本性与感情的表现的关系也一一表现出来了，这样他成功了一个法兰西的大作曲家，替音乐开了一条新路。

一提起贝尔约的姓氏，马上便使人联想到标题音乐（Programmusik）。有了他，标题音乐成为世界势力，成为音乐的一大流派。他的《幻想交响乐》完成了，"标题音乐"对"绝对音乐"才造成一个工力悉敌的地位。本来就广义说，标题音乐是古已有之的，我们可以一直追溯到希腊时代。西历纪元前 350 年 Timotheus 已经试过用音乐来描写海上的风浪，Sakadas 有一首乐曲是用来叙述 Apollon 的龙斗的。但是这些都是太过古老了，没有人能够知道详细。在意大利有一种 Caccia（狩猎）比较是更标题化，但还不算成熟，直到贝多芬的《田园交响乐》出世，标题音乐这才有了规模，到了贝尔约，标题音乐的原则便铁一般确立了。是的，我们要回转来讲贝尔约了。

贝尔约的特性最表现得清楚的是他的管弦乐设色法。我们第一便会想到他的

《幻想交响乐》。法国音乐史家卜吕诺（A. Bruneau）① 说："这位少年音乐家在这部交响乐的五章乐曲里面通过了千百种相反的意思，悲哀的和愉快的，欢笑的和眼泪的，幸福的和痛苦的，信任的和妒忌的，光明的和晦暗的，祝福的和诅咒的，沉默的和嘈闹的，人间的和地狱的，原来是他自己，或者说得更好一点，是那时代的艺术家。我们智识的法国凭这粗暴的，咆哮的，磨擦的，任你们说是疯狂的，然而是骄傲的，诚实的管弦乐得到超度。这副管弦乐队凭着它那和声及曲调的阔大的波浪，凭着它那无穷尽的宝藏，它那神奇的对句，就是一种音响的表情力，跟当时书籍和图书的文字的和颜色的闻所未闻的浪费是恰好互相比对的。他把这部交响乐题作'艺人生活的片段'，主人公是他的爱人，她表现在主题里面，就是那有名的固定音旨（L'idée fixe）②。"全部分做五章：第一，梦和热情；第二，跳舞会；第三，野景；第四，向刑场进行；第五，妖女节日的夜宴。

后来他那部交响乐《哈罗尔德在意大利》（Harold en Italie）也是一部杰出的作品，它是根据拜伦（L. Byron）的 Childe Harold's Pilgrimage③ 写成的。他写这部作品本来是受帕加尼尼的嘱托，帕加尼尼的原意是一部有中音提琴独奏的交响乐式协奏曲，贝尔约却把它写成一部交响乐，中音提琴独奏在这里面占着重要的地位。

极能表现贝尔约的气魄和天才的也是那两部交响合唱乐《浮士德的受罚》（Le Damnation de Faust）及《罗密欧与朱丽叶》。当贝尔约少年时曾经根据歌德的诗剧《浮士德》写了八幕，而且已经出版了。后来他认为不妥当，便用钱把那些印行的乐谱全数买回来，省得有什么逊色的东西留存人间。这部《浮士德的受罚》的一部分就是使用旧日的材料。《罗密欧与朱丽叶》的创作是因为斯密孙的表演的激发，仙女马柏的描写在全曲中最为杰出。后来还有他的诔乐（Requiem）④ 及颂神乐（Te Deum）⑤。这部诔乐是为残废院（Invalidendom）的一个纪念会写的，他自认是生平最完美的作品，它使人得到一种严厉的，神圣的印象，正好比诗人但丁（Dante Alighieri，1265—1821）及雕刻家米开安哲罗（B. Michelangelo，1475—1564）⑥ 的作品。它的演奏工具除了正规的管弦乐队之外，还有四副铜乐队分布四角。它比那部颂神乐受到较多观众的欢迎，实则那部颂神乐有极高的艺术价值，就是因为太艺

---

① 今译布律诺。
② 今译"固定乐思"。
③ 今译《恰尔德·哈罗尔德游记》。
④ 今译《安魂曲》。
⑤ 今译《感恩赞》。
⑥ 今译米开朗基罗。

术化了，反使人听不出它的好处。正跟那部《主基督的童年》（L'Enfance du Christ）一样只让音乐史家及理论家来赞美了。

他的歌剧有 Benvenuto Cellini，Die Trojaner①及 Beatrice et Benedict②。替他辩护的人喜欢说：因为他太过崇拜格禄克，所以不敢破坏他的规矩，做了歌剧来也就没有什么特色。这不免是一面之辞。他写歌剧的时候过于注重音乐的发展，而忽略了戏剧的，所以不能尽善尽美。

除此之外他还有前奏曲 Waverley③，Fehmrichter④，（中古时代国王自由判决的法庭叫做 Fehme）King Lear⑤，Le Carnaval Romain⑥（《罗马嘉年华会》，是 Cellini 第二幕的前奏曲），Korsar（意大利文：海盗）及 Rob Roy⑦。配乐剧（Monodram）⑧ Lelio，⑨ Kantata Sardanapal⑩（亚述利亚⑪的末代国王，贝尔约因它得到罗马奖。）及《五月五日》。要把他的作品逐一叙述，恐怕写到天亮还写不完，所以只得就此拉倒了。现在还要说两句关于他的那部配器法的话。Grand trait'e d'instrumentation，这部书直到现在还是这门学问的经典。新刊的有 R. Strauss⑫补订本。

音乐方面贝尔约固然有天才，就是文学方面他的造就也并不小，而且"笔锋常带情感"，写起文章来可以使人得意到手舞足蹈，也可以使人难过到面红耳赤。他的《乐队夜会》（Soirees dorchestre）及《音乐奇闻》（Grotesques de la Musique）两部书有过一段有趣的故事：1842 年冬天他到德国旅行，受到当地人士热烈的欢迎，回到巴黎之后，便写成那本《乐队夜会》，书面题着献给他亲爱的朋友，文明的柏林艺人。巴黎歌剧院的合唱歌人看到了大生其气，联名向他责难，他于是再写《音乐奇闻》，书面题着献给他亲爱的朋友，野蛮的巴黎的歌剧合唱队艺人。他生平写了六百多篇的音乐论文，对于格禄克，斯潘提尼（G. Spontini，1774—1851）⑬ 贝多

---

① 今译《特洛伊人》。
② 今译《此阿特丽斯和本民迪克》。
③ 今译《威弗利》。
④ 今译《秘密法庭的法官》。
⑤ 今译《李尔王》。
⑥ 今译《罗马狂欢节》。
⑦ 今译《罗布·罗伊》。
⑧ 今译"独角音乐话剧"。
⑨ 今译《莱利奥》。
⑩ 今译《萨丹纳帕路斯康塔塔》。
⑪ 今译亚述。
⑫ 今译里夏德·施特劳斯。
⑬ 今译斯蓬蒂尼。

芬，韦贝尔及黎斯特都有极高的推崇与深切的研究。后来还有《在德国及意大利的音乐旅程》（Voyage musicale en Allemagneet en Italie）。

贝尔约最爱自由，他说："音乐是最有诗意的，最有势力的，最有生气的艺术，所以它也应该是最自由的。"他自己要求的是"心的自由，精神的自由，灵魂的自由，一切的自由"。这一切他都做到了，只可怜他没有健康和生命的自由，所以等到法国人进步到可以了解他的艺术，从而向他表示崇拜与赞美的时候，他已经不在人世。罗曼罗兰说："他音乐的一章在精神上比得上一世纪的法兰西音乐。"旨哉言乎！痛哉言乎！

他生平那一双灵魂的翅膀本来是雄健得出众，偏偏命运要给他狠毒的阻挠，以致在艺术上得不到同胞的同情，在恋爱上也来了幻灭。这种幻灭给他的音乐一下致命的创伤。因为他的艺术最缺乏的就是眷爱与温存。打开他那部《浮士德的受罚》，便有分晓。浮士德的灵魂的一切都得到神奇的表现，就是他对葛列卿的热情不是这样。"陈旧的冬天对春天软化了"这一段自然的呼声非常出色，美菲斯陀①那部分，不论是他内心的胡调，讽刺，辛辣，或是憎恨，没有一样不是具体化了的，独有浮士德的"可爱的安琪儿，你天神似的面相"那一段，以及他和葛列卿的二部合唱，却使人不时感到一种可怜相的空虚，不能直接打中人的心坎。天下再没有别的艺术能够像音乐一样表现出一个艺人最秘密的，最深刻的感情，而贝尔约偏有这个出奇的缺陷。是他的才力不够么？谁敢说？艺术是生活的反映，没有那种生活是很难创造出那种艺术的，不幸贝尔约的爱情生活只有空虚与幻灭，那么，虽有天才也终于无能为力，这是艺术的悲剧，也就是艺术的损失了！

原载《音乐教育》第三卷第 7 期 1935 年 7 月

---

① 今译梅菲斯托。

韦贝尔

瓦格纳生平说过："哦，我光荣的德意志祖国，我应该怎样爱你，我应该怎样对你憧憬，这原因，就是在你的地面上产生了《魔弹枪手》（Der Freishuetz）①！我应该怎样爱德意志民族，他们爱《魔弹枪手》，他们今天还在相信这痴騃的传说的神奇，他们到了今天已经是成人，还在感觉到这甜蜜的秘密的，从少年起便打动他的心的寒战。啊，你可爱的梦幻！你对森林的，对黄昏的，对星辰的，对月色的，对乡村寺楼钟打着七点的憧憬！一个人应该多么幸福啊，他能够跟你一样相信，感觉，梦游而且憧憬！这使我多么高兴啊，我自己是一个德国人！"——这一段话赞美尽了韦贝尔②，也赞美尽了《魔弹枪手》。虽然德国歌剧凭借《魔笛》（Die Zauberfloete）及《梨婀娜莱菲迭利乌》（Leonore und Fidelio）③已经有了基础，但是真正的德国歌剧还是由韦贝尔创造出来的，因为正如一个法国人说的，《魔弹枪手》不是歌剧乃是德国本身。莫查尔特写信给他的父亲已经说过："每一个民族都有他们的歌剧，为什么我们德国人不应该有？"不错，他写了《约逃离开西拉伊》（Die Entfuehrung aus dem Serail）和《魔笛》，但是他的意大利色彩终究脱不掉，比不上《魔弹枪手》道地。所以民族歌剧的桂冠便落在韦贝尔头上了。还有一件事，浪漫主义文学在抒情和叙事两方面都有极有价值的成功，就是戏剧有点不相称，——唯一的例外是克赖斯特（H. von Kleist，德国大诗人 1777—1811 自杀）——《魔弹枪手》一出，浪漫主义音乐居然跨了文学的灶了。至於就音乐的进化说，韦贝尔的贡献也不小，没有他贝尔约（H. Berlioz），瓦格纳以至许特劳斯（R. Strauss）也许都会是另一个样子。这一点留到后面再说，现在先从他出世讲起。

---

① 今译《魔弹射手》。
② 今译韦伯。
③ 原文如此。应为贝多芬的歌剧《菲岱里奥》。

韦贝尔（Karl Maria Friedrich Ernest von Weber）生于 1786 年 12 月 18 日。他的摇篮放在德国北部的霭亭（Eutin)①。他是法兰士·安东·韦贝尔男爵（Franz Anton Freiherr von Weber）继室的长子，莫查尔特夫人的堂弟。韦家累代都是音乐及戏剧的密友，到了法兰士居然弄到把音乐做正规的职业。他从军官变到做旅行剧团的指挥，终于在霭亭做了职业音乐家。但是老韦贝尔从来不高兴久留在一处地方，所以小韦贝尔出世才几个月，他又辞职，自己组织一个剧团，他前妻的八个儿子都加入做演员，老韦贝尔于是再开始他的漫游生活。

他 11 岁，母亲逝世，一切都由父亲照料。他的父亲生平有一个愿望，把他的儿子教育成音乐家，对于卡尔当然一样看待。可惜他的两个儿子虽然得到海顿（J. Haydn）的指导依然没有什么特殊的成绩，卡尔小时候也似乎没有出众的才能，他的哥哥有一次对他说；"卡尔，也许你什么都可以做成功，但是做一个音乐家却永远不行！"这句话究竟有多少真理，我们现在已经雪亮，不独是我们，就在他 10 岁的时候，已经有回许凯尔（J. P. Heuschkel，1773—1853)② 作证了。因为他有"真实的，最好的根基来达到他那有力的，清楚的，富有个性的演奏法，而且在钢琴上面他一双手得到平匀的训练"。1797 年他受海顿（J. M. Haydn，1737—1806，爸爸海顿的介弟)③ 的赏识，被收做他的弟子。这一次的成绩是六首小赋格曲出版。但是老韦贝尔希望他的儿子成功一个戏剧家，所以他们于 1798 年底迁居到闵贤（Muenchen)，拜卡尔侠尔（N. Kalcher）做先生，他的作品歌剧《爱与酒的权力》（Die Macht der Liebe und des Weins)，弥撒乐，三重奏及模范大曲等等接二连三的产出。这些东西的结局是一把火（他的儿子麦克司 Max 说是卡先生家中失火，殃及乐谱。穆西峨尔 Musiol 及 Jaehn 则说是韦贝尔亲手消灭的，因为他认为那些东西不免幼稚云）。除了弹琴作曲之外，他还学习唱歌，这一方面的成绩也很不错。

老韦贝尔是一个颇为轻浮的人，他拼命替他儿子的作品去找出版家，后来没有办法，卡尔觉要自己动手学习制版，在短时间之外印行了他的六首变体曲，不过这种工作对于一个有创作欲望的少年是不会长久的，所以他放弃了这种工作，加倍高兴回到作曲方面去。

使他放弃制版工作的主要原因，是一部歌剧。1800 年 11 月他的歌剧《沉默的

---

① 今译欧丁。
② 今译霍伊施克尔。
③ 今译米夏埃尔·海顿，弗·约·海顿的弟弟。

林中少女》（Das Stumme Waldmaedchen）先后在佛赖堡（Freiberg）① 及谢姆尼慈（Chemnitz）② 上演。韦贝尔后来自己承认它是一部极不成熟，只偶然有些地方还不至于全无独创的作品。歌剧上演之后，他的父亲与批评家大开笔战，结果离开佛赖堡再来一次漫游。1802 年他在札尔慈堡（Salzburg）写成了他的第三部歌剧《彼得许莫尔和他邻人》（Peter Schmoll und seine Nachbarn），上演的成绩并不见好，于是他们父子便于 1803 年春天流浪到维也纳。他想跟爸爸海顿学习作曲，被他一口拒绝，后来他做了舾格勒尔（Abt Vogler，1749—1814）③ 的学生。舾格勒尔是创造管弦乐音色的效果的老手，他发觉到韦贝尔从前的研究缺乏系统，于是逐一弥补了他学识的罅漏。这样过了一年，舾格勒尔表示他已经有能力担任正式的工作，韦贝尔因此做了勃列斯劳（Breslau）④ 市立剧院的乐队指挥。那些工作如演奏计划的确立，管弦乐队的改良，演员的支配等等都充分发挥了他组织与指导的天才。不过一个艺术家不时要碰到敌人的阴谋诡计，就等于死水边要受蚊虫的吸血一般寻常，韦贝尔受到不少的恶气与挫折，终於在 1806 年辞职。

辞职之后，他在卡尔斯卢亥（Karlsruhe）⑤ 做了吴尔添堡⑥公爵（Herzog Eugen von Wuerttemberg）的音乐监督，同时再开始创作。

在勃列斯劳他已经写了一些歌剧段片《山神》（Ruebezahl）及《中国前奏曲》（Overturachinesn）（后来改做成《图兰朵特》［Turandot］前奏曲），现在便写了一部铜角协奏曲，"Vien qua, Dorina bella" 变体曲及两部交响乐。

福星还不会这么早便照在韦贝尔头上，拿坡仑的侵略逼得吴尔添堡公爵去打仗，管弦乐队因此解散，但是那位公爵不忍让韦贝尔流连失所，他介绍韦贝尔到他兄弟路易（Ludwig）⑦ 那里去，做他的秘书。1807 年 7 月他们父子到了许突瓜尔特（Stuttgart）⑧。为了吃饭，他做路易的公子的教师，处理他的文件同时还要管他的糊涂帐。路易的经济情形本来不好，他自己又少不更事，弄到后来被人控告，竟当乐队的一次练习被人抓去吃官司。审判的结果虽然证明他无罪，可是他们父子终于受

---

① 今译弗赖贝格。
② 今译克姆尼茨。
③ 原文如此。此人为福格勒神甫（Abbé Vogler），韦伯和莫扎特的妻姐阿洛伊西亚·韦伯都是他的学生。英国诗人罗伯特·布朗宁作诗《赠福格勒》（Abt Vogler）。
④ 今译布雷斯劳。
⑤ 今译卡尔斯鲁厄。
⑥ 今译符腾堡。
⑦ 今译路德维希。
⑧ 今译斯图加特。

到驱逐出境的判决。——他那时期的作品有降 D 大调 Polonaise ，Kantate《第一声》(Der erste Ton)① 及从《沉默的林中少女》改编的歌剧《西尔法娜》（Silvana）。② 这部歌剧已经泄露出韦贝尔这方面的天才，而且决定就要公演，偏偏来了那场官司，把他的计划打成粉碎。韦贝尔那次所受的刺激实在太深了，那种近乎轻佻的维也纳生活态度现在变成严肃了，生活经验也有了，他明白了立身处世的方法，在他的日记里面他写着：“我可以平心静气而且真实地说，这 10 个月来我是改好了，我的可悲的经验教我变成聪明，在工作上我是像样的勤勉了。”——“君子之过也，如日月之食焉。其过也，人皆见之；及其复也，人皆仰之。”这一段话用来论韦贝尔最是适合。

接着他又过了三年的流浪生活（ 1810—1812 ）。1810 年他在丹城（Darmstndt）③ 再从毑格勒尔研究，同学中有梅雅贝尔（G. Meyerbeer, 1791—1864）④，根斯巴赫尔（J. B. Gaensbacher, 1788—1844）。毑格勒尔老先生最喜欢韦贝尔及梅雅贝尔，他说：“假如我未曾教授他们两个学成之先已经脱离人世，那该是一件多么可悲的事啊！”在那几年间韦贝尔写了不少的乐歌，它们几乎全是异章同调式（Strophisch）⑤，《夜候歌》（Serenade），《乞儿歌》（Bettlerlied），《秘密的爱的痛苦》（Heimlicher Liebe Pein）⑥，《自在》（Unbefangenheit），《雪钟花》（Schneegloeckchen）等都很受人欢迎，那首引眠歌“睡罢，心爱的儿子”（Schlaf, Herzenssoehnchen！）是至今还在民众口中流传的民歌。除了这些之外，还有一部钢琴协奏曲（C 大调），滑稽小歌剧《父亲哈山》（Abu Hassan）⑦。

1810 年《西尔法娜》在梅恩河畔的佛朗克府（Frankfurt a. M.）⑧ 上演，主角是卡罗梨娜·勃兰德（Caroline Brandt），一个美音的女歌人，那位深情的指挥作曲家爱上了她，1817 年两人结婚，算是音乐史上一对圆满夫妇。

在满海姆—丹城（Mannheim-Darmstadt）时期，韦贝尔从事音乐的文学工作。他是一个批评与创作都有成就的音乐家，他的文笔很有风致，他那部《致卡罗梨娜

① 今译康塔塔《最初的声音》。
② 今译《西尔瓦娜》。
③ 今译达姆施塔特。
④ 今译迈耶贝尔。
⑤ 今译分节歌形式。
⑥ 今译催眠曲。
⑦ 今译《阿布·哈桑》。
⑧ 今译美因河畔法兰克福。

的旅行书简》给我们宣示这位音乐家纯洁的心地与高贵的人格,他的儿子麦克司写过一部韦贝尔的传记,是认识这位作曲家的重要的文献。他生平也计划过一部小说《音乐艺人的世界漫游》(Tonkuenstlers Erdenwallen)来叙述自己的生活,这部书虽然未曾完成,但是已经证明他的文才并不低下,与贺夫曼(E. T. A. Hoffmann)精神上很有共通的地方。

在柏林他的作品受到颇严酷的批评,说他忽略结构的谨严与形式的完整,故意追求音色的炫惑,有心迎合流行的趣味,这使他对自己的创作才能起了怀疑,他在日记里写道:“要是我没有错综的匠心,那我显然是缺乏天才。难道我应该为一种艺术牺牲了我生平一切的努力,一切的勤勉,一切的热烈的处,而上帝在我的灵魂里面并不曾放进我真正的职业?——这种游疑使我极度不幸;不论为了什么好处我也不愿意只跟一千又一千的作曲家群占有一个中等地位。假如我不能达到高的,独立的一级,那还不如不要活下去,或者做一个职业钢琴家靠教课来讨饭吃。”但是三个月以后他的《西尔法娜》在柏林上演,优美的成绩给他安慰,他于是又记下:“连我的敌人都承认我有天才,那么.我一面辨识出我的缺点,一面也不必丧失我的自信,我要勇敢地而且小心提防,在艺术的路上前进。”柏林的居留结束了他少年的浪游时代。

1813 年他到蒲拉格(Prag)任歌剧指挥,勃兰德女士任主角,“倾向工作,倾向创造的潜力是这么高昂,正比恋爱一样不能忍受丝毫的强制”,这是他对勃兰德的心事。

蒲拉格的指挥工作继续了三年,他不高兴再做下去,因为那种工作是“一种永续的死亡”。1816 年 10 月他离职回到柏林,那里到处都唱着他的歌集《琴与剑》(Leier und Schwert,德国爱国诗人柯尔纳的诗集,大都歌颂与激励民族的解放战争)他歌颂滑铁卢战役的 Kantate《战争与胜利》(Kampf und Sieg)亦到处受人欢迎。这原因是爱国家多于爱音乐,现在它已经大半被人忘却了。在柏林他写了两首钢琴模范大曲,降 A 大调及 d 小调,极尽温柔香艳之能事。什么缘故呢?因为勃兰德女士已经答应和他订婚!这一年还有一件大事,他受聘为萨赫森(Sachsen)① 王家乐队及新创办的德国歌剧院的指挥。1817 年正月他起程到德列斯顿(Dresden),那里从此成为他的第二故乡。巍峨的纪念像使人想见他当日的光荣,但是他初到德列斯顿的时候,却是生气多过一切。他说,那些意大利人使尽天堂和地狱的手段来排挤他

---

① 今译萨克森。

和德国歌剧。种种卑劣的阴谋，真可以使人太息痛恨，不过这种下贱的行为大概已经成为人类的一种根性，而且经一事，长一智，钢刀不够还有软刀，明枪不够还有暗箭，自己还要打起艺术的招牌，那真是太过玷辱艺术了。

韦贝尔到德列斯顿不久，已经计划着一项伟大的工作。这项工作给他一顶不凋的桂冠，那就是《魔弹枪手》。

1810 年他在海黛堡（Heidelberg）看到一部《怪异录》（Gespensterbuch）①，那些怪事打动了他的心，他同他朋友杜胥（A. von Dusch）一块阅读，读到《魔弹枪手》那一篇，两个人同时叫了出来："这是一篇好材料！"于是杜胥立刻编脚本，不过当时他正在全心写他的《父亲哈山》，所以没有空闲来理会《魔弹枪手》。这是他的福气，因为杜胥自己后来也承认他的脚本远不及肯德（F. Kind）②的那本好。肯德写脚本的时间不过十天，韦贝尔写起来也非常得意，虽然经过的时间非常长久。他全副精神都用在《魔弹枪手》上面，他觉得他的曲调涌出来，他的艺术，他的爱情，都借《魔弹枪手》的音乐具体化了，而且得到不朽。卡罗梨娜贡献了很多有价值的意见，韦贝尔无不虚心接受。她非常精细而锐敏，看出不少歌剧里面的缺陷，所以韦贝尔常常称她做"一双眼睛的民众座"，她的儿子说："对于韦贝尔的工作她是一位比所有美学教授凑拢来还更大大有用的顾问。"他自己相信做了一种事业，领演音题（Leitmotiv）在他歌剧里面得到定规的运用。他支使乐队的本领虽然不及贝多芬，但是他把乐队艺术改换了新面目。每一种乐器的音色都有它的特点，那部前奏曲实际上已经指出全剧的内容。他自己说谁懂得听这篇音乐，他便可以明白歌剧的内容，所以弦乐器的震颤中的那一段觱篥独奏使贝尔约（H. Berlioz）低徊赞叹，说那是猎人未婚妻的现身，双眼向天，在深沉的，受狂风摇撼的树声里面发出柔和哀诉。前奏曲开头的号角就是猎人的音色，大提琴奏出麦克司的心情，那一段 Allegro 正相当麦克司的咏叹调；阴森的力量终归包围着我们。结末来了一场天堂与地狱的决斗，地狱快要得胜了，纯洁的灵魂却终于唱出凯旋歌（C 大调），趁这凯旋的机会 Agathe③ 主题的欢唱做了结束。形式上他忠实于模范曲式，却同时是一首交响诗，一首标题前奏曲，诗意与巧妙的形式完全没有一点破绽。这种音色的效果，表情的功能，光明与暗影的大胆的转调，都是 19 世纪新音乐的基础。贝尔约瓦格纳都对他表示真诚的景仰，固其宜也！

---

① 又译《灵怪故事集》。

② 今译金德。

③ 今译阿加莎。

　　韦贝尔写《魔弹枪手》在 1817 年 7 月 2 日开始，到 1820 年 5 月 13 日才全部完成，正式上演却一直延迟到 1821 年 6 月 18 日。上演之前歌剧的法兰西派，意大利派及德意志派正是剑拔弩张，德意志派把整个希望都放在《魔弹枪手》上面，他的朋友都在那里着急，他们知道那些敌人的手段！只有韦贝尔自己却冷笑道："任凭天意！"那天早上他居然能够安心完成他的杰作钢琴协奏曲（f 小调），他弹给他的太太及在座的朋友听，同时给他们解释，这首乐曲是有标题的：分手（Allegro），愁叹（Adagio），痛苦，安慰，重逢的欢呼（Finale）。

　　《魔弹枪手》上演的时候，戏院观众挤得水泄不通，韦贝尔一登指挥台，打雷般掌声立刻发动，前奏曲简直弄得大家发狂，乐队只得再奏一遍。那天过后，花冠，颂诗，向韦贝尔雪片飞来，满街满巷的百姓都唱着《魔弹枪手》的曲调，他不独争回民族的光荣，而且给德国人恢复了自信力。当然，反对的人是有的，甚至于有人骂他的前奏曲是枯燥无味的"索引"．切尔贴尔（K. F. Zelter, 1758—1832）① 亦说这部歌剧是巨大的空虚。——由他去罢！

　　1819 年他写过一些钢琴曲，最杰出的是那首 Polonaise in E major 及《邀舞》（Aufforderung zum Tanz）。这首《邀舞》是韦贝尔最本色亦最普遍流传的作品，泼辣与热烈，妩媚和真挚，妖冶与热情，在每一节都得到灵活的表现。他的节奏及音响，直是近代舞曲的开山。约翰·许特劳斯（J. Strauss）及朔旁（F. Chopin）都受到他的影响。他把它献给他的卡罗梨娜。

　　《魔弹枪手》完成之后两个月，他给沃尔福（P. A. Wolff）的戏剧 Preziosa② 配上一部美妙的音乐。它和《魔弹枪手》精神上是姊妹篇；民族的特性，即使有一切流民的及西班牙的原题，一个纯洁的异乡少女仍然保持德意志浪漫主义的形象。

　　待到《魔弹枪手》在维也纳上演之后，巴尔巴雅（Barbaja）请他替维也纳写一部歌剧，他因此写了《蔼尔染特》（Euryanthe）③，论音乐这是他生平最完璧的作品。假如《魔弹枪手》是民众歌剧，那么，它就是艺术歌剧。他追求着一种综合艺术，不独是音乐，而且要有诗的结构，舞台的真实与绘画的好尚。《魔弹枪手》的题材是民间的，《蔼尔染特》则是中古的王室的场面及骑士的地方色彩。他表示个别的文字要应用适当的朗诵，因为"歌唱的第一的和最神圣的义务是对朗诵尽可能地忠实"。他完全取消对话，他说，《蔼尔染特》是"一种纯粹的戏剧的尝试，它的

---

　　① 今译策尔特。
　　② 今译《普列彻欧萨》。
　　③ 今译《欧丽安特》。

效果在希望由各种姊妹艺术得到一致的结合，没有它们的协助，一定是没有效果的"。这一步他在实际上还做不到，但是他做了瓦格纳的先驱。

对于《霭尔染特》的批评当时的意见很复杂，贝多芬是喜欢它的，他去拜访贝多芬，这位大师把他抱起来，一面叫道："你在那里，你这家伙，你这鬼家伙！上帝祝候你！"这一次的会见，韦贝尔认作他生平最得意的一件事。

现在来了一个沉默的时期。这原因，第一是忙，第二是病，第三是失意。直到 1825 年年头他才重新创作，替伦敦写一部歌剧《峨北隆》（Oberon）①。为求彻底了解脚本的内容，并且使自己作曲时能够成熟起见，他努力学习英文。可是刚写了几个场面，他的喉病及肺病已经越来越凶，他不得不停止工作，到盐池 Ems 去疗养。身体稍为复原，他又继续作曲。但是他不久便要到柏林，因为别人践踏他的《霭尔染特》，他只得去亲自指挥。到《峨北隆》正式完成，他的身体已经虚弱到不成样子，可是他还决定去伦敦指挥他的《峨北隆》上演。他的太太，他的朋友，都劝他静养，他却对一个朋友说："去也罢，不去也罢，一年之内我终归是一个死人。假如我去，即使我死了，我的儿子也可以有饭吃；我留在这里，他们反为要饿肚子。"他就想以垂死之身，再替家庭做一次牛马。这部歌剧是他用尽残余的力量作成的，奇怪的是里面充满了愉快的音响，全不像是在泪水和嗟叹下面产生的。它是韦贝尔生平最晴朗的歌剧，它代表他童话和神话的一面。

1826 年 2 月 16 日早上，经过彻夜的哭泣，终于辞别了他的太太，他的儿女，和长笛专家孚斯田瑙（A. B. Fuerstenau）一同起程赴英国。车门关上的时候，卡罗梨娜哭着喊："我听见棺材打钉！"在英国他受到少有的优待与崇拜，可是他实在太疲乏了，他做完了他的工作，一条心只希望回家再看一次他的妻儿，便死了也就可以没有遗恨。他的归期决定在 6 月 6 日，已经写信通知他的太太，可怜在 6 月 5 日的早晨他已经断绝了他的气息，再也不会醒过来了。离开心爱的太太，离开心爱的儿女，一个人在异乡结束了苦斗的一世！他的遗体当时葬在伦敦，下葬的时候，仪式隆重到赛过王侯，音乐家唱着莫查尔特的诔乐。到了 1844 年瓦格纳再把他的遗骸运回德列斯顿安葬。

凭他四部有名的"戏剧音乐"，他算是触及浪漫歌剧的各部门。Preziosa 是冒险的，浪漫的异乡的以至谜样的民族的罗曼忒克。《魔弹枪手》则描写德国的森林幽谷，以及它那或是生根在国民信仰里面的神怪或是现实生活里面的居民，同时联结

① 今译《奥伯龙》。

着乡土诗歌，它刻划出两个女性的原始典型：一个憧憬的，娇艳的猎人未婚妻 Agathe，一个率真的，新鲜的，伶俐的 Aennchen。《霭尔染特》是中古宫廷的妇人服役的骑士风度。《峨北隆》则是充满了温柔，馨香和光彩的灵异以至东方色彩鲜艳的世界韵语。

至于钢琴方面韦贝尔的成绩也很可观，他自己本来是演奏专家，他的作品因此极适合于钢琴技术，一方面尽量发挥钢琴技能，一方面却能够使种种难人的技巧得到安闲的表现。谁人与安闲能够调和起来，这是一种大大的成功。他的钢琴曲像后来的李斯特一样常常含有管弦乐的音色，他的《邀舞》，他的 Grande Polonaise 以至他的 C 调协奏曲都是适宜的代表，他的钢琴曲也一样泄露出他是一个歌剧作曲家，进行曲的引子，协奏曲的尾声都是实例。除此之外，他的音阶，他的琶音，他的跳音，他的过板，也一样可以证明他的特点。他的基础大体上并不是建立在和声上及转调上，而是在节奏上及曲调上，跳舞的节奏尤其是出色。一般批评家说，与贝多芬同时的钢琴作曲家的作品能够在百年之后，保持他原日的光彩的只有一个韦贝尔。不过他的琴曲托命的地方是纱笼，实质上是比不上贝多芬的。他对音乐最伟大的贡献究竟是在歌剧一方面。他的《魔弹枪手》给马胥纳（H. Marschner，1795—1861）① 指示一条大路，《霭尔染特》给瓦格纳，《峨北隆》给门迭尔斯尊及舒曼（约略地说），一个音乐家能够有这么大的成就与贡献，自然不必害怕，像他自己说的，只跟一千又一千的作曲家群占有一个中等地位了。

原载《音乐教育》第三卷第 8 期 1935 年 8 月

---

① 今译马施纳。

雷革尔

论述近代音乐家不是容易讨好的事，说他好也许有人会说你不高明，随手引几段指摘的话来证明他的说话有根据；说他不好呢，也许又有别的人会骂你吹毛求疵，天性刻薄。这样一来，作者还有话说么？不过人之智愚，本来无法划一，天才比时代前进，已经是事实，那么对于一个大作家，我们这些凡人何从去找寻完论呢？古人说：盖棺论定，这在作品上究竟是还嫌太早的。雷革尔①的棺盖了将近 20 年，实际上还不能论定，凭良心说，读者可以相信，我哪里有批评雷革尔的资格与本领？不过已经生在中国，而且还想发心介绍西洋音乐家，那么，对于雷革尔自然不能忽略。普通人都说许特劳斯（R. Strauss），马勒尔（G. Mahler），雷革尔及斐慈纳（H. Pfitzner）② 是德国近代音乐四巨头，但像梅斯曼 H. Mersmann 却说，真能继往开来的大师只有三个，就是不把斐慈纳算在里面，虽然在歌剧一方面他有与许特劳斯争霸的才能。我现在只想尽我所知叙述他的生平，并略述各家的意见做读者的参考，如果读者能够因此发生直接研究他的作品的兴趣，那么，这篇小传便不算是白写了。

雷革尔的名姓写出来很长：Johann Baptist Josef Maximilian Reger，不过普通都只称他 Max Reger。他的父亲约瑟夫（Joseph）是一个裁缝的儿子，他不守业，做了教员，他的音乐天赋很可以，除了钢琴管风琴之外，会拉奏各种弦乐器及一部分吹乐器。麦克司③是他的长子，1873 年 3 月 19 日生于故乡拜恩（Bayern）④ 的柏兰德（Brand）⑤。他的父亲晚年营业失败，家况逐渐萧条，但是他的母亲还尽力给她的儿

---

① 今译雷格尔。
② 今译普菲茨纳。
③ 今译马克斯。
④ 今译巴伐利亚（州）。
⑤ 今译布兰德。

女安排一个愉快的家庭，麦克司尤其得到她的钟爱。

麦克司出世后一年，雷革尔全家迁到外顿（Weiden）[①]，老雷革尔在一所师范预备学校担任科学及音乐的功课，麦克司就在外顿长大。他什么乱都闹得来，游泳，溜冰，更是拿手好戏，而且对于自然的美丽早就开了眼。在学校里每逢考试都是第一名，他的记忆力非常出众。音乐是在家里学习的。他5岁的时候，跟母亲学熟了一首钢琴曲，当父亲的生日弹出来，引起父亲的惊诧。从此音乐功课是定规教授，他的才能跟着逐渐显著。他的父亲是相信易子而教的，所以麦克司到了11岁他的音乐功课便给交代到他的朋友林德纳（A. Lindner）手上。这样教了五年，一切钢琴的经典，从贝提尼（H. Bertini，1798—1876）[②]到李斯特都经过他的双手，岂止是双手而已哉，他一直深入到每一部作品的精髓，尤其是贝多芬的钢琴作品经过他深湛的研究。家庭生活的伴侣是小提琴及风琴，在西慕尔丹教堂（Simultankirche）他有时弹奏管风琴。这时候他开始教他乐理，撩拨起他创作的火焰，他的处女作是一部120页的序曲，弦乐队加补充钢琴。当时黎曼博士（Dr. H. Riemann）[③]是汉堡的音乐权威，于是那部作品便寄去请黎曼批评。这个渊博的宗师从此影响到他一生的生活，发展，创作以及他的交处。

黎曼指导的结果是一大堆作品，钢琴小提琴合奏的 Largo，歌曲及一部弦乐四重奏。

15岁，他在师范预备学校毕业。校章规定毕业考试第一名的学生有特别奖励。雷革尔得到的奖励是一次拜雷特（Bayreuth）的旅行。他听到的瓦格纳歌剧是《女仑堡的匠师歌人》（Meistersinger von Nuernberg）[④]及《帕齐法尔》（Parsifal）[⑤]。这以前他的知识是管风琴及钢琴，尤其是贝多芬的模范大曲，现在却是瓦格纳的洪水般的音乐，超等的管弦乐队，超等的舞台，超等的歌唱，瓦格纳的艺术正好比一团火落在天才的石油上面。他着了魔似地回到家中，向他的父亲说："爸爸，我不能做教员，我得做音乐家！"他的父亲就听见这句话，一时自然是很惊讶，他多年培植儿子的计划现在快要毁坏了。为了对他儿子的前途谨慎打算起见，他先把一大叠谱稿寄给莱茵伯革尔（J. Rheinberger）[⑥]请求批评，回答是"贫乏的才能"。多得黎

---

① 今译魏登。
② 今译贝尔蒂尼。
③ 今译里曼。
④ 今译《纽伦堡的名歌手》。
⑤ 今译《帕西发尔》。
⑥ 今译赖因贝格尔。

曼的怂恿，雷革尔才终于确定了他的方向。1890 年春天，他到尊迭尔豪村（Sonder-hausen）入音乐院从黎曼学习作曲。接着跟他的教师到维斯巴登（Wiesbaden）① 的坦努斯城 Tannus-stadt。他一方面读书，一方面教授钢琴及管风琴。1891 年至 1896 年这一段时间，他那种边学边教的生活调和得非常适当。

在外顿的时候，雷革尔研究的中心是贝多芬，现在换上了巴赫。巴赫之外便是勃拉姆斯（J. Brahms）。1896 年他过了一年丘八生活，回外顿的时候，他认为最有价值的带回来的宝贝是勃拉姆斯的一封谢信，为雷革尔献一首乐曲给他写的。这时候他的作品已经陆续出版。

最先，雷革尔是要写交响诗的，这就是说，他得做标题音乐家，可是在他的Op. 7 之前，他的标题音乐已经结束。他是一个绝对音乐家，与勃拉姆斯形成近代音乐的独立线，他的 Op. 7 是小提琴及钢琴的模范大曲。从第一到第九集，他的作品还不出前人的规矩，特别是贝多芬的重音及慢板的乐章，过来就是《天神的没落》（Goetterdaemmerung）② 的伸缩喇叭③，末了还有勃拉姆斯式的梦幻及勃禄克纳（A. Bruckner）④ 式的华美及延长记号。可是它已经显示出雷革尔的本相，形式上保持古典的基调，然而有相当的自由。如第一章的开篇不再重复及乐器的插换等等。他的对位，和声以及节奏的特色已经是很显然的。他的三重奏钢琴，小提琴及中音提琴组织成功，早透露出他对中音特别爱好的消息。看他后来的那些纯粹合唱（A cappella）⑤，中音部有时比高音还重要，普通使用的大提琴部给他归入钢琴的底音。Op. 7 是头一次发表的管风琴曲。说到写管风琴曲，雷革尔是巴赫以后的第一名，这三首已经有"重三日於菟气食牛"之势，连管风琴家看见都几乎束手。不过每一个天才都有他特别的运气，那是偏偏产生了许脱劳贝（K. Straube）⑥，他是一代的管风琴名手，不管雷革尔写得怎样难，他总可以从容应付，同时管风琴的构造又屡次改良，乐器之王的尊称保守得牢牢的，雷革尔于是更可以放胆写下去了。

Op. 9—11 是钢琴曲，有双手的，有四手的，还有两部不列号的钢琴曲集，用尽全部的大调和小调，我们可以想见，他那时是在学习，然而学习的成绩竟能够达到这个地步，我们还有什么可说呢？至于歌曲也并不缺乏，计有 Op. 4，8，12，14，

---

① 今译威斯巴登。
② 今译《众神的黄昏》。
③ 今译长号。
④ 今译布鲁克纳。
⑤ 今译无伴奏合唱。
⑥ 今译施特劳贝。

及 15。

1896 年是入伍时期，一年之后他因喉病退伍，回到家中，后来病好了，仍然留在家中，直到 1901 年全家迁到闵贤（Muenchen）① 为止。从 1898—1901 这四年间他从他的早年老师交游，他的创作集约莫从 Op. 20 一口气写到 Op. 62。现在雷革尔是成熟了，他注全力在钢琴及管风琴上面，因此达到了顶点，此后创作范围虽然扩大，可是再也没有增高的余地。

他的根据合唱《我们的上帝是坚固的堡垒》曲题的《管风琴幻想曲》（Phantasie fuer Orgel ueber den Choral 'Ein fest Burg ist unser Gott'）像是灿烂的光芒照射出信仰的神圣，左冲右突，兔起鹘落，压根儿就是管风琴曲的一种稀罕，至于跟这一时期跟这一首产生的还有六种，无一不是细针密缝，同时又具备山崩海啸的气势，尤其是那首《晨星照耀多美丽》（Op. 40，7）。

《幻想曲及赋格曲赋得 B-A-C-H》（德文 B 是 B flat，H 是 B）是雷革尔活跃的创作力的最高表现，他生平创作的纪念碑，外表距离那位托玛士合唱团长虽然是远哉遥遥，在精神上及气力上却是蛮接近的，雷革尔生平最喜欢引述的是他的一句名言："巴赫是一切音乐的起点和终点。"这首乐曲是他的表白。他使出绝代的魄力与左右逢源的和声才能，使那四个音符一声声打入耳鼓。正如批评家说的，把这四个音谱成乐曲的虽然早有过不少，但是没有一个人曾经这样彻底支配这缥缈的四方。雷革尔亦可以自豪了。

Op. 57 转换了一个方向：《管风琴交响幻想曲及赋格曲》，创作的动机是但丁《神曲》的那部《地狱界》。凶狂的叫喊绝望的沉沦夹带内在的力量。

这一切已经完成了雷革尔独立的乐语，独立的风格。他还有一种特别的嗜好，当一段的结束即刻和后一段连接起来，凝固成整个的联络。

管风琴的国土已经归雷革尔支配了，但是雷革尔并不限定在一方面活动，就是写乐歌也已经功力圆熟。他初期的乐歌作品有很显著的勃拉姆斯的影响，后来则是沃尔夫（Hugo Wolf）。他的 Op. 51 是献给沃尔夫的。沃尔夫的《西班牙夜歌》及交响诗《潘贴西列亚》（Penthesilea）② 都经他改变成钢琴缩谱。不过他和沃尔夫究竟不一样，他是纯粹音乐家，沃尔夫是诗人音乐家。沃尔夫用音乐就歌词逐字描绘，他却摄取一首诗的内容注入音乐里面去，他的特色全在音乐的和声。简单的民歌的

---

① 今译慕尼黑。
② 今译《彭特西丽亚》。

声音是 Op. 23，27，37 及 43。至于 Op. 35，38，51 及 55 则是较为严肃的，深刻的，由命定的孤独者歌唱的。

钢琴曲在这一时期没有大规模的创作，与舒曼的抒情小品相近。最普遍流传的是《剪影集》（Silhouetten）（Op. 53）。至于小提琴，大提琴，霩篥模范大曲亦各有创作，钢琴从不是消极的伴奏，合奏曲则自 Op. 2 起直到 Op. 54 才再次写作，两部弦乐四重奏。

雷革尔氏一家迁到闵贤，麦克司从处女转变成脱兔。1901 年以后，他得凭他的作品，与世界决斗。他的演奏具有着魔的气力像火山，他的世界驰名的 Pianissimo 又轻微到像呼气，而能够清晰地传入听众的耳朵，他自己的作品被人塌台，被人吹哨，后来得莫特尔（F. Mottl）帮忙在王家学院任和声学及对位法教师，信徒渐渐召集起来，与新德意志派对垒，这边一叫：图伊莱（L. Thuille）及许特劳斯，那边便应声叫：雷革尔！甚至于音乐堂里面还要磨拳怒目，好在双方的领袖都在顾全大局，所以不致闹出乱子来。雷革尔自己倚恃的武器是贝多芬及希勒尔两首变体曲。

1907 年他应聘到莱比锡 Leipzig 音乐院任作曲教授，兼当地大学音乐部主任。从那年起到 1911 年秋天，他过着固定的生活，可以放心作曲，演奏家及指挥的声誉日益增高，在闵贤时，彼得堡，比利时及荷兰已经来过请书，现在伦敦，美国都来书请他每两年去指挥一个音乐季。1906 年瑞典学士院请他做院员，1908 年耶拿大学赠送名誉教授及博士学位，过后海黛堡及柏林大学也照样赠送，1911 年柯堡—歌塔公爵（Herzog Von Coburg Gotha）聘他做宫廷顾问，雷革尔终于做了胜利的战士了。

雷革尔的作品现在以钢琴做中心，除了贝多芬及希勒尔变体曲之外，还有一首巴赫变体曲。自己命题的杰作是《b 小调帕沙卡格利亚》（Passacaglia）[①]（一种西班牙及意大利的三拍古舞曲）他的作品多是严肃的，正如一个批评家说的"感人心肾"。

他的小家庭是在 1902 年组织的，他的夫人巴根斯基（Elsa von Bagenski）不独是善良的主妇，而且是他工作的助手。他逝世之后，关于他遗著的整理，她也很有功绩。

在莱比锡他写成了一部钢琴伴奏的交响协奏曲，它的重心是在头两章，它的情调是沉痛的战斗，忧郁与哀愁，那章 Adagio 佔有推动世界的庄严。三首合唱音题的应用达到一种圣灵的神秘。是他生平巨著之一。抒情体的作品则数《日记抄》（Aus meinem Tagebuch）（Op. 82）《随笔》（Episoden）（Op. 115）还有管风琴的作品也再度抬头，那部独白（Monologe）连序引及 Passacaglia 可以说是雷革尔管风琴艺术的

---

① 今译帕萨卡利亚。

总汇。

小提琴模范大曲中那首 C 大调是闵贤时期写的，满腔怨恨，小提琴部是和弦多过乐调，比较容易而亦最受人欢迎的是《旧体组曲》（Suite im alten Stil）（Op. 93）。温柔的作品有大提琴曲 Op. 78，79e，及 116，至于细乐如三重奏，四重奏，五重奏及六重奏，都受到极高的推重，有了雷革尔，史家以为是细乐 Renaissance。

每一个作曲家都得克服管弦乐队，雷革尔也不能例外。配合一部《悲剧的交响序引》（Op. 108），它宣示一个战士对命运的鲜血淋漓的苦斗。怀抱着气短的绝望抵御一切，终于凭坚强的信念得到胜利。——它的本身就是一出悲剧，并不是什么序引。与那部序引对立的是《神歌第一百》（Der 100 Psalm，）（Op. 106）公演的条件是混合合唱，管弦乐队及管风琴。过来那部大合唱《女尼》 （Die Nonnen）（Op. 112）有合唱的 Parsifal 的声誉。

1911 年 12 月他接受佐治二世公爵 Hersog Georg Ⅱ 的聘请任迈宁恩（Meiningen）① 宫廷乐队指挥，同时不断绝莱比锡音乐院的关系。迈宁恩的乐队本来有名，近年代渐渐退步，到雷革尔登上指挥台，它立刻恢复了过去的声誉。雷革尔不摆臭架子，演奏也好，指挥乐队也好，合唱也好，外间有何邀请，他十九是答应的。他的艺术随时招致新的门徒，一班贵族也对他表示极高的敬意，有机会便去做音乐旅行，可以说是他生平最幸福的时期。

他的教授法严格到几乎有冬烘的派头。他教授学生的第一步工作是写四部合唱，稍有毛病，便得从头再作，到卡农（Canon），赋格及复赋格做到烂熟，然后从变体曲式及小步舞曲式（Menuettform）过渡到自由作曲。对于程度高的学生不再修改那些枝节，一切都让学生自由发展。只有对五度及八度平行他显出非常严厉，也不轻易放过跳脱的七度解决。

指挥时期的作品主要的是管弦乐，他的作风改变了，接近新法兰西乐派及许特劳斯，形式更加简练，情调更加明澈，配器更加精细，有莫查尔特的派头。他的管弦乐队的《旧体协奏曲》（Op. 123）虽然题作旧体，但是他究竟是生在 20 世纪，所以总有些现代色彩，和这对立的是《浪漫组曲》（Op. 125）幻想好风景，怪诞的故事通过了全部作品，每一章都是用埃贤朵夫（Juen Eichendorff）② 的诗做题材，不过这和普通的标题音乐的概念有点两样，诗只是乐曲的基本情调。这部乐曲有新的和弦混合与联

---

① 今译迈宁根。

② 今译埃兴多夫。

结，印象主义的大三度平行得到正常的使用。还有比旁的乐曲都更猛进的设色音乐是《四首音诗》（Op. 128，根据博克林［A. Boecklin］的诗写成）与德比西（C. Debussy）只差一间，对位大师雷革尔快要退席了。作为雷革尔的特色的变体曲由《根据莫扎特的一个音题的变体曲及赋格曲》（Op. 132）及《铁莱曼变体曲》（Telemann-varia-tion）①，（Op. 134）结束。《祖国序曲》（Vaterlaendische Ouvrture）则是早年对位艺术的复活，在这里雷革尔不是梦游的浪漫派，他要做一个坚强的斗士。

1914 年春天他的健康受到工作过度的损害，以致当指挥的时候丢掉他的令杖，为了需要长期的静养，便向佐治公爵辞职，不久老公爵逝世了，欧战爆发的时候，乐队也逼着给解散了。1915 年春天他迁居到耶拿，那些被解散的乐人各各从他得到经济的援助或职业的推荐。

在耶拿城贝多芬街居住的雷革尔现在计划着安心创作。莱比锡音乐院的聘约延长到 1924 年。他的《新儿歌集》及三重奏先后完成，Op. 144 包含两首混合合唱预告出他的命运，Op. 145 一开头也是挽歌，Op. 146 的觱栗五重奏是他最后的作品，Op. 147 已经是不及完成的谱稿了。

1916 年 5 月 10 日，他到莱比锡音乐院授课，晚上在旅馆和朋友谈天，觉得有点不舒服，经医生的诊察以为没有什么大毛病，许特劳贝陪他坐到 12 点钟。分手的时候，他还在看报纸。到了明天早上，他已经没有气息。夜半的一下心绝结束了他力作的一生，电灯还是亮的，桌上摊开一本印出来的乐谱校样。

关于雷革尔作品的价值，各家的意见很不一致。最苛刻的评论也许是尼曼（Walter Niemeann）的。他从②雷革尔是匠手，他的伎俩是仿作或改作，但是不是创作，他承认勃拉姆斯的好古有他自己的灵性，雷革尔则恰巧缺乏这一点，他的作品是单调的，雷同的，所以不能受人欢迎，除了几个信徒之外，简直是人亡音绝。外斯曼（A. Weissmann）又以为雷革尔承接勃拉姆斯的遗绪，给古典主义光荣的收场，他是第二巴赫，但是 18 世纪和 20 世纪究竟不能混同，雷革尔有他独立的风格。马勒尔是崭新的作曲家，像开头引述的梅斯曼的话，与施特劳斯及雷革尔为德国近代音乐分鼎三足，许密慈（E. Schmitz）却以为雷革尔比较马勒尔更有个性，璧恩（E. Buecken）又称他造成细乐的复兴。——还有呢？——难道要我背音乐批评？——要替雷革尔解围，我还是只能够引许密慈改编脑曼（E. Naumann）《插图

---

① 今译《泰勒曼主题变奏与赋格曲》。
② 此处应为"认为"或"以为"。

音乐史》第二十八章的起句："关于现代的论述，实在不是音乐史家，而是音乐批评家的工作。"他论到雷革尔又说："决断地批评雷革尔的时代还没有到来，无论如何是除了许特劳斯之外他是现代的音乐巨头。"许特劳斯是标题音乐的代表，他则是绝对音乐的。尼曼指摘他的乐歌歌词太浅薄，显示出他缺乏文学的修养，这一点是大有商量的余地的，我们应该尊重他自己的意见：他请他的太太替他找歌词，她把歌德诗对他朗诵或是放在他的写字台上，他却说："妙极了，但是一切都已经说尽了，还容我用音响添上什么诗意呢？"他要用音响来补诗意之不足，我们怎么可以责备他不会选诗呢？

不管对他的作品怎样聚讼纷纭，他的作品有时也真的有点匠手的法度，但是不能抹煞他技巧的高超与纯熟，与精神的饱满庄严。然而不免笨拙的管风琴在他手下却轻圆流利，而不伤害它的庄严性，正如坡槃（H. Poppen）说的，巴赫的作品是各段重复的，雷革尔则使用通谱（durchkomponiert）的方法，沃尔夫的乐歌作法侵入管风琴的领域，这是雷革尔对近代音乐的不能否认的贡献。

乐正音乐（Kapellmeister Musik）是欧洲人批评缺乏创意的乐队指挥的作品的巧语，好比教授小说（Professoren Roman）。这个字近乎挖苦，雷革尔做过乐队指挥，因此逃不脱这个字的评判。但是福赖塔赫（G. Freytag）是一位替教授小说争回体面的作家，雷革尔的作品在音乐史上地位至少可以比得上福赖塔赫对文学史，何况事实上恐怕还不止此呢？！

原载《音乐教育》第三卷第 11 期 1935 年 11 月

勃拉姆斯

歌德说过这样一句话："我们是独特的，因为我们一无所知。"勃拉姆斯藏有歌德的《颜色学》，就在这句话底下重笔划了线。这种办法正等于我们读书读到得意处打夹圈。自然歌德这句话是开门见山，天下断没有从天上掉落来的艺术家，天才洋溢如莫查尔特①，也向他的朋友保证，没有一部古代大师的作品不经过他用心而且反复的研究。瓦格纳的艺术理论算是革命的，但是我们使回头看看歌剧的进化，便知道培黎（Jacopo Peri，1561—1633）②，卡瓦利雷（Emilio del Cavaliere,？—1602）③，格禄克以至韦贝尔都是他的先驱。所以天才之所以为天才者，并不在乎蔑古，更不在乎复古，只是对于古能够人去，又能够出来，那他自然而然地会保存他的本来面目。假如一个人一近古人，便会变成古人的奴隶，那么，他就要做人也成问题，别说要做艺人了。善夫雷格尔（Max Reger，1873—1916）之言曰："我们艺术里面的'昨天'和'前天'恨不能尽量向那些少年的心头贴近去了！而那些少年先生们居然相信，戴上一顶红的雅阁宾党④帽而且大声叫喊：'打倒暴君，打倒昨天的人物'便算是具备进步的条件了。——这实在应该怎样郑重都嫌不够地向他们解释明白，真正的进步能够到来，能够期待，原来是建立在对于'昨天的'作品的最详细而且最关切的知识上面，第一着能够产生进步的原因是在一种才能，那种才能是'昨天的'人物凭着永久的，模范的方式占有着引我们去学习和猎取的！"谁能够体会这一段话，他一定能够创造他自己的时代，来一次光荣的 Renaissance。

这样的一位英雄是约翰·勃拉姆斯（Johannes Brahms）。

---

① 今译莫扎特。
② 今译佩里。
③ 今译卡瓦莱里。
④ 今译雅各宾党。

1833 年 5 月 7 日，德国汉堡城低音提琴演奏家约翰·雅阁·勃拉姆斯（Johann Jakob Brahms）家中添了一个男小孩，那个小孩就是我们崇拜的约翰。雅阁[1]老先生虽然以低音提琴出名，但是他玩过的乐器还有小提琴，中音提琴，大提琴，长笛及铜角[2]。就他的地位设想，他希望他的儿子将来能够传他的世业，做一个小提琴或是大提琴师，将来娶妻生子，不会有断炊的危险，可是长大之后，除了足衣足食之外他是没有一件跟爸爸的想头一样的。他成功一个作曲家，即使演奏也是钢琴，而且独身终老，更是一种特色。他自己虽然说没有结婚，变成一个流氓，但是自由的独身生活，却也是他所爱好的呢？

在汉堡有一个少年钢琴教师柯薛尔（O. F. W. Cossel）[3]，很有名气而且教授极认真，雅阁先生有一天带他那七岁的儿子去见柯薛尔，说出下面一段话："我愿我的儿子做你的学生，柯薛尔先生。他很喜欢学习钢琴。假如他弹得像你一样，那就够了。"会谈的结果柯薛尔答应收约翰做学生。小约翰的顺从，勤勉与聪明不久便得到先生的欢心。下课之后让那个小孩子在他的钢琴上面练习，省得他的小腿先回家去然后再上学堂。到小约翰十岁，柯薛尔已经声明，为小约翰的前途打算，应该替他找一个更高明的教师。他亲自带同约翰去拜见那位太上老师马克孙（E. Marxsen）[4]，请他担任此后的教导工作。可是老先生听小约翰弹奏，接着赞美一通之后，他仍然推辞，让柯薛尔继续任教。过了不久，举行一次音乐会，开会的成绩小约翰名利双收，有一个音乐会经理忽然异想天开，想带他去打起神童的招牌去美国开音乐会。老太爷是吃惯苦头的，儿子已然是这般有出息，他自然不加反对，好在他还跑去跟柯薛尔商量，被柯薛尔责备了一顿。这件事才算打消了。为求安全起见，他再跑去求马克孙收约翰做学生，马克孙终于答应了，而且知道勃拉姆斯不是有钱人家，所以声明免费教授。小约翰的进步使马克孙对他的感情与时俱进。有一次他给约翰一首韦贝尔的乐曲去练习，到下一次上课的时候，已经弹得完全正确，他还对他的先生说："我用另一种方法练习。"他用左手弹右手部分。这就是那篇 Motoperpetuum[5]，他后来发表作为左手练习曲。

马克孙的教授法是很特别的，他常常教约翰把一首长的乐曲当头一次弹奏的时

---

① 今译雅各布。
② 今译铜号。
③ 今译柯塞尔。
④ 今译马克森。
⑤ 今译《无穷动》。

候，立刻改成另一调。这种训练给他不少好处。他在葛廷恩（Goettingen）① 替雷门义（E. Remenyi）② 小提琴音乐会弹伴奏，临时发现到那具钢琴低了半音，他当场将贝多芬的模范大曲从 A major 改做 B flat major，因此引起约亚欣（J. Joachim，1831—1907）③ 的惊叹与爱慕，两人结成终生的密友，为勃拉姆斯的前途铲除了不少荆棘，这不能不说是马克孙的恩惠了。

天性是从童年表现出来的，勃拉姆斯说他童年的见解，以为最快乐的事是把圆点高高低低涂在横线上面。萨法（L. Sapha）说过，她头一次听勃拉姆斯弹自作的模范曲，他是约莫 12 岁。马克孙批评他初期的创作，虽然认它是幼稚，却使人确信那是一种非常的，伟大的，特别深刻的美才。

我们知道，勃拉姆斯是穷苦人家，小约翰只有 13 岁，便已经在跳舞场与水兵酒馆弹小提琴或钢琴弹到半夜，帮同父亲维持家中的开支。可怜他究竟还是小孩，哪里可以长期熬夜。他的精神有一个时期很受损害，1847 年 5 月他跟一个父执到乡村去休养，他的音乐才能在那里不久便被发现了。他替当地的一个合唱团弹钢琴，后来居然指挥他们合唱，那些老前辈无不唯唯听命。这是他第一次做音乐的主人。接着又写了一些简章的合唱曲。到秋天回来汉堡，在一个慈善音会里面参加演奏。那晚出席的都是成名的艺人，小约翰能够支持，并不是一件易事。他的先生批评他的演奏说："不独显示出优美的技术，精确，纯净，力量和把握，而且在精神上，理解上都是使人惊异的。"15 岁，他正式成为钢琴家。但是依然穷得利害。他作品集第一及第二是 C 小调及升 F 小调模范大曲④，创作时间是 1852 年。到了明年，便做了小提琴家雷门义的伴奏者，开始他的音乐旅行。

1853 年勃拉姆斯与雷门义到汉诺威（Hannover）访问约亚欣，是勃拉姆斯事业重要的开展。约亚欣与勃拉姆斯一见倾心，介绍他们去见汉诺威的王公，贵族及艺术家。他们的友谊自此一直维持到死。

当勃拉姆斯与雷门义从汉诺威启程去外马（Weimar）⑤ 的时候，约亚欣给他们写介绍信去见李斯特（Franz Liszt）。李斯特是外马音乐界的侯王，新德意志乐派的领袖，勃拉姆斯却是一个新进小生，除了腰间一叠谱稿之外无长物。他们会见的时

---

① 今译格丁根。
② 今译赖梅尼。
③ 今译约阿希姆。
④ 今译奏鸣曲。
⑤ 今译魏玛。

候，李斯特请他弹一曲他的作品，也许是因为勃拉姆斯不敢班门弄斧罢，他不肯答应，李斯特便自己动手。他一面弹，在座的人一面批评，弄得勃拉姆斯最先是害怕，接着是惊讶，最后是高兴。可是到李斯特弹完之后，接着另一个人请求弹自作的一首模范大曲的时候，勃拉姆斯却梦见巴赫去了。一场热闹的集会悄然而散。这一次的访问勃拉姆斯碰了一鼻子灰是无疑的，可是这种事的发生实在是划清了他们的艺术界限。后来他回葛廷恩找约亚欣，约亚欣再介绍他去见舒曼（Robert Schumann）。谒见之后，舒曼在日记册里面写着："勃拉姆斯来访，一个天才。"他虽然病体支离，还在《音乐新报》（Neue Zeitschrift fuer Musik）① 发表一篇文章：《新轨道》②，推许勃拉姆斯是音乐的新力，不独具备创作的天才，而且是一个谦谦君子。"他的同道当他历世的第一步向他致意，这世界上等着他的有创伤，但是也有月桂与棕榈；我们欢迎，承认他是一个坚强的战士！"这种称誉便是勃拉姆斯也不曾预料到，接着，出版家领袖勃莱特可甫（Breitkopf）③ 答应印行他的作品。

舒曼初意要勃拉姆斯印行他的细乐（Chambermusic）④ 作品，但是勃拉姆斯生怕自己的工夫还未到家，发表出来反转要闹笑话以伤舒曼知人之明，所以他选了又选，才决定发表他的模范大曲及乐歌。这对于一般喜欢肥皂泡的少年实在是一段贤明的教训。

德国当日的音乐派别恰巧成鼎足之势。一派捧门迭尔斯尊（Felxe Mendelssohn）⑤，骂舒曼的乐式欠整饬，主观性太重，舒曼的门徒于是反唇相讥，说门迭尔斯尊的学究气太重，而且喜欢农腔，第三派就是李斯特护卫的新德意志乐派，宣传贝尔约（H. Berlioz）及瓦格纳（R. Wagner）的新艺术。约亚欣是守旧的，所以与李斯特始合终离，勃拉姆斯也不大恭维李斯特的作品，因此他们一路归在舒曼门下。1853 年他头一次在莱比锡（Leipzig）登台，拍掌的也有，吹哨的也有，他见得左右都不是路，便回家省亲兼去歇歇。

1854 年他认识比罗（Hans von Buelow）⑥，比罗对他所得的印象是"极和善的，爽直的天性，至于在他的天才上，的确有一些好的意义的天眷的恩惠。"

舒曼对勃拉姆斯的期望是他得凭他高强的，理想的天分与结构形式的才能多写

---

① 今译《新音乐杂志》。
② 今译《新的道路》。
③ 今译布赖特科普夫。
④ 今译室内乐。
⑤ 今译门德尔松。
⑥ 今译比洛。

管弦乐的作品，勃拉姆斯从善如流，1854 年他便开始写交响乐，可是因为他不脱初学手，结果并不能完成，后来索性给取消了，改做其他乐曲，它的头两章就是现在有名的 D 小调钢琴协奏曲第一及第二章，它的第三章则改编入他的不朽杰作《德国诔乐》（Ein Deutsches Repuiem）①"因为一切肉体……"那一段。这样，勃拉姆斯明白了他的短处，于是发奋读书，决心不负舒曼的期望。他约定约亚欣共同研究，凡有习题必须依时交卷，犯规者罚钱买书。当然，受罚的老是约亚欣。

1856 年 7 月舒曼逝世，勃拉姆斯哀恸如丧考妣，自此以后，他做了舒家最忠实，最关切的朋友。1858 年舒曼夫人携同子女五人来葛廷恩，勃拉姆斯住在她贴邻，大家从音乐得到极大的快乐。过来在葛廷恩他还制造了他生平唯一的情史。——除开他对舒曼夫人精神的恋爱——女主人是季博尔德（Agathe von Siebold）（1835—1909）。季姑娘是一个聪明活泼的少女，勃拉姆斯因为爱她，得到幸福的灵兴，他的歌集第 14、第 19 及第 20 就是那个时期的产物，不过这场恋爱的结果很不幸，勃拉姆斯虽然爱她，可是他太穷，而且又不愿忍受任何的束缚，因此断然诀绝，累得不幸的季姑娘长年哭泣，就是他自己后来也有自怨自艾的表示，甚至于说自己是轻薄。

他的 D 小调钢琴协奏曲初次在莱比锡公开演奏是当 1859 年，给听众大喝倒彩，本斯朵夫（E. Bernsdorf）批评那部作品只是"荒凉与枯槁，真的全无安慰"。

德国音乐斗争越来越尖锐化了，1860 年勃拉姆斯联合约亚欣，格林，朔尔慈（B. Scholz）② 发表宣言，反对新德意志的音乐，不承认勃伦迭尔（F. Brendel）发表的新音乐原则，因为那是，闻所未闻的理论，违背音乐的内在精神云云。这些话是有商量的余地的，勃拉姆斯自己也许渐渐知道那场举动有点鲁莽，所以后来他对那场笔战很少出力，对于瓦格纳的伟大也衷心承认，不似韩斯力克（E. Hanslick）③ 他们到死不认输，到 1900 年还说瓦格纳的《罗痕格林》（Lohengrin）④ 不是音乐。

勃拉姆斯初次到维也纳是在 1862 年，维也纳是音乐中心，那边的空气是泼剌的，乐生的，它不独维系住勃拉姆斯的后半生，而且无形中稍为变化了勃拉姆斯的气质。他在维也纳的第一年是做唱歌学院（Singakademie）的指挥。

他第一交响乐（c 小调）的首章是在 1862 年苗芽的，他那时生活的艰难，爱情

---

① 今译《德意志安魂曲》。

② 今译朔尔茨。

③ 今译汉斯利克。

④ 今译《罗恩格林》。

的波折，艺术的失败，纠缠着他的灵认，他借音乐发出悲哀和苦楚之声诉。它的动机正和贝多芬的第五交响乐相同，——对命运的反抗与哀服。但是问题并不简单，贝多芬用道德力的武器去征服他的敌人小器与怀疑，勃拉姆斯则是对付不了解与猜忌，他的武器是作品。这样，贝多芬延长了 4 年才把第五交响乐完成，勃拉姆斯则从开始到完工足足经过了 15 年的长时间，他的乐歌，他的夜曲，他的六重奏，尤其是他的《德国谍乐》，一一出世，占领了艺术的胜利之后，他才回头重理他的交响乐，而那部交响乐也就得到凯旋的结束，它那形式的艺术的圆满，无论在曲调方面，和声方面以至节奏方面的独特与美丽，都使人明白，为什么比罗说，勃拉姆斯的第一交响乐是贝多芬的第十部，盖 50 年来无此作了。

1865 年他的母亲逝世，他赶回家中，已经来不及诀别，他的《德国谍乐》就是为母丧作成的，有一部分的思想则在哀悼舒曼。

勃拉姆斯晚年说到，有三件事的经历不枉他吃苦过活，第一是少年时得识舒曼，第二是亲见 70 年代，第三是巴赫全集出版。所谓 70 年代就是欧洲史上有名的普法战争，威廉第一于 1871 年在法国凡尔赛宫举行德意志皇帝加冕礼。勃拉姆斯对于德国国运的兴隆生起欢欣鼓舞之情，因此写成一部《凯旋歌》（Triumphlied）[①] 献给威廉第一，是他的一部声乐杰作。

1872 年至 1875 年，他领导乐友社（Gesellschaft der Musikfreunde）[②] 的音乐会，此后他便谢绝了一切公开职务，专心从事创作。他写了第一交响乐之后十年间他再写了三部。至于他的作品在退居的 20 年间说起来是够话长的，除了歌剧之外，他的创作力触及声音艺术的全部，而无一部门不得到超卓的成就，他的声名也就逐年提高，他的朋友逐年增加，他的版税使他可以安心工作。1879 年勃列斯劳（Breslau）[③] 大学赠送勃拉姆斯名誉博士学位，他写了一首《学院节庆序曲》（Akademische Festouverture）[④] 1881 年他亲自指挥公演，同时演奏的还有姊妹作《悲凉序曲》（Tragische Ouverture）[⑤] 及第二交响乐。至于在勃列斯劳名誉博士学位之前两年，英国剑桥大学已经赠送名誉博士学位给他了。

在维也纳居住期间，他每年必到外间旅行，游踪所至，北至丹麦荷兰，南至意

---

① 今译《胜利之歌》。
② 今译"音乐之友协会"。
③ 今译布雷斯劳。
④ 今译《学院序曲》。
⑤ 今译《悲剧序曲》。

大利，而大部分的时间总是回到维也纳。他独身终老，家务由一个女管家料理、用膳的地方是一家酒馆"红刺猬"（Roter Igel）。他严肃的天性终究是保留住的，1896年他写了《四首严肃的歌》（Vier ernsten Gesaenge）接着便得到舒曼夫人的死耗。他本来已经害了很深的肝癌，这一次跑到佛朗克府（Frankfurt）① 参加舒曼夫人的葬礼。支离的病体加上深刻的悲哀，老年人自然禁受不起，回维也纳之后于1897年4月3日阳光曦微，清风飘飏中逝世。他的遗产除宝贵的藏书室之外，约值40万马克。他遗嘱把那些遗产分给三个音乐团体，不过要把一部分的利息分给他的后母。

勃拉姆斯自奉非常俭约，只有买书不惜钱，他藏有不少古代大师的手稿，音乐史的书籍尤丰富。古典作品经过他抄写的算起来也很可观，一部乐谱经他加工点注与校正同样是常有的事。朔旁（F. Chopin）的 Mazurka② 给他划下的红线蓝线及黑线，看起来活像是一幅幅蜘蛛网。他对于音乐研究的渊博与精湛，在作曲家中是不可多得的一位。

他的性格像是乐天的，诙谐的，这是维也纳生活的影响，他赴宴会闹笑话，得罪人是家常便饭。到公园去的时候，总是先预备好糖果和玩具，随时分给可爱的陌生的小孩，他可以抱着他们看木人戏看得出神。我们一想到这种情景，同时记起他是独身终老，膝下从没有过一个小孩的生平，我们是无有不觉怅然的。别人看见他不时打哈哈，他自己却说，他的心从来不笑。家庭的变故——父母离婚而且先后死亡，爱情的痛苦——舒曼夫人，季博尔德以至舒曼小姐，友谊的破裂——雷门义向李斯特投降，都是使他刻骨的事，他唯一的希望与安慰便是艺术。他的作品所以能够或纯洁，或忠贞，或虔诚，或义③迈，或欢乐，或愁苦，或热烈，或……无一不洗尽俗气，巍然独立，"那样地旧而又这样地新"，自然不是偶然的事了。

君子的一个特征是仇恨忘得快，恩义记得牢。他对瓦格纳表示赞美，固然伟大，甚至于对后起的沃尔夫（H. Wolf）他也一样平心静气来判断，他的《花妖歌》（Elfenlied）④ 在维也纳演唱的时候，勃拉姆斯也去听赏而且叫好。过来，他从舒曼夫妇得到的好处真是没齿不忘，而且舒曼奖掖后进的热情，也给勃拉姆斯好的榜样。不是勃拉姆斯极力提拔，都渥沙克（A. Dvorak）⑤ 的世界声誉是不会这样容易得

---

① 今译法兰克福。
② 今译玛祖卡（舞曲）。
③ 原文如此，似应为"豪"字。
④ 今译《精灵之歌》。
⑤ 今译德沃夏克。

到的。

对于自然的爱好也是勃拉姆斯的特性，他初次旅行意大利的时候，心目中只有风景，过来才是古迹，音乐这捞什子他反为不大理会。他是健步的，随时可以看见他在深林里面放开脚步走路，所以他饮食也有斗酒兕肩的气概。

勃拉姆斯在音乐史上的地位是特别的，他似乎没有自己的时代，脚踏现代，心在古典。他的作品的评价也是人执一说。有的说器乐是他创作的极峰，有的又说是歌乐。这是仁者见仁，智者见智。我们可以说一句：什么都好！

就进化论进化，综合艺术的建立，标题音乐的发达，无疑是加强而且扩大了音乐的力量与范围，恰巧勃拉姆斯对于歌剧与交响诗都无缘分，他不相信新音乐的表现方式与技巧是完全与成熟，——这自然是他的主观，无伤于新音乐的存在——所以回过头来汲取古典音乐的精华，注入他独特的思想与深厚的感情，他并不是一个没出息的艺术破落户，像罗曼罗兰说的，在古人阴影底下讨生活的学究。雷格尔以为勃拉姆斯之所以不朽，不在他依附古代大师而在他有灵魂的个性。我想，谁都承认这是确论罢！

他的钢琴曲多是辛辣的，严肃的，有时甚至于是阴暗的，他的升 F 小调模范大曲也许是最新鲜的，充满罗曼蒂克的炫惑的一首。他的变体曲（Variation）① 显出他过人的学问与难人的技巧。就到现在也还不曾达到普遍的程度。

说到细乐，他大师的家数与严谨的格局齐到顶点。我们只要引他的死对头沃尔夫的一段话来证明他的价值："这里，作曲家的幻想老在美景中飘荡……一切都是晴朗的，一会明亮，一会阴暗，一片迷人的玉绿在这神话般的春景上面灌注：一切都在萌芽和含蕾；是的，人简直可以听见春草生……在奇特的，在醒与梦之间转调的和声中，收敛了这幅神秘的音画。"

四部交响曲是他管弦乐的中坚作品。他名列三 B——Bach，Beethoven 及 Brahms——多半是凭他的交响乐。他受人推崇做贝多芬以后最大的交响乐家，超过一切浪漫派作家的头。有人说，在贝多芬与勃拉姆斯中间只有过一部交响乐：门迭尔斯尊的《苏格兰交响乐》。至于他的钢琴协奏曲规模之伟大，不妨说是交响乐加补充钢琴。过来便是他的小提琴协奏曲 Op. 77 几乎难倒约亚欣，还有一部大小提琴双重协奏曲，也一样是好得难，工作的成份甚至于多过灵感，这是美中不足。

器乐之外便是歌乐。说到这方面，压卷的自然是他的《德国诔乐》。歌词来自

---

① 今译变奏曲。

圣经的名言，说出人的死亡，消逝与永恒，音乐是质朴的，然而是真切的，深刻的，对着这部作品使他的别的合唱杰作如《凯旋歌》、《命运歌》（Das Schicksalslied）及《薤露歌》（Naenie）① 都要退让，至于他独唱歌的基础则建筑在舒贝尔特（F. Schubert）②，略威（K. Loewe）③ 及舒曼上面，但是他不应用音画的原质，反之他却应用自然的民歌，所以他乐歌形式多是异章同调的 strophisch④，规模最大的要算是《麦结龙妮传奇歌集》（Magelone-Romanzen）⑤，他独唱歌共有 33 集，此外还有不列号的民歌及儿歌。他选择歌词很严谨，不轻易重谱前人谱过的诗篇，没有舒贝尔特以及舒曼那种误抓打油诗的毛病。他的情调是丰富的，不时露出德意志男性的锋芒。他的二部合唱曲特别有一种对位的灵巧。

一个人能够成功一个艺术家，而且是一个伟大的艺术家，人格上总是跟艺术一般崇高，而像勃拉姆斯那样"其责己也重以周，其待人也轻以约"的品学兼优，尤为难得。在当时虽然有人背后给他流氓的恶谥，因为他不拘小节，不过他早就这样自称了，至于这样的"流氓"该是远胜过伪君子罢，谁其嗣之？我思古人！

原载《音乐教育》第三卷第 12 期 1935 年 12 月

① 今译《悲歌》。
② 今译舒伯特。
③ 今译勒韦。
④ 今译分节歌。
⑤ 今译《美丽的梅格罗尼》（又作玛格洛娜）浪漫曲集（或歌曲集）。

莫查尔特作为歌剧作曲家

音乐史上有莫查尔特①（Mozart），是人类的奇迹。他的名字使人想到美和爱，纯洁和天真。他的生平凡和音乐稍有缘分的人都已经约略知道，现在用不着多费口舌来浪费读者的时间。不是他短命，他会泄漏尽音乐的奥秘。他的才能正好比长江（假如这种比喻不算是侮辱天才的话），从哪一面，哪一段看去，都有他特别的面相。可是，就算是长江罢，我们也可以说，哪一段最伟大，最美丽。假如我们说，三峡一段是长江美景的美景，那么我们亦可以说，歌剧是莫查尔特杰作的杰作。德意志民族产生两个沃尔夫刚（Wolfgang），一个歌德，一个莫查尔特，都具备多方面的天才。歌德创作的极峰是《浮士德》，莫查尔特创作的极峰是《魔笛》（单就民族性这一点说）。两部作品都是戏剧，它的来源都是民间，不过一部是用文字写成，一部是用音乐罢了。说也凑巧，莫查尔特是纯粹音乐家，否认歌剧脚本的文学价值，这确是使他和歌剧造成更尖锐的对立的原因。他不似瓦格纳，动不动就是洋洋万言，发动理论斗争，他的态度我们只能从他的家书或谈话窥见一二。他的名句："对于一部歌剧，诗歌应该做音乐的顺从的女儿。"说明他的基本态度，本来经过格禄克及他以前的作曲家如吕利（J. B. Lully，1633—1687）及拉莫（J. P. Rameau，1683—1764）等的努力，歌剧的成份，音乐与诗歌不能有畸轻畸重的处理，已经成为定律，到了莫查尔特，居然发出反动的言论，这不是奇哉怪事么？不过万事得讲情理，如果他的道理说得通，我们也不必一定反驳，我们应该明白，他写歌剧纯粹从音乐出发，他写信给他的父亲说："我不能诗一般写，我不是诗人。我不能将说话的方式艺术地处理，使它光影分明，我不是画家。我甚至于不能用手势或动作表现我的思想与心事，我不是跳舞家。但是我可以用音响，我是一个音乐家。"他对于自己

---

① 今译莫扎特。

796

的本领已经雪亮，我们也可以明白一半了，如果我们看近一步，我们更可为知道，他对于歌剧的特性及分类观察得多么清楚，他说："你相信，我写滑稽歌剧（Opera buffa）会用写严肃歌剧的手法么？一部严肃歌剧应该有少的戏谑而有多的学问的及理性的，一部滑稽歌剧则不应该有什么学问的，而尽量增加戏谑及打趣的成份。有人给严肃歌剧加上滑稽音乐，这个我做不到，在这种事情上面很容易分别出来。"（家书）于是他肯定地说："文字仅仅是为音乐写出来的。"因为脚本的功用只在人物和结构，演奏的角色不是借重文字而是借重音乐。"当音乐做主的时候，人家忘记了旁的一切。"

对于这种见解我们有反驳的余地么？是的，瓦格纳说过，莫查尔特不曾考究美学的分量，但是，圣人者，生而知之者也，不学而能者也，何况他并不是专门聪明的人呢！他对库沙尔区（J. B. Kucharcz，1751—1815）①说过："假如有人以为我的艺术是轻易成功的，那么，他压根儿就弄错了，我可以向你担保，可爱的朋友，没有谁像我一般对于大作曲家的研究下苦功，在音乐的名家里面，很少有一位不经过我勤勉而且常时反复研究过几遍。"可知要成大家，应该在天才之外加上学力，江郎才尽，难道真是郭璞讨回他的五色笔么？善夫许特劳斯（D. F. Strauss）之诗曰：

歌剧的莱森②（指格禄克），凭上帝的恩眷在莫查尔特身上很快便找到歌德。

即使不是最伟大，他终究值得尊敬。

这番话已经给格禄克留地步，同时推崇莫查尔特。莫查尔特杰作的杰作是歌剧，我们再没有疑问了，实际上他自己最喜欢写歌剧。他写信给他的父亲，说："我只能够听人家谈到歌剧，我只可以在戏院过活，听歌声——哦，这样我已经忘情了。"过了不久他又写："你知道，我最大的要求，一写歌剧——我对于每一个人写歌剧我都妒忌，我可以难过到哭出来，假如我听到或看到一首咏叹调。"不几天他又写："歌剧的写作硬塞我的脑壳里，法文好过德文，意大利文好过德文和法文。"可是后来他又改变了，他说过："每一个民族都有他们的歌剧，为什么我们德国人不应该有？"他的志愿终于完成，他写了《约逃》（Entfuehrung）及《魔笛》（Die Zauberfloete）。这也是莫查尔特之所以伟大。

① 今译库哈尔，捷克管风琴家，作曲家，音乐教师，1791—1797年任布拉格意大利歌剧院指挥。
② 今译莱辛。

莫查尔特在世僅僅 35 年，他的力量简直伸展到音乐的各部门，而他每一部门的成就都突过前人，就是他生平最崇拜的爸爸海顿，也不得不承认莫查尔特是青出于蓝，后来居上。假如海顿是孔子，莫查尔特便起码是颜回，安知海公不曾和他的门人说过："弗如也，吾与女不如也"呢？

莫查尔特虽然无所不能，可是我们现在依照题目做文章，便只能限于歌剧一方面，而这一方面实在也已经够受了。这篇文章不会写得精彩，第一是作者能力不够，第二是字数有限，只求力之所及，写得多少就写多少，免至闹笑话就是运气，什么冠冕堂皇的名词如研究论文之类，绝对不敢滥用。

写歌剧莫查尔特一生将近有 20 部，在歌剧演唱表上占有位置的计九部。九部之中以《约逃离开胥拉伊》（Eutfuehrung aus dem Serail）①，《飞加罗的结婚》（Le Nozze di Figaro）②，《段欢》（Don Juan），《他们都是这样做》（Cosi fan tutte）及《魔笛》。③ 就作品的性格说，他擅长写 Opera buffa，结果却拆掉隔离 Opera buffa 及 Opera seria 的障壁，使它们打成一片，德国歌剧研究泰斗克列区马（H. Kretzschmar）说过，没有莫查尔特的改革德国人便不会有瓦格纳的《匠师歌人》（Meistersinger）。

论述莫查尔特使用夹叙夹赞的笔法大概到了雅恩（O. Jahn，1813—1869）已经达到顶点，在他心目中莫查尔特似乎简直没有凡人的血肉，所以我们再用不着多说恭维话，只是老实地说下去。

Bastien and Bastienne 是莫查尔特天才的第一声春雷，接着是 Idomeneo。Idomeneo 之所值得特别指出，因为这表示他对舞台的用心，我们可以认出格禄克的影响。但是两位天才中间有着显然相反的两面。前一个是文学占上风，后一个是音乐占上风，莫查尔特的洋洋盈耳的曲调你是不能问格禄克寻找的，而格禄克提出的警告，不要为了音乐的炫技牺牲戏剧的效果，莫查尔特却用不着，他有他自己的派路。所以他独往独来，全无置疑，——我们现在转眼到《约逃》。

《约逃》是他生平头一部独立门户的杰作，那段创作的时间是他生平的幸福时期。《约逃》的女主角是康士丹慈（Konstanze），他的新婚太太刚巧与她同名，所以他的朋友跟着《约逃离开胥拉伊》的上演叫他的新婚做"约逃离开上帝眼"。写 Singspiel 曾经费过不少德国诗人及音乐家的心血，歌德就是尝试的一个，可是《约逃》一出来，歌德便说："莫查尔特起来，我们的辛苦都成白费，《约逃离开胥拉

---

① 今译《费加罗结婚》
② 今译《后宫诱逃》
③ 原文如此，应有漏文，如"为最"之类。

伊》打倒一切。"关于《约逃》莫查尔特曾经有过论文式的家书,他给脚本作者许台凡尼(G. Stephani,1741—1800)指示 Osmin 咏叹调的做法,可是在事前他已经将音乐计划好了,他认为"使人满意的歌剧,都是因为有好的计划,……并不在乎这边那边来一个寒伧的韵脚,……也许诗句对于音乐是必要的,可是韵脚——光是为了押韵,——却是最有害的,那些先生们冬烘地动手工作,老是连同音乐一起沉沦。——"我们再看他把音乐人格化:"Osmin 的愤怒给写成滑稽的了,因为那奇诡的音乐这样做……他的愤怒继续扩大了,所以——大家满以为这首咏叹调已经结束——两段 Allegro assai 必要完全是另一种速度,另一种声音而得到最美满的效果。因为一个人当剧烈愤怒的时候,会破坏一切的秩序,规矩和准则,连自己都不再认识,所以音乐也应该不能认识自己。"写 Belmonte 的咏叹调,他有下面的话:"那个卜卜跳的心已经表现出来了——用小提琴的八度跳奏——,一个人可以看见他发抖,颠簸,一个人可以看见,跳烫的胸膛的起伏。这是用 Crescendo 实现出来的,一个人听见那些密语和嗟叹,这是用加缩音器的第一小提琴和长笛吹出同度音 unisono 表现出来的。"瓦格纳说:"一个人在剧院里面听见这部歌剧充满生命地演唱的时候,不立刻由它引入戏剧里面去的人格合成一体,那是不可能的事。"韦贝尔甚至于说,莫查尔特的艺术经验已经达到成熟的境界,此后只有世界经验还待补充,这却是说得太早。在别人也许不错,可是在莫查尔特还不能就此打住,我们对他还有更大的奢望的权利。

写《约逃》最大的原因是莫查尔特借它歌唱自己的爱情,那种爱情毁灭一切障碍与陷害,过来便是 Osmin 的滑稽的面相。Osmin 描写的成功是莫查尔特的绝作之一。

压倒《约逃》的音乐喜剧是《飞加罗的结婚》(Le nozze di Figaro)。

《约逃》的成功本来可以使莫查尔特多写德文歌剧,但是意外来了一个改变。在民族主义的立场上说,也许是可惜,可是在艺术上我们却应该说那是一种运气。原来那时来了一个脚本天才达蓬特(L. da ponte)。他自己说:"有一天我和莫查尔特闲谈,他问我可以不可以根据博马舍(C. de Beaumarchais)的《飞加罗的结婚》编成一部歌剧。这番提议使我高兴,那成绩是迅捷而一致……我写完脚本,莫查尔特立刻给它配上音乐,六个星期之内一切都完毕了。"这部歌剧遭遇过风波,因为约瑟夫二世①内容近乎不道德,达蓬特曾经和皇帝面商,删的删,改的改,求其不

_____

① 此处应有漏文。

799

妨风化。博马舍写的喜剧有两部，《飞加罗的结婚》之外，另一部就是《塞维尔的整容师傅》①，由洛西尼作曲。洛西尼说过，莫查尔特的《飞加罗》，真是一部 dramma giocoso（风趣歌剧），他自己跟其他的意大利作曲家一样，只写得出 Opera buffa。的确，直到今天，《飞加罗》还是 dramma giocoso 的压卷作品，当日贝努齐（Benucci）在莫查尔特指挥之下演习《飞加罗》，唱到 cherubino alla vittora② 的时候，那些台上的演员及乐队的队员全都着魔一般，不约而同地叫出："Bravo，Maestro! Viva grande Mozart!"

第一点得指来的是《飞加罗》的结构非常严谨而精巧，这是达蓬特的功绩，使莫查尔特的工作相得益彰，那些和唱（Ensemble）并不是泛泛的对位的演化，乃是每一部声音代表一种人格，一种身份，第一幕的 Terzett No. 7 就是有力的例证，这种艺术在莫查尔特以前不曾有过，莫查尔特以后也找不到可以比肩的作品——恕我唐突现代的天才。至于结束调（Finale）也是少有的杰作。那种绝势的飞腾，联合独唱，合唱及乐队得到极顶的效果，尤其是第二幕的结束压倒一切，情节的发展几乎全凭乾吟调（Seccorezitatv），在乾吟调之间之 Aria，Kavatine，Konzone 及 Chor。瓦格纳说，意大利人拿来凑趣的插曲给莫查尔特活用成配景音乐而发生强烈的力量，……对话成为音乐，音乐却对话化，这是只有凭乐队的组织及运用使那位大师得到成功。

管弦乐的处理在《飞加罗》一剧也是非常的巧妙，一篇序曲已经把"疯狂日"（la folle journee）（《飞加罗的结婚》的另一标题）描写得淋漓尽致（碰巧我昨天又在兰心戏院听过）。莫查尔特自己以为演奏时越快越好。

本来对于《飞加罗》还应该更说多一些，可是我已经想起字数有限，好处无穷，现在只得离开《飞加罗》，来说《段欢》（Don Giovanni）。

《飞加罗》上演的彩声是大的，可是维也纳终究是意大利歌剧的势力范围，上至作曲家，下至歌人，都要死力把莫查尔特挤出去，结果是莫查尔特在蒲拉赫（Prag）得到知己，因此特为蒲拉赫写一部新歌剧，那就是《段欢》，脚本仍由达蓬特执笔，材料则从西班牙搬来。段欢是被西班牙人作为民族的特殊面相看待的，正好比德国人看待他们的浮士德，所有有人称段欢是南方的浮士德。歌德生平对他的秘书厄凯尔曼（J. P. Eckermann）[《歌德谈话录》（Gespraeche mit Goethe）的执笔者]。说过：配合浮士德的音乐应该够得上段欢的性格，莫查尔特实在得给浮士德

---

① 今译《塞维尔理发师》。
② 意为"凯鲁比诺前程远大"。

谱曲。当席勒尔（E von Schiller）说到向歌德发表他对歌剧的理想典型的意见的时候，歌德说，莫查尔特的《段欢》可以满足席勒尔的期望，莫查尔特一死，所有希望都给破坏了。贺夫曼（E. T. A. Hofmann）承认《段欢》是一切歌剧的歌剧。

关于段欢的容貌贺夫曼就有一段极妙的形容，可是我现在的心情不适宜作西洋西门庆的行述。这并不是方巾气在作祟，我也知道那些吟诵调及对话是绝妙的幽默及讽刺。但是我终究得省下这一笔，为什么呢？请你问我的 Muse！

从前有过不少人，正如瓦格纳说的，几乎每一个导演都有过那种企图，把《段欢》改成适合我们的时代，可是"每一个有理解的人都应该说，这部作品不应该改变到适合我们的时代，乃是我们把自己改变到适合《段欢》的时代求与莫查尔特的音乐一致"。他对《段欢》的论调是："抬头望莫查尔特！看看他的《段欢》！音乐在什么地方有过比得上这里得到的这么无穷的，丰富的个性，有过这么稳贴而确切的，在最丰富的，洋溢的饱满中来描写性格？"有人问过洛西尼，他的歌剧哪一部最好，他一派正经地说 Don Diovanni。古诺则把音乐的《段欢》比作文学的《圣经》。

《段欢》虽然是一部歌剧，可是丑角却只有一个 Leporello，段欢的仆人。他的咏叹调——数出段欢的恋人或姘头——也许用这个字比较来得适合罢——这些妇人的性格由乐队逐个奏出，起先是弦乐器，后来便因妇人乡土的关系凑上管乐器及铜乐器，尤其是"可是在西班牙"那一段。到他算到妇人的身份，乐器再来一番手法，甚至于小提琴的母题在低音提琴上面得到答复。

第一首结束调特别应该提出来的是音乐描写的神化。达蓬特曾经写明：这场跳舞应该没有秩序，这边是 Minuett，那边是 Follia，另一边又是 Walzer，莫查尔特真的在管弦乐上实现了。这是音乐混合节奏的神工鬼斧。

论段欢得离开道德的立场，他代表一种典型，他厌倦目前，努力追求新生命，所以他的生命是永恒的，"轧姘头"不过是一种象征，在第二幕的结束调显现出第二种强烈的自然力：死，可以说是莎士比亚的家数，对着司命的形象正如死对生的持续的战斗，死绝于得到胜利。因为美亦一样广于毁灭，这是特别意义深长的启示，这种对立在序曲里面也很显然，——开头 D 小调三和弦及音阶像是神秘的警告使人感到威胁，接着 D 大调涌出无视灭亡，努力创新，死不罢手的气概，这是《段欢》包含特别的价值的原因。

就音乐的价值说，《段欢》之后便是 Cosi fan tutte（她们通是这样做），它属于莫查尔特生平最有特色的，最成熟的创作，它把女人的德性骂得不值半文钱，加之结构松懈，缺乏戏剧性，在现代的舞台上已经占不到重要的地位，现在把它撇开，一气说到他的《魔笛》。

莫查尔特的创作正象征他自己的生命，写完 Cosi fan tutte 他向意大利歌剧告别，但是和意大利宿缘未断，于是再来一部 La clemenzadi Tito（Tito 的柔和）结束他的 Opera seria。现在，他就在辞世之前，再回到德国歌剧那边去，成功那部不朽的杰作《魔笛》。从《魔笛》使人记起他的《约逃》，可是他的艺术手腕更纯熟了，人世经验更丰富了，那时他结识了席坎桌德尔（E. Schikaneder）。席坎桌德尔给他写了《魔笛》的脚本。这部脚本似乎没有多大的文学价值，但是有组织，有结构，他是戏剧的老门槛，他知道怎样把深刻的严肃与轻松的风趣打成一片，来达到戏剧的效果。并且得到那位"音乐的莎士比亚"凭丰富的幻想，支使艺术的本领及剧场经验及天才的火焰把席坎桌德尔的脚本改铸成一件高贵的艺术品。

《魔笛》本来是一种配乐的傀儡戏，为了有莫查尔特配音乐，所以才身价万倍，它的元素的变戏法，莫查尔特说过，他还不曾写过神话歌剧，所以不管走运或倒霉，他都得干一干，只要有脚本。席坎桌德尔到当时穷得要命，所以便马上动手写作。这部歌剧的精神是一种"江湖结义"式的义气，它有对立的性格：Sarastro 代表高贵的人类，为光明的智慧，美丽及坚强斗争，夜女神代表昏暗及迷信的国度。至于 Tamino 是一个王子，更重要的是一个人，代表追求然而不免迷惘的高贵的人类，却始终意识到光明的前途，和这对立的是 Papageno 那种下贱然而驯顺的，怀抱童心，为饮食卖俏的人性。

《魔笛》里面照样显示莫查尔特的合唱艺术。如歌剧的开头那段女声三部合唱就是好例。至于 Tamino 使人想起《约逃》的 Belmonte，Pamina 则是 Konstanze，精神上属于同一血统，也使人记起那就是他自己和他的夫人。比这对返照人物更有特色的是那些幽默角色，那个势利的黑人 Monostatos 凭节奏的生动及高音短笛（Piccolo）活现出来。至于音乐的 Papageno 大部建筑在德国民歌上面，所以表现出道地的德意志民族性，不似其他的角色多半是从意大利运过来的。使《魔笛》从开始到现在保持民众爱好的记录的，最大的原因是为 Papageno。过来，管弦乐的处理，《魔笛》比前期的歌剧更新鲜，更独创，可是他的目的并不是在怎样配合乐器，这一切，如伸缩喇叭及 Bassethorn 的使用比方说，都只是达到戏剧效果的手段，庄严的人性的表现。瓦格纳说："德国人对于这部作品的出现的确无从充分表示他的崇敬。……艺术的高贵的百花精华像是凑合成，溶化成一朵独特的花，每一支曲调里面包含怎样自在的同时高贵的普遍性！——的确，这位天才举起太大的一步；德意志歌剧一创造，便是一部最美满的杰作，要超过它的头是不可能的，是的，这一类的作品，压根儿不能容别人发展与继续。"这些并不是溢美之词，我们只要一想 Fidelio 是德配天地的贝多芬生平声乐三巨作——第九交响乐，Missa sollemnis 及 Fidelio——之一，事实上何曾动摇到莫查尔特的基础。韦贝尔及瓦格纳之所以伟大，是因为他们换一条新路走，而《魔笛》仍始终不失为他们的模范。

话总算是说了不少，但是回头一看，我何曾说到莫查尔特歌剧的核心！呜呼，天晓得我是怎样惭愧！

原载《音乐教育》第四卷第 1 期 1935 年 12 月

自然主义歌剧的前因后果

想象的翅膀也和鸟的翅膀一样：
若是常常用它，是要疲倦的。

——F. Loliée

自从华格纳的歌剧产生之后，对于舞台，若浪淘沙，若风偃草。我们想一想，19 世纪可以与华格纳对立的歌剧作曲家只有弗提（G. Verdi，1813—1901）① 而弗提晚年的作品如《俄忒罗》（Othello，1887）② 如《缶尔斯塔夫》（Falstaff，1893）③，正如克列区马（Hermann Kretzschmar，1848—1924）④ 说的，变成一个使人感动的热心的华派，诚然，弗提和一般艺术猴子有别，他到死保持意大利人的本色。——回头说华格纳的歌剧，震天价的乐队，神话的内容，冗长的表演时间，虽然可以凭天才的粗蛮的拳头打碎其他的舞台，但是终究使人有时觉得吃不消。阔人吃过大汉筵席之后，有时还会想到清茶淡饭，歌剧群众想松一口气，而且也想在舞台上看看自己中间的有血有肉的凡人，自然是势所必至。而当时索拉（Emile Zola）⑤ 的自然主义已经确立，从文学发展到音乐领域，原也史无例外，于是自然主义的歌剧产生了。

自然主义歌剧的繁盛是在意大利，但是它的发源地，却并不是"充满生气与热情的民族"的摇篮——长靴半岛，而是法兰西。开山的作品是俾最（G. Bizet，1838—1875）⑥ 的《卡门》（Carmen），尼采（F. Nietzsche）甚至于指出它是与华格

---

① 今译威尔第。
② 今译《奥赛罗》。
③ 今译《法尔斯塔夫》。
④ 今译克雷奇马尔，德国音乐学家、指挥家。
⑤ 今译左拉。
⑥ 今译比才。

纳对立的杰作。值得注意的是它的混杂，它包含悲剧的气氛，自然的真实及轻松的幽默，这些相反的成份，善恶界外的场合，火剌剌的民族色彩正是自然主义歌剧的主要特征。《卡门》对于自然主义歌剧的进展因此保留巨大的历史的意义。没有《卡门》，马斯卡尼（P. Mascagni，1863—），雷翁卡发罗（R. Leoncavallo，1858—1919）① 以至达尔柏（E. d'Albert，1864—1932）② 是不是有今日的结果，我们是不能随便下断语的。

可悲的是俾最生当法国音乐的混乱时代，抱残守缺的音乐家已经死拉住过气的大歌剧，实力不如迈尔贝尔（G. Meyerbeer，1791—1864），别一群又向华格纳竖起降旗，更有一些呢，企图来一个折衷办法，结末是那些甜津津的，大歌剧与趣怪歌剧的混血儿（Drame lyrique）③ 占了上风，《卡门》所受到的待遇因此是一声呸！俾最也就敌不过凄惨的失望，还不足 37 岁的盛年已经长辞人世。

意大利的自然主义（Verismo）一方面受到外来的影响，一方面承袭祖宗的遗产，祖宗是谁？就是弗提。他的三部曲《利哥列图》（Rigoletto）④，《骑士歌人》（Ie Trovatore）及《茶花女》（La Traviata）完成于三年之内（1851—1853），这表示弗提向戏剧的真实性追求及创造有血有肉的人间角色的企图。虽然他后来自悔少作，说过下面的话："依照真实说出来，也许是有相当的目的，但是这是照相，不是绘画，不是艺术！用幻想找寻真实，是更好，好得多。"但是他的三部曲所发生的影响以及在歌剧史上的地位却是卓绝的。后来自然主义歌剧就没有可以与《利哥列图》等等比肩的作品。

离开作品论史实，弗提晚年倾向华格纳，意大利已经丧失了她歌剧的盟主地位，后来意大利歌剧当衰颓之后，仍然能够重整旗鼓，在欧洲舞台上风靡一时者，不能不为功于自然主义。

不错，自然主义不能损及华格纳的一分毫，但是以华格纳的余威竟不能肃清甚至于防止自然主义的歌剧，可见艺术永远不能定于一尊，而道地的意大利式的歌剧（Opera）终有它存在的价值。寒来暑往，秋收冬藏，世界就是这么一回事。

自然主义算是华格纳的反动，除了题材从神到人之外，便是形式从大到小。极

---

① 今译莱翁卡瓦洛。
② 今译阿尔伯特。
③ 今译抒情剧。
④ 今译《利哥莱托》。

端的例是马斯卡尼的《农民的体面》（Cavalleria rusticana）① 只有一幕，表演的时间，只有 55 分钟，试比一比华格纳的《匠师歌人》（Meistersinger）就可以，用不着说到《尼贝龙的指环》（Der Ring des Nibelungen）了。乐器的应用及歌韵的悠扬本来意大利有她的历史，跟华格纳的根本两样，这里也不妨算作区别点。

自然主义的宣言我们可以从雷翁卡发罗的《小丑》（Pagliacci）的序引里面找出来："艺术的目的不单是神话，诗人也描写眼见的东西。"

诗人要描写眼见的东西了，他们的眼不望向云端，不望向纱栊，却把视线投射到下贱的阶层，这也是所谓时代感，当时的风习是这样，不写实则已，一写实却总是暴露，总是解剖，于是自然主义歌剧的题材便寄托在妒忌，奸杀，阴谋，劫掠等等上面。这些正表现出意大利人的彻底性：热烈的，不管恋爱还是憎恨；强项的，不管理直还是理屈。国民的生活不独写在纸上给人读，也演在舞台上给人看了。而且不会先来一套引述，让人先兜大圈子，一出手就是开门见山。这种"电报体"的脚本也是自然主义歌剧的历史的贡献。我们可以从舞台上看见活跃的人生。庄严隆重的祭礼，恃娇撒泼的行为，阴森惨淡的生活，忍心害理的计谋，回肠荡气的歌唱，指天誓日的痴情……歌剧舞台做了人生的一面大镜子。所以在音乐上，自然主义歌剧未必胜过前人，在题材上却无疑是进步了的。而且剧中不时引用乡土气息的棹歌，小夜歌，谑笑歌等等，平民的生活因此更加逼真了。

自然主义歌剧的典型是马斯卡尼的《农民的体面》。

马斯卡尼以 1863 年 12 月 7 日生于意大利的利佛诺（Livorno），米兰音乐院出身，初任小规模的旅行歌剧团的指挥，1890 年松楚诺（Sonzogno）② 书局悬赏征求一部独幕歌剧，马斯卡尼的《农民的体面》得到首奖，同年 5 月 17 日在罗马上演，一帆风顺，没有一个城市的歌剧院不把这部歌剧列入演奏日程里面去。歌剧界简直流行了马斯卡尼热。在音乐上这部歌剧含有一种动摇的题旨，母题的重演或高或低，铜乐器强力的对立造成粗野的，虚伪的效果。华格纳的领演母题，弗提的过渡曲调，使剧中人物具备独特的性格。特别作为自然主义歌剧的特征的，是曲调的装饰加入高扬的三连音，对于这个有好些批评家讥为庸俗，可是马斯卡尼创作曲调，安排人物，构造场面的才能却是不能抹杀的。

《农民的体面》之后马斯卡尼接二连三地写歌剧，可是马斯卡尼热已经低落，

---

① 今译《乡村骑士》。

② 今译松佐尼奥。

他的作品如《友人法利慈》（L'amico Fritz，1891）①，《依利斯》（Iris，1898）② 等都有盛名之下其实难副之叹，《面具》（Maschere，1900），及《依沙波》（Isabeau，1910）③ 在意大利也得不到出色的成绩。1934 年他还有所作《尼郎尼》（Nerone）④ 与世人见面，他的信徒虽然宣传了一阵，但是不得不承认不及少作的有力，合唱也贫弱，总之，马斯卡尼的黄金时代是过去了，他只得保留得意大利的曲调和阳光。——《农民的体面》内容如下：

复活节，珊图查并不快活，因为她的好情人图丽都另外去爱罗剌，罗剌现在是亚尔菲乌夫人了，从前和图丽都有过一段罗曼史，现在为了不甘心珊图查享受幸福的爱情，反过来逗引图丽都，而且嘲笑珊图查。珊图查情急了，向亚尔菲乌告密。——出了礼拜堂，大家到图丽都家里去举行饮宴，亚尔菲乌辱骂图丽都，咬他的耳朵，结果是一场决斗。图丽都天良发现，珊图查自知鲁莽，可是都已经迟了，图丽都的命抵偿了农民的体面。

* * *

《农民的体面》上演后两年（1892），雷翁卡发罗的《小丑》在米兰露脸。雷翁卡发罗原籍拿波里，生于 1858 年 3 月 8 日，在故乡受音乐教育。早年的生活是流浪的，德国，荷兰，法国，英国及埃及都有他的足迹，因为《小丑》一剧名闻天下。他作品的命运跟马斯卡尼走着同一的路。《小丑》之后，《美迪齐氏》（I Medici）（1893）⑤《察脱吞》（Chatterton）（1896）⑥《穷艺人》（La Boheme）（1897）⑦《察察》（Zaza）（1900）⑧ 以至 1904 年接受德皇威廉二世的特约作曲的《罗兰在柏林》（Roland in Berlin）都不能得到群众照旧热烈的欢迎。他于 1919 年逝世。

雷翁卡发罗创作力的丰富不如马斯卡尼，但是他有他的特长，他有比较高超的技巧，熟练的配器法，而且自写脚本。——《小丑》的内容如下：

开场没有正式的序曲，一阵乐声之后，小丑陀尼乌出台朗诵开头白，表示作者的见解，（这种办法使人想起我们的《琵琶记》）接着，"戏可以演了"。

---

① 今译《友人弗里兹》。
② 今译《伊丽斯》。
③ 今译《伊萨布》。
④ 今译《尼禄》。
⑤ 今译《美第奇》。
⑥ 今译《查特顿》。
⑦ 今译《艺术家的生涯》。
⑧ 今译《扎扎》。

　　第一幕是市集，丑脚来演戏。老板卡尼乌从车上跳下来，他的女人（戏中戏扮柯仑毕妮）涅达要帮陀尼乌（戏中戏扮塔迭乌）的忙，吃了丈夫一记耳光。卡尼乌进酒店去了，陀尼乌便走过来向涅达献殷勤，他太忘形了，涅达赏他一鞭。他怀恨。现在来了涅达的情人西尔维乌，商量今夜的幽会。陀尼乌听个分明，便去叫卡尼乌来。他来，西尔维乌跑了。他追不到，便回来质问涅达。他的短刀正要戳进去，陀尼乌及贝坡过来劝开了。

　　第二幕是戏中戏。晚上，乡民聚集到市场戏台前面，西尔维乌也在乡民中间，戏名《柯仑毕妮》，剧情正是第一幕的缩影。柯仑毕妮知道丈夫不在身边，便用手招引哈莱肯（贝坡扮）。可是进来的不是哈莱肯而是塔迭乌（陀尼乌）。他想来求爱，看见哈莱肯便又得避开。到本夫进门，哈莱肯已经溜之大吉，但是他还听到他们话别。于是做出颜色来，逼妻子告诉他奸夫的姓名。她不肯，他忽然省起下午发生的真事，一下子把戏当真，对正那个反身逃走的妻子一刀飞去，西尔维乌知道不妙，从台下走上来帮忙，卡尼乌认出正面的敌人，刀下也就不肯留情了。群众起先看逼供做得逼真，大声叫好，后来弄假成真，正在目瞪口呆，他却平一平气，向群众宣布道："这场戏做成了！"

＊　　　＊　　　＊

　　自然主义的潮流泛滥了一个时期，出色的作家并不多，卡塔拉尼（A. Catalani, 1854—1893），塔斯卡（A. Tasca，1864—），佐达诺（U. Giordano，1867—），斯彼内里（N. Spinelli，1865—1909）都是随起随落的浪花。意大利人中间真有才能，克服自然主义的单调，扩大自然主义范围，再造成一种独特的，普遍的世界语的作曲家是浦契尼（Giacomo Puccini）①。

　　浦契尼工作一生，得到的批评是毁誉参半。但是不论是捧是骂，有一点却是一致的，就是承认他是弗提以后最伟大的意大利作曲家。他生于 1858 年 6 月 22 日，毕业于米兰音乐院。他的少年作品如《威利》（Le Villi）（1884），《哀嘉尔》（Edgar，1889）② 彻头彻尾是自然主义派。到《马农列斯柯》（Manon Lescaut，1893）③ 他改变了进路的方向，原因是受了法兰西的影响。但是他走了一程，回过头来，重理自然主义的旧业。这样便转入他创作的全盛期。他的特色是描写微末的人情和世

---

①　今译普契尼。

②　今译《埃德加》。

③　今译《玛侬·莱斯科》。

态。他说，他喜欢渺小的东西。《穷艺人》（La Boheme）① 描写拉丁区的穷寒的文化生活，《妥斯卡》（Tosca）② 是实心眼的热情女郎，《蝴蝶夫人》（Madame Butterfly）充满了远东的异国情调。这些剧本使人感动的，是凡人的生活也蕴藏着永久的悲哀，通过这层永久的悲哀，却显现出人性的庄严与灵魂的光耀。但是浦契尼有一种毛病，他不脱一般意大利人的谬误的观念，只当脚本是音乐的一种根据，这种道理莫查尔特（W. A. Mozart）也发过一篇议论，不过他的音乐到底是剧情的工具，从内部出发，到面相的分明，因此热情的奔放，场面的进展，都可以得到预期的效果。浦契尼则惯于掠取事态的浮面，固然，这里显示他的本领，他的歌剧在演唱日程上已经像是铸成的铁版，谁也磨不掉了。不过那是台上群众的入迷，并不全是剧中人物的真切。还有一点要为入浦契尼的运气。歌剧作曲家有一个致命伤，就是不容易得到好脚本，浦契尼的合作者贾柯萨（Giacosa）③ 及伊力卡（Illica）④ 都是脚本好手，颇使人有二难之感。

《穷艺人》（1896）是使浦契尼一跃而成世界名家的作品，接着是一部血花射眼的《妥斯卡》（1900），再过四年，《蝴蝶夫人》上演，划定了浦契尼歌剧成功的限度。1910 年作《黄金的西方的少女》（The Girl of the Golden West）⑤，被一般批评家认为电影化。欧战期内（1917）作《燕子》（La Rondine），本来是为维也纳制作的，因为欧战发生，艺术也不能超然存在于政治之外，所以改在蒙脱卡罗（Monte Carlo）上演。1918 年写了独幕三部曲：《外套》（It tabarro）《姊妹安哲利卡》（Suor Angelica）⑥ 及《斯奇奇》（Gianni Schicchi）⑦。《外套》是自然主义歌剧的余波；《姊妹安哲利卡》是一篇感伤的修道院故事，带点神秘性；《斯奇奇》是一部滑稽歌剧（Opera buffa），它不独是三部曲的中坚，简直是浦契尼生平作品中最完美，最本色的珍品。

1919 年 10 月，浦契尼向亚丹密（Adami）⑧ 要求一部脚本，他介绍《杜兰朵》

---

① 今译《艺术家的生涯》或《绣花女》。
② 今译《托斯卡》。
③ 今译贾科萨。
④ 今译伊利卡。
⑤ 今译《西部女郎》。
⑥ 今译《修女安杰丽卡》。
⑦ 今译《贾尼·斯基基》。
⑧ 今译阿达米。

(Turandot)①。《杜兰朵》是哥齐（C. Gozzi，1720—1806）② 写的一部戏剧，戏中人物是中国人，地点是古代的北京，除了少数人以外都是穿着中国服装，但是这部戏剧太把中国神话化了，亚丹密的改编又可以说是愈走愈远。然而浦契尼对于东方感到极大的兴趣，所以很用了劲儿来工作。为了求真，他向大英博物馆借阅中国古乐集。不幸的是《杜兰朵》的配器工作还未曾全部完成。小刘③的绝命还未收场，浦契尼的生命却先完结了（1924 年 11 月 29 日）。最后的二部合唱及第三幕第二场是亚尔法诺（F. Alfano）④ 续成的。

《穷艺人》一剧描写巴黎拉丁区一班落拓的艺术家的生活，证明浦契尼保持意大利作曲家的传统——曲调专家。昔人论秦少游的《满庭芳》过拍"斜阳外，寒鸦万点，流水绕孤村"，以为虽不识字人，亦知是天生好景致。听《穷艺人》亦可以借用说，虽不识五线谱的人，亦知道是天生好曲调。我们可以听一听鲁朵夫与蜜蜜的二部合唱，穆萨特的旋转舞以及第四幕蜜蜜弥留时的合唱。还有特出的浦契尼式空五度在第三幕描写冬天的破晓情景得到出色的成功。

《妥斯卡》在艺术上不及《穷艺人》，受到的批评也比较严酷，卡普（J. Kapp）以为这种戕贱神经，惊心动魄的戏剧效果如第二幕者简直是音乐史上最下流的制作，音乐的成绩还不及迈尔贝尔。有价值的是第一幕的卡瓦拉朵西的咏叹调，卡瓦拉朵西与妥斯卡的二部合唱，妥斯卡的祷告及第三幕那段带有牧童歌声及罗马晨钟的风景描写。

《蝴蝶夫人》是浦契尼继《穷艺人》之后的又一次大贡献。第一幕结尾的伟大的二部合唱，蝶子企望来船的咏叹调，谁不受到深深的感动呢？蝶子向她的孩子诀别的那种心酸肠断的情景，的确可以引起群众的同情泪，音乐更充满东洋音色。大体上说，结构并不是大规模的，因为用不着小题大做，而结构的谨严与音乐的完美，形成浑然的整个，的确可以说是属于 20 世纪不可多得的歌剧。

《斯奇奇》是被公认为一部无懈可击的歌剧，说者以为浦契尼当工作的盛年，倾心于凄绝人寰的悲剧，因为他神经健全，不怕刺激；到了晚年，衰病侵寻，索然寡欢的时候，这才着手成春，来一出轻松的歌剧，用以自娱，他也知道人间所愿望的并不光是哭声泪影了。《斯奇奇》的故事是这样的：

---

① 今译《图兰朵特》。
② 今译戈齐。
③ 今译柳儿。
④ 今译阿尔法诺。

博梭死了，屋里聚满亲戚。面子上说是来吊丧，骨子里却在等候分点遗产，据传闻，死者把他的遗产大部分送给一所修道院。大家很担心，忙着去找遗嘱。果然，遗嘱证明传闻无误，全捐给修道院。大家哗然，咒死者，也咒修道院。利努克丘满以为可以分润一点做结婚费用，他的未婚妻罗列塔是斯奇奇小姐。斯奇奇先生是吊客中唯一有办法的人物，因为他知道舞文玩法。一对未婚夫妇紧逼着斯奇奇，斯奇奇偏说没有办法。大家都很失望。忽然灵光一闪，办法来了，因为博梭的死耗还不曾传扬出去。于是一面请医生，一面斯奇奇装作博梭躺在病床上。大家都巴结他，希望分到多一点。事先他警告众人不得泄漏，因伪造遗嘱是犯法的，知情不报的也要治罪。喜剧开场，他告诉医生病情转好。医生走后，笔录官被请来，他变声念出"他的"遗嘱。一切分停当了，大家仍然着急，因为房屋及磨坊等等还没有承继人。揭晓了！给谁呢？斯奇奇！大家要闹，他举手警告。到笔录官走了，大家便动手抢东西。斯奇奇为了保障他的"既得权益"，把那些乱子手赶出去，自作主人！那时在露台上是一对恋人，利努克丘及罗列塔。他感到自己是一个"慈父"，问他会不会有更好的分配。——念两句戏诗他指出这场活剧的出处：但丁《神曲》的《地狱界》。

*　　*　　*

《农民的体面》及《小丑》传到德国，不独观众欢迎，作曲家亦来显本领。1893年柯堡公爵（Herzog von Koburg）悬赏征求独幕歌剧，乌姆劳夫特（P. Umlauft，1853—）的《爱凡提亚》（Evanthia）及福斯脱（J. Forster，1845—1917）得奖，但是这些作品现在都已经寿终正寝，此外短命的自然主义歌剧还有胡姆美尔（F. Hummel，1855—1928）的《安格拉》（Angla）及《马刺》（Mara），勃列希（L. Blech，1871—）①的《亚格剌雅》（Aglaja）及《凯鲁比娜》（Cherubina）。使自然主义有改弦更张的希望的作曲家是达尔柏的歌剧《低地》（Tiefland）（1904）他就剧中人物萨巴斯洽诺及培德罗造成性格的对立。一边是堕落的，卑性的，自私的，无耻的地主，另一边是纯洁的，勇敢的，多情的，自然的牧童，可以说是一种华格纳的伦理思想与自然主义的实地观察的糅合。音乐是自然主义的，同时却有华格纳的艺术法度，思想有独立而一贯的发展。进一步可以从平凡的生活显示出崇高的艺术。但是不幸，《低地》的成功，使达尔柏陷入投机的泥涂。他的歌剧越来越浅薄，到后来简直得到爵士歌剧（Jazz-Oper）的称号。（《黑兰花》Die Schwarze Orchid）。其他歌剧举其重要者如下：《爱情的链》（Liebesketten）（1915），《死眼睛》（Die to-

---

① 今译布勒希。

ten Augen)① (1916)，《俄利维刺的公牛》（Stier von Olivera）（1918）《革命的结婚》（Revolutionshochzeit）（1919）《郁蒸的西南风》（Schirocco）（1921）《吴先生》（Mr. Wu）（1932，乐队大部分由勃列希就他的遗稿补作，一部暴露中国官僚的残忍的歌剧）。

自然主义歌剧在意大利以外所以不能繁荣滋长的原因，我们不妨说是地理与国民性的关系。至于不是全盘复制，则我们可以在意大利以外超过空间与时间找到不少自然主义的脚印。瓦尔脱斯豪孙（H. W. von Waltershausen，1882—）沙蓬洽（G. Charpentier，1860—）② 甚至于最新的作家如科恩坡尔特（Kornpold）许勒克尔（F. Schreker，1878—）③ 等等都是。但是自然主义的全盛期究竟是已经过去。印象主义耳目一致的机运已经达到成熟的地步了。

原载《音乐教育》第五卷第 2 期 1937 年 2 月

---

① 今译《死的眼神》。
② 今译夏庞蒂埃。
③ 今译施雷克尔。

格利格

提起北欧，很使有心人高兴，因为北欧民族用文化打了那些凭借军事上及政治上的势力自称优秀民族的国家的嘴巴。在近代，有几个可以跟伊孛生（H. Ibsen）[①]比拟的诗人？德国剧作家黑培尔（F. Hebbel）身享盛名，只谦称是伊孛生的先驱，那个伟大的感叹号（！）萧伯纳是从伊孛生的疑问号（？）蜕变出来的。伊孛生之外还有般生、哈姆生、安徒生这一串生，都发出灿烂的光彩。说到批评家又有伟大的勃兰兑斯（G. Brandes）。文学之外，论到音乐，北欧也已经占有一个重要的地位了。加得（N. W. Gade）[②]可以说是开路人，到格利格（E. Grieg）[③]便把北欧的大旗在世界音乐队伍中间举了起来。1843 年加得的交响曲在莱比锡演奏，门得尔松及舒曼都表示极度的赞美，舒曼说是头一次听见斯堪第纳维亚的，本色的声音，到了格利格，斯堪第纳维亚的声音便使世界人类听到耳熟了，而且比加得的更道地，更真切。北欧的音乐占有世界的价值，世界的音乐保存北欧的颜色。不过，说是北欧，实际上是有语病的。严格的说，格利格的艺术应该说是诺威[④]而不是斯堪第纳维亚。格利格自己说过，诺威、瑞典、丹麦，这三国的国民性是根本不同的，他的艺术是十足的乡土艺术。北地的飘渺的灵奇，午夜的阳光，大海的雄伟与苍茫，崩峰转石的瀑布，高入云霄的岩石，无声照影的山泉，静穆的庄严，严洌的景色，经他的诗笔一一谱入音响里面去。他做了民族的喜怒哀乐的代言人，向世界揭示出民族的灵魂，音乐连新音乐的技巧全做了他表现的工具。为了这个，格利格在音乐史上的地位与意义等于伊孛生在文学史上的。而他们的遭遇也有相似处，不过这里不能多

---

① 今译易卜生。
② 今译加德。
③ 今译格里格。
④ 今译挪威。

说了。

却说诺威经过一场 400 年的大梦——伊孛生所轻蔑的丹麦统治下的久睡——终于摆脱了强敌的羁绊，自己感到自己的存在。诺威的传说，神话，歌谣，舞蹈，都是丰富而且新鲜与纯粹，这些也就是格利格创作的源泉。正如彪罗（H. von Buelow）说的，格利格是一个北欧的索班（F. Chopin）（创作上的一点相似，格利格生平也不曾写过什么波澜壮阔的大乐曲）。

格利格（Edvard Hagerup Grieg）生于 1843 年 6 月 15 日，正当加得交响曲在莱比锡演奏之年。他的远祖是苏格兰人，Hagerup 是母姓，母亲是纯粹的诺威血统，一个非凡的女人，音乐、文学都是她的到家本领。老格利格是颇软弱的，她却具有强毅的精神，她是一个有师承的女钢琴家，特别喜欢莫差特及韦伯的歌剧。

母教好了，家况又不坏，所以爱德华 5 岁便晓得从音乐寻快乐。他在钢琴上找出一个三和弦，七和弦甚至于九度和弦，他的喜气简直没有止境。一年之后，妈妈正式教他钢琴。小孩子是好玩的，在钢琴上玩玩可以，要循规蹈矩的练习那可有点为难，爱德华因此不时靠着钢琴打瞌睡，同在这一年，他进小学，他自己承认，对于学校功课也跟对于钢琴一样：偷懒。他说，假如没有他母亲那种毅力及乐性的遗传，他是准不会从做梦转到做事这边来的。不过小学时代的功课他虽然不行，唱歌的成绩却很好，先生常说：第一是格利格。朗诵也是他所热爱的。

12 岁或者 13 岁开始了他的创作生涯，第一篇是：一支德国调的变体曲，不提防他带到学校里去，落在先生的手上，先生于是乎生气："这些没出息的东西应该留在家里！"他本来的志愿是做一个牧师，可是静地里他却不歇写他的乐谱。有一天，名小提琴师部尔（Ole Bull）① 听见格利格喜欢作曲，立刻要求小孩子弹出来，羞情的格利格退缩了，可是还得弹，结果是部尔向格利格父母说了一大堆话，过后忽然跑过来，摇了摇爱德华说："你应该到莱比锡去学做一个音乐家！"爹爹和妈妈全不反对，毫不迟疑，替他整理行装，格利格的行程于是便顺流夹顺风的便捷。1858 年他进莱比锡音乐院。据他的自述，初进音乐院的时候他是懒得怕人，有一次他弹克雷门提（M. Clementi）② 的模范曲，临时摸索钢琴的键盘，激起教师蒲赍第（L. Plaidy）的怒火，把乐谱一手抢去，乘势一丢，落到课堂的角落里："回家去好好地练习！"他承认他的先生对，但是他恨先生专给他弹徹尼（K. Czerny）③ 库劳（F. Kuhlau）及

---

① 今译布尔。
② 今译克莱门蒂。
③ 今译车尔尼。

克雷门提。他跑去见校长，请求换教员，结果便跟文塞尔（E. F. Wenzel）学习。这一回好了，不久又改到莫舍列斯（I. Moscheles）[①] 班上去。在这两位好先生指导之下，他的懒惰便不留踪迹。到他有一次在豪普特曼（M. Hauptmann）前面弹奏自作乐曲的时候，这位妥玛斯合唱指挥兼教授跑过来，拍拍他的肩膀，说："日安，小朋友，我们要做朋友。"那时他还不满 16 岁，身上穿着童子服装。

在莱比锡他所听到的都是好音乐，欣赏程度因此提高，到了自己弹起来却达不到自己所憧憬的优美的境界。眼看着一些同学在得意，在出风头，他觉得非常郁闷。一年之后，旅行丹麦，才像是去他一层翳，他找到了自己，他接二连三的写作，他认清了自己的目标。1860 年他患肋骨炎，回到故乡柏尔根（Bergen）[②] 辛辛苦苦才把病养好。到 1862 年春天他正式毕业。为了那场病，他从此到死，终生只剩得一片肺。

毕业还乡，作为钢琴教师及作曲家在群众中现出。不久，他到科彭哈根（Kopenhagen）[③]。科彭哈根对他一生的影响比在莱比锡还重要。在莱比锡他所得到的是技术，在这丹麦首都他汲取了创作的精神，他体味到那种乡土气息。他认识了加得，可是他们中间似乎隔了一座墙，不能有极度的接近，直到他认识了诺德拉克（R. Nordraak）之后，他才觉得"认识了诺威的民歌及自己的特性，我们起誓要反对加得那种混上门得尔松的斯堪第纳维亚主义。我们自己打开一条新路，在这一条路上有北欧的正派。"

1864—1865 年的冬天格利格联合诺德拉克等组织音乐会团体 Euterpe（唱歌女神，希腊文义为赏心）演奏北欧新作家的作品，格利格初次将自作的乐曲向世人宣示。他的歌曲由斯田堡（J. Steanberg）演唱，并且结识了他的表妹哈该卢普（Nina Hagerup），她有美丽的歌声与深刻的表情，他的歌曲有了知己，他的心灵也有了寄托，他的名歌《我爱你》（Ich liebe dich）就是在那个时候产生的，她唱起来那才够味儿！那时他的朋友菲德尔生（B. Feddersen）为他在海边林下安排了一座消夏别墅，在那里面他写成了他的《f 小调钢琴模范曲》及《F 大调小提琴模范曲》。

表兄妹快要订婚了，他的妗母却大加反对。她说："他算得什么，他什么也没有，只会作出一些没有人要听的音乐！"她虽然是一个出色的女优，却也很懂世故。你想，格利格出版的歌曲堆在书店里只卖出两份！1867 年 6 月他们举行婚礼，情形

---

① 今译莫谢莱斯。

② 今译卑尔根。

③ 今译哥本哈根。

是很落寞的，斯田堡安慰他们说："你们放心，他还会闻名世间呢！"后来岳父岳母的晚年衣食全出自女婿身上，斯田堡成了灵验的预言家。

1866 年秋天，他在克利斯提阿尼阿（Christiania）① 住下，那边的音乐生活很贫乏，简直可以说是还未开通。格利格的精神是干，他与他的未婚妻负起责任，主持各种音乐会，同时教授钢琴。给他助力的先有克耶卢尔夫（H. Kjerulf）后有司文孙（J. Svendsen）②，同时他认识了诗人般生（B. Bjoenson）③。可惜那时的工作是用力多，成功少，群众的蒙昧，气候的恶劣使他身心交病，到 1868 年夏天，有一封信远从罗马寄来，信末署名 Franz Liszt。原来利斯特看到他的《钢琴小提琴合奏模范曲》（Op. 8）承认他有"茁壮的，思想坚定的，有发明的优越的作曲才能，只要顺着自然的路径便可以达到高超的阶段"。末了，利斯特希望他能够到淮马（Weimar）④来，使彼此有进一步的认识。于是在 1869 年秋天他得到国家的补助，在罗马住了一年，访问了利斯特。头一次的访问格利格得到愉快的印象，他不曾见过第二个这么博大而可爱的男子。他对利斯特弹奏自己的第二首模范曲，利斯特叫好，自己弹一段《塔索》（Tasso）以娱佳客。过后再弹模范曲，格利格不敢再来班门弄斧了，只得由利斯特动手。这一来却使格利格发证，因为他的乐谱从不曾经过李斯特的眼睛，现在径自弹奏，却能体贴入微，具容传神，钢琴王于是征服了格利格的心。第二次访问，利斯特又弹他的协奏曲，喝彩声夹着琴声，弹完之后，将谱稿交还给作者，补上一段话："就是这样前进罢，我告诉你，你有这套工夫，而且——不要受人威吓！"这段话给予格利格极大的助力，他自己说过，每逢到不如意事，想到当时的情景及他的临别赠言，他又可以挣扎而起了。

回到克利斯提阿尼阿他写了一套配剧音乐《修道院门前》（Vor der Klosterp-forte）献给利斯特表示谢意，1873 年他离开克利斯阿尼阿，有时旅行外国，有时回到故乡，有时到哈丹革尔（Hardanger）的罗夫塔斯（Lofthus）的自建小屋消夏，偶然也回到首都去开音乐会。1874 年他从政府得到 1600 克仑尼（约合 1800 元）的年俸，生活上比较安定了。1880—1882 年在故乡领导和声乐会。1885 年在故乡附近经营了一座别墅（Villa Troldhaugen）⑤。对于故乡他随时随地贡献他的心力，1898 年

① 今译克里斯蒂安尼亚，今名奥斯陆。
② 今译斯文森。
③ 今译比昂松。
④ 今译魏马。
⑤ 今译特罗尔德豪根别墅。

举行诺威音乐节，门格尔堡（Mengelberg）① 接受格利格的邀请率领他的乐队从阿姆斯特丹（Amsterdam）到柏尔根来演奏。成绩比从前在克利斯提阿尼阿好多了，民众的音乐程度已经提高不少了。

他的作品全在莱比锡彼得出版所（Edition Peters）印行，他自己旅行到伦敦、伯明翰、科彭哈根、巴黎、莱比锡、明兴（Muenchen）②、维也纳、华沙、普雷格（Prag）③、布鲁塞尔、阿姆斯特丹，做伴的是他的夫人，他或指挥，或演奏，歌曲则由太太担任演唱。这种福乐使人想起舒曼夫妇当年的情景。他为了同情德累否斯（Dreyfus）④ 案件曾经被巴黎群众喝倒彩，现在却情形一变，拆台改做欢迎了。到他60岁的生辰，各地发来的贺电及贺函达到500的数目。他平日是沉默而不识世故、不善交际的，所以他接到人家的祝贺，觉得是生平仅有的盛况。他对他的朋友说，料不到我竟有这么多的朋友！

他的风趣是很可爱的，他的老病妨碍他的工作，他写信给他的出版家说："Pegasus（希腊神话中的诗神飞马）⑤ 不愿意举步时，你越鞭打，它便越顽皮，越加死守它的原位。不过，我是保护动物会的会员，所以我的责任是宽容这可怜的畜生。"可是音乐旅行他还是勉强登程的，因为好的管弦乐队及温情的群众使他不能漠然云。

最后一次的音乐工作是1907年4月在柏林及基尔。接着涌来了世界各地的指挥邀请，但是格利格已经不能应付了。哮喘病与失眠纠缠着他过了一个夏天，他打算离家到克里斯提阿尼阿，医生却送他入柏尔根的医院。1907年9月4日便给传布出格利格逝世的消息。

他的遗产约有40万元，全数捐给故乡扶植音乐的发展，书籍，乐谱及信札的继承人则是公立图书馆。

他的一生外表上像是很平静的，内部的战斗想起来却是很可惊，因为从17岁起他只保留得一片肺叶，却能够与疾病挣扎到46年之久，他并不甘心做消极的休养，他每年定例要攀登诺威一带巉岩峻峭的山岭，雷鸣电闪在他面前也不算是一回事。

格利格的文笔是很不坏的，他写过一些论文论列一般音乐家，他称舒曼为"一颗无尾的彗星，艺术天上最出众的一颗"。刊载他的文章的杂志有《音乐周报》

---

① 今译门盖尔贝格。
② 今译慕尼黑。
③ 今译布拉格。
④ 今译德雷福斯。
⑤ 今译珀伽索斯。

(Musikalisches Wochenblatt)，The Century Illustratet Monthly magazine（纽约），《新自由报》（Neue freie Presse）及 Nineteenth Century（伦敦）。他最爱俾最（G. Bizet），[①]《卡门》（Carmen）总谱是他的宝贝。对于彪罗不很尊重，他说过，所谓新的指法是因利斯特及索班而成立的，并不是由彪罗，他没有一点思想不是从华格纳（R. Wagner）或利斯特搬过来的。至于胡姆帕丁克（E. Humperdinck）[②] 佛尔夫（H. Wolf）[③]，柴科夫斯基（P. I. Tschaikowsky），杜佛乍克（A. Dvorak）[④]，马克道埃尔（MacDowell）[⑤]，许特劳斯（R. Strauss）都得到他的同情与赞美。他论德意志的新音乐动向，有一段话很有意思："我们是北部的日耳曼人，在这种本质中，我们强烈依附于忧郁及幻梦与日耳曼人是共通的。虽然这样，我们却没有像这一种族的一种特别需要，用一种冗长的语言来表现我们的内心。我们老是喜欢清楚及简短，我们的口语也是清楚而实用的。我们也企图在艺术上达到这种清楚和实用。对于德意志艺术及他们天才的深刻我们虽然表示无边的赞叹，可是对于他们新的某种的表现形式却难于使我们眉飞色舞，我们觉得他们常是沉重而且累赘。……少年们追随一种摩登的理想，这是暴露出现代的特性及其弱点的。"

在一般人心目中，格利格是一位抒情诗人，Lyriker，他的戏剧尝试只有 Olaf Trygvason[⑥]，可是他给予欧美各大作曲家的影响却是显明而且巨大的。那些顽固的批评家如柏恩斯朵夫（E. Bernsdorf）及罕斯利克（E. Hanslick）虽然不屑谈到格利格，格利格却依然存在而且奏了凯旋歌。五度及八度平行在当日是看作严厉的禁令的，对于格利格却等于无物。他的行为所以值得称道是因为他并不是做作，不是标新立异。他的根基是原始的民族性，不是翻炒冷饭而是化朽腐为神奇。那他除了赢得世界声誉之外还要影响后代，自然不是偶然的怪事了。

最先受他影响的是他的同胞斯文孙及辛丁（C. Sinding）。国界以外影响最大的算是法国和美国。得彪西（C. Debussy）[⑦] 自己承认是格利格的学生，他的作品具有格利格的特征，由此而及于整个的法兰西印象派。马克道埃尔是他的继承人，迭利

---

① 今译比才。
② 今译洪佩尔丁克。
③ 今译沃尔夫。
④ 今译德沃夏克。
⑤ 今译麦克道尔。
⑥ 今译《奥拉夫·特吕格瓦松》。
⑦ 今译德彪西。

乌斯（F. Delius）① 也不否认格利格的影响。在德国，格利格一方面协同推翻顽固的禁条，一方面发动本身的潜力，甚至于可以从布拉姆斯的小提琴模范曲的 Adagio 找到格利格的印记。佛尔夫，马克斯（J. Marx），许特劳斯都多多少少遵奉他的规矩，浦契尼（G. Puccni）② 的歌剧是向格利格借过香料的。就除旧布新的功绩而论，格利格与华格纳及许特劳斯很可以说是伯仲之间。

他的作品少有宏伟的规模。最阔大的算是 a 小调钢琴协奏曲。这首协奏曲写于 1868 年，格利格那时只有 25 岁。新鲜的泼辣，汹涌的生命力及活泼的青春都活龙活现，与舒曼的，也是 a 小调的钢琴协奏曲可以说是双璧。1889 年卡累鄂（Teresa Carreño）③ 在莱比锡演奏，弹完 A 小调钢琴协奏曲之后，格利格去对她说，因为她的弹奏他才听出来，他的协奏曲确是优美。

除了这部钢琴协奏曲之外，最普通流传的钢琴作品就是《抒情杂曲》（Lyrische Stuecke）④，总数得 66，多有标题，可称晶莹的珠子，简直通过格利格的一生，特别应该指出来的是《秘密》（Geheimnis）、《梦的面相》（Traumgesicht）、《佳期》（Hochzeitstag auf Troldhaugen）、《肉感》（Erotik）、《给春天》（An den Fruehling）、《向你的脚下》（Zu deimen Fuessen）、《高山的黄昏》（Abend am Hochgebirge）、《夏夕》（Sommerabend）、《树林的静穆》（Waldesstille）、《经过》（Vorueber）、《余音》（Nachklaenge）。

比《抒情杂曲》更能描绘出诺威的民间生活及民族性的是 Op. 17，19，35，63，72。第 17，63 及 72 是编订曲，保存民间音乐的面目，发挥格利格丰富而卓越的和声才能，至于 Op. 24 的《叙事诗用变体曲式》（Ballade in Form von Variationen），最有特殊的价值，在生命战斗中受难者与胜利者，忧郁的精灵，忽而嬉笑，忽而高歌，忽而做出鬼脸，终于转入原来的悲叹音题，从而完成诗与音乐的糅合。

细乐（Chamber music）在格利格笔下完成五种。钢琴小提琴合奏模范曲三首：F 大调，G 大调及 c 小调。F 大调是格利格与李斯特结识的介绍人，流行最普遍一首。C 大调富于民族性，半是忧郁，半是欢悦。c 小调比较近于古典派，然而是热情的，深刻的、阔大的。Op. 36 是大提琴模范曲，比较稍有逊色。给北欧音乐史划时代的作品则是 c 小调弦乐四重奏。四具乐器似乎不愿固守自己的范畴，要伸张成一副管弦乐队的气概。民族性灌注了乐曲的全身。

---

① 今译戴留斯。
② 今译普契尼。
③ 今译卡雷尼奥。
④ 今译《抒情曲》，共 10 册。

乐队似乎不是格利格活动的范围，只有一部音乐会引子及两套戏剧配乐。最出色亦最受听众欢迎的是《培尔金特组曲》（Peer Gynt Suite）。1874 及 1875 年受诗人伊孛生的嘱托写成的。两位艺人文化的根源及私人的感情都是没有问题的，所以相得益彰。1876 年初次在克里斯提阿尼阿公演，大受听众的欢迎，一年之内复演至 36 次。全套计 22 段。在外国，因为《培尔金特》不常上演，所以格利格改编一次，成功独立演奏的音乐会节目。

现在说到他的歌曲了。Op. 2 就是歌集，全部计 125 首。内中只有一首是民谣，他的创作却常带民风。北欧名诗人般生、伊孛生、温臬（Vinje）、保尔生（Paulsen）、安徒生、德拉赫曼（Drachmann）的诗篇都寄托在音符里面。最神化的演唱时太太唱歌，"先生"按琴。纤徐地，轻曼地，呼气多于歌声的开始直到热情喷礴的高扬。他的手法极之经济，钢琴的和声法及唱音的朗诵法是他的歌曲的骨干。名作是《我爱你》《天鹅》（Schwan）、《出自不毛高原及峡流》（Aus Fjeld und Fjord）、《你是年轻的春天》（Du bist der junge Lenz）、《爱神》（Eros）、《公主》（Die Prinzesin）、《素尔维格的歌》（Solvejgs Lied）、《隐藏的爱》（Verborgene Liebe）、《日落之时》（Bei Sonnenuntergang）、《沉默的夜莺》（Die verschwiegene Nachtigall）、《一鸟叫》（Ein Vogel schrie）、《亮的夜》（Liehte Nacht）。比较大规模的是《出帆》（Ausfahrt）、《秋天大风雨》（Herbststurm）、《圣诞的雪》（Weihnachtsschnee）、《关于蒙特品丘》（Von Monte Pincio）、《蜗牛，蜗牛》（Schneck，Schneck）、《一梦》（Ein Traum）等等。《孤独者》（Der Einsame）是格利格心情的自白，不妨称是北欧的《擅回薛尔》（Tannhaeuser）[1]，跟这对立的算是歌曲连珠[2]《山中的孩子》（Das Kind der Berge）。内容的繁复，形式的精巧，感情的深刻，风格的独立，使格利格成为歌曲大家。他的名作当然不但于上述那几首，一斑罢了。

对于神乐格利格生平很少用心，他的全集的殿后作品却是四首《颂祷歌》（Psalmen）[3]，第四首的题目是《居留天国》（Im Himmelreich）。也许他是厌倦了人间，生出搁笔飞升的念头来了罢！可是，我们的音诗人，即使你长住天堂，你的歌声也永远不会从地面消失！

原载《音乐教育》第五卷第 3 期 1937 年 3 月

---

① 今译《汤豪舍》。

② 今译套曲。

③ 今译《诗篇歌》。

马　勒

　　20 世纪初期，德国人说起音乐的四大金刚，总是欣欣然有得色。现在时移世易，四大金刚怕要减为三杰了罢！因为马勒是犹太人。我们一想门得尔松（F. Mendelssohn-Bartholdy）的作品已经渐受恶评，许特劳斯（R. Strauss）的歌剧准备找人另填新词，那么，马勒吃亏，自然不是小子的过虑。本来音乐给用作政治斗争的一翼，正所谓滔滔者天下皆是，并不是纳粹党的新发明，不过只问种族，不问内容，结果恐怕只有八股当令。而且说到排犹的极致，势非引戈比诺（A. de Gobineau）为同调，打倒耶稣与马丁·路得不可。不知纳粹诸公亦曾考虑及此否？

　　因为写马勒生平，无意中拉扯到大问题，真所谓离题万里了。还是赶紧勒住野马，换说马勒罢。

　　马勒（Gustav Mahler）生于卡里胥特（Kalischt）①，地居波门（Boehmen）② 及美仑（Maehren）③ 的交界。他说他的生日是 1860 年 7 月 1 日，一般亲好却说是 7 月 7 日。这是索班（F. Chopin）④ 以后的生日谜。好在正如孔子的生年争论一样，早一年，晚一年，事实上并没有什么利害，反正我们不想替他算命，他的命运已经决定了，何况相差只有一星期呢？他的父母是小本营生的犹太人，子女有 11 个，他们的生活因此并不富裕。说也奇怪，父母虽然不是音乐家，子女却和音乐发生不小的关系。两个姊妹嫁给音乐家罗斯（Rose）⑤ 兄弟，小马勒的音乐天才显露得非常早。他们住近军营，丘八爷每天唱歌，这个小孩子总是跟着唱。普通小孩子只会说爸爸

---

① 今译卡利什特。
② 今译波西米亚。
③ 今译摩拉维亚。
④ 今译肖邦。
⑤ 今译罗塞。

妈妈，吃饭，拉屎或者略多一点的发音机关，对于他已经唱歌工具了。（据说他两岁已经会跟唱或齐唱一百以上的军歌及民歌！）他生平喜欢使用进行曲的节奏正是童年生的根。

马勒六岁开始学习音乐，初从维克陀林（Viktorin），后来改从勃罗胥（Brosch）。他进步极快，不久便已经教授一个年长一岁的同伴了。1869 至 1875 年是小马勒受普通教育的时期。他不算是用功的学生，有时简直有点不守校规。他的父亲看透了儿子的前程，1875 年带他到维也纳找埃普胥泰恩（J. Epstein）① 请求面试，马勒刚弹完了一些自作的及别人的乐曲，埃普胥泰恩已经叫出来："天生成一个是音乐家！"那个 15 岁的少年从此名列维也纳音乐院的学籍。钢琴入埃普胥泰恩班，和声学从孚胡斯（R. Fuchs）②，作曲法从克连（T. Krenn）③ 学习，老校长黑尔美斯柏刻（Hellmesberger）赏识他对位法的才能，特准免修。他真是一鸣惊人，入校一年便得到钢琴演奏及作曲的首奖，第二年钢琴比赛又是冠军，1878 年毕业，证书上的考语是"拔萃"。毕业考试是写一部钢琴五重奏，那章 Scherzo 被某同学撕毁了，他当夜复写一次，演奏时他自己担任钢琴部。中间他自修高中课程，到伊格劳（lglau）④ 受成人试验及格，接着到维也纳大学听讲，选修哲学及史学。他是一个书淫，知识的渊博在音乐家中是一种稀罕，他来往的朋友亦多是文化的中坚。交响乐大家布卢克纳（A. Bruckner，1824—1896）⑤ 与他是忘年交，每逢拜访，这位老师总是从四层楼上直送这位小友到大门口然后作别。可见他是怎样受推重。

他爱读的书，哲学方面是康德（I. Kant）、叔本华（A. Schopenhauer）、费希纳（G. T. Fechner）、罗宰（R. H. Lotze）⑥、黑尔姆荷尔兹（Helmholtz）特别是尼采（F. Nietzsche）的著作。文学方面则是荷夫曼（E. T. A Hoffmann）⑦、羊保罗（Jean Paul）⑧ 及多斯陀耶夫斯基（P. M. Dostojewsky）⑨ 的。

毕业之后，他靠教授钢琴维持生活。这不是他的本愿，他有心研究前代大师的作品，但没有充裕的买书钱，于是想到从工作中研究，埃普胥泰恩为他帮忙，一个

---

① 今译埃卜斯坦。
② 今译富克斯。
③ 今译克伦。
④ 今译伊赫·拉瓦。
⑤ 今译布鲁克纳。
⑥ 今译洛采。
⑦ 今译霍夫曼。
⑧ 今译让·保尔。
⑨ 今译陀思妥耶夫斯基。

仅仅 20 岁的青年，一跃而登指挥台。他生平指挥以严厉著名，初出茅庐已经锋芒毕露，但是在乐师眼中他还是一个乳臭未干的后生小子，因此不能如意工作，加之演习作品又是小歌剧（Operette）之类，于是不干。1881 年至 1882 年受来巴赫（Laibach）①剧院的聘请，已经有正式歌剧由他指挥。不久，俄尔牟兹（Olmuetz）②歌剧院指挥暴卒，他又转到那边去。他自己虽然有远大的理想，却不喜欢唱高调。他看透了乐队及歌人的能力，毫不踌躇地从演唱表上涂掉莫差特及华格纳的作品。当他指挥《卡门》（Carmen）演唱的时候，卡塞尔宫廷剧院的监督刚巧在场，大加赞赏，立刻聘马勒为王家乐正。他指挥一次练习有时经过八小时，那些乐队队员都在叫苦，加之他拒绝指挥无聊的，虚浮的作品，结果失去上下两方的欢心。

1885 年闵顿（Muenden）③举行音乐节，马勒担任指挥门得尔松的《保卢斯》（Paulus）④，乐队队员 80 人都是从各城市乐队选拔出来的精华，合唱队员也是选手。这一次英雄找到了用武之地，因此打入莱比锡市立剧院。7 月同试与满期，正式聘约订明是 1886 至 1887 年。8 月他离卡塞尔到普拉格（Prag）。普拉格当时音乐界非常混乱，马勒发挥他的组织天才，给市民一新耳目。他的活动更从歌剧院发展到音乐堂，他背谱指挥贝多芬的第九交响曲。他自己的乐歌也头一次公开演唱。音乐会的成绩轰动一城，捷克人及德国人纷纷向他道贺。

马勒是倔强的，他最讨厌歌剧中的舞剧（Ballett）。有一次他们要上演古诺（C. Gounod）的《马加累特》（Margarette）⑤，院长要求马勒听从舞剧指导的命令，措辞的横暴与下流，马勒说像是把粪浆泼在他面上。他忍耐到 1886 年夏天合同满期，要求院长给他写一封服务成绩证明书然后离开普拉格，到莱比锡市立剧院随尼奇胥（A. Nikisch）⑥之后任第二指挥。

莱比锡市是音乐名城，马勒初入市立剧院，地位只差尼奇胥一等，这可不是容易。他不独没有过失，而且发挥他的特长，许泰尼奢（M. Steinitzer）说，从他的 cresacendo 及 ritenuto 得到快乐。尼奇胥一方面奖掖这有为的青年，一方面不使马勒感到自己是高出一级。1887 至 1888 年间，马勒指挥上演的歌剧计 54 部，尼奇胥卧病的半年内，全部指挥工作都由马勒担任。1888 年夏天，莱比锡市立剧院聘约满

① 今译卢布尔雅那。
② 今译奥尔米茨。
③ 今译明顿。
④ 今译《圣保罗》。
⑤ 今译《浮士德》。
⑥ 今译尼基什。

期，他受匈牙利王家歌剧院的聘请任院长。当时歌剧院开办只有四年，一切还未上轨道。马勒一到，表演、歌唱、布景、演奏等等无不逐步改善。八星期之后，居然可以上演莫差特及华格纳的作品。演唱《段欢》（Don Juan）的时候，勃拉姆斯一场比一场受感动，到下幕休息期间，特别跑到后台把马勒抱起来，连声贺他成功。马勒的第一交响乐亦是在匈牙利首都首次公演（1889 年 11 月）。

他在匈牙利首都的工作继续到 1891 年 3 月。离职之日，剧院同仁送他银指挥杖及银瓶，同时接到坡里尼（Pollini）的电报，请他到汉堡市立剧院。4 月，他上市立剧院指挥台，1892 年彪罗（H. von Buelou）病倒了，他兼任乐友音乐会的指挥。明年 2 月，彪罗逝世，遗言以马勒承继他的工作。在追悼会中马勒指挥勃拉姆斯的《德国诔乐》（Ein deuches Requiem）。他在汉堡的工作又是新的，《魔弹枪手》（Der Freischuztz）及《檀回塞尔》（Tannhaeuser）的新布景有立体歌剧之称，经他首次指挥上演的歌剧有柴可夫斯基（P. Tschaikowsky）的《奥涅金》（Eugen Onegin）、斯美塔那（F. Smetana）的《大利博尔》（Dalibor）、布律诺（A. Bruneau）的《暴风打磨》（Sturm auf die Muehle）[1]、夫兰凯提（Franchetti）[2] 的《哥伦布》（Columbus）以及马斯内（J. Massnet）与浦契尼（G. Puccini）的同名歌剧《马农》（Manon）。

马勒的指挥已负盛名，1892 年夏天，伦敦德卢利剧院（Drury Lane Theatre）[3]院长哈里斯（Harris）请他做一次客串指挥，上演的歌剧是《飞对略》（Fidelio）[4]、《特利斯坦》（Tristan）及《尼贝龙的指环》（Der Ring des Nibelungen）。此后每年夏天都是静静地作曲，到 1897 年才又来一次转变，跳上维也纳王家歌剧院的指挥台。维也纳歌剧院是官气颇重的，名角登场，雇人喝采；贵客迟到，昂然入座。马勒第一步便取消了这些恶习，他成为维也纳的歌剧主帅了。

从 1898 年冬天起，他连续指挥维也纳爱乐社的音乐会三个冬天。他当时受人攻击的行为是改编贝多芬第九交响乐的乐队部，他的敌人直斥他是造反。他在节目单上就说明他改编的理由，归结于贝多芬晚年的耳聋及当时铜乐的幼稚，而且华格纳有文在先，他觉得自己现在是责无旁贷，他加倍使用弦乐器及一部分木乐器，加用第三及第四铜角，末章加用第三及第四小喇叭。他反复声明完全以贝多芬之心为心，绝对不是为了好奇。他做指挥，奉布卢克纳做模范，布卢克纳的第五及第六交响乐

---

① 今译《磨坊之役》。此处原文疑漏"坊"字。

② 今译弗朗凯蒂。

③ 今译德鲁里街剧院。

④ 今译《菲岱里奥》。

在他手下先后公演，他自己的第二交响乐亦给听众深刻的印象（1899）。

使马勒的歌剧梦完全实现的人物，有一个是画家罗勒（A. Roller）。他的舞台设计可以说是满足了华格纳一生的憧憬，而且因为罗勒，他认识了他的养女安娜玛利亚（Anna Maria，她的生父是风景画家 Schindler）①，1902 年 3 月他与她结婚，享受幸福的，互相了解与慰藉的家庭生活。至于马勒与罗勒合作的《特利斯坦》布景，俄斯卡毕（Oscar B. c）称为"光乐"。

1904 年作曲家协会成立，马勒被推为名誉会长。1907 年 10 月他辞去维也纳王家歌剧院的职务，因为他跟一般人又合不来，告别指挥是《飞对略》。在他离去办公室之前，他把一切谢启及奖章丢在抽屉里留给"他的后任"，并写一封告别书略发他的牢骚。

马勒辞职的消息刚刚传出，新的聘约便从大西洋对岸送来，那自然是美国了。1907 年 12 月他初入黄金国境，在大都会歌剧院（Metropolitan Opara）指挥莫差特及华格纳的歌剧。明年夏天回到故居专心作曲。（此后每年夏天总是离美返欧），秋深渡海，纽约已经新组织爱乐社，奉他为领袖，他于是又得到御用的乐队，好好地举行音乐会。但是他叫苦了，几乎每天都有 5 点午茶的约会，他实在过不惯那种应酬生活，他不愿在交际场中做中心人物。还有一件使他生气的事，爱乐社未曾得他同意，擅自开除了一个小提琴师，因此激起他旧有的心脏病。可是他有一句名言："称病是天才的缺乏！"所以他一边害病，一边还是工作，与鲁迅的"赶快做"可谓异曲同工。1909 年他完成了他的第九部交响乐。故老相传，第九是交响乐的命运数目，贝多芬，舒柏特，布卢克纳都是跳不过第十关的。马勒不独知道，而且相信，所以他完成了第八交响乐之后，改作《大地歌》（Das Lied von der Erde）然后着手写第九部。实际上《大地歌》仍是交响式，他满以为写了 9 部已经等于 10 部，卖弄一次小玄虚，从此算是逃过劫数，毫无挂碍地写第 10 部，第 11 部了。又哪里知道命运是不懂幽默的呢？写过第 9 部交响乐之后，他开始第 10 部的拟稿，但是他已经走近创作的限期，1911 年 2 月他渐渐支持不住，中途退出指挥台，让史匹灵（T. Spjering）接手主办未完的音乐季，自己扶病渡海回维也纳。他与教皇是同时害病，报纸登载两个病人的病状，教皇的并不比作曲家的更详细。因为主治医师的关系，中间曾转地到巴黎治疗，到 1911 年 5 月医师宣告绝望了，才又回维也纳与妻子及至友诀别。回来后五天——5 月 18 日夜 11 时，他便撒手长逝。下葬之日，

---

① 原文如此。应为阿尔玛·玛利亚（Alma Maria）。

雨横风狂，正当遗棺入穴的时候，天上忽现彩虹，一只云雀破空飞去，亦可谓异数了。

为了追蹑马勒一生忙迫的生活，使人来不及说他的作品。现在他已经死了，我们可以松一口气说说他的作品了。不过盖棺定论这句话对于一位非凡的艺术家却还用不着。别说我这个不学无术的后生小子，就是欧洲音乐史家暂时也只能选定捧或骂的一面，所以我能做的只是一段述略。

说到马勒的创作，9 部，不，10 部交响乐自然是它的中坚。德国新派器乐作家能够与许特劳斯匹敌的只有马勒一个人。许特劳斯是标题音乐的代表，马勒则徘徊于"标题"与"无题"之间，说他是布卢克纳以后的第一个交响乐家，亦并不是过誉。他自己有一段话说明他与许特劳斯的区别（1897 年给宰德尔 A. Seidl 的信）："你说得不错，我的音乐对于标题结果是达到最后的提示，许特劳斯则标题就是排定的纲领。叔本华在什么地方用过两个矿工的图画，他们从相反两边凿进矿洞里面去，然后在他们的地底路上面碰头。这使我觉得这是我对许特劳斯的关系恰巧的写照。"他在巴黎对他的朋友卡塞拉（A. Cassela）说过，他的交响乐创作可分三期，第一期包括第 1 至第 4 部，第二期，第 5 至第 8，第三期则由第 9 部开始。

这里列一个马勒交响乐简表，附说明：

第 1 部成于 1888 年，题名《泰檀》（Titan）[①]，内容根据羊保罗的小说，曲中描写自然的觉醒，人生的发展，命运的威权与生命的战斗。有些乐调是从乐歌移用的，第二章隐然带有布卢克纳的手法。

第 2 部作于 1893 年，首次公演即著成绩，乐器的配合非常雄厚，击乐器尤其多。还有混声合唱及女生独唱。全曲分五章，唱出生命的成长与消逝，可以说是形而上的音乐。

第 3 部的计划产生于 1895 年，明年夏天脱稿，是马勒极长的交响乐，演奏时间达两小时。全曲分六章，总题名为：《夏朝梦》（Sommermorgentraum），分章名为：1. 《牧神就位》；2. 《原上花朵给我讲述的》；3. 《森林兽类给我讲述的》；4. 《人给我讲述的》（中音独唱）；5. 《天使给我讲述的》（合唱）；6. 《爱情给我讲述的》。结构是首章与后五章对立。合唱是童声对女声。从这部交响乐起，马勒已经造成他独立的门户了。

第 4 部交响乐的公演（1901 年），诺德拿盖尔（E. O. Nodnagel）说是"新世纪

---

① 今译《泰坦》。

第一件真正的音乐大事"。乐器的配合比较简单，音色却依然非常丰富。瓦尔特（B. Walter）说它是"浪漫派的云中杜鹃的家"，一场乐园的游戏，迷藏的舞曲，进行曲及牧歌节奏构成泼辣的音乐，代表马勒创作的快活面。

第 5 部（1901—1902）开始了马勒交响的第二期，这种转变不在思想而在技巧。在这一部他比较倾向古典的形式，但是乐器的配合依然非常繁杂，尤其是击乐器。头两章唱出生命的否定，母题出自他的《殇歌》（Kindertotenlieder）①，中段虽然带有诙谐的气息，比较平静一点，可是奏到 Adagietto 便又陷入催人泪下的孤独。据我所知，这是在上海唯一可以听到的马勒乐器作品。末章 Rondo-Finale 暗示死的克服。

第 6 部初稿成于 1903 年，完全是一部悲剧。马勒自己这样命题。依然是马勒的惯技，纵身投入大自然的怀抱里，可是这一次似乎天色亦变惨淡了。第三章的 Scherzo 暴露出作者灵魂的矛盾，几乎是美非斯托腓利斯（Mephistopheles）② 式的狞笑。到了末章（演奏需 30 分钟），过去的一切宛如噩梦，所有魔鬼都挣脱了，陆沉的浩劫就在眼前，作者对于世界亦已经痛恶而且生畏了。管弦的色板依然斑斓，消极的，厌世的，阴沉的音乐逐步增加，终于颓然倒下。A 小调三和弦最后发出一声绝叫，于是喇叭传出疲乏的声音，送轻微的鼓声结束这部战栗的作品。

第 7 部（1904 年作）还留有第 6 部的余悲，第二章显然继续第六部的大小调母题，乐队的构成添上吉太（Gitarre）③ 及曼朵林（Mandoline）④，比第 6 部添用铁锤及钟更进一步。技巧的成就很明显，形式则颇自由。第一章是独立的，随后接上两篇夜曲及一篇谐谑曲，再由 Rondo-Finale 结束全部。末章有作者题语："什么是世界的价值？"

现在我们来到第八交响乐面前了。这就是有名的"千人交响乐"，1910 年 9 月 12 日在明兴（Muenchen）公演。他写信给门额尔堡（W. Mengelberg）说："这是我到现在为止最大的作品。宇宙开始歌唱与叹息。"就形式上可以说是一部清唱剧（Kantate）⑤，实际上却是一部人声交响乐。不要说这部音诗的好处是在煌煌巨制，它的伟大与独特正在全体的碑刻式的简洁。歌声充满统驭乐队的力量，乐队依然保

---

① 今译《亡儿之歌》。
② 今译梅菲斯托费勒斯。
③ 今译吉他。
④ 今译曼多林。
⑤ 今译康塔塔。

持它的领导地位。马勒的取材是两部巨作：上半是莫卢斯（Hrabanus Maurus）① 的颂歌《来，造物主，圣灵的精神》（Veni creator spiritus）②，下半是《浮士德》第二部。写作的时间是三星期，简直像是"照抄"一般便捷。乐队起码要双倍的添配，两队混声合唱，一队童声合唱及七个独唱。本来马勒的第二部交响乐已经暗示出人类的得救，到这一部便具体唱出来了。人类的得救仰赖一种神力，因为艺术家凭他的工作得到内心的解放。圣母的典型象征永恒的女性，世界的一切创造基于入世的精神。前章探用模范曲式，后章则把旧式的 Adagio，Scherzo，Finale 合一炉而冶之。

《大地歌》的上演在马勒逝世之后（1911 年 11 月）。题材是我们中国的诗。当时有一位朋友送他一部中国诗选：《中国的箫》（Die chinesische Fleote）引他的兴趣，因此给他写《大地歌》的材料。但是他并不是选诗作曲，他从书中找出适当的材料，再加上一番编排然后使用，所以结果并没有保存多少中国风。六篇诗做骨干，题名是：《将进酒而悲大地》《秋天孤客》《忆少年》《咏美》《春日醉起言志》及《阳关曲》。曲中充满了死亡的预感，马勒也真的不久于人世了。欧化中国诗曰："你，朋友，世上的幸福没有我的份。"《咏美》一章应用中国五声音阶，给听众新鲜的感觉。

第九部交响乐泛滥着伤别的情调，初稿开始于 1908 年夏天，正与《大地歌》同时。天假以年，他一定还要大加改削，可怜他已经是来不及了，一切疏漏都永远无从弥补。《殇歌》的声调又可以在曲中听到，结尾又显然转出第五交响乐的末章，真如许培希特（R. Specht）的揣测，一个厌倦的人沉入他平生的回忆。至于第十交响乐刚拟好一稿大纲，末页写着："再会，我的琴音!"他声明不愿别人足成他的残稿。

马勒生平一方面以交响家而出现，另一方面他的正规工作却是歌剧指挥，对于歌唱可以说是最爱好的，所以贝多芬写了一部合唱交响乐，马勒则至再至三，交响合唱，兼筹并顾，这已经够显出他的歌人性了。他的少作给他焚毁的，据说有三部歌剧及不少的乐歌，他还自写脚本；器乐曲亦多数"失踪"，这原因该是自我批评的严格。韦柏（K. M. vou Weber）的歌剧遗稿《三位品图先生》（Die drei Pintos）③ 是他在汉堡指挥任内可以足成上演的。他的声乐遗产已经发表的可

---

① 今译赫拉巴努斯·马乌鲁斯。
② 今译《造物圣灵降临》。
③ 今译《三个品托斯》。

以从《怨歌行》（Das Klagende Lied）[1] 算起（1880 年），性质介于清唱剧及合唱歌之间。1883 至 1884 年，他写《远逝团的歌》（Lieder des Fahrenden Gesellen）[2]，1892 年《歌集》（Gesaengefuer eine Singstimme mit Klavier）初次出版，所选都是偏僻的诗篇，有叙事诗，有儿歌，有漫游歌。过来是《神奇号角歌集》（Wunderhonn Lieder），歌词均选自民歌集《儿童的神奇号角》（Des Knaben Wunderhorn）。他对留音特别爱好，空五度及四度亦见机使用，伴奏则是乐队——长笛，短笛觱栗，低音觱栗，英国铜角，铜角及箜篌。《神奇号角歌集》以轻松清丽胜，《殇歌》则哀怨缠绵，近乎勃拉姆斯的沉痛，乐调的根据是朗诵。

歌曲共计 42 首，庄谐哀乐，动心浃髓，但没有肉感的作品。

综观马勒一生，创作方面最大的成就是乐调法及建筑学。他的对位法也是乐调的演展。建筑方面他接受贝多芬的遗产，确立合唱交响乐的典型。他作品的对象不限于艺术界，而是诉诸全民众。所以那些作品虽然是波澜壮阔，乐调却常有通俗的，尚欠艺术的雕琢的。这也是《神奇号角歌集》所以成功一代杰作的原因，他的交响乐显然带有布卢克纳的承转法，柴可夫斯基的抒情的调子，胡姆帕丁克（E. Humperdinck）的儿童旋转舞及奥大利的土风。他那种网罗形式，乐调，音色及民风的工程是值得欣佩与感谢的。至于他那丰富的想象，泼辣的节奏，驱使乐队的气魄，活跃的生命力等等，都是音乐界的特殊现象。大体而论，正如前人论苏东坡诗，说好比"武库初开，矛戟森然，一一求之，不无利钝"，但是这不害其为大家。尼曼（W. Niemann）最近是受了希特勒元首的恩典，封为教授了，不知言论如何，但是在写《现代音乐》（Die Musik der Gegenwart）的时候（1913，1918 及 1920），批评马勒虽然严峻，却还认定采取排犹的立场来反对马勒是盲目的，愚妄的。

马勒自律极严，他说："我得道德地生活，好为我眼前就省下一段路。"普非斯纳（H. Pfitzner）[3] 说过："在维也纳与他演习的时间是我生平唯一不受刺激的剧场回忆。"他答应过佛尔夫（H. Wolf）在维也纳王家歌剧院上演他的歌剧 Corregidor,[4] 后来不知为了什么缘故，忽然取消前议，佛尔夫狂病初起的时候，曾经放声说取开除马勒，终于屈死疯人院。这件事大概很使马勒伤心，所以终於排除困难，指挥

---

① 今译《悲哀的歌》。
② 今译《旅行者之歌》。
③ 今译普菲茨纳。
④ 今译《市长》。

Corregidor 上演。这总够得上是不欺死友了。

Vita fugas（百年一瞬），这句话不时挂在马勒口边。天晓得他只活过百年的一半！希望他是"死，只为了求生存"，他的命名将与作品永垂不朽。

原载《音乐教育》第五卷第 9. 10 期合刊

1937 年 10 月

听了中国古诗音乐会之后

　　好奇是人类的天性，为满足一个人的好奇心，他常常想尽方法，小之则花小洋二角看怪胎，看长人，大之则腰缠十万贯，到各处旅行，看看那些和"本地"不同的物事，所以西洋人到东方旅行，在中国看辫子，在高丽看箸笠，在日本看木屐，都可说是开开眼界，多谢辛亥的一场革命，总算把那条"猪尾"剪掉了，可是对于那些有旅行兴趣的人，却少了一个新奇的对象。不要忙，人类的聪明是日新月异的，他会想到古董上面去，更难得是古董与活人同时出场。当然我诚心感谢德意志的东方学者，正如法国洛里哀所说，德意志的东方学者站在一边，德意志外全欧洲的东方学者站在一边，两相比较，还是德意志那一边人多，中国文字虽然以艰深出名，但是德译的中国书却多过中译的德国书。不废话了，德意志学者的努力与成绩是值得佩服与感谢的，我于是也抱着同一的心事去听中国古诗音乐会，不过我听后的感觉却很异样。要研究中国的音乐与"诵诗法"，似乎不是开一个中西合璧的"会"所能奏功，他们或者想藉此劝告中国人："算了罢，朋友，学学我们的西方音乐与朗诵罢，你当场比较比较就有分寸了。"这种善意是很可感的，我也相信一定有因此及早回头，另找新路的同胞。不过这种幽默的提示，反要加强了一部分中国人的保守性，有些人当真以为西洋人赞美我们的艺术了。但是西洋人终究不是中国人，我们中国人要自己替自己想办法，中国的文化才有生路，要建设中国的新艺术，单独复古是不能成功的，我们要开辟新路！我们试平心静气想一想，我们的音乐，我们的诵诗法，那一样比得上人家？音乐不用说了，就是诵诗法，人家已经从"自然的吟哦"进步到"艺术的朗诵"，我们却还在那里死拉住自然的声调——平仄不管字音与意义的矛盾，甚至于异想天开，要用诗去拘束歌的发展。如果一个人自己在水里挣扎以为快要见到海龙王，于是拉别人一起下水，那就可怜；如果明知自己要做水鬼了，却还要叫人下水，那就可恶！我以为要开辟新路，先要赶路。我们即使爱国，也不能硬说我们的文化不比西洋的落后，所以赶路是免不了的，待我们把握住西洋的音乐与朗诵的精髓，再加上中国文化固有的特性，然后中国的民族艺术才有成立的希望，经过这一次"中国古诗音乐会"的倒霉与丢脸之后，我们要痛自觉悟了，如果真想替中国人争面子，我们便要励志做厄尔斯纳（Elsner）或是木索格斯奇（Mussorgsky）[①]，甚至于山田耕作都可以，只要他的作品是世界性的艺术而是民族性的表现，除此之外，不论是出于好意或是歹意，这种中西合璧的"会"都可以妨碍真正艺术的生长，即使退一万步说，这一次的参加演唱是争国际上的体面，则我们未必全部善忘，大刀队抵抗坦克车的英勇的悲剧，不就是一个显明的对照么？在世界的艺术学校里面，我们如今是留级的学生啊！

关于那个"中国古诗音乐会"的批评，我实在无话可说，他们是进步的，我们是落后的，他们有的是"艺术的表现"，我们还在受自然的支配，至于就"中国式"论"中国式"，中国的吟与唱，果真蹩脚到这个地步么？我很想借科学灵乱的神力去问一问陶渊明、王摩诘，诸位真正使中国的艺术在世界史上占到地位的艺术家，还有，那天晚上那位化妆的诗仙装着一簇墨黑的长须，却说春风吹白了我的双鬓也满足了我的好奇心！

原载《音乐杂志》（音乐艺文社编）第一卷第 3 期 1934 年 7 月

---

① 今译穆索尔斯基。

音乐以外的智识

我生平最怕像煞有介事，板起脸孔写文章。因为对于有些问题，我自己在想要解答之前思索过一番，结末往往是一声惭愧了事。有了这种经验，所以我不敢谈什么大事情。现在只想简短地谈谈音乐以外的智识。

我相信，一定有人看到我这篇小文章的标题，就不免破口骂道："学音乐就专门学音乐，干吗要管这许多？"但是事情当真就是这样么？假使欧洲的音乐家都只在音乐一方面努力，欧洲的音乐史断不会有像现在的一本那么多光荣的纪录。也许有人说："我们除了练琴练声之外，还有音乐史、音乐领略法、音学等等。这不是音乐以外的智识么？"

原来问题就在这一点！音乐史等等不过是乐谱以外的智识，却不是音乐以外的智识呀！假如当我们研究音乐史，领略音乐名作的时候，再多一点旁的智识，我们的理解不是会更深一层么？我们试这样想：现在有一乡下人初到上海，看见南京路即大马路的繁华，于是惊奇赞叹。但是如果有人告诉他租界的发生和发达的原因，他一定更加懂得上海。——你说这种说法是功利主义么？不错，也许是，但是为什么海登当维也纳陷落的时期，要扶病挣到钢琴面前弹圣主歌？为什么瓦格纳要参加德列斯登的五月革命？

除了音乐之外我以为——当然只是我以为——音乐家的起码智识要有下面两种：

1. 文化史的　我这样说并不是要吓唬别人，这种智识是少不得的。如果不明了欧洲的宗教史，也许你要把巴赫的教会工作和我们贵国人的吃斋念佛混为一谈；不明了欧洲十八九世纪中间的政治情形，便不能充分了解贝多芬的英雄交响乐和他的英雄的定义；不明了德意志的传说，和它那茂密的黑林，对于卫柏尔①的《魔弹枪

_____

① 今译韦柏。

手》和瓦格纳的乐剧你都会摸不着头脑；要了解北尔约（H. Betlioz）①的风格，你得明白嚣俄②在法国文学史上的意义。要知道嚣俄，你得溯源到德意志的浪漫运动，更要研究古典主义衰微的原因，而且……读者不会笑我打破沙锅问到底么？是的，我们对于什么都应该打破沙锅问到底，除了别人的私事。

2. 文学的　文学和音乐的密切关系本来用不着多说，可惜实际上还有许多学音乐的人不注意文字。但是我要声明一句，我不是鼓吹音乐家兼差做诗人，瓦格纳是学不得的。我只希望大家对文学有真正的了解，因为格禄克③的歌剧的材料是希腊文学，这正好给我们指出一条正路——从希腊文学入手。而且越是近代，音乐和文学的关系便越密切。不知道莎士比亚、拜伦、歌德、希勒尔④、普希金、郭果尔⑤等大诗人，便很难懂得门迭尔斯尊⑥、舒曼、北尔约、柴可夫斯基等音乐家的作品，不知道西万提斯和尼采，也就谈不到许特劳斯的《吉诃德先生》和《查拉图司特拉》⑦了。说到唱歌，如果不了解一首诗的好处，怎么能够有得体的表情？不独此也，即使你是学器乐的，乐谱上注明 Con passion，但是怎样表现那种热情呢？最好是在文学上学习，有效的方法是朗诵——Deklamation。

说了这一堆话，读者们或许以为噜苏，但是我总以为这是中国音乐家从匠手进步到艺人的先决条件。不然的话，那用文化的眼光看起来，这种音乐学习终究近乎"可怜无补费精神"的事了。

原载《新夜报·音乐周刊》第 14 期 1935 年 2 月 21 日

---

① 今译柏辽兹。
② 指雨果。
③ 今译格鲁克。
④ 席勒。
⑤ 果戈里。
⑥ 门德尔松。
⑦ 理查·施特劳斯的《唐吉诃德》和《查拉图斯特拉如是说》。

提倡音乐

近代西洋音乐开足马力前进了 200 多年，我们才大梦初醒，起来提倡音乐，这是很可悲的。但是已经提倡起来，我们便不妨给中国新音乐的成功写一张期票。

提倡音乐是古已有之的事，但是这中间也有分别，为个人的享乐所以提倡，这种态度是不健全的，正如秦始皇造阿房宫并不是为提倡建筑艺术一样，札尔慈堡的大主教自己高兴，把他的乐队一起带到维也纳，却禁止莫查尔特开个人音乐会。把音乐天才看做卖身奴才，这是旧日那些贵族对于艺术最真切的事实表现。提倡音乐的好榜样要算法国女王 M. Antoinette 替格禄克的新歌剧做保镖，拜恩国王 Ludwig 做瓦格纳的后台老板，N. Esterhazy 侯爵只请海登作曲，用不着担任实际的职务，就等于从前梁任公先生在教育部拿著书费，至于英国那位 A. Behrns 先生与勃拉姆斯生平不曾见过面，通过信，却在遗嘱上吩咐送给他一千镑表示自己的感谢与崇拜，那当然更是绅士可风了。说了这一番话，怕人家说我神往于贵族，那我就说点大众的话罢：

莫斯科有三所歌剧院长年演唱。慕索里尼①最近拿出一大笔款子造一所夏季露天，冬季加盖的歌剧广场。当然，多灾多难的我们中国人说这种话，很有点太过乐观，叫音乐家和民众搬进乌托之邦去享福，可是寒者利短褐而饥者甘糟糠，做得一点算一点，总比完全没有好，而且民族的盛衰与荣辱，音乐家总有一部分的责任与功绩，没有 Berlioz 和 Debussy，法国人谈起他们的文化能够像现在这么得意洋洋么？而且不独是音乐对于音乐，就是哲学、文学、绘画……等等的影响和音乐也有连环性。哲学家叔本华尔和文学家戈必诺（J. A. Graf Gobineau）②的思想

---

① 今译墨索里尼。
② 今译戈宾诺。

影响到瓦格纳的音乐，瓦格纳的乐剧影响到德意志的新浪漫主义文学和日耳曼精神。麦尼（E. Manet）①的印象派绘画怎样影响到德比西②的音乐，更是稍为留心近代文化的人都知道的，希望贤明的教育家不要骂学生积起钱来买小提琴是不长进。

刚才说到日耳曼精神，已经有点写实主义的色彩了。好，再说点写实主义的话罢。

老牌的法国《马赛歌》和德国《死守莱因河歌》尚矣，就是 20 世纪的新出品《国际歌》和《卐字卫塞尔歌》（Horst-Wessel-Lied）在政治上出过的力也已经不少了。

在纸上说过的话也已经不少了，现在应该是实行的时候！

原载《新夜报·音乐周刊》第 15 期 1935 年 2 月 28 日

---

① 今译马奈。
② 今译德彪西。

记陈田鹤

经过一番努力，中国音乐已经成功了一个坛，坛上面有了先进和后进。关于后进的音乐人，我的朋友陈田鹤是出色的一个。——说明我的朋友，至少是替自己偏私写招供，但是我相信党同伐异，固然是狭隘，而党异伐同却也没有人认为美德。那么，就是这样保留下来罢。

他——当然是陈田鹤——的兴趣到现在为止，主要的是乐歌。写艺术乐歌的音乐后进，我们不妨用一把纸扇替自己遮羞，说像样的数不上双手。他对和声的熟练和对诗的忠实，是值得特别提出的。这星期的播音节目里面有他的三首乐歌，大家到时候可以留心听听，看我是骗人还是说真话。说他是中国的舒家双璧（Schubert 和 Schumann）的嗣音，诚然是近于反讽（Irony），他知道自己有才能，但是比起西方的乐歌大师，是正如小巫见大巫，他知道自己有作品，但是比起西方的乐歌大师是正如九牛的一毛。这种说法并不是要故意出他的丑，这样的年纪活在这样的国度，有多少人拿得出一条毛！Chopin 在巴黎写信回波兰给他的朋友，说他要跟 Kalkbrenner 学钢琴，因为比起 Kalkbrenner，便是 Liszt 和 Hiller 也还是等于零咧！

他有 Schubert 的忠厚，Schumann 的热情和 Hugo Wolf 的沉郁。碰巧他们就是德意志歌乐的三王，拿来做比例自然是最适合也就是指出他的标的了。至于傻干和硬干，那是凡做艺术家的都应该有的精神，他也当然分有一份。

假如读者已经不耐烦，我便连他生长和活动的地方和年龄都不说，以期息事宁人，但是在我住口之前，我还要说：

他有人心，有人格，彻头彻尾是一个人，不是天使也不是魔鬼！

原载《新夜报·音乐周刊》第 15 期 1935 年 2 月 28 日

凑热闹谈谈国乐

　　国乐！顾名思义，自然是指本国的音乐，中国人管中国事。那么，国乐就是中国的音乐。但是积习相沿，有些人竟把国乐解作中国的乐器了，可怜我们现在当作是中国的乐器的原来还不是这么一回事，而且中国人说起音乐便不由得不伤心，中国音乐和外国音乐一碰头，便接连吃了几次败仗。胡琴琵琶与羌笛，此一时也；披雅娜怀娥铃①，又一时也。可是不相干，我们要有勇气承认自己吃败仗，也要有虚心去接受别人的长处。我们的祖先这样做了，我们现代贤明的作曲家也这样做了。中国标准美人王昭君马上琵琶，大家并不觉得刺眼，为什么摩登姑娘一拉怀娥铃，便有人摇头顿足呢！

　　每一个民族都有他的独立性，外表的金头发蓝眼睛我们都不能学样，更何况是内在的精神与灵魂！莫查尔特写意大利文的歌剧，却在音乐里表现出德意志的精神，北尔约的祖师是格禄克和贝多芬，但是他的音乐却充满了法兰西的气息。柴可夫斯基的音乐算是最西欧化的，但是始终有一种道地斯拉夫广悍的色调。这是文化的鸿沟，谁也不能也不必跳过去。我真不相信我们大中华民国的神明华胄偏有这种堕落的自信，一用和声对位就马上会丧失我们的本来面目！

　　事实上这场虚惊已经可以收盘了。和声对位的国乐已经在生根出叶，开花结实，我们洗耳以俟可也！

　　也许有人说我没有爱国心，因为我洋化。但是我请大家看一看罗曼·罗兰的书《今天的音乐家》里面那篇文章：《法国音乐的更新》。

　　1870 年普法战争的结果，法国向普鲁士订结城下之盟，让威廉第一在凡尔赛宫

---

　　① 　今译钢琴小提琴。

举行德意志该撒加冕礼，这的确可以说得上创巨痛深了。但是巴赫、痕迭尔①、莫查尔特、贝多芬、舒曼、勃拉姆斯以至瓦格纳和许特劳斯的作品仍然一样由法国管弦乐队演奏。许特劳斯、外因革特纳（F. Weingartner）②、尼奇许（A. Nikisch）③ 等德国乐队指挥都接到巴黎音乐会的邀请，去指挥法国的管弦队。说法国人没有爱国心么？不至于罢！那么，小子的一番饶舌也就可告无罪了。

原载《新夜报·音乐周刊》第 16 期 1935 年 3 月 7 日

---

① 今译亨德尔。
② 今译费·魏因加特纳。
③ 今译阿·尼基什。

舒曼夫人礼赞

"母亲意志的坚强，艺人灵魂的飞跃和对逝者的忠贞不贰。"这是青春寡妇克喇喇舒曼夫人（Frau Clara Schumann）① 矢志的约言。只这一句话已经可以看到她是如何的有分寸，负责任，有志气，有恩情。而且她并不是说说完事，她用自己的命运在约言上画花押。克喇喇之为克喇喇，信乎 Berlioz 之言，第一的亦是独一的女性！

1819 年 9 月 13 日，莱比锡钢琴教师 F. Wieck 家中养了一个小姑娘：克喇喇。过了 5 年，她一开始学音乐便引起爸爸极大的注意，于是尽心教导。所以当一般女孩子还在玩泥娃娃的年龄，她已经在钢琴上面发展她的天才了。1828 年，女钢琴家 Perthaler 到莱比锡开演奏会，克喇喇初次上台和她合奏 Kalkbrenner 的四手变体曲，那时她只有 9 岁。各家的批评都表示一致的赞美，祝福她伟大的前途。

她开始作曲时是 10 岁。她生平的作品编目的有 23 部，不编目的有 5 部，除了钢琴曲及乐歌之外，还有 1 部三重奏，小提琴传奇曲和管弦乐伴奏的协奏曲。

11 岁，她的爸爸便带她去作音乐旅行，Dresden，Weimar，Kassel，Frankfurt a. M. 及巴黎。当歌德在 Weimar 听过她的演奏之后，特地送一张像片给艺术宠儿卫克小姐表示他的感谢。她的演奏节目包含 Bach，Beethoven 以至少年 Chopin 的作品，古典的与浪漫的精神都在她的指下活灵活现。

名家的赞美潮水般向她倾泻，一个平常的女子该有点撒娇甚至于骄戾的行为了罢，可是她那种谦逊和安分的态度，使她的爸爸简直找不到适当的话来表示他的安慰。她的这种态度直到她从西欧到东欧，从北欧到南欧演奏，她的声名压倒舒曼的时候依然没有改变。这不是安琪儿下凡是什么？

1840 年 9 月 12 日，她与舒曼举行结婚大礼。自此忠诚和好，始终如一。舒曼

---

① 今译克拉拉·舒曼夫人。

作曲，她把它演奏，而且两人常常共同商榷、研究。这种工作简直打破有史以来的夫妇记录，可以和他们比较的，也许只有英国诗人 R. Browning 夫妇而已！

可怜雹碎春红，霜凋夏绿，舒曼奋斗半生，终于逃不脱命运的辣手，1856 年 6 月不得不离开他同命的夫人向人世告别。她于痛定之余再继承他的遗志向人类传布艺术的福音，直到 1896 年 5 月 19 日与舒曼在天堂相会为止。

我自知我这支拙劣的笔不配记述这位艺术和人格都是第一流的女艺人，这篇可有可无的文字不过聊使爱好音乐的朋友略有一个淡薄的印象而已。现在让我引 Liszt 的话作结：

> 像她这样整个的内在生活都是献给艺术，只为了在它的领域里面来感动与欣赏的妇人是很难再得的了。一种无瑕的完成人格化了这位温柔的、受难的女预言家的每一个音响，她呼吸着上天的馨香，和地面是只凭她的眼泪维系着的。

原载《新夜报·音乐周刊》第 16 期 1935 年 3 月 7 日

什么是民歌

什么是民歌？

民歌者，民间的歌是也，在民众的口上生成，在民众的口上传播。——这是最先得到的答案。

可是事实并不是这么简单，就如《菩提树》（Der Lindenbaum）那首歌，你一到德国便可以到处听到。假如你对音乐是有兴趣的，那么在你未到德国之前，你也已经知道它是舒贝尔特①的作品了。当然，舒先生也是民众之一，但是此一民众与彼一民众，定义上确有分别。是不是？

我们只得再问一遍：什么是民歌？

姜罗亚（A. Jeanroy）② 在《法国抒情诗的起源·中古篇》说："……民间文艺是确定的艺术家的诗歌，我们可以干脆地这样说法，它是凭一种相当的精神的教养，凭着显明的意义根据文学的原则创造成功的，可是它和民众有精神的关连，因此它能够忠实地说出他的思想与情感，简言之，不是由民众自己，乃是为民众创作的，我们相信这个解释比较正确而且也就可以保留。"

诗可以这样说法，音乐也不会两样。我们可以说：每一首民歌都有它的作者（这句话听起来多么好笑！）不过当它流传广远的时候，便会变动以及丧失掉它的本来面目，有时甚至于结起金兰契来，两首合做一首，有了这种情形，后人自然无从指出作者究竟是谁了。

我们从此可以明白，一首歌当产生的时候还不能算是民歌，经过一传十，十传百，百传千，千传万（恕不再算，余仿此），而且一代一代的传下去，得到大家的

---

① 今译舒伯特。
② 今译让鲁瓦。

拥护之后才算得上是一首民歌。

这样，我们说一首歌是民歌，因为它反映出民众的思想与感情，有一种正确的、艺术的选择，音乐上适合自然的条件，文字上充满表现的能力，受得住时间的判断，兼可以代表民族的人格。

从前有过一段笑话：有一个历史教员讲法国史，讲完了贞德（Jeanne d'Arc）把英国军队杀得落花流水的故事便发问道："法国有过这么一个女英雄，我们历史上有没有呢？"话才说完，便有一个学生高声回答："克莱拉宝！"我因此想起：假如我们的音乐教员唱过《伏尔加缆手歌》①之后问他的学生："我们有没有这样的民歌？"会不会有人应声说"《毛毛雨》"呢？

呜呼！予欲无言！

原载《新夜报·音乐周刊》第 18 期 1935 年 3 月 21 日

---

① 今译《伏尔加船夫曲》。

我的疑问怎样得到解答

　　小时候我最喜欢上我父亲的藏书楼，因为那里有很多课本以外的新奇的东西来满足我的好奇心和欲望。当然，《皇清经解》这一类书籍我压根儿就不曾翻过。翻到了《天演论》，翻到了《新民丛报》，那真够新鲜味儿。有一次我看见一部书，书根上写着《白芙堂全书》。最先我猜那该是跟《学海堂全书》或是《百子全书》一类的罢，于是解开木夹，把第一本抽出来。可是奇怪，里面列着很多的算式，原来它是一部数学书。我的算学是头等蹩脚的，所以感不到什么兴趣。但是有一个疑问却从此横在心头："为什么吴嘉善的算式是直行的，和我们课本的横行算式完全两样呢，而且写的又不是阿拉伯字！"这个还未曾弄清楚，又来了第二种东西：《白石道人歌曲》，这一门本来是我心爱的，于是看，看《白香词谱》，看《调律》，都只是列个调名，详细的也只是接上"又一体"，不似这本《白石道人歌曲》在词牌底下注明中吕宫大石调，而且字旁边还有一撇一勾的符号，这就是乐谱了，我想。但是和我们在学校里学习的 do，re，mi，fa 又不同。我那时的脑子真像叔本华尔说的让别人的思想跑马了！

　　这个难题直到我的哥哥回国之后才得到解答。我早就猜到洋翰林许比本国翰林强，事实也真的不会叫我失望。

　　中国人平常做事是喜欢适可而止的，所以数学等不及进步到微积分便打住了，音乐也等不及进步到和声转调！

　　听他拉 Violin，听他吹 Flute，觉得和我们的音乐完全两样。琴（弓）有不让琴弦夹住，却让它在琴弦上面七上八落，长笛的洞则有关有开，比我们洞箫和笛子多上好几倍。看那些乐谱却比 do re mi fa 更进一步，原来还有一种更好的五线谱，我不能不相信西洋音乐是比我们的进步了。

　　此后当然还问了许多，把他的话综合起来，我这才明白西洋乐器的精造，记谱的方法，音域的广大，调性的精微，音色的繁复，以至表情艺术的讲究都不是我们原始的音乐可以比得上的，尤其致命的是中国音乐里面并没有和声和转调。处此情势而言比较，是犹驱赵飞燕与 Brunhild① 角力也，宁有幸乎？

怎么办呢？我自小便以好新出名，现在又添上一件：爱好西洋音乐过于本国音乐了！但是这该不是盲目，而是择其善者而从之罢，我想。白芙堂成为历史的陈迹就是一个好对照。

现在还要拖上一条尾巴：我这种说法，并不是主张中国音乐无条件地向西洋音乐竖起降旗，说一出四万万人齐解甲，一个人是不会这么甘心堕落的，这种行为是自绝于艺术。艺术只应该独创，模仿的算不上是艺术。我们经过和外国人接触之后，知道有好些东西需要根本的改造。我现在就是说明优胜劣败的理由，希望"有心人"在物质上已经觉醒于前，现在也应该在音乐上来一次江南造船，小站练兵一般积极的工作而已。

原载《新夜报·音乐周刊》第 19 期 1935 年 3 月 28 日

---

① 今译布伦希尔德，女武神。

戴粹伦君卒业音乐会记

西乐之行于我国，不过是二三十年的事，最初是由传教的带来宗教乐（即赞美诗），慢慢又有留学生们努力，最后居留我国的外人年年加多，而世界诸名家又相继来演奏，于是西乐在我国遂逐年推广，至于今日，我们有一个国立的音乐专门学校，各地市政府也有铜乐队或管弦乐队，而研究的人也日日加多起来，虽然比起欧美各国尚差得远，然以军事匪祸繁多的我国，也就算很有成绩了。

要音乐普及，并不是很难的事；要制造乐器，也很容易；只有造就音乐专门技术人才，倒是最困难的。因为第一，从小要有好环境；第二要有天才或鬼聪明；第三要有充分时间和练习；第四，要有好的先生。有了这四样条件，然后或许能造就出一个技术家来，但如果半途上或竟至在将终途上生理上发生障碍，仍然是半功或全功尽弃的。养成一个技术人才如是之难，无怪在技术人才缺乏的中国，有一个技术人才毕业是极端值得注意的了。

戴粹伦君这次的毕业演奏会，是我们渴望了很久的，所以那晚（3 月 26 日）我很早就跑到新亚的会场中去了。

看看节目单，第一部是一个朔那大（即模范大曲）和一个协奏曲；第二部是三个较轻松的小曲和一个温利奥斯基的波兰舞曲。我很满意，因为第一部的第二曲和第二部的最后一曲，全是技术方面的；朔那大是属于表情与节奏方面的；三个小曲则全属于表情方面。这样，我们可以领略一个技术人才的各方面，而定他的造就了。

朔那大开始了，一种挪威民族性的曲调从钢琴方面散布出来，小提琴又交换地奏着曲调与伴奏。格利格的这首 g 小调模范曲，确是一首美丽之作。戴君对于表情方面似属特长，他尽量奏出各音之间的一种极优美的关系（此即西文之 Tone Connection 是也），这是弦乐器的一种特别技术，与唱歌之各音连络相似；他的振动数 Vibrato 也极合式；末章中几小段快的碎和弦也极清楚，弹音与钢琴节奏绝对吻合，这是他那晚上最成功的一个节目。

第二首是佛当（18世纪法国的最大提琴家和作曲家）的d小调协奏曲，技术之繁难，非有真实工夫者不能演奏，那几个跳进的同均奏 Octave 和人工泛音 Artificial Harmonica 戴君颇能称职，由此我们知道戴君的技术，确已有相当磨练，因此又想到在国内音乐技术幼稚的环境中，造成功戴君这种技术，确是不容易的事情，国立音乐专科学校在五六年的短期中能训练这样一个人才，也是值得赞赏的。

后半部的第一节 AB 二曲表现他的表情能力，据我的意见，戴君的表情能力是在他技术之上的；第三曲 C 是一个舞曲，开始在 b 小调，后段转入 D 大调，节奏也变为流利轻快，小跳弓 Spiccato 很清楚，曲调也很动听。

最后一首波兰舞曲，又是表演技术的，其中数处最难的地方，与佛当①的协奏曲半斤八两不相上下，戴君应付也极裕如。

全部节目完后，应听众热烈的掌声要求，又重奏克莱斯勒的"玫瑰玛利"一曲，同弓跳弓的技术，又使我非常满意。

回到家里，使我在极度兴奋之下，不能不写点感想出来。

戴君年纪还轻，若能照此努力下去，将来前途确是不可限量的；在现在，中国人之习小提琴者，我以为当以戴君为最成功的一个，因为他不偏重于技术（像那些从外国造就回来的一样），他能顾到音乐本身，表现出各曲的一种特点，使我听后觉到有多种风味，而不是一种单纯的技术到家的惊叹；我所谓的技术人才，是戴君这一种，而不是光是技术纯熟的乐匠。

国立音专开办不过五六年，而其成绩若是，前途也是不可限量的。

音乐与民族之复兴是有很大关系的，谨在此祝国立音专与戴君的前途光明。

（此文发表时笔名"微"）

1935年3月26日晚

原载《新夜报·音乐周刊》第 20 期 1935 年 4 月 4 日

---

① 今译贝尔东。

音乐的本领

读仲尼弟子列传读到孔子称颜回曰：不迁怒，不贰过，未尝不叹做复圣之难，大成至圣自然不敢指望了。不贰过无论矣，就是不迁怒，也是难于上青天。王者一怒，杀人十万，流血千里，固然是一种比尼罗火烧罗马还要惊心动魄的壮观，就如七斤嫂一筷子向六斤的双丫角中间直扎下去，也有点不是要处。

可是一个人要不是傻到绝顶，总会明白恨棒打人不是正当的解决办法，而我们都是凡人，谁敢担保遇不到委屈，伤心或是失意的事？已经遇到了，难道阄在肚里，恨恨而死么？

用不着的，傻子也不是这样傻法，假如你走路不留神，给大石绊倒了，膝盖碰到石角，于是满是鲜血。你垂头丧气跑回家去，你的妈妈迎接上来，问明底细，立刻给你拿来药水，药膏，绷带，到一切弄妥当了，便说道："宝宝！不相干的，过一会就好了。"那时候你岂不是苦痛全消了么？

音乐就有这种慈母式的安慰！

曾子耘瓜误斩其根，受了父亲一顿大杖之后，回到房里弹起琴来。他弹琴的目的虽然是一片孝心，想向父亲表示刚才的一顿大杖并不曾把他打坏。你看，我不是还会好好地弹琴么？但是他不读书而弹琴，那么，他的另一作用自然是消除苦闷无疑了。写到这里，且抄抄书：圣人之所以为圣，愚人之所以为愚，其皆出于此乎？

一个人有了这样的胸怀，便随处可以逢凶化吉。

Chopin 在 Stuttgart 听到 Warschau 陷落的消息，一腔悲愤无处发泄，于是借钢琴绝望地哀诉，结果成就了好些划时代的作品：Prelude in D minor & A minor，Etude in C minor 以及 Scherzo in B minor。这已经够证明音乐是悲哀和痛苦的解救。不独此也，如果音乐只可以替人说出内心的悲哀，那么充其量 Polyhymnia 小姐只可以教唱《孟姜女寻夫》以至《小孤孀上坟》，Appolon 也只好跟为李娃落难的荥阳公子做伙计。整天哭丧着脸，这成什么话呢？音乐的本领当然不止这一点。你快乐的时候它一样可以替你歌唱。H. Wolf 甚至于说：不会歌唱的作曲家算不上是一个大师。他的乐歌如《猎人歌》（Jaegerlied）、《园丁》（Del Gaertner）、《漫游》（Auf einer Wanderung）、《少女的初恋歌》（Erstes Liebeslied eines Maedchens）、《他就是》（Er ist's）、《救火骑士》（Der Feuerreiter）、《吩咐》（Auftrag）、《三王节》（Epiphanias）等等或欢乐，或轻快，或热烈，或壮阔，或幽默，那种泼辣的神情真使人应接不暇。更不独此也，以上云云，还不免近于用牛刀割鸡，说到 Handel 的 Oratorio 表现宗教的博大，Bach 的 Mass 表现信仰的虔诚，Beethoven 把时代和人类一笼统装进音符里而去，再分别还他一个本来面目，在姊妹艺术中音乐这才（用得着八股调子了！）巍巍乎高高在上鹤立鸡群出人头地矣。奇哉怪事欤？奇哉怪事也！

这是唱高调么？那我就把调子降低到等于 Kontrabass 罢：思乡的时候唱唱 Home, sweet home 何如？泛舟的时候唱 Santa Lucia 何如？开朋友玩笑的时候唱唱 Ach Du lieber Augustin 何如？和爱人久别重逢的时候唱唱 Long, long ago 何如？……何如？……何如？

你不相信就试试看何如？

原载《新夜报·音乐周刊》第 21 期 1935 年 4 月 11 日

德意志乐歌理论提要

罗曼·罗兰论格禄克艺术的特征，说它是国际艺术的综合：意大利的 Melodie（乐调），法兰西的 Deklamation（朗诵），和德意志的 Lied（乐歌）。Lied 和德意志的关系好比是只此一家，并无分出。这是历史的事实。

为什么乐歌在德国（包括奥大利①，请大家不要看现在的地图）特别发达呢？这也只好让历史来解答。

德意志乐歌的发达，当然，是音乐家努力的成绩，但是文人——广义的——用过的心力也一样不能使人忘记。他们对于音乐非常关心，音乐家和文学家的友谊，最有名的是 Zelter 和 Goethe。此外如 Gluck 和 Klopstock，Schubert 和 Grillparzer，Mendelssohn 和 Eichendorff，Wolf 和 Liliencron 都终生保持密切的友谊。尼采在大学念书的时候说过：他有三个好伴侣：叔本华尔的哲学，舒曼的音乐和孤独的散步。海涅爱好朔旁②，他们在巴黎也时常来往，最可佩服的便是他们对于音乐不光是消极的欣赏，而且是积极的思索与研究。

德意志民歌的丰富，不论是数量上或是质量上都是旷代无匹的，而热心做搜集的工作的，有一个就是德国的大诗人 Herder！

有了深厚的基础然后才谈得到发展。跛子学跳是不会成功的，对不对？

诗和乐的关系密切起来，优美的结果自然没有疑问。我在这里把文人表扬一番，该不是有意替他们争功罢！

文字和音乐的结合便是一首乐歌。这里来了一个严重的问题：结合的方式。把他们的意见分析起来，可以有下列三种说法都是出自文人之口的：

---

① 奥地利——编者注。
② 肖邦——编者注。

第一，音乐是主，文字是副；

第二，文字是主，音乐是副；

第三，文字与音乐打成一片。

我们现在看起来，觉得头两种有点近于废话，不过事后说话常常显得自己比古人聪明百倍。中国文人写史论最多好见识，苏轼说范增不高明，管同又说苏轼不高明，原来在管同笔下的范增比苏轼笔下的更要退板。这真是难乎其为古人！

闲话休提，言归正传，却说文字和音乐的结合，第一种意见是音乐是主，文字是副。这个可以用叔本华尔做代表。他以为"音乐的普遍性和文字的局部性很难有结合的可能"。在他那篇文章《论音乐的形而上学》里面他说得很明白："文字对于音乐现在是，将来也是，面生的而且还是只有卑下的价值的，因为音乐的力量比文字更强大，更结实，更迅疾。因此它和音乐结合起来，只可以居于附属的地位，完全要遵照音乐的意旨做去。"从这点出发，那位哲学家于是断定，诗人应该根据音乐填词，音乐家不应该根据文字作曲。尼采在他那部《悲剧的产生》里面也有相似的意见。当然，叔先生那种透彻的思索与客观的论断可以使人佩服，但是实际上这种理论占不到什么重要的地位。吾爱吾师，吾尤爱真理，在他说这段话之前，德意志乐歌已经从异章同调的乐歌 Das Striphenlied 进步到逐章配音的乐歌 Das Durch-komponiertes Lied 了。纪念碑性的作品是莫查尔特的《紫罗兰》（Das Veilchen 歌德的诗）。《紫罗兰》的成功可以说是预先给叔本华尔一番有力的反驳！

我们现在离开第一派理论，再看第二派，歌德有过一封信给切尔贴尔，说："当作曲家陪伴着、负荷着、呼唤着那首诗的时候，诗人的工作应该是音乐的基础。"这种见解影响到浪漫派作曲家。K. M. von Weber 说："依照我的意见，乐歌首要的神圣的义务是凭着可能的忠实，正确地适应朗诵的原理。"这是歌德一派的议论：文字是主，音乐是副。可是他不免心余力绌，不能够实行自己的话，临了便找到一个妥协的办法。假如完全的重量落在曲调这一面的时候，文字上的单音节便不妨牺牲。因为他以为如果认真起来，曲调内含的真理花粉会被抹掉，而常常有陷于呆滞以及枯燥的危险。这种妥协的结果，他的《魔弹枪手》（Der Freischuetz）便对朗诵造反了。卫伯尔如此，别人可知，E. Newman 直称歌剧作曲家的行为是对文学的犯罪。好在事情不会老是这样糟下去，那时有了舒曼来力挽狂澜。他说："作曲家应该跟着一首诗将它那极细微的地方表现出来"，而"光是唱音是不够的"，他认定"一首诗从文字到思想都要表现出来"，这是歌德理论的补充。

渐渐的我们来到第三派理论的面前了。G. W. Hegel 说："对于一首歌辞的内容，光是凭着'吟诵的朗诵式'是不够的，光是有曲调和吟诵的分别也是不够的。相反的，它应该得到一种品性的中和。"到了这里，我们不妨听听 E. T. A. Hoffmann 的伟论：他要求，只有好诗才可以拿来作曲，同时不要把诗在音乐里面淹死。"诗的境界，并不是夸耀的辞句可以鼓舞作曲家的灵性，除了那些所谓诗意的图画之外，每一个反影对于音乐都是一种真实的取消。"他有一个极好的譬喻："有一块辽远的国土有时凭一种稀罕的感觉包围我们，从那里向我们降落一阵神妙的声音，那些本来在紧窄的胸中沉睡的声音于是通通醒来，像熊熊的火光一样向上发射，我们对于天堂的福乐都有享受的份儿。——因为诗人和音乐家是圣堂里面最亲密的骨肉。因为文字和音乐的神秘是浑全的整个，这给他们启示最高的灵感。"瓦格纳音文合一的思想是男性的诗的目的和女性的音乐的合一，舒曼也早就有过一段妙语："作曲家不要对着一首诗发怔，他应该热烈地把它拥抱。"因为"那首诗对于一个歌人正如一个新娘躺在臂上，自由、幸福而且一体"。

瓦格纳思想的极峰是："诗人是音乐家，而音乐家是诗人。"

一致的乐歌的特性是每一点音乐的材料都应该受诗的思想的支使。因此假如音乐表情极细微的部分并不是包含在诗里面，那就是多余的、胡闹的、恶劣的。

这种计划 H. Wolf 手下完全实现了。当然，我们不会忘却那位天纵的歌王舒贝尔特。他的乐歌多是音文合一的，钢琴部和唱音有相等的重要。《葛列卿在纺轮边》（Gretchen am Spinnrade）的伴奏做出一种逼肖的纺轮声，而当葛列卿沉入回想的时候，声音也跟着中断。《赤杨王》（Erlkoenig）①的伴奏的马蹄声也是有名的。他的曲调是那么锐利地适应诗的表情，使听者真要五体投地。不过我们也许可以这样说：舒贝尔特的作曲方法是直觉的、本能的，而不是意识的。他的伟大是在这一点，德意志乐歌发展到舒贝尔特还不能算是极顶也是在这一点。他的乐歌在性质上异常驳杂，有时甚至于拉到黄牛就是马（这是说的歌辞一方面），至于连歌的钢琴部有些还免不掉只是一种消极的伴奏。到了舒曼成功一道从新到旧的桥梁，沃尔夫则一方面接受前人的遗产，再从瓦格纳引进精炼的、传神的、入微的方法以及那些作为进步的、新的技巧，紧张的瓦格纳式 Harmonik 和 Chromatik，于是乎德意志乐歌得到空前的成功。沃尔夫的名号便是乐歌的瓦格纳！

沃尔夫每当作曲之前，必定细心体会诗的命意与表情，放声把那首诗朗诵。这一步的工作做完了，便深思冥索，或者上床睡觉，让那首诗在他的脑里发酵，一早

---

① 今译《魔王》。

醒来，这首诗完全占据了他的思想与感情，于是下笔而春蚕食叶，掷笔而母鸡生蛋矣（沃尔夫的朋友 Mueller 说过，沃尔夫写成了一首乐歌，常常快乐到叫出来，活像是一只生蛋后的母鸡）。

嘿！这已经走上岔路了。野马不可任意跑，还是就此"拉倒"罢！

3 月 24 日，上午三时脱稿

原载《新夜报·音乐周刊》第 22—23 期 1935. 4. 18/1935. 4. 25

Ballade 及其他

语云："女大十八变。"欧洲人谈起音乐，多用女性的称呼，她——以夷变夏了，希谅之——的变化也很可观。有些乐曲的应用，假如没有音乐史做见证，也许你听见别人述说她们的原始，会以为别人是向你扯谎。你听过贝多芬的交响乐之后，那里会想到她最先只是一种戏剧的开场乐呢？然而事实的确是这样，并不是什么"意表之外"的奇谈！

不过交响乐云云，来头太大，倒不如谈点小事，省得像吹肥皂泡一样，吹得太大了时，自己反要涨裂了。

现在就谈 Ballade。

Ballade 源出意大利文 ballo，意为一首舞歌。跳舞的时候一对对的舞侣跟着它的节拍团团转。但是渐渐地，它变样了，到了 14 世纪，大家说起 Ballade 已经作为一种叙述英雄的、冒险的、鬼怪的故事的诗式。特别是在苏格兰，天公究竟是做美还是恶作剧我们很难断定，那边的气候使人类的性格变成沉着、阴暗，Ballade 因此就如雨后香菇，生长得多而且快。德国诗人 G. A. Buerger（1747—1794）受到苏格兰和英格兰诗人的影响，再加上德意志民族的特性，成功了他的杰作 Lenore，那种紧张的情调和邪气大的力量使听的人都要毛骨悚然，因为诗里面描写死人在月下跑马，临了还要问："爱人，你怕不？"歌德生平极喜欢朗诵这首诗，他自己也写 Ballade，而且写得十分出色，与 Fr. von Schiller 齐名。Ballade 在文学上得到成功，音乐家也就要来干一干，最先做这种工作的是 J. R. Zumsteeg（1760—1802）。他和 Fr. von Schiller 是好朋友，他将席勒尔的诗谱成乐歌，在当时大受群众欢迎，虽然因为时代的关系，他的作品已经沉入遗忘的深渊，但是他的工作却永远是不朽的，他是乐歌进程上的路程牌，舒贝尔特和略威（Karl Loewe）① 的先驱。

---

① 今译卡尔·洛韦。

舒贝尔特还不满 18 岁，已经写成了他上空千古、下开百世的《赤杨王》（Er-lkoenig），这并不是一首歌，乃是一幕戏，父亲，儿子以及赤杨王的形象活现在听众的眼前。

过了没有几年，又有一个作曲家把《赤杨王》重谱一遍。这个作曲家就是略威。直到现在舒贝尔特和略威的《赤杨王》，谁好谁坏，还是各执一词，不过投起票来，大约还是略威得的票多，因为他把那阴森的情景描绘得更深刻，钢琴部的附点三连音（dotted triplets）使人一听便如见父亲那种策马飞驰的惶急。就 Ballade 论 Ballade，略威的地位不让诗家老杜的七律和词家清真的长调。他的作曲范围几乎包括音乐艺术的全部，但是一个人生在巴赫、痕迭尔、莫查尔特以及贝多芬的后头，一切都不免丧失了本来的地位，只有他的 Ballade 如日月经天，江河行地，毋怪乎音乐史家说，即使略威光是写过 Ballade，他在音乐史上的意义也是第一流。

这里来了另一个问题：是不是 Ballade 通通可以作曲？回答干脆是一个"不"！因为如《赤杨王》《渔夫》（Der Fischer）（舒贝尔特，略威作曲）全诗只有 32 行，《紫罗兰》（Das Veilchen）（莫查尔特作曲）只有 28 行，一个歌人自然可以应付，至于《人质》（Die Buergschaft）（舒贝尔特作曲）计 140 行，《没水者》（Der Taucher）（舒贝尔特作曲）计 162 行，《柯林特的新娘》（Die Braut von Korinth）（略威作曲）计 196 行，《上帝和妓女》（Der Gott und die Bajadere）（略威作曲）计 99 行，要唱这种乐歌便是金嗓子也有点没法想，所以歌人对它们的办法就是一个不理。但是 Ballade 有没有旁的出路呢，除了被人歌唱之外？Echtermeyer 说："Balladed 愿意被听胜过被读，所以为求得到完全的效果起见，它需要音乐的伴奏。"从这点出发，便走上 Melodrama 的路。

Melodrama 最先是一种配乐的戏剧，现在演变成配乐的朗诵 Deklamation。它的纪念碑是卢梭的 Pygmalion，德国方面主要的作家有 G. Benda（1722—1795），R. Schumann，F. Liszt，R. Strauss，M. Schillings（1868—）及 Humperdinck（1854—1921）。

表演 Melodrama 的先决条件是学习朗诵。写到这里，我又要趁机会提倡朗诵了。知我罪我，是在读者！

原载《新夜报·音乐周刊》第 24 期 1935 年 5 月 2 日

音乐与公子哥儿

先骂题：

不是发昏就是发疯，要不然，为什么会把这两个名词放在一起？这不是安琪儿与撒旦共席么？当然，我知道有些志士一提起音乐便联想到公子哥儿；当然，我也不否认有些公子哥儿把音乐划入他们的"白相"范围里面去。但是，音乐艺术会不会因为有公子哥儿来染指就要公子哥儿化呢？是的，有些所谓音乐也者，是适合公子哥儿的口味的，不过明眼人，不，聪耳人不把那些东西算作音乐。从前有一位大学教授说过："稍为有点教养的人，都会明白《毛毛雨》的价值不及贝多芬的《第五交响乐》！"道理是不错的，可是那位教授先生似乎太卖气力。因为要说无盐貌丑，正不必捧出西施来做比较呀！

然而"音乐与公子哥儿"这个话题确乎得到一部分人的承认，这却不能不来一次清算。

音乐的起源，我不掉书袋，最先是唱。为什么人类会唱起来的呢？自然是发生于劳动。最现成的例子就是现在的工人，每当工作的时候，也仍然是"雅荷海"，"浩唉，唉浩"，律动地齐唱着。他们歌唱的目的，在调剂他们的疲劳，而且，喜怒哀乐，人之情也，何况爱美又是生物的天性呢！所以除了简单的劳动歌之外，又会借音调与文字传出他们的情感。至于教堂音乐目的是在对于神祇的膜拜与感谢，那与"消遣"更是"天渊之隔"了。音乐会受到公子哥儿的牵累，以致被人误会作不祥之物，那真是万古奇冤。魏子安作《花月痕》，多写狭邪，不见得有人因此破口骂小说是"婊子文学"，那么公子哥儿拿音乐做玩弄的对象，又何损于音乐之毫末呢！

也许有人要问：音乐究竟有什么好处？那我可以干脆地回答：多得很！一个人吃饭的时候，断不会先问明这种菜含有维太命甲，那种菜含有维太命乙，然后举箸，却高高兴兴地饱吃一顿，然而滋养即在其中矣。饭菜是身体的营养，音乐——一切艺术都是一样——是精神的营养。你不能够只吃一顿饭便要求增加体重，你也不能够只听一次音乐便要求增加聪明。这种速成法便是上帝也创造不出。李翰替张巡雪冤，名闻天下，他的态度多么严肃，但是他文枯作乐，来启发他的烟士披里纯①，这是铁一般的证据。怀疑音乐的功力等于怀疑太阳的光辉，希望有识之士能够看得远一点。

萧伯纳是伟大，大概正反都会同意，他和享乐主义无缘。当他在不列颠博物院看看马克思《资本论》的时候，随身带着瓦格纳的乐队谱表。慕索里尼②演奏小提琴的工夫简直不让演奏专家。说起戈比尔斯（P. J. Goebbels）③，大家都知道他是努力德国复兴的中心人物，绰号希特勒的灵魂。他工作的站头是写字台、演讲台、播音台，真是一日万机，朝飞夕驶，但是在他的日记里面却充满了关于音乐会和歌剧的记载与谈论。希特勒就是戈家的佳客。他们做事能够始终精力弥满，无论如何这笔功劳应该记在音乐份下。

音乐的门户是开放的，所以公子哥儿可以自由入境。但是音乐泰然对他说：尔为尔，我为我，尔焉能挽我哉！

原载《新夜报·音乐周刊》第 24 期 1935 年 5 月 2 日

---

① 烟士披里纯即"灵感"。——编者注。
② 今译墨索里尼。
③ 今译戈培尔。

法国革命给予音乐的影响

　　一提起《马赛歌》（Marseillaise），谁都知道是法国国歌，它的作曲是 Rouget de Lisle（1760—1836）。1789 年法兰西发生空前的大革命，7 月 14 日革命党摧毁专制的记号巴士梯狱，平民正式起来赶走贵族和僧侣，扫荡一切封建的遗毒，组织国民议会，发表人权宣言，不过王政还是保持的，于是更进步的支龙党和雅各党解散了国民议会，另行组织立法议会，到惹得普鲁士和奥大利①派兵来法国救助法国国王和贵族的时候，更加激起革命党人的愤怒，国民义勇军于是高唱《马赛歌》，决定内灭王权、外御强敌。路易十六和王后安汤妮（Marie Antoinette）——就是替格禄克歌剧做保镖的那位艺术王后——先后上断头台，《马赛歌》也就由雅各党党歌变作法国国歌了。当然，法国革命并不是就此了结，此后流血的恐怖还多得很，共和与帝制轮流玩了 80 年，法国才确定成为民主共和国。不过这里不是讲历史，用不着老要噜苏下去，所以就此带住。

　　这样说来，《马赛歌》是时代的儿子。艺术家谈起艺术，常常喜欢说艺术家是预言者，他比时代看前 50 年。是的，也许艺术家的感觉特别灵敏，观察特别深刻，所以的确能够比常人早点看出社会的缺陷和腐败，于是把它描写出来。这就是所谓预言者的工作，可是实际上代表时代的，并不是预言的艺术，因为艺术是时代的镜子，时代未曾变换之前，它无从照出未来的社会，他们对于将来是憧憬同时又是朦胧，有些诗人如法国革命时代的波德来耳②与俄国革命时代的叶色宁③，比方说，在先前都曾经讴歌革命，但是到得后来，一个反过来诅咒革命，一个则弃甲曳兵，自杀了事。这就够证明真正代表一时代的艺术的只有时代的儿子，除此之外，多少不

---

　　①　奥地利——编者注。
　　②　波德莱尔。
　　③　叶赛宁——编者注。

免错误或是虚泛，也就是搔不着痒处了。

自然，像法国革命那样惊天动地的事变，断不会只产生一首《马赛歌》。那时候，革命的情绪支配了民众的一切言论和行动，反动的也彻底反动。为了一点小事，他们便要兴风作浪。当格禄克的歌剧《伊菲格仪在奥利司》（Iphigenie in Aulis）①上演的时候，那首合唱歌曲《歌颂，祝贺我们的女皇》便一定给听众一个吵架的机会。一边演出拥护，另一边便应声说出打倒。这出戏外戏该是好看的罢，可惜当时的人全没有那种冷静。

那时的歌剧可以根据脚本的内容分做三种，革命歌剧，援救歌剧及强盗歌剧。革命歌剧的主题和思想都是名副其实的，特出的是萨尔耶利（A. Salieri 1750—1825）② ——格禄克的学生——的 Tarare（嘲弄用语）。这部歌剧代表一种斗争，自由的人类反抗罪恶的专制，正义的责任的忠诚反抗权力的滥用。这是歌剧宣示人类的平等权利的第一次。此外如巴士梯狱的摧毁，Nancy 的暴动，都有特谱的歌剧，而最能代表法国革命的精神的，是戈色（F. J. Gossec 1734—1829）③ 的《献给自由的礼物》（L'Offrande a la liberte）。这部歌剧在法国宣布共和的第八天便开始公演，《马赛歌》在这部歌剧里面占着一个中心的地位。

援救歌剧是从事实得名的。因为有一个女子从修道院里面被人救援出来。歌剧 Les rigueurs du cloitre（修道院的严厉）就是根据这段故事，它的基本思想是反抗僧侣。比这部更有价值的是开鲁比尼（L. Cherubini 1760—1842）④ 的 Lodoisca。

强盗歌剧的代表是列雪尔（J. F. Lesueur 1760—1837）⑤ 的《巢窟》（La Caverne）。M. Dietz 论这部歌剧说："恐怖时代的印记，谁不会从这部作品的诗词的和音乐的色彩里面把它找出来，它那精神的相貌支配着整部歌剧，显示出阴沉而恐惧的情调，烧毁地狱的魄力，粗暴的、倔强的野性，晦暗的恐怖盘踞着好几段的情景以及通过全部的使人战栗的庄严。"这一类歌剧大部分属于英雄歌剧。表现它那种爆炸的势力的是那些根据三和弦演成的曲调，半音进行，强烈的跳音以及粗豪的管弦音色，一强一弱的反复以及号角般的节奏。至于那种领演音旨（Leitmotiv）⑥ 的技巧

---

① 今译《伊菲姬尼在奥利德》。
② 今译安·萨列里。
③ 今译戈塞克。
④ 今译凯鲁比尼。
⑤ 今译勒絮尔。
⑥ 今译主导动机。

已经在美于（E.-N. Mehul 1763—1817）[①] 的 Ariodant 里面出现，他这 motiv 叫做复仇音旨。

正面的歌剧就是这三种，此外还有一种软性的，可以代表革命的另一面。林参（K. Linzen）说："肉感这个字是革命党人的口头语。无数浪漫的花在革命的淤血洼里面开得光华灿烂。"这是当时那些长裤党 Sans-culotte（无膝裤党）的革命艳史。这一类歌剧最受人欢迎的是《保罗和维锦仪或道德的胜利》（Paul et Virginie ou le triomphelde la vertu）[②]。R. Kreutzer 和列雪儿都把它作曲，还有一部《罗密欧与朱丽叶或为爱牺牲一切》（Romeo et Juliette ou Toutpour Iamour）也由达拉勒（N. Dalayrac 1753—1809）[③] 及许太北尔特（D. Steibelt 1765—1823）[④] 先后作曲。真所谓"断头共吻颈并行，血腥与粉香争烈"了。

这场革命从当时影响到未来，从法国影响到外国。北尔约（H. Berlioz 1803—1869）是列雪尔的学生，自然受到影响。他的 L'idee fixe 也有法国革命的渊源。还有就是标题音乐，兰尼慈奇（P. W. Ranitzky 1756—1808）的《特性的大交响乐为法兰西共和国议和作》（Grande Sinfonie Caracteristique pour la Paix Aves la République Fransaise），是道地的标题音乐：

第一：革命
英吉利进行曲
奥大利及普鲁士进行曲
第二：路易十六的命运和死亡
丧葬进行曲
第三：英吉利进行曲
同盟军进行曲
战争的骚乱
第四：和平谈判
恢复和平的欢呼

至于法国革命给予外国音乐的影响，只要提起贝多芬的英雄交响乐大家就会明

---

① 今译梅于尔。
② 今译《保罗与维尔吉尼》。
③ 今译尼·达莱拉克。
④ 今译丹·施泰贝尔特。

白。他的唯一歌剧，*Fidelio* 脚本原来是法国寓言，它的性质是属于援救歌剧的，那种对虚伪和专制的反抗以及勇敢和忠贞的典型女性都是那个时代的反映，那么，不能不说，法国革命是有造于贝多芬了。

世界上究竟有没有象牙之塔，自然很难断定，不过即使有，它和十字街头的距离也一定没有多少远，要不然，艺术家何从清晰地感到时代的脉搏。

原载《新夜报·音乐周刊》第 25 期 1935 年 5 月 9 日

莫查尔特与歌剧

1768 年，格禄克的第一部革命歌剧 *Alceste* 在维也纳公演后一年，那个比格禄克年少 42 岁的 12 龄童子莫查尔特①的歌剧 *Bastien und Bastienne* 在一家私人舞台上面演唱。从 Bastien und Bastienne 到《魔笛》（Die Zauberflote）这 23 年间，天才的发展是多么教人咋舌啊！这就是说：歌剧凭借莫查尔特的天才达到了它的顶点。此后歌剧演进的路线是从格禄克到韦伯尔，从韦伯尔到瓦格纳，但是这一类舞台作品已经不是 Opera 而是 Musikdrama。而且到了瓦格纳的晚年，他自己在《论乐剧的名称》那篇文章里面极力反对这个名称，言简意赅的定名一时又想不出，临末指出它的定义：成为可以看见的音乐的行为。所以到了莫查尔特已经是歌剧的定局了。

莫查尔特的歌剧 Idomeneo 是受了格禄克的影响的，不过我们要认清：格禄克的文学天分和莫查尔特的音乐天分刚好成立一个明显的对照。依据歌剧的演进，格禄克的理论是正确的，但是莫查尔特那个后生小子却完全抹煞文学对于歌剧的价值，他说：诗要做音乐的顺儿。这是一种反动！

欧洲人常常喜欢引用一句拉丁话："他做得，别人做不得。"关于莫查尔特对文学的态度我也这样想。

我们试想：有史以来那里有过第二个音乐家可以和他的天才比较？他纯粹是音乐家，他创作，别人干涉他不得，妨碍他不得。他认定脚本的功用只在人物和结构。演奏的角色并不是表现在文字上面是在音乐上。让我们听他自己的话罢，这些话都是他写《约逃离开胥拉伊》（Entfuehrung aus dem Serail）② 的时候发表的意见：

"我不能像诗一样描写，我不是诗人；我不能把语法艺术地分配，使它光影分

---

① 今译莫扎特。
② 今译《后宫诱逃》。

862

明，我不是画家；我甚至于不能凭姿势和动作来表现我的思想和意识，我不是跳舞家；但是我能够使用音响，我是一个音乐家。"——"因为音乐统驭一切，有了它，大家把别的一切都忘记了。"——"是的，一部歌剧最重要的是有好的计划，才能使人满意。文字不过是为歌剧写出来的。正用不着凑那可怜相的韵脚。……诗调对于音乐是不可缺少的，但是韵脚，——光为押韵却是最有害的。"这种开明的见解就是一个文学家听了也要佩服，由音乐家说出来自然更加难得，生知之圣真是无所不能的。但是我们不要上当，以为他创作是随便的，尤其是在听过他天才洋溢的轶事如写序曲的结果成功一首赋格曲，半夜写到天亮成功一首开场乐之类，他自己对 Kucharz 说过："假如有人以为我的艺术是容易成功的，那真是大错特错。我向你担保，好朋友，没有谁像我一样在音乐上下苦工夫。很难有一个音乐名家的作品不曾经我勤勉地而且反复研究过好几遍。"请大家看他怎样安排他歌剧的角色罢："Os-min 的愤怒给描写成滑稽的了，因为那奇诡的音乐这样做……他的愤怒继续扩大了，所以——大家以为这首咏叹调 Aria 已经结束——两段 Allegro assai 必要完全是另一种速度，另一种声音，而得到最美满的效果。因为一个人当剧烈的愤怒的时候，已经破坏一切的秩序，规矩和准则，连自己都不再认识，所以音乐也一样要不能认识自己。"

关于 Belmonte 的那首咏叹调他有下面的一段话："那个卜卜跳的心已经表现出来了，——用小提琴的八度跳奏——一个人可以看见它发抖、颠簸，一个人可以看见跳荡的胸膛的起伏，这是用 Crescendo 实现出来的。一个人听见那些密语和嗟叹，这是用加缩音器的第一提琴和一支长笛吹出同度音 Unisono 表现出来的。"

是的，瓦格纳说过，莫查尔特不曾考究过美学的分量，这也许有他的道理。但是，莫查尔特者，天才也，生而知之者也。上面的引述已经够证明他思虑的周到与工作的精细，这种手法，就是斫轮老手也不容易做到，而莫查尔特那时只有 25 岁！瓦格纳在同样的年纪还不曾写成 Rienzi，诚然，《约逃》还不算是莫查尔特歌剧的绝顶，后面不是还有《飞加罗的婚仪》（Le Nozze di Figaro）①、《端箓》（Don Juan）② 以及《魔笛》么？所以韦伯尔的论断"在《约逃》里面莫查尔特的艺术经验已经完全成熟了，此后继续写作的，只是多些世界经验"实际上不免说得太早了一点，我们还是回转来听 Hermann Kretzschmar 的话罢：

①　今译《费加罗的婚礼》。
②　今译《唐璜》。

凭着《飞加罗的婚仪》和《端篆》，莫查尔特把分隔滑稽歌剧 Opera Buffa 和严肃歌剧 Opera Seria 的墙壁拆掉了。因为这样，他自己的作品成为不朽，因为这样，莎士比亚式的自由冲进歌剧里面去了。没有莫查尔特，我们便没有《平民歌诗团》（Meistersinger）①。

这是现代人的话，所以较为客观，较为正确。瓦格纳虽然说莫查尔特没有考究美学的分量以及脚本的好坏，但是对于莫查尔特他是崇拜到五体投地的。他说："莫查尔特给他的乐器吹进一种人类的声音最热烈的气息，这种声音是他的天才连着一切的爱倾慕着的。他把丰富的和音的不竭的源泉引进曲调的中心。"又说："一个人在戏院里面听见这部歌剧（《约逃》）充满生命地演唱的时候，不立刻和那由他引入戏剧里面去的人格结成一体，那是不可能的事。"瓦格纳在巴黎山穷水尽，走投无路的时候，他始终不会绝望，他说："我只信仰上帝、莫查尔特和贝多芬！"这是瓦格纳的伟大，也就更加说出莫查尔特的伟大了。

原载《新夜报·音乐周刊》第 26 期 1935 年 5 月 16 日

---

① 今译《纽伦堡的名歌手》。

谈谈舒曼的乐歌年

"从昨天早上起我写了约莫 27 张谱纸的音乐（一些新的东西），关于这些我除了说我那时高兴到笑一阵哭一阵之外再没有别的了。——这种声响和音乐几乎收拾了我的命，我真可以就此沦灭。啊，克喇喇①，这是一种什么福气啊写乐歌！这种工作我放弃得久了。"这是舒曼（R. Schumann 1810—1856）1840 年 2 月 22 日写给他的未婚妻卫克小姐（Frl. C. Wieck）的信。到了 3 月 13 日，他寄一份新出版的歌曲给她，附有一封信："这里是一些对你最近那封信的羞赧的酬答。这些歌是我头一次付印的，所以请你不要批评得太严刻。当我作曲的时候，我一直想念着你。没有这样的未婚妻，也一定写不出这样的音乐，这也是我所以特别赞美你的理由。"5 月 15 日他写完了埃贤朵夫（J. Freiherr von Eichendorff）② 的歌集 12 首，又写信给她说："我又谱了这许多。这教我自己有时也觉得奇怪。啊，我不能再做别的，要像夜莺一样唱到死，埃贤朵夫歌集是 12 首。这些我已经忘却了，我又已经动手做新的东西了。"

只读了上面的那几封，已经可以使人惊叹于舒曼创作力的丰富。乐歌年真是名副其实。我们知道他的命运是在卫克小姐手上。因为卫克先生的反对，逼到他们两人"伯劳东去燕西飞"，就在这时候来了另一个少年男子去亲近卫克小姐。这可累得舒曼满头是汗了。1840 年前数年间，舒曼无日不在惊涛巨浪中，为爱情苦斗。后来终于和卫克订婚，终于克服了那位顽梗的先生兼岳父，于是乎作起曲来，若有神助，一年之间写成 138 首乐歌，超过生平乐歌（共计 247 首）的一半。1840 年也就成为音乐史上艳称的乐歌年了。

写乐歌是舒曼的新工作。除了十七八岁的时候他写过一些乐歌之外，他的创作

---

① 今译克拉拉。——编者注。

② 今译艾兴多夫。

范围大部分限于钢琴曲。这原因，是他要向卫克小姐献殷勤，她是天才的女钢琴家，但钢琴曲终究近乎玄妙，不能显明地表白他的思想，于是便转向乐歌方面，让他的相思说得更清楚。他的主要部分是抒情的，自然不是意外的事。

这些乐歌包括婚前及婚后的作品。《爱的春天》（Liebesfruehling）里面的第2首、第4首及第11首是舒曼夫人的大作，所以这一集 Op. 37 是两人署名的。这样比较起来，张敞画眉真不免是俗气、寒伧气！

关于舒曼的乐歌，第一要指出来的，便是唱音部和钢琴部的混合。这是乐歌演化上的大进步，他的基础是建立在贝多芬和舒贝尔特的作品上面的，但是他并不是"依样画葫芦"，他走完了前人的路之后，便自己继续开路。他作歌的时候，把一首诗的思想与情感比前人表现得更清楚、更精细，他除把握住诗的整个之外，兼要逐句逐字分别描写到淋漓尽致。钢琴部完全不是消极的唱音的附属物，它是一种与唱音互相为用的音乐。当歌人朗诵地唱出一首歌的时候，钢琴部便根据诗意奏出灵活的音画来补充言外的情景，超特的例是《箫声琴韵》（Das ist ein Floeten und Geigen），歌辞如下：

> 箫声起矣，琴弦响矣，
> 勃勃喇叭，铮然鸣矣。
> 我那最心爱之人兮，
> 已舞上合婚之乐矣。
> 鼓声庞矣，笙韵扬矣。
> 载擂载吹，音其沉矣。
> 彼善良之天使号，
> 不胜其饮泣嗟叹矣。

（海涅作，青主译）

因为舒曼是天生成的钢琴作曲家，所以琴的地位有时不免喧宾夺主。这一类的作品很常见到，除《箫声琴韵》外，如《晴明的夏天早上》（Am Leuchtenden Sommermorgen）、《旧日的恶的歌》（Die alten boesen Lieder）等等都是这样。

另有一种面相的是《胡桃树》（Der Nussbaum）一类的作品，唱音与钢琴形成一种唱和，真是说不出的可爱与轻快。

舒曼的乐歌有不少是朗诵式的，从这里可以见舒贝尔特那首《身影》（Der Doppelgaenger）的影响，不过舒曼的更合逻辑。这一点是舒曼跨灶了，如《我不怨恨》（Ich Grolle Nicht）便是属于这一类。

866

舒曼乐歌还有一个特征，是他那种情感的倾倒，简直可以说是女性的。最显明的例子是《妇人的恋爱和生活》（*Frauenliebe und Leben*）。在这里面，一个女子从幸福的未婚妻到做了妻室的那种心境的和灵魂的状态在快乐和苦恼中间得到这么深切的、真实的音响的表现，活像是从贞女心中向我们说出来的一样。这种真善美的完成，的确是乐歌的奇迹。

舒曼最喜欢作曲的诗是海涅（H. Heine）的作品，这是他倾心浪漫主义的结果。此外如歌德、拜伦、本斯（R. Burns）①、吕开尔（F. Rueckert）②、盖贝尔（E. Geibel）、沙密梭（A. Chamisso）③、赖匿克（D. Reinick）④、埃贤朵夫、安徒生（H. C. Anderson）等等都是有名的诗人，他们的诗得到舒曼作曲，真是相得益彰了。

要逐首指出舒曼乐歌的好处，那是呆气，我们不独在他身上发现出温柔的、热烈的、香艳的、静婉的、沉痛的、幽默的、泼辣的名士才情，他还有发扬凌厉的战士气概，谁不会听过他的《两个榴弹兵》（*Die beiden Grenadiere*）？

写这些字的时候，我老是觉得我们现在做人实在容易。舒曼的伟大，史家已有定评，我们胡天胡帝，赞美一通，自然四平八稳。可是在当时，如卡勒尔特（A. Kahlert，1807—1864）及柯斯马利（K. Kossmaly，1812—1893）都曾经发出懵懂的批评。舒曼写信给卡氏说：“我愿意你对于我的歌曲看得清楚点。你说到我的将来。我说话不敢超过我的造就（特别是歌曲），而我对于这个却是满意的。”给柯氏说：“在你那篇文章（批评舒曼的歌曲的，发表在舒曼创办的《音乐新报》上面）里面论到歌乐使我有点不好过，你竟把我列入第二流。我不要求是第一流，但是却有资格取得独立的地位，起码可以跟莱齐革尔（K. G. Reissiger，1798—1859）及库胥曼（K. F. Curschmann，1804—1841）等作曲家并肩同生。我知道，我的趋向、我的手法是远远超出他们的范畴的，我更希望，你自己这样说，而且不要因此说我浮夸，这对于我距离远得很。”

从这些话我们可以看出舒曼有自知之明，他的说话也够委婉而且客气了。一个人要创造一点新的东西，开头是多么艰难啊！但是很难有什么关系呢，舒曼的价值不是终于得到承认了吗？只要自己不贪眼前的小便宜，工作是永远不辜负人的。现在再抄舒曼的几句名言，用来做这篇文章的结束：

---

① 今译彭斯。
② 今译吕克特。
③ 今译沙米索。
④ 今译赖尼克。

要达到曲调的灵性的完成，写歌曲，写独立合唱曲永远是最好的方法。（致 K. Peinecke）

你第一要写乐歌，这使人得到最迅速的进步，使那个内在的乐人开花。（致 J. G. Herzog）

原载《新夜报·音乐周刊》第 27 期 1935 年 5 月 23 日

勃拉姆斯天才的一面

有一个日本音乐家说过："要了解勃拉姆斯（J. Brahms 1833—1897），先要活到50岁。"这句话骤听有点使人发怔，细想起来却又实在有他的道理。我们可以比较一下：贝多芬的第五交响乐和勃拉姆斯的第一交响乐，体裁、风格都有相同的地方。这不是我这外行在瞎说，比罗（H. von Buelow，1830—1894）① 早就说过，他这部交响乐等于贝多芬的第十交响乐，G. Ernest 也以为他写那部交响乐的时候，和贝多芬遭遇到相同的命运，两人都在完成他的大作之前，先来一次对命运的决斗，决斗胜利了才再下笔。所以这两部交响乐有一样的精神。至于听起来，却无论如何是贝多芬的那一部比较容易得到了解。这究竟是不是年龄的关系呢，别人我不知道，我自己却很愿意相信，因为这可以替我的不学无术做辩护。不过，这终究是很可悲的，我今生怕没有了解勃拉姆斯的希望了，谁敢担保我活得到50岁？这比我现在的年纪差不多要再活一倍，这日子太长了啊！

已经自认无法了解他，干吗又要写起文章来呢？回答很简单：第一，我只谈谈他的乐歌；第二，我想稍尽一点恶狗的义务（赫斯黎式的恶狗）。

就我听过的勃拉姆斯的乐歌来说，《永久的爱》（Von ewiger Liebe）也行，《爱的忠实》（Liebestreu）也行，《引眠歌》（Wiegenlied）② 也行，《枉然的夜歌》（Vergebliches Staendchen）③ 也行，《唉，但愿我识路回去》（Owuesst Ich doch den Weg zrueck）也行，那一首都行，还有他那部《德国诔乐》（Ein Deutsches Requiem）④ 的高音独唱我也曾在德国教堂里面听过，我可以凭着良心说：好极了！外

---

① 今译汉斯·冯·比洛。
② 今译《催眠曲》。
③ 今译《徒劳的小夜曲》。
④ 今译《德意志安魂曲》。

行都要说好，专家可想而知。自然，那些和流行歌曲特别有缘分的人又当别论！

关于勃拉姆斯在乐歌上的地位，他的徒子徒孙——如许密慈（E. Schmitz）[①] 及伍而纳（L. Wuellner）[②] 等现在还活着，自然是徒孙了——固然喜欢把他与舒贝尔特及舒曼三分天下，就是他的死对头沃尔夫（H. Wolf）也曾说过好话，那么，勃拉姆斯值得恭维，大概不妨说是"既成事实"。是的，他作曲时不大注意朗诵，曾经受过沃尔夫的攻击，这是缺点，我们不必讳言，但是这种缺点并不比夏夜的蚊虫，那又何必吹毛求疵呢？

勃拉姆斯的乐歌的好处就是他有特色。在乐歌的演进上，他好像没有自己的时代，这好比唐代诗人李义山。王安石说唐人学杜而得其藩篱者只有一个李义山，勃拉姆斯走的也是古典的路。但是玉谿生是多么新鲜，多么秾艳，何尝是拾人牙后慧？勃拉姆斯又何尝是食古不化？如果李义山的例还不够真确，那还有元遗山，还有吴梅村，甚至于还有黄公度！他自己常常说是舒曼的继承人，但是舒曼那种浪漫的狂热（埃贤朵夫），忽然甜蜜，忽然辛辣（海涅）的感情，在勃拉姆斯身上不很常发现。他有的是谨严、深刻，即使温馨悱恻以至幽默，他也没有什么炫技的浮夸。他的乐歌只可以对有教养的听众唱出来才容易得到喝彩。他的歌不容易唱，不错，这不止是乐歌，你要探求，要汲取，要挖掘，而且要有耐心。至于耐心挖掘的结果，便是黄金白玉，堆满眼前，这岂不是比寻常歌唱还要加倍高兴么？

他选诗非常精细。在他以前，舒贝尔特不用说，就是惊才绝艳的舒曼有时也不免草率，如本斯（R. Burns）那首诗"比我更风骚的妇人，找遍高山和深谷都没有"，内容的鄙俗真是天晓得，勃拉姆斯却没有这种毛病。他乐歌的歌辞多是德国第一流的诗人的诗作，此外还有英、俄、法、意、希腊、印度、波斯、土耳其、西班牙等约二十国的诗篇的德译。至于数量的丰富也是值得提出的。光是艺术歌已经有 196 首，此外还有 7 册民歌及儿歌。虽然他活过"耳顺之年"，但是我们试想，他平生写了多少的交响乐、器乐的独奏曲及合奏曲，就是歌乐方面除了独唱歌之外，还有伟大的《德国诔乐》《凯旋歌》（Triumphlied）、《挽歌》（Naenie）[③]、《命运歌》（Schicksalslied）以及二部的、三部的、四部的合唱。他与沃尔夫的关系虽然年龄有老少，思想有新旧，就成绩论成绩，却是"各极其长，不能优劣"。有时同一首诗，经过两人的作曲，如《风籁琴》（An eine Aeolsharfe），并不见得谁比谁更高明。假

---

① 今译尤·施米茨（1882—1959）。

② 今译路·维尔纳（1858—1938）。

③ 今译《悲歌》。

如一切作曲家的作品都具备同一的面相，那些有门户的偏见的人，也许要因此高兴，但是有一部分人可要因此厌闷死了，这不是等于时无春秋，人无男女了吗？经过时代的冲激与历史的试验，勃拉姆斯的乐歌始终保持他光荣的地位，这才是高兴的事情。当时的人——瓦格纳派和勃拉姆斯派——整天摩拳擦掌，总以为有你无我，我们现在却可以说：共存共荣。勃拉姆斯和沃尔夫的名字会同时印在一张歌乐会节目单上面。他们天上有灵，亦该不摩拳而握手，消怒颊为笑涡了罢！

对于勃拉姆斯的乐歌的批评，各家的意见很不一致，那些抹煞他这方面的成就的，我不想再说，省得徒乱人意。——这是不是偏私呢？——伍而纳以为最好的独唱歌是 Op. 32，Op. 57 及《四首严肃的歌》（Vier ernste Gesaenge）（Op. 121）。许密慈则以为《玛格罗妮传奇歌集》（Romanzen aus Tiecks Magelone）（Op. 33）[①] 是他乐歌作品的顶点，过来就是 Op. 91。他的乐歌是包含多方面的，曲调非常自然，民歌的影响很明显，常常喜欢各章反复用同一的曲调。他的作风大体上说是男性的，而且民族性极浓厚。不过这一点并不止于是他的乐歌，他的作品那一部不是表现着德意志民族的精神与灵魂！

《四首严肃的歌》第四首结末两句："如今保留着信仰、希望、爱这三样，但是这中间以爱为最伟大。"这是勃拉姆斯的真面目，只有这个可以解释他为什么到老不结婚！

原载《新夜报·音乐周刊》第 28 期 1935 年 5 月 30 日

---

① 《选自蒂克〈玛格罗尼〉的浪漫曲》，又名《美丽的玛格罗尼》——编者注。

介绍马克司

马克司（Joseph Marx）① 这个名字在中国还是近乎陌生的，不独在中国，就是欧洲他也还不算是大出风头的作曲家。这原因，有些人说，因为他不曾写过歌剧。要使一个作曲家出名，一部歌剧的效力胜过半打交响乐。话虽这样说，不出名并不必就是不好，有时还要反过来，所以现在我要来介绍介绍。

马克司生于 1882 年 5 月 11 日，正当尼可拉（Otto Nicolai，1810—1849）② 第 33 次的忌辰。在他出世后 34 年，雷格尔（Max Reger，1873—1916）又在同一天逝世。这岂是偶然，他有前一个浪漫派作曲家的音色、表现方法，他有后一个后期浪漫派作曲家的"建筑学"，他出世的地方是奥大利的格拉慈（Graz）③，所以可以算做沃尔夫（H. Wolf，1860—1903）的同乡。格拉慈是一个音乐城，马勒尔（G. Mahler，1860—1910）、席令斯（M. von Schillings，1868—1933）、许特劳司（R. Strauss，1864— ）④、雷格尔、勃齐尼（G. Beccini，1858—1924）都到过那里指挥他们的作品。马克司呼吸的音乐空气总算不少了，但是他的家庭是和音乐无缘的，他们不高趣它，因为它要妨碍约瑟夫的"正当功课"。所以他在中学时代钢琴和小提琴的成绩简直没有什么出色。直到他升入大学，他才表现出他是一个深刻的音乐科学家，最先因他的论文《音乐的心理的合法性》得奖，后来因他的论文《听乐心理学》得到博士学位。

大学毕业后，他便专心研究名家的作品。不论是音乐的或是文学的杰作，几乎没有一部不经他细心研究过。他智识的丰富简直是少有的。他从沃尔夫那些卓绝的

---

① 今译约瑟夫·马克斯（1882—1964）。
② 今译奥托·尼古拉。
③ 今译奥地利的格拉茨。
④ 今译 R·施特劳斯。

乐歌找到自己的音响和性格，他倾倒于法国印象派作曲家以及俄国的木索基（M. Mussorgsky，1835—1881）① 与斯克里亚宾（A. M. Skryabin，1872—1915）。还有格力格（Grieg，1843—1907）也给他相当的影响。至于瓦格纳、许特劳司及雷格尔自然更要直接影响他了。可是他不比一般多产的作曲家，他像沃尔夫，不能勉强写作，等到兴会来了，这才水到渠成。就是他对于诗的选择与了解，亦可以说与沃尔夫是伯仲之间。因为他学问是高深与渊博的，所以写起歌来，有时一气写成管弦乐伴奏。他的几部合唱曲已经证明他驾驭管弦乐队的能力。

不似玄堡（A. Schoenberg，1874—）② 或是斯特拉文斯基（I. Stravinsky，1882—）是新音乐的先驱，他很像勃拉姆斯或是勃禄纳（A. Bruckner，1824—1896）③ 从模范作家做起点，却努力更进一步，始终保持自己的本来面目。但是他没有那两位大师一般的安分守己，他对于自然界尤其是南方的美景表示热烈的爱好。他是"俗人"不是道士，他承认音乐是言志的，不是载道的。他是一个道地的奥大利人，并没有"方巾气"。他的大提琴及钢琴组曲显出他给古典的体制注入德比西（C. Debussy，1862—1918）④ 的色彩的巧妙，更有一部钢琴三重奏使他达到创作的顶点，不论是在形式上，在内容上，他都已经把自己从所有模范作家解放出来，马克司已经是百分之百的马克司了。正如康南海先生的豪语"余学至 30 年不欲求进亦不必求进了"。此后的作品只是更加精炼，更加阔大，更加丰富而已。

因为他的小提琴模范大曲惹起维也纳音乐学院的注意，1914 年受聘为该院教授，到了音乐学院改组之后，他便做了音乐大学校长兼教授。那个时期他的重要作品有一部钢琴协奏曲，一部《秋天交响乐》，这里面发散出音响的陶醉与郑重的宣示。此外还有好些的钢琴曲也一样唱出花光绚烂的快乐。

他的作品总是由抒情占上风，属于为艺术的艺术，可是人生的意义已经在里面了，所以马克司配做现代一个杰出的作曲家。

原载《新夜报·音乐周刊》第 29 期 1935 年 6 月 6 日

---

① 今译穆索尔斯基。
② 今译勋伯格。
③ 今译布鲁克纳。
④ 今译德彪西。

广音乐与女人

鲁男先生的文章："音乐与女人"发表之后，据说——据说而已，我没有直接听到，我没有这么心虚的女朋友——有些女士很不高兴。不过我以为那是不必的。谚不云乎：真金不怕火。我不想学阿 Q 的口吻说"谁认便骂谁"，那太刻薄。言之者无罪，闻之者足以戒，风人之旨也。顺便说句闲话：那篇文章的作者并不是姓鲁，我可以用人格担保，请大家不要误会。

女人终生献身艺术，历史上本来不少。希腊的沙孚就是老牌女诗人。我们也有天才的易安居士。邓肯女士当怀孕的时候，不时发出这样的疑问：女人究竟可不可以专为艺术工作呢？但是她生产之后，经过一度休养，便再上舞台，这是用事实答复了她自己的疑问了。细想起来，女人做了母亲还要兼做艺术家，这比较男子还要伟大，此舒曼夫人"母亲意志的坚强，艺人灵魂的飞跃及对逝者的忠贞不贰"的名言所以卓绝千秋，流芳乐史也！

"西儒"有言：结婚是恋爱的坟墓，这句话不知究竟有多少真理，因为我还不能够实地试验。但是无论如何，结婚不会是艺术的坟墓。像舒曼夫人那样忠贞不贰，或演奏，或教授，一直活动到 77 岁的高龄，固然是不愧称为人瑞。就是卡莲娜那样一嫁，再嫁以至三嫁，也始终不曾放弃过她的音乐工作。而且我们不是最近才听过 Mme. M. N. Kousnetzova 的歌乐会么？听人家说，她初次在巴黎演唱是 1895 年，今年是 1935 年了，这就是说，她活动的时间起码是 40 年，而一个女人称为马丹，已经说明她不是云英未嫁了呀！

音乐周刊的篇幅及读者的时间都是非常宝贵的，所以我不再噜苏下去。我今天总算越俎代庖，以男士的资格争回女士的体面。子曰："君子之过也，如日月之食焉。其过也人皆见之；及其复也，人皆仰之。"诗云："展如之人兮，邦之媛也！"Finis。

原载《新夜报·音乐周刊》第 29 期 1935 年 6 月 6 日

紫罗兰

——一首乐歌的诞生纪念

文化史上有一对沃尔夫刚，真是艺术的奇迹。他们两个都是无所不能，无所不精，比较起来，文学的沃尔夫刚（歌德 Johann Wolfgang von Goethe）喜欢管音乐的沃尔夫特①Wolfgang Amadeus Mozart）的事情，莫查尔特的《约逃离开胥拉伊》（Entführung aus dem Serail）②一上演，歌德就说："我们的努力（写 Singspiel）都成白费，莫查尔特的《约逃离开胥拉伊》打倒一切。"音乐的沃尔夫刚则反是，他生平不大理会文学这劳什子的事情。——这说那里话呢？他不是用歌德的诗《紫罗兰》（Das Veilchen）写过乐歌么？——不错，他写过《紫罗兰》，但是他不似舒贝尔特，略威（K. Loewe）这一类的音乐家到诗国去找作歌的材料。他偶然在一本乐歌集里面看到这首美妙的歌辞，它激发他的烟士披里纯，觉得别人配的音乐都不能认为满意，于是自己动手来重做一遍。这一来事情可闹大了，他替德意志乐歌开辟了一个新世界。这比起亚当与夏娃因为偷吃苹果，以致逐出伊甸，从而孕育众庶的人类的功业，正不知谁来得大哩！

今天是 1935 年 6 月 8 日，距莫查尔特写《紫罗兰》的时间已经足足 150 年。看这 150 年来，乐歌演进的情形，天才的工作愈加使人感念，何况一首乐歌具备两位沃尔夫刚，又无疑是乐坛的盛举呢！

这首《紫罗兰》是歌德的 Singspiel *Erwin und Elmire* 里面的一首诗，现在先把它的大意译出来，以备参考：

---

① 今译莫扎特。

② 今译《后宫诱逃》。

一朵紫罗兰长在草原上，

低垂，无人爱赏。

它是一朵忠诚的紫罗兰。

那时来了一个牧羊少女，

轻盈的脚步带泼辣的神气。

来到，来到，

来到草原上，而且唱。

啊，紫罗兰想道，假使我

是自然界最美丽的花朵，

啊，不管时间长还短，

让她把我摘下来，

在她的胸前压坏，

啊只要，啊只要

一刻钟的时光。

啊，但是啊，她已经走来

全不把紫罗兰理会。

践踏了那朵紫罗兰。

它倒下，凋丧，可是还欢喜，

就算是死了，我的死也是

因为她，因为她，

死在她的脚底。

这是一篇多么动人的，痴情的 Ballade。依照它的内容，显然需要复杂的变化与个性的对立的描写，但是在莫查尔特之前，却没有人想到这一点，就是想到了，也不曾得到成功。如安得列（J. Andre，1741—1799）、阿玛利亚（Anna Amalia，1739—1807）、许台芬（J. A Steffan，1726—1800）①、佛黎贝特（K. Friberth，1736—1816）②及赖沙尔特（J. F. Reichardt，1752—1814）③ 都老实地使用异章同调的作曲法（Strophisch），直到莫查尔特来了，紫罗兰才得到超度，乐歌应该逐章制谱，Durch-

① 今译约·安·斯捷潘。
② 今译卡尔·弗里贝特。
③ 今译赖夏特。

Komponiert 从此成为铁律。本来以一位超等壹的歌剧天才来对付一首乐歌，固知大娘舞剑，有优无劣，只是那种"耀如羿射九日落，矫如群帝骖龙翔"的艺能，可忒是好看杀人天不管兮。

一开头那一段前奏，刻画出那朵忠诚的紫罗兰，可爱，娇羞以至胆怯的神情，已经出奇的明显。Gebueckt（低垂）借那个与 gld① 巧②的升 F 形容得真是神乎其技。在当时，作歌的人大都不管什么朗诵不朗诵，所以莫查尔特以前的作曲都把那个不关重要的"是"字放在第一拍，莫查尔特居然能够依照诗的意思把"那是一朵忠诚的紫罗兰"那一句的 herzigs（忠诚）的 her 放在第一拍，这种天才的处理不教人咋舌么？至于钢琴部完全不是消极的伴奏，看牧羊少女之后那段十六分音的伴奏，先是 Staccato，后是 Legato 活画出她的灵活的脚步，不宁惟是，他接着还要更进一步，用钢琴具体化了她的"唱"。歌唱一完，情调变了，调子转入 g 小调，紫罗兰的愁叹因此强烈地表现出来。当紫罗兰梦想着是"自然界最美丽的花朵"的时候，音乐又转到降 B 大调。

但是莫查尔特的戏法还没有要完，他猛然用降 E 大调宫和弦③打破了紫罗兰的迷梦，赤裸的现实正对着痴心的恋慕，全首诗因此逼着要达到戏剧式的最高点。"啊，但是啊"这两句用吟诵的调子唱了出来，Ertrat 那个字一气延长到后一节的起拍，使听的人得到更清楚的印象。悲剧已经发生了，但是紫罗兰的一片痴情始终不给动摇，因此 freut'（sich）（欢喜）给配上五七和弦，使这场悲剧得到和平的解决。这种强度的紧张，这种急切的变化，在他手里竟能从容不迫地处理停当，这真是戏剧宗师的家数。啊，莫查尔特！

临到结尾，莫查尔特利用歌德的成语发出一声同情的叫喊："可怜的紫罗兰！"然后回转第一章的主题重唱一遍："那是一朵忠诚的紫罗兰。"形式上已经增加了无比的美丽，感情上也更加缠绵宛转了，无以名之，名之曰：天才的秘密！

原载《新夜报·音乐周刊》第 30 期 1935 年 6 月 13 日

---

① 应为 bueckt——编者注。
② 此处原文漏字，应加上"妙配合"才合理。
③ 今译主和弦。

天才和疾病

　　黄仲则"途中遘病颇剧，怆然作诗"，嗟叹了一会之后，却放声高唱"忽然破涕还成笑，岂有生才似此休"，真可以说是一个与疾病苦斗的诗人，他"自嫌诗少幽燕气，故作冰天跃马行"，后来病倒了，还要抱病逾太行，出雁门，甚至于"绝命前夕"，还是"吟哦未已，手不能书，画之以指"。这种英雄性是造成他的价值的主要原因，也可见艺人与战士名异而实同，单就"拼命"这一点说，已经尽够了。

　　现在只说普通认为最险恶的肺病以及它与音乐家的瓜葛。

　　一说起患肺病的音乐家，我们马上便会想起朔旁①与韦贝尔。朔旁是沙龙的骄子，他的脂粉生活也许比一个化妆品老板还要丰富，他的作品因此很多温柔的"小调"。他的每一幅照片都在宣示他是一位工愁善病的音乐家，但是他有他的英雄性。他到英国去作音乐旅行，软弱到要仆人背他上楼，白天躺在床上挨受幽囚般的痛苦，一到晚上他却居然能够穿起燕尾服在钢琴上面打雷，这自然是一种意志到权力。

　　韦贝尔呢，他更强了。他少年已经咯血，他一点都不理会。这种精神集中起来，他的作品于是乎生气蓬勃，有人说，他的歌剧是用自己的肺换来的。当他的肺病沉重到使他自己都明感到再不能久留人世的时候，他还毅然起程到英国去指挥他的歌剧 Oberon 上演。后来果然客死伦敦，自然是一出悲剧，然而是英雄的悲剧。

　　比他们都更凄惨的是葛茨（Hermann Goetz 1840—1876）②，他亲眼看见他的两个同胞死于肺病，他自己也已经在 14 岁那一年确定了是肺病的牺牲。可是他不消沉，不颓丧，他就要趁他还能够工作的时候，出力做点音乐的事业。他的性命虽然跟着破烂的肺一齐消灭，他奋斗的结果却留下歌剧、交响乐、细乐③、合唱歌、独

---

　　①　今译肖邦。
　　②　今译赫尔曼·格茨。
　　③　今译室内乐合奏。

唱歌以及各种器乐作品给人类做永远的纪念。

在这里我们不能忘却那位北欧的作曲家格里格，他从 17 岁起便只保留得一半的肺，他每年却一定要攀登诺威①一带的高山，完全不害怕暴雷和大雨，这种行为当然只可以由坚强的意志来解释。至于莫查尔特与贝多芬都在肺病家庭里生长，斐果列瑟（Giovanni Battista Pergolesi 1710—1736 拿波里作曲家)②、波阿尔爵（Fransois Adrien Boieldieu 1775—1834 法国作曲家)③、美于（Etienne Méhul 1763—1817 法国作曲家）等都是同路人，也可见肺病和音乐家关系之密切了。但是这有什么关系呢？他们不都是一面害病，一面创作么？一个人固然不能预约做一个肺病英雄，不过他们那种置死生于度外的奋斗精神，却的确值得我们崇拜。从这一点，我们可以明白，音乐是一种多么神圣的艺术了，她的儿女都是倔强的灵魂的战士！

原载《新夜报·音乐周刊》第 30 期 1935 年 6 月 13 日

---

① 今译挪威。
② 今译佩尔戈莱西。
③ 今译布瓦尔迪厄。

舒贝尔特的乐歌

　　舒贝尔特①有一次对他的朋友唱他的克罗帕胥托克②乐歌，接着提出问话"你真的相信我这个人还可以有点出息"从而得到肯定的答案，说他现在已经是了不起的时候，他说道："我也已经相信，我可以有点出息，但是生在贝多芬以后，谁还能够做出一点事业来呢？"舒贝尔特是天下少有的谦谦君子，他说出这句话是出自他的良心。我们事实上也不能否认，有许多方面他不及贝多芬，不过，人才不同，各如其面，他的交响乐常常露出乐歌的情调，没有贝多芬那种管弦乐的气势，固然是一种弱点——就算是弱点罢。然而他的特点不也是已经显然了么？舒贝尔特是天纵的歌王，他这方面的成就实在超过贝多芬。舒曼说贝多芬以后的音乐得到有价值的进步的是乐歌，这句话自然是不磨之论，而使这句话有成立的可能的作曲家是舒贝尔特！

　　卜子夏毛诗序说："诗者，志之所之也。在心为志，发言为诗，情动于中，而形于言，言之不足，故嗟叹之；嗟叹之不足，故永歌之；永歌之不足，不知手之舞之，足之蹈之也，情发于声，声成文谓之音。"这是老话了，但是说得非常之合乎情理。我们知道诗歌本来是民众的东西，他们有所感触，故形于言。说了，或者唱了，就完事，所以真，所以善，所以美。这一点是那些道学诗人望不得肩背的。说到舒贝尔特呢，他的门第本来低微，已不是巨绅贵族，也不是学者名流，贫贱就是他终生的密友，一言一动，都不会影响到世道人心，所以作起曲来，完全用不着装腔作势，却不期然而然的获得千百万人的同情。德国人说，只要德语系的人类一天保存着他们的良心与舌头，舒贝尔特便一天不会死灭。实则岂止是德意志人，舒贝

---

① 今译舒伯特。
② 今译克洛普施托克。

880

尔特的乐歌已经成为人类公有的财产，人类不消灭，舒贝尔特便永远不死。这句话大概不会有人投反对票的罢！

舒贝尔特才思的敏捷，几乎达到使人难以相信的地步。构思和成形往往是同一时间的事，用不着先行起草，这种容易而且丰富的创造，可以使我们爽心，也可以使我们吃惊。一天晚上他刚从他的朋友牟勒尔（Wilhelm Mueller）① 家里拿回他的一束诗稿，到了明天他已经写成三首。（《美丽的磨坊女郎》Die Schoene Muellerin 那一套乐歌里面的）、《听！听！那云雀》（Hark！Hark！The Lark）是在酒馆里即席写成的，舒曼说过："他用眼看到的，用手触到的东西都变成音乐。"这句话真是不错，因为他的才情活像是山洪暴发，所以常常不管诗的好坏，看到一首诗便救命似的迫切把它谱成乐歌，他写的东西多到连他自己都记不清楚，郛格尔（Vogl）② 叙述过一段故事，有一次他看见一首乐歌，它本来是他做的，别人因为声音的关系把它改编过了，他叫了出来："看罢，这首乐歌并不坏，是谁做的？"

贫穷、失望、委屈、疾病，联合成一条战线来戕害他的心情，我们听一听他自己的话，有谁不感到强烈的灵魂的震撼？"你试想，一个人的健康再不能复原，而且因为绝望的缘故，使它不能转好只有更坏；你试想，一个人，我说，他光辉的希望化为乌有，恋爱及友谊的幸福完全没有他的份，这是最甚的痛苦，爱美的热情逼着要消灭净尽，我问你，这算不算是一个可怜的不幸的人？'完了，我的安宁，沉重是我的心，我便要找寻，它也无处追寻'（《葛列卿在纺轮边》③ Gretchen am Spin-nrade 的起段）我可以这样整天地唱！每一夜当我上床睡觉的时候，我希望不再醒来，而每一个早上总是重新告诉我昨天的愁恨"（致库裴尔外塞 Kupelweiser④ 书）。可是他写信给他的兄弟有过下面的话："我给我自己找寻最恶劣的现实，尽可能地用我的幻想来把它美化。"这是舒贝尔特创作的自白。我们可以从此看到天才愁惨的生活与博大的胸襟。他的墓碑立在维也纳中央公墓贝多芬墓的旁边，自然可以毫无愧色！

他生平作过的乐歌共计 567 首，此外还有一些未完成的［他的乐歌数目各书不同，这里根据包厄尔（Moritz Bauer）的专著 Die Lieder Franz Schuberts 的统计］。作

---

① 今译威廉·米勒。
② 今译福格尔。
③ 今译《纺车旁的玛格丽特》。
④ 今译库佩魏泽尔。

诗的计 39 人，歌德的诗有 68 首，席勒尔 41 首，梅亚贺法（Mayrhofer）① 47 首，牟勒尔的是《美丽的磨坊女郎》及《冬日游》（Winterreise）② 两集，外国诗人则有司葛得（W. Scott）③ 及莎士比亚等。有些并不是一首简单的歌，而是规模阔大的 Ballade，海涅的诗还有 6 首，可见他随时留意新诗人，怪不得舒曼说，如果他能够长寿，他会谱尽了所有的德国诗。

假使我们说，巴赫的赋格曲和序曲或贝多芬的模范大曲几乎没有一种人类的思想与感情不给包含在里面，那么，这种说法也可以用在舒贝尔特的乐歌上面。要是不信，可以随便举例。如《菩提树》（Der Lindenbaum）、《乌鸦》（Die Kraehe）、《何处》（Wohin?）、《死神和少女》（Der Tod und das Maedchen）、《鳟鱼》（Die Forelle）、《流浪人》（Der Wanderer）、《驿使》（Die Post）、《身影》（Der Doppelgaenger）、《玛利亚颂》（Ave Maria）④、《听！听！那云雀》、《指路牌》（Der Wegweiser）、《不耐烦》（Ungeduld）、《海滨》（Am Meer）、《你是安宁》（Du bist die Ruh）、《泪的赞美》（Lob der Traenen）、《秘密》（Geheimnis）……这种例是举不完的，这不是乐歌的万花筒么？

他的乐歌可以约略分做五类，第一类是异章同调的乐歌（Strophenlied），如歌德的《野蔷薇》（Heidenroeslein）、《织女》（Die Spinnerin）、《情人的各种相》（Liebhabel in allen Gestalten）、朔贝尔的《猎人的恋歌》（Jaegers Liebeslied）等。但是它虽然近乎民歌的体裁，却完全是艺术化了的。

第二类是变体的异章同调歌（Variertes Strophenlied），中段和首段对立，结尾则或照首段的原调，或另换一个样子；或者头几段相同只换尾段。如海涅的《她的画像》（Ihr Bild），第一章等于第三章，只有第二段是另外一个样子。牟勒尔的《夜安》（Gute Nacht）首三章都是一样，只有第四章转到大调。吕凯尔特（F. Rueckert）的《你是安宁》第二章等于第一章，第三章则因为转调变了样。

第三类是具有阔大的形式的艺术歌，它的形式或如变化的轮旋曲，或如自由奔放的变体曲，歌德的《啊，为你的润泽的飞翔》（Ach um deine feuchten Schwingen）⑤、牟勒尔歌集《冬日游》《林中的夜》（Waldesnacht）等便属于这一类。

---

① 今译迈尔霍弗尔。
② 今译《冬之旅》。
③ 今译司各特。
④ 今译《圣母颂》。
⑤ 今译《啊，为了你湿润的翅膀》。

第四类是叙事诗（Ballade），这是音乐史上头一次由舒贝尔特得到成功的艺术乐歌（莫查尔特的《紫罗兰》只是偶一为之，不曾成一大流派）。虽然与他同时的略威及后来的沃尔夫有些地方比他更要进步，但是他是第一个。这一类的歌曲除了家喻户晓的《赤杨王》（Erlkoenig）之外，杰出的是《图列的国王》（Der Koenig im Thule）、《侏儒》（Der Zwerg）、《少年女尼》（Die junge Nonne）、《流浪人》（Der Wanderer）、《葛列卿在纺轮边》《从影室出来的一群》（Gruppe aus dem Tartarus，Tantarus 是地底下居留人死后的影的地方。据希腊传说）、《十字军》（Der Kreuz-zug）、《柯尔玛的哀诉》（Kolmas Klage）、《海滨》（AmMeer）等。

第五类是一种特别的形式。或是逐字配音，如吟诵的 Kantata 式，或如行吟诗人的歌唱 Rhapsodie。这里可以举《俄列斯特在陶利斯》（Orest auf Tauris）、《身影》《人性的界限》（Grenzen der Menschheit）等做例子。这一类乐歌性格上近于是吟诵式，有如吟诵及 Arioso（一种在吟诵与 Aria 之间的歌唱形式）的更番歌唱。事实确是这样，舒贝尔特当他创作的末期，意识地也许是直觉地，在追求着一种新的表现方式，他的理想是一种有组织的、紧凑的乐歌形式。假如他的《天鹅歌》（Schwanengesang）不是唱得这么早，说不定他会成功一个后来由瓦格纳替乐剧、沃尔夫替乐歌完成的朗诵的创立者，它的特性就是音乐表现与文字表现更番高扬，从而得到一种稳固的结合。可是老天不让人闲暇，他还要留点工作给后人做，所以舒贝尔特便正当工作的盛年脱离人世。

综观舒贝尔特生平的乐歌，我们发现到他无时不在进步。莫查尔特，贝多芬，J. R. Zumsteeg 以及意大利派的咏叹调都显然影响到他的作品。不过这些依赖性逐年消减，终于建立了自己的风格。在曲调上一方面是音色的大众化，一方面是戏剧式的主观化，他的和声与转调亦多是依照诗意的。可惜因为他的天才太过丰富，创作太过急切，有时看到一首诗，等不及看到末尾，已经唱了出来，结果有时勉强诗的后半段来迁就前半段的音乐，诗意会因此受到损害，不用说了，他的音乐也因此不免流于肤浅。拿他的歌德的歌跟沃尔夫的一比较，便使人立刻生出后来居上的感觉。不过这是时代的关系，没有舒贝尔特，沃尔夫会不会是我们现在所认识的沃尔夫，还是疑问。至于舒贝尔特在他短促的一生竟能够一面开始，一面完成，我们自然应该赞美他的工作是：天才的创造工作！

原载《新夜报·音乐周刊》第 31 期 1935 年 6 月 20 日

音乐的浪漫主义

　　罗曼忒克（romantic）① 这个词解释起来往往是越说越糊涂。许列革尔（F. Schlegel）② 曾经解释过这个字，结果写了125张的稿纸，还是一半朦胧、一半清楚。现在我也要不知自量，来谈浪漫主义，丢脸是活该的，如果写得不好，读者还能够把我从宽发落，我就感激不尽。

　　歌德说过：古典主义是健全的，浪漫主义是病态的。不过，健全也罢，病态也罢，我们不能否认每一派所以成立起来，总有它的特色，不然的话，那便是胡闹了。浪漫派也许有点任性，但胡闹是不至于的。我们知道古典主义作家虽有他们的个性，他们的民族基础，但是他们属于整个的文化世界，超过狭隘的民族的界限，具有无我的体裁，不偏于乡曲之见而诉诸共通的人性，于是那种共通的人性美成功一件艺术品而随时随地得到了解。相反的是浪漫主义完全尊重个人的感情，他们神游的是往古，他们追求的是幻境或梦境，树林的静寂，暮色的苍茫，月夜的清幽，神话的奇幻就是他们的主题。古典主义要质朴，浪漫主义就要浮华，古典主义讲规律，浪漫主义就爱自由。许列革尔说："诗人的意向不能忍受任何规律的压迫。"

　　贺夫曼 E. T. A. Hoffmann，一个音乐、文学、绘画、法学无一不精的多方面天才。他的歌剧 Undine 是韦贝尔的先驱）③ 说：它（指音乐）是一切艺术中最浪漫的，几乎可以说，唯一真正浪漫的，只有无穷是它的诟病。何谓无穷？章保尔（Jean Paul）④ 说："有一种比较更为相似，当浪漫性被称为一条弦或一口钟的鸣响的时候。那时候声浪越远越消沉，到后来消失在我们里面。虽然外界是沉默了，但

① 今译罗曼蒂克。
② 今译弗·施莱格尔。
③ 今译霍夫曼。
④ 今译让·保尔。

是内界却是还在作响的。"所以许列革尔说"音乐……一幅永不静止的、活动的、永远变换的生命的图画"。浪漫派诗人对于音乐显得非常热心,恰巧浪漫派作曲家对于文学也是非常爱好。这样一接触,正如烈火枯原,烧它一个痛快,不论哪一方面都完成了划时代的工作。

贝多芬有一次被人问他两首模范大曲的内容,他回答道:请你读莎士比亚的《暴风雨》(Tempest)。假使有人问什么是浪漫主义的音乐的时候,我们可以回答:请你听门迭尔斯尊的《仲夏夜的梦》①序曲,过来就是他的钢琴三重奏 Klaviertrio Op. 49。他的意大利书札有一段,说他感谢那些东西,它并不是真正的、直接的音乐:废墟,绘画,自然的泼辣,大都是音乐。舒曼反对"作曲家把纸笔安排停当,希望从此达到他寒伧的目的,来表现、来描写、来绘画这样或是那样"。因为这种做法并不能够表现内在的真感情,他那部《童年情景》的标题都是写成之后才加上去的,并不是"赋得幻梦",或是"赋得快活的乡下人"。

把浪漫主义与古典主义认作是对立的两派的作家,普通承认是斯贴尔(G. von Staël)②。音乐的浪漫主义发生在文学的之后,约当十八九世纪之交成为有推动力的新派。莫查尔特③的《端篆》及《魔笛》,最先由天才引进浪漫气息,说到零星的进程,却已经是久远的事。它可以上溯到 16 世纪的 Madrigal(一种复音的、照规矩的五部音的合唱。普通都是由一音歌唱,其他各部则是伴唱。)以及 G. Frescobaldi(1583—1644)、D. Buxtehude(1637—1707)的幻想的大风琴艺术。此外还有法兰西歌剧的关于自然的、暴雷雨的、海涛的描写。拿坡里派作曲家的音的描绘,滑稽歌剧的神灵的幕景,德国方面亦有由贺夫纳(Hofner)开始的浪漫性的 Singspiel,希勒尔(J. A. Hiller 1728—1804),听胥贴(J. R. Zumsteeg 1760—1802)④及韦贝尔的先生福格勒尔(G. J. Vogler 1749—1814)等已经形成浪漫主义初期的代表作家,至于后期拿波里派歌剧则直接促进浪漫主义音乐的演化。古典派作家含有浪漫气息的,除了莫查尔特之外,贝多芬的作品也不缺乏浪漫的倾向,他的第四交响乐(降 B 大调)的序引,钢琴三重奏 Klaviertrio Op 70 No. 1 的 Andante 以至他那种主观的性格都是极显明的。

德意志民族和浪漫主义特别有缘,虽然这个字起源于罗马族。拿中古德国系的

---

① 今译门德尔松的《仲夏夜之梦》。
② 今译斯塔尔夫人。
③ 今译莫扎特。
④ 今译祖斯蒂。

Minnesinger 和罗马系的 Troubadour 做个比较，谁都感到 Minnesinger 是深刻些而且真切些。至于 19 世纪的英国司葛得及拜伦、法国的雨果、大仲马、小仲马、乔治桑、北尔约都是受过德国诗人及作曲家的影响，才造成他们自己的文学的及音乐的流派的。海涅说过，德国人是地球上最好的抒情诗人……如果德国人、英国人、西班牙人、法国人、意大利人一齐走到绿树林里面去做一回歌曲的比赛，叫夜莺来做评判，他相信锦标是一定会给歌德赢去的。这秘密给海涅道破了，因为正如舒曼所说，贝多芬以后的音乐得到有价值的进步的是乐歌，而这是象征浪漫主义的最本色的遗产。

从古典主义过渡到浪漫主义的作曲家是韦贝尔及舒贝尔特。他一方面采取古典主义的精华，一面造成崭新的风格。他们都回到民间，去创造他们的艺术，韦贝尔建立了道地的德国歌剧，舒贝尔特完成了德国乐歌。这是音乐史上的两件大事。《魔弹枪手》表现出德意志男女的真相，它的诗歌反映出德国的猎人生活同时含有民间传说及自然诗艺的气息，韦贝尔的材料是他从山谷、悬崖、荒原、废墟的漫步得来的，所以十分道地，十分真地。舒贝尔特的《牟勒尔歌集》的渊源是德意志民歌，他的民间歌人，自更用不着噜苏了，他们不独给本国人，而且给外国人指示出一条大道。音乐是表现民族的特性的艺术。

假如韦贝尔及舒贝尔特的价值是在歌乐方面，那么，器乐方面的就是许坡尔（L. Spohr，1784—1859）[①]，他的半音进行是一种特色。海顿、贝多芬，尤其是巴赫和莫查尔特都曾经做过这种工作，但是造成确立的作风的，和声的重要性的是许坡尔，除此之外最有名的是门迭尔斯尊，朔旁[②]及舒曼。至于罗尔岑（A. Lortzing，1801—1851）[③]、尼古拉（O. Nicolai，1810—1849）、马许纳（H. Malschner，1785—1861）[④]，柴可夫斯基亦受有相当的影响。

当浪漫派作曲家勇敢地驶向"无穷"，幻想地破坏一切的形式，而且更进一步，渴望着要把音乐扩大范围，造成一种"综合艺术"的时候，特别可以看出他们那种桀傲的气概，贺夫曼及韦贝尔在这方面感到极大的兴趣，要使各种乐器得到新的效用，不过他们的力量那时候还嫌贫乏，到北尔约、黎斯特及瓦格纳才正式完成，标题音乐的追求又加强了这方面的力量。但是库尔特（E. Kurth）承认瓦格纳的《特里斯坦及伊佐尔德》（Tristan und Isolde）是浪漫派和声的顶点和危机，于是乐剧，

---

① 今译路·施波尔。
② 今译肖邦。
③ 今译阿·洛尔青。
④ 今译海·马施纳。

综合艺术，自然而然的超过浪漫主义的头，各种艺术的联络及混合清楚地摆在眼前，浪漫派的好梦从此完成，浪漫主义也就要下历史的台了。

原载《新夜报·音乐周刊》第 34 期 1935 年 7 月 14 日

沃尔夫与朗诵

1883 年沃尔夫（H. Wolf）结识了巴尔（H. Bahr），巴尔是近代的大文学家，批评创作都是第一流，那时他们分住在一间阁楼上面的贴邻房间。巴尔还是一个大学生，照例他们要胡闹一两年才正式用功，因此咖啡馆等等就是他们的活动场所。但是沃尔夫是没有参加那种盛会的缘分的，他有时候只吃一顿饭，有时候则吃"素菜"，他留在家里读他的书。到巴尔玩够了，回家睡觉的时候，时间约莫是早上五点，——一件事发生。巴尔叙述那时的情景说："房门开了，从另一房间出现了沃尔夫，穿着长长的睡衣，一支蜡烛一本书，非常之苍白，在灰白的，闪烁的光辉里面显得很是稀奇，带着神秘的、忽然谐谑、忽然严肃的神情，他清锐地笑着而且嘲弄我们。接着他走到房中心，摇着蜡烛，当我们解衣的时候，他便开始向我们朗诵大段的 Penthesilea①（H. von Kleist② 的伟大的诗剧，沃尔夫曾经根据这部戏剧谱成交响诗）。他朗诵有这么大的力量，使我们默默无言，不敢转动一下：他是这么伟大，当他说话的时候，那些话从他那苍白的口发出来活像是一只黑色的巨鸟，一路继长增高，整个房间就充满了它可怖的、活动的暗影。直到他忽然再行发笑，而且嘲弄我们，而且拖着长长的睡衣，伸手拿起闪烁的蜡烛，慢慢地再从房门消失。可是我们却久久还是坐着，东方发白了，感觉我们周围神秘的有晓风飘扬，我们知道，这里曾经有过一个伟大的人物。"巴尔承认，他生平从不曾听过像沃尔夫一般有情有力的朗诵，他与文字简直成为一体。

从这一段故事使人自然会想到瓦格纳小时候在学校讲台上面朗诵《伊利亚特》及汉姆列特③的独白。光就朗诵这一点说，沃尔夫与瓦格纳已经是精神的亲眷。"乐

---

① 《彭特西丽亚》——编者注。

② 海·冯·克莱斯特——编者注。

③ 哈姆雷特——编者注。

歌的瓦格纳"洵非过誉。

乐歌的瓦格纳这个称号包含一半真理，因为他们不光是一个新人物，而且是一个伟大的成功人物。但是瓦格纳的领演音题沃尔夫虽然有时使用，却并不是死板板的学样，他有他独立的风格，独立的发挥，独立的装饰。他音乐的形式完全随诗意变换。他对于一首诗一直深入到它的核心，同时让诗占据了他的心，他请人家给他朗诵，他自己朗诵，到他透彻了解了一首诗每一点细微的地方，音乐的结构也想熟了然后才下笔。这种使音乐和诗完全融合的艺能的确是前无古人的。他乐歌的特征就是应用严格的朗诵。这是一种天帝的赐予，没有人教过他，而他那发皆中节的字音轻重的准确，使人不得不叹为神工。他一方面顾到文学的本身，同时一点不会牺牲音乐的美以及乐调的自由。这种例举不胜举，沃尔夫的歌集是每一个进步歌人的宝贝，他那首《在碧绿的露台上》（Auf dem gruenen Balkone）（西班牙歌集）运用朗诵上的对比法极为考究，如那一句"她的手臂包围着我的"那个"她"字先给特别提出，"我"字则特别延长，使人一听便会明了作者的本意。拿他的一首歌和别人的一首做比较，更可以看出他超卓的见解，如"响着，响着，我的 Pandero"，他和颜孙（A. Jensen）① 都作过曲，颜孙那一首是有名的，但经细心一观察，便知道颜孙的有些不妥当。里面有两句诗说：

> 响着，响着，Pandero
> 可是我的心却别有所思。

颜孙特别延长"思"字，那个字因此显出非常之重要。但是诗人的原意呢，并不是光在说心在"思念"，乃是"别"有所思，这个"别"字是一个关键，沃尔夫把别字特别注重，意思便显明了。过来如：

> 假如你，灵活的，能够了解
> 我的苦楚而且明白感觉到。

颜孙只是奉行故事地注重"假如"和"我"这两字，沃尔夫则给"苦楚"那个字一个特别的地位，这又是他的过人之处。

要统论沃尔夫的乐歌，这篇小文章自然应付不了。我这里不过指出他重要的一点，引起大家对于朗诵的注意而已。至于朗诵并不是音乐的附庸，它是一种独立的

---

① 今译延森。

艺术。说句写实主义的话，朗诵可以做歌人的退路。L . Wuellner 本来是歌人，《檀回薛尔》（Tannhauser)① 是他的拿手好戏。到了他年老了，他便是以朗诵家登台。不过话得说回来，生在连《娜拉》都要说"无啥看头"的国度，还想向歌人献策说什么朗诵会，这不是大大的傻子么？——那也不妨，笑骂由他笑骂，傻子我自为之。

原载《新夜报·音乐周刊》第 34 期 1935 年 7 月 14 日

---

① 今译《汤豪舍》。

勃拉姆斯戴订婚戒指

有一回我在《音乐月刊》（Die Musik）上面看见一幅像片，勃拉姆斯戴订婚戒指，这幅像片是很稀罕的，几乎使人以为它是一种开玩笑，像某画报的"冯玉祥穿华贵衣服，吴佩孚出洋……"等一样向读者寻开心。但是实际上那幅像片却自头到手都是真勃拉姆斯，连那只戒指也是真的。读者大概还记得前几期音乐周刊上面 Altmann 那篇"勃拉姆斯的为人"，在那里面说过他爱上了 Goettingen 大学教授的女儿的话。那张照片就是在那段时间产生的。至于那个女郎的名姓是 Agathe von Siebold。

她生于 1835 年 7 月 5 日，今年是她的诞生百年纪念。

她的家庭历代书香，出过不少的名流，她的父亲 Eduard von Siebold 是葛廷恩大学的妇科医学教授，南方的乐天态度和严肃的科学的研究精神得到很好的调和，他热爱音乐，在大学音乐会里面他担任击定音鼓。在家中及朋友家中举行音乐会是极常有的事，因此便养成阿珈特对于音乐的爱好与了解，格林（J. O. Grimm 1827—1903）做她的先生。1858 年夏天勃拉姆斯来访问他的朋友格林，打动了那个天真活泼的阿珈特的心。勃拉姆斯因为这幸福的爱情得到丰富的灵感，他的歌集 Ops. 14，19，20 就是这一次爱情的结晶。到秋天勃拉姆斯回到 Detmold 那个侯爵女学生那边去的时候，他们已经算是订婚的了，所差者不过是订婚仪式。但是明年春天勃拉姆斯再来葛廷恩小住，依然不肯正式答应，格林那时着急了，于是决定一个更进一步的办法。他写了一封谴责的信给勃拉姆斯，请他立刻给阿珈特明确的、安心的表示。到那封阿珈特用希望、祈祷及哭泣期待着的信来到的时候，里面却写着："我爱你，我一定要再看你，但是我不能忍受任何的拘束。"但是没有婚约的爱情阿珈特是拒绝的，带着凄楚的失望她给勃拉姆斯写了一封"分书"，于是"为她死去的幸福长年的哭泣，哭泣"。他们自此不曾再见面。直到 1868 年她才给那个向她连续求婚的 Dr. Schuette 伸出她的手。做了多年的寡妇才于 1909 年逝世。

　　对于勃拉姆斯 1859 年的行为，舒曼夫人曾于 30 年后写信给 J. Joachim 说过："假使他和阿珈特结婚，那么他的为人便与做作曲家同一样的美满。"这是有点微词的。可是 Max Kalbeck，勃拉姆斯的多年老友，勃拉姆斯传记的作者却另是一种看法。他以为阿珈特不独是精神上和心地上，而且在具有优美的音乐灵性上也是天造地设的一个人，为艺术家安排家庭的幸福，可是 Kalbeck 又说："满足的思慕，成功的要求，如意的愿望对于一个艺术家很少是值得感谢的礼物，因为他的作品是为不能达到的东西生存与歌咏的。"阿珈特的生活回忆结段说："关于她伟大的对那个少年的爱情以及关于那充满了诗和美的她的少年时代的回忆在她心里是永远不能消灭的。这种关于当时的光华回忆在她晚年辛苦的生活里还不时发亮，他不朽的作品则连续不断给她生存的幸福。他在他光荣的路上前进，更伟大又更伟大，因为他正如其他天才一样属于人类，她后来也终于渐渐看明白，他毁坏了那重拘束他的婚约的那种行为是对的，她连她伟大的爱情断不能这样充实他的生命。可是关于他的荣誉全世界过去是，现在还是不断的传诵。"

　　易卜生曾借他的话剧提出一个疑问：人第一，还是艺术的工作第一呢？勃拉姆斯早就把它解答了：艺术的工作第一！勃拉姆斯自己后来虽然发牢骚，说当时的人不曾给他固定的职业弄到他不能结婚，现在却做了一个流氓。实际上这是很难说定的，因为他独身，所以觉得结婚不错罢，但是他自己明明说过，他不能忍受任何的拘束，那他实在又不愿意结婚了。然而他又说过，他对阿珈特的行为是轻薄相。使他发生这种错综的心理的，或许还是舒曼夫人。对于她，他是终生爱慕的，阿珈特也许只能够使他偶然忘却舒曼夫人，一离开阿珈特，便还是舒曼夫人占领了他的思想了。为了要对舒曼夫人保持灵魂的忠贞，他不能不拒绝其他的一切。所以他唱出"永久的爱"Von ewiger Liebe。（德国新近出版一本音乐小说，就用它作书名，书中全是描写舒曼夫妇及勃拉姆斯的"三角关系"的，这是音乐史上最纯洁的爱情，请大家不要因为"三角"便想起市上流行的小说。）他的《四首严肃的歌》是为舒曼夫人之死作成的，结末说："如今保留着信仰、希望和爱，而三者之中以爱为最伟大。"一个受这种思想与爱情支配着的人，说到结婚哪里还会成功呢！他有自知之明，所以到了后来，他简直不再打结婚的算，于是在音乐史上，不独是艺术，就是生涯他也占有一个独特的地位了。

此文发表时笔名"缪公佐"

原载《新夜报·音乐周刊》第 39 期 1935 年 8 月 18 日

歌剧的起源

　　歌剧是一种最民众化的艺术，它的舞台装饰，它的表演，它的歌唱，便是一个对于音乐与文学并没有什么深的素养的人，也可以于看过兼听过之后，真心叫好。是的，对于音乐与文学太有研究的人，有时反要觉得它是有点俗气。当然，这并不是一笔抹杀歌剧的价值。不过有些歌剧的脚本与"高山滚鼓"几乎只差一线，而作曲者的本领也只在怎样使那个主角可以充分显出他或她炫技的歌唱，音乐史上那里还会发生歌剧革命呢？——嚇，这一跳跳得太远了，还是赶紧带住，回到本题歌剧的起源罢！

　　歌剧是一种最有势力的艺术，同时却也是最年轻的艺术。不错，希腊的悲剧的繁荣时期，已经有一种音文合一的艺术，然而"遂古之初，谁能道之"，他们没有给我们遗传下什么可供稽考的材料。据一般音乐史家的揣测，他们的作品是不会越过那种吟诵的歌唱的简单形式以至比单音的伴奏更进一步的，而且跟着剧诗的衰落便完全烟消火灭。此后停滞了 2000 年。至于后来之所谓复古运动，本来是复希腊之古的，那里知道结果竟产生一种崭新的艺术呢！可见天下事无奇不有，而且有时奇到出乎"意表之外"。因此我们可以认定，歌剧并不是艺术演进之自然阶段，乃是一种具有美学的思想与学术的研究的人为的产物。

　　1580 年左右，在佛罗仑司①的 Giovanni Bardi 伯爵家中通常聚集起一批雅人、艺术家及学者，在举行精神文明的座谈会，这个团体叫做 Camerata②，他们特别感觉兴趣而且尽力去做的是复兴希腊的悲剧，想使这种艺术对同时代的人类发生相同的效果，因为从发掘出来的古代刻象及当日那些哲学家、史学家、抒情及史诗诗人的

---

　　①　今译佛罗伦萨。
　　②　卡梅拉塔会社——编者注。

文献，知道古希腊的精神生活是怎样的高雅。他们能知能行，于是计划怎样才可以使 Aeschylos 及 Sophokles 的悲剧，甚至于新的仿作，根据它的本性，不独是光在被人诵读，而且要被人看，被人听，使它的效果从舞台上发生出来。这里来了一个问题，音乐，据专家的研究，古典戏剧需要一种接唱的合唱。所以要上演希腊的悲剧，一定要有音乐的协助才够道地，而古代的音乐却已经完全丧失了。我们那些先驱是够胆量的，于是便动手制作一些适合希腊悲剧的精神的新音乐。

新时代从此开始了！

天下本来无可复之古，不观夫韩愈终生卫道，提倡古文，他的文章终于不是周秦，而是彻头彻尾的唐代古文乎？一个人无论怎样伟大，他究竟是时代的儿子，所以他们那种要使希腊悲剧起死回生的玩意，结果并不是真的复古，而是创新。他们造成一种崭新的艺术！从他们出发，后来成功了所谓歌剧（Opera）。

如果我们溯源稍为远一点，那么，14 世纪在意大利已经有点歌剧的征兆。在禁食节前夜的尽欢，有音乐来助兴，有时还要演唱小规模的戏。这已经是有音乐装饰的粉墨登场。

15 世纪的末期，在北意大利已经有配乐的戏剧，那就是插曲（Intermezzo）。它是一种为合唱作成的，有时也是乐器配合的 Madrigal，在一幕的末尾或一幕的中间演奏着。它的歌词跟那本戏剧的情节有些关系，当然这距离我们所认识的歌剧是远哉遥遥的。

除了严肃戏剧之外，滑稽戏剧也把音乐引进来。艺术化的喜剧包含 Madrigal 以及打趣的杂剧包含街头小调（Villanella）是并不希罕的，尤其重要的是 16 世纪中期的即席喜剧（Commedia dell'arte）①。这种喜剧由优伶根据规定的幕景即席歌咏，他们有固定的人物，如悭吝的 Pantalone、仆人 Zanni、卖弄聪明的 Dottore、常受情人愚弄的西班牙 Capitano、重利盘剥的犹太人、黑人等等。这些人物的典型直到 18 世纪德国的 Singspiel 还可以见到它的影响。到 16 世纪末期音乐家已经把那种即席喜剧谱成 Madrigal 或 Villanella 体：现在还保存到的有 Orlando di Lasso 的这类作品。

离开这些自然的演进，我们转到刚才说过的巴尔第伯爵这边来。

巴尔第是那个团体的领袖，他是诗人也是作曲家，同时又是组织各种交际会及庆祝会的名士。他 1589 年写了一部戏剧庆贺 Ferdinand I. 的婚典。那些插曲，Madrigal 式的歌乐及器乐曲，则由 Malvezzi, Marenzio, Cavalieri, Bardi, Peri 及 Caccini 作曲，

---

① 今译即兴喜剧。

巴尔第之外主要人物是 Corsi，O. Rinuccini，P. Strozzi 以及 V. Galilei。

比空论更为重要的是实在的作品，这样我们便得到 Galilei 的那部配上但丁神曲的地狱那一幕：乐器伴奏的独唱。这次的成绩使他接连写了好几部，可惜这些乐谱已经散失，只好从他那继承人的作品来估定的，说白与歌唱混合的曲调同时由弦乐器（Viola）伴奏的。因此可以知道独唱 monodie 即后来的 Arie 在那时的确已经成立。他的继承人之中最重要的是 G. Caccini。后来有 Viadana 者亦属于这一派。

经过这种种的努力，他们那种音乐戏剧的追求是进了一步了，歌剧的成立者就更快了。他们替那种音乐伴奏的戏剧定名为 Drama per Musica。第一位功臣是 Emilio del Cavalieri。他的剧作已经不是说出来而是唱出来。不过据一般人揣测，它还是复音的 Madrigal 式，直到 Jacopo Peri 的 Dafne 出来，这才奠定了歌剧的基础。他在他第二部歌剧 Euridice 前面写有一篇序，他确信，古人在戏剧方面下过一番音乐表现方式的工夫，那种方式是越过普通的说话，却不曾提高到实际的歌唱，它是居于两者之间。依据这一点，他留心观察发言的人物，就各种不同的意思分别让它表现平淡的或是热烈的情感，可能地对自然忠实谱成音乐。每当平淡的时候他便用固定的乐器底音，唱出半是说话的调子；感情兴奋的时候则常常变换伴奏乐器的底音或和弦，甚至于不避不协和弦，唱音的速度比较灵活，而且不独是逐度升高，有时还有比较大的音程。这样他便创制了吟诵调（Rezitativ）[1]。

那时他们自信：复兴古希腊的音乐戏剧已经大功告成。1600 年他们便从 Camerata 的私人观赏大胆拿出他们的作品——歌剧来与世人见面了。那时上演的作品是 Peri 的 Euridice 及 Caccini 的 Raprimento di Cefalo。又两年 Caccini 的 Nuove musiche 出世。他在序言里面说出一种"歌唱的高雅的轻蔑"。这标明这种新体的特性，偏爱文字便拘束曲调的结构。就全体说，它是一种升腾的朗诵，伴奏的和弦不过是指示音度高低的支持点。所以这种文字与音乐的结合，完全是为了前一个牺牲后一个，寻求一种调和那对立的两部分，文字与音乐的关系的解决方法便是此后歌剧演进史的中心。原来有些音乐家为了救济歌剧里面音乐的偏枯，便颇专心在这方面努力，如 G. Monteverdi，Cavalieri，F. Cavalli 及 M. A. Cesti 等都是有名的作曲家。然而这一反动终于又发生流弊了，意大利歌剧的特征因此弄到成为一种炫技的歌唱，不独是文学，连整个的戏剧生命及乐队都受到消沉的威胁。然而群众却最欢迎这些东西，德国、英国都是意大利歌剧的势力范围，法国音乐界也岌岌不可终日，不过比

---

[1] 今译宣叙调。

较上还有一些自主力。J. B. de Lully 及 J. P. Rameau 都能够戛然独立，不过终究不是意大利派的敌手。直到 C. W. Ritter von Gluck 起来，健全的歌剧才正式成立，即所谓歌剧革命是也。

要叙述各派歌剧的消长，自然不是用这么几句话可以了事，这里不过是附带说说题外话而已。

原载《新夜报·音乐周刊》第 40 期 1935 年 8 月 25 日

沃尔夫及其乐歌

　　19 世纪后期的音乐家很少像沃尔夫（Hugo Wolf）一样得到一致的推崇，承认与同情，也许是他的生与死无一不震撼人类的灵魂与感情的缘故罢。真的，你翻开音乐史，你断找不到另一个作曲家有跟他相同的悲剧。说穷罢，当然穷的音乐家多得很，但是像朔旁①那样是自己浪费的结果，勃拉姆斯则苦尽甘来，说不遇罢，贝尔约还是有李斯特为他举行音乐周，瓦格纳则流亡之后，终于雄踞拜雷特②向世界唱出伟大的胜利。都不比沃尔夫一样和穷鬼做了生死不离的密友，他的歌剧甚至于打不进维也纳歌剧院。不过，这些算得什么呢，假如我们想到他的病和死？——舒贝尔特③并没有这么可怜——我们试闭目一想象，一个本来是灵魂奋迅，精力弥满的天才，现在躺在装上铁栅栏的卧床里面，周身都麻痹了，只有心还继续它的微弱的跳动。那么，即使你的眼睛像是衰老的母牛的乳房，该也可以流出几滴泪水来了罢。而且我们再一回到知识一方面，晓得那副脑筋正像开足马力的机器，流水一般写一部歌剧，现在忽然停止了，音乐史上从此损失了一部高贵的歌剧，那我们的悲哀真找不到适当的形容了。这是沃尔夫的命运，文化史上少有的凄惨的命运！

　　他生于 1860 年 3 月 13 日，卒于 1903 年 2 月 12 日，瞑目的时候身边没有一个亲人，一个朋友，只有一个疯人院的护士。

　　他是穷到使普通人难于忍受的地步的，但是他辛辛苦苦得友人的介绍做了一家戏院的乐队副指挥，因为那些演奏的作品缺乏艺术的价值，便毫不顾惜，掷杖而去。他的作品辛辛苦苦得友人的介绍在一家书店出版，书店的经理问他讨一张照片做广告的材料，他却一口拒绝了，补充上一句话：“我的作品应该自己维持它的生命，

---

①　今译肖邦。
②　今译拜罗伊特。
③　今译舒伯特。

倚赖广告是不行的。"这是怎样的一种操守!

他攻击勃拉姆斯是一件大事,普通都把他算做瓦格纳派。不错,他是瓦格纳派,但是他并不曾得到过一文的津贴。瓦格纳甚至于不高兴看一看他的作品。他的攻击完全是艺术上及思想上的冲动,他不用假名,不放冷箭,虽然有时不免近乎过火,但,并不如勃拉姆斯的信徒武断的,是穷极无聊的泄忿。老实说,因为攻击勃拉姆斯,他自己引起不少的敌人,他的作品在维也纳简直是四门闭绝,那些权威的音乐批评家一遇到沃尔夫的作品便万矢齐发,这是他太不懂世故的结果。他自己只能够说,他的作品是与给后世人的了。

在乐歌上他是新的舒贝尔特,但是和舒贝尔特不同,舒贝尔特创作差不多纯凭天才,沃尔夫是天才加学力。舒贝尔特是早熟的,沃尔夫的真正成功却是在 27 岁以后。但是舒贝尔特生平重要的作品如《葛列卿在纺轮边》(Gretchen am Spinnrade,1814)、《赤杨王》(Erlkoenig,1815)、《流浪人》(Der Wanderer,1816)、《泪的礼赞》(Lob der Traenen,1817)、《鳟鱼》(Die Forelle,1817)、《死神和少女》(Der Tod und das Maedchen,1817)、《秘密》(Geheimes,1817)、《你是安宁》(Du bist die Ruh,1823)、《在水上唱》(Auf dem Wasser zu singen,1823)、《少年女尼》(Die Junge Nonne,1825)、《玛利亚颂》(Ave Maria,1825)、《夜候歌》(Staendchen,1826)以及歌集《美丽的磨坊少女》(Die Schoene Muellerin,1823)及《冬日游》(Die Winterreise,1827),过来就是《天鹅歌集》(Der Schwanengesang,1828),在质量上与表现的错综上并不会超过沃尔夫的一部《牟力凯歌集》(Moerike-Lieder)①。而上列舒贝尔特歌的创作时间是 1814 到 1828 年,前后共 14 年,沃尔夫的《牟力凯歌集》的创作时间不过是一年之内,这是最足使人惊叹的。

沃尔夫对人说过,舒贝尔特还不能真正了解歌德,他的歌因此不免流于肤浅,沃尔夫后来重谱的很多。他作歌是非等到诗人的思想化为自己的心血与脑髓不下笔。这不是因为他不够音乐,要借诗人的思想做补充,乃是因为他赋有丰富的音乐,不论诗人有什么思想他都可以用音乐表现。他是彻底忠实于诗人的,所以绝少诗句的重复。音乐与诗的结合就像是水乳交融,音乐的形式并不因忠实于诗而稍受损害。因为一首诗作曲之后仍保持诗人的本来面目,所以《牟力凯歌集》出版的时候,印上一幅牟力凯的造像。这也是乐歌集的创举。

沃尔夫乐歌最大的特征是他应用朗诵的本领,关于这一点在 7 月份的《音乐周

---

① 今译《默里克歌曲集》——编者注。

刊》（第 34 期）我已经提出来说过，这里不妨从略。

第二点使乐歌的表现力大大增加的特征是提高了钢琴伴奏的地位，他的乐歌不是"唱音连钢琴伴奏"乃是"唱音及钢琴"。有人责备沃尔夫，说他把唱音将乐器看待，不适合人的喉咙；把音乐的重心放在钢琴上面等等，这和普通人骂瓦格纳的话"把柱脚装在舞台上，人像则摆在管弦乐队里面"如出一辙。但是我们知道一首乐歌的演唱并不在专让歌人出风头，钢琴的效用只等于一具完备的六弦琴，所以为了诗意，钢琴便应该发挥它的本领。这不是由沃尔夫新创，也不是瓦格纳，格禄克已经确立了这原则。这是一种对位的才能，唱音与钢琴在脑里同时成立。看去像是在独往独来，实际上却是打成一片。光是钢琴部你会猜它是一首独立的乐曲。唱音部的结构亦是合乎逻辑的，它的进行完全跟从诗意。到你开口一唱同时弹起钢琴，你便非说"叹观止矣"不可。唱音和钢琴竟是并肩携手的。

有一个"巧语"，说沃尔夫是乐歌的瓦格纳，这只有一半真理。沃尔夫驾驭乐歌正等于瓦格纳驾驭乐剧，这是真的；器乐不是消极的伴奏，也是真的。沃尔夫使用领演音旨（Leitmotiv），自然又是道地瓦格纳式，但是这一点已经不是完全确实了，因为沃尔夫并不是定规使用，而且沃尔夫与前代乐歌作曲家的关系并不比瓦格纳对前代歌剧作曲家那么疏远。瓦格纳是革命家的成分多，沃尔夫是改良家的成分多。他并没有特定的成法，一切都从诗意发展，如果留心观察一下，可以发现他每作一首歌，尤其是一个新诗人的作品，他便用另外一种手腕，所以《西班牙歌集》不能同《意大利歌集》混淆，《歌德歌集》的作品决不能误入《牟力凯歌集》。

但是这一切，合法的朗诵，音乐适宜的处理，曲调与和声对于诗意表现得恰到好处，都还不算，虽然这已经是难能可贵了。他构成历史上一块重要的界石的最大原因是他思想的阔大、深刻与丰满。一首诗经过沃尔夫作曲之后，使人永远有"崔颢题诗在上头"的感觉。诗人的意思已经被他发挥尽致，再没有留下残余的，等待后人补充的。他自己所以重谱一首诗，是觉得原先作曲家的工夫不到，并不是自作聪明，标新立异。舒贝尔特的歌德歌他重谱的，如《普罗米修士》，比方说，我们打开乐谱一看，便连我这外行也知道是后来居上了。可是我们要明白，这不是天才问题，而是时代问题。沃尔夫写信给考夫曼说过，这一类诗只有在瓦格纳以后的时代才有正式作曲的可能，歌德的诗是超过 19 世纪时期任何乐歌作曲家的力量的。所以为了要捧沃尔夫便打倒舒贝尔特，那是无知妄作，沃尔夫听见也要齿冷的。在 19世纪初期舒贝尔特能够有那样的成就，无论如何是一种伟业，至于他对于歌德不能深切了解，那是无可如何的。谁逃得出时代的支配？就是德配天地的贝多芬的歌德歌还不免像是浅尝爱美者 Dilettant 的伎俩，假如我们拿它来比他的器乐曲！

假如天才的一个特征是错综的匠心，那么，沃尔夫就是属于这一类。他乐歌里面具备的人间相如情人和少女热烈的及绝望的种种情况，诗人、巨猾、凑趣的人、哲学家、猎人、水手、国王、可爱的饭桶、乐天派（Hedoniker）①、修行派（Stoiker）②、宗教的狂热笃信者与自寻烦恼的怀疑者等——出现在我们的眼前，而他给我们展开的自然界风景如花草、山岭、云、阳光、暮霭、夜色、汪洋的海、地面的溪流以至花妖、鸟雀、风、火。还有更妙的，是一样说爱，意大利歌的性格和歌德歌的完全两样，一首西班牙歌集里面的寺院歌和牟力凯的一首亦有分别，正如西班牙人和许瓦本（Schwaben）③人（牟力凯的故乡）有分别，南方的旧教和北方的新教有分别一样。从这种地方可以窥见沃尔夫真是"才如大海"！

他创作乐歌而有永久的价值的时期是 1888 年至 1891 年。这一时期的作品是《牟力凯歌集》及《歌德歌集》《西班牙歌集》，大部分的《埃贤朵夫歌》《意大利歌集》第一部及另外一些诗人的作品。1891 年后他只有《意大利歌集》第二部（1896）、莱匿克④的《清晨情调》（Morgenstimmung）及《米开安哲罗⑤歌三首》。早年的作品当然很多，但是大部分没有发表。要把它逐部论述，这里的篇幅实在不能许可。不过这里可以说一句，不要买选本，因为每一首歌都是精心作谱的，有不够格的，他自己已经把它删掉了，如《米开安哲罗歌》就是一例。他是一点不随便的，他创作及出版乐歌的目的并不是为爱虚荣或是吃饭。使人伤心的是他有一个时期真不免饿着肚子读书兼写作。后来他没有冻馁之忧了，他的头脑却先肢体毁灭。到了 1903 年，音乐界便得为他穿丧服了。天乎痛哉！

原载《新夜报·音乐周刊》第 45 期 1935 年 9 月 29 日

---

① 今译享乐主义者。
② 今译斯多噶派。
③ 今译施瓦本地区。
④ 今译赖尼克。
⑤ 今译米开朗琪罗。

悲立尼逝世百年纪念

天下最伤心的事情，莫过于有才无命！沃尔夫有一次和朋友谈起舒贝尔特①的短命，曾经说过，在一个人未曾说完他要说的话以前，他是不会就死的。但是他在发疯之前，实在还未曾说完他的话。此其所以可悲，至于像悲立尼（Vincenzo Bellini）②那样正当工作的盛年与进步的中途忽然凋丧，那自然也是音乐的大损失了。

他是意大利的儿子，而且是一个孝子，1789年法国发生空前的大革命，此后兵连祸结，混乱做了欧洲的不速之客，大家所希望的革命后的黄金时代渐渐给丢入失望的深渊去了。意大利那时的命运是够悲惨的，唯一的工作是在强邻的铁蹄下喘息。这种情形影响到悲立尼的性格。

在艺术上他属于洛西尼（G. A. Rossini, 1792—1868）③派，他也是一个曲调专家。朔旁④对于19世纪初期的作曲家少加许可，悲立尼的曲调却是他所爱好的，当他临死的时候，他的旧情人坡托卡伯爵夫人（Graefin Potocka）到来存问，朔旁还不忘记悲立尼，请求她唱一首Beatrize di Tenda的咏叹调，他的遗嘱是要他的遗体葬在巴黎公墓（Pere Lachaise）⑤悲立尼墓的旁边。但是话说回来，他和洛西尼⑥有区别的地方不止一点。洛西尼无论如何比悲立尼较有多方面的天才，洛西尼的产生几乎使意大利歌剧恢复18世纪在欧洲各国的势力，他在戏剧上那种飞扬的灵兴，就像他那幽默的以至纯粹滑稽的一般自然。相反的是悲立尼生平不曾写过一部滑稽歌剧，这在是意大利血统的他简直是一件奇事，因为事实的确是这样，几乎每一个意大利

---

① 今译舒伯特。
② 今译温琴佐·贝利尼。
③ 今译罗西尼。
④ 今译肖邦。
⑤ 今译拉雪夫神父公墓。
⑥ 今译罗西尼。

较近代的作曲家都要先来一部 Opera buffa 来创造他的幸福。悲立尼这种清标绝俗的行为，我们只可以从他的性格得到解释。他的性格是梦游的，感伤同忧郁占定他的气质。这和那位肠肥脑满的乐生天才洛西尼显然是判若泾渭。

悲立尼的姿态我们可以用一句考语说是："皎如玉树临风前。"因为他是一个不折不扣的潇洒美少年。他那金黄的头发，碧蓝的眼睛衬上清瘦的腰身与深情的容貌，倾倒了不少爱美的少女，那些少女对他正合韩促的警句"心火因君特地燃"，然而结果却真的看杀卫玠。

他生于1801年11月1日，故乡是地中海上西西里岛的卡塔尼亚（Catania），他的家庭是音乐名门，1819年入拿波里音乐院，他的歌剧处女作是在音乐院上演的（1825年）。一年之后，他又有一部新作在珊卡罗（San Carlo）戏院①上演。这番成绩使他得到米兰歌剧院的契约，替它谱作歌剧。他的"货色"是歌剧《海盗》（Il Pirata），这部歌剧一上演，悲立尼于是一举成名，那是1827年在米兰 Scala 歌剧院。幕闭之后，群众们发疯般鼓掌喝彩，主角 Rubini，Tamburini 及女主角 Lalande 逼着一遍又一遍唱他们的咏叹调，作曲家悲立尼也红着双颊出来向群众见礼。接着再来一部《陌生人》（La Straniera），他的名誉与地位自此更加巩固了。1830年他的 Zaira 在帕尔玛上演，成绩很不好，但是他在威尼斯的《罗密欧与朱丽叶》（I Capuleti e i Montecchi）（Capuleti 是朱丽叶的姓，Monteechi 是罗密欧的。）及《夜游女郎》（La Sonnambula）② 使他的名誉不独传到意大利的穷乡僻壤，而且一直传遍欧罗巴。到他的《诺玛》（Norma）③ 一上演（1832年），悲立尼简直变成歌剧的明星。这部歌剧不独表明悲立尼的艺术天才，而且作曲家更向他多难的祖国声诉他是忠实的儿子。当时的批评有些对他颇多指摘。说他的作品近于浮薄。他写《诺玛》的时候因此特别用心，艺术上显出极大的进步。那段前奏已经和他从前的作品两样。它有美丽的，适当地处理的母题，乐器的配合也各有独特的性格，那段伟大的 Druiden 合唱（Druiden 是高庐④及不列颠的凯尔族⑤教士阶级。）及第一幕的尾调很有音乐的效果，尤其是剧中那段三部合唱，诺玛，阿达尔吉沙及那个不贞的男子薛瓦尔，使人确信悲立尼凭着他的才能，补充上一些毅力，将来的造就实在不易衡量，假如命运女神能够给人类稍留情面，不忍这样早

---

① 今译圣卡洛剧院。
② 今译《梦游女》。
③ 今译《诺尔玛》。
④ 今译高卢。
⑤ 凯尔族即凯尔特族——编著注。

便切断了他的生命线的话。

《诺玛》之后他于 1833 年写成一部 Beatrice di Tenda，接着他便起程去法国，向他的祖国说了永别。在巴黎他为当地的意大利歌剧院写了 Puritani，1834 年上演。为了写这部歌剧，他尽心研究法兰西大歌剧的风格与体裁。可惜他还不能够继续发挥他的才能，他已经于 1835 年 9 月 24 日与世长辞了，算起来还不够 34 岁。

悲立尼生前的确是煊赫一时，连瓦格纳都对他说出赞美的话，照理他不应该是什么流行音乐家，但是现在呢？不独欧洲各国，就是在意大利也不易听见有人说要上演他的作品。悲立尼这个名字只可以在音乐史上看到，他的乐谱躲在一角，一任尘封蠹蚀度过冷落的岁月，只偶然有些沙龙乐队奏奏《诺玛》的前奏曲，在钢琴学校里面也只有乳臭未干的小孩在键盘上面弹一弹他歌剧的曲调，就是唱歌学生也不大欢迎悲立尼。前后一百年，热烘烘完全变得冷清清了！

什么缘故呢？最大的原因自然是他死得太早，不及完成更崇高的艺术，而且他的歌剧的集合线是浪漫的温柔，他实际的内在的动作总是寄托在歌唱里面，他各部歌剧的管弦乐，几乎可以只用一个弦乐四部合奏团便能够应付，所以有一位批评家说，他的音乐是在戏剧之外产生的。悲立尼并不去追求艺术的综合效果，却勉强那些戏剧的表现用心理的感情倾向挤入歌唱的曲调里面去。我们知道，19 世纪的歌剧已经变作瓦格纳的世界，艺术的综合跟着瓦格纳的胜利成为乐剧的天经地义；瓦格纳以后，不论是捧场的或是拆台的，都不曾违背这原则，而悲立尼所缺乏的却正是这一些，那么，他不能长久保持他的光辉，自是不可避免的事。而他的同国作曲家在他之前有洛西尼，在他之后有维尔第（G. Verdi，1813—1901）① 在天才上、在成就上都超过他的头，何况现在的意大利又已经完全不是旧日的意大利呢！

说悲立尼的作品真的跟他的躯体一起寿终正寝么？那又不然。欧洲人现在正在趁这个百年祭的机会研究复兴悲立尼的方法。不过这种事距离我们的音乐界太远了，还是省下这一笔罢！

原载《新夜报·音乐周刊》第 46 期 1935 年 10 月 6 日

----

① 今译威尔第。

贝多芬的谈话册

音乐家没有了听觉，这句话是够使人寒心的。音乐史上有名的"圣城遗嘱"（Das Heiligensaedter Testament)① 是贝多芬灵魂的自白。为了听官的毁坏，他几乎想自杀，因为"生来具有火热的活泼的气质，而且对于交际的游宴也有感受性"的人逼着要及早离开，孤寂地度过一世。所以"只差一点，我要收拾了我自己的生命。——只有它，艺术，把我拉回来，啊，我觉得实在是不可能，在我感到的一切的担负未曾做完之前，我离开这世界，这样我延长了我这惨淡的生命——"这些话是 1802 年 10 月 6 日寄出来的，为了艺术，他再苦干了几乎 25 年，才终于撒手长逝。在这一时期他的作品竟有 Missa Solemnis,《第九交响乐》及末期的弦乐四重奏。想到这种伟大，我只能够引用有岛武郎《庐勃克和伊里纳的后来》那篇文章的结语："我只知道这一点事实，但站在这伟大者之前，惟有惶恐而已。"

当贝多芬写圣城遗嘱的时候，他的听觉已经坏了 6 年，而且病势还是有坏没有好，他简直到了绝望的地步了。最先他是离群索居，像他自己说的，等于放逐。后来是事实上办不到，他是天生有温热的博爱的心胸的人，所以终于接见宾客了。谈话的方式是来客将要说的话写在册子上面，贝多芬则口答，有时也用来记事或记乐谱。自己也许承认这些册子有它的价值，所以他自己不曾把它毁灭。勃雷宁（S. von Breuning)② 当日送给贝多芬的学问助手信勒尔（A. Schindler)③ 的时候，足足有四百本。现在保存下来的，却只得 137 本。信勒尔（1796—1864）是小提琴家兼维也纳德意志歌剧院的乐队指挥，对于贝多芬的维护几乎可以说是天下至友的典型，他的贝多芬传是最早一本。也许他写贝多芬传记，使用过谈话册的材料之后，便不再

---

① 海利根施塔特遗嘱——编者注。
② 今译斯·冯·布罗伊宁。
③ 今译欣德勒。

904

加意保存，因此逐渐散失。自 1845 年以来，这些谈话册藏在普鲁士国家图书馆，说也奇怪，那些音乐史家很少注意到这些东西。最近有一位贝多芬专家诺尔（Walter Nohl）把它细心整理，经过四年长的苦工才把它弄出头绪。说起整理这些东西，实在是一种头痛的工作。第一就是编年。过来就是字迹。他们当日谈话用铅笔写下来的字，现在已经褪色甚至于失色，有时全页简直像是白纸。诺尔的工作是最值得感谢与赞美的，他利用一种侧光镜照出纸张的凹痕，然后逐个字母把它记下来。这些都弄清楚了，便根据贝多芬的文献来定年月。这种工作的结果是一部三厚册的大书，每册约七百页。书中的时间是 1819 年至 1827 年，算是音乐大师生平最凄惨的一种文献。从前有些人以为它是无关重要的，现在才知道是认识他的一把钥匙，对于这位大师的研究又可以再进一步了。它不独可以证明有些传述的无稽，而且还有些向来不露面的事实。从那里可以知道那位十一龄童子李斯特访问他的情形，那一次马金西①（L. Marchesi 1755—1829 意大利种的阉男高音歌人）的访问也有详尽的记录。

贝多芬的博学在这些册子里面反映出来，使读者十分惊讶。你可以知道，没有一种学问他不是留心研究，藏有关于它的书籍及论文，音乐之外他最喜欢研究的是哲学及伦理学。美学及宗教内容的书籍的笔记你也可以找到，至于同时代的文学书他几乎全有，尤其是歌德的及格黎尔怕奢②（Franz Grileparzer 1791—1872，奥大利诗人，史家称他做十足诗人，五成音乐家，他在贝多芬墓上发出的那篇演说传诵乐坛及文坛）的作品经过他认真的阅读。此外还有论到荷马、塔梭（T. Tasso 1544—1595，意大利诗人）、拜伦、莎士比亚、司葛得及其他诗人。过来还有史学，还有科学性的书籍如地理学、天文学及磁力学，甚至于暖气管的设计那样摩登的设备的书籍他也留心到。而且贝多芬，像别的音乐家一样是一个健啖家，所以也有不少关于烹饪法的论列。还有指导游泳的书也属于他的藏书室。因为他的疾病的关系，所以关于眼的及耳朵的治疗法的书特别多，其中有胡菲兰的那本《延年术》极受贝多芬的推重。普通有很多说贝多芬是死于梅毒，但是他却没有一本论到梅毒的书。没有更确实的证据以前，我们不妨说他害梅毒是一种谣言了。因为他虽然是一个性欲旺盛的人，在那些册子里面他也坦然谈论他对女人的关系，但是关于梅毒却完全没有影子。他是不至于纵欲败度到这个地步的。这不是学究气作祟，要把贝多芬说成一个纯洁无瑕的圣人，不过捏造事实总不免是小人的行径，正如从前那些人造谣，说李清照改嫁一样无聊。

---

① 今译路·马尔凯西。
② 今译弗朗茨·格里尔帕策。

　　这些谈话册已经不是装腔作势的书面谈话，自然是"宇宙之大，苍蝇之微"，无所不谈。有些地方简直显示出那位音乐天才是一个器量狭小的凡人。这可以使人想到，听觉的恶劣把他弄成怎样的可怜，所以那些凄凉的讽刺只更加引起人的同情，讨厌等等是谈不到的。假如他真是这么一个狭隘的小人，那里还写得出他不朽的 Missa Solemnis 及第九部交响乐？正因为我们从那些册子看出他的狭隘，知道那是梅特涅时代（K. Metternich 1773—1859，奥大利首相，1814 至 1815 年重划拿破仑蹂躏后的欧洲国界的维也纳会议主席）那种反映，我们便可以明白，贝多芬怎样超过他的时代，而且用他的艺术把它克服。他的荣誉不是侥幸得来的，更不是运动得来的。看过作为艺术家的他，再看作为常人的他，这才心悦诚服，承认他是一个巨人，凭他的艺术给人类指示更生的路。这也是那些谈话册所以不朽的原因了。

原载《新夜报·音乐周刊》第 47 期 1935 年 10 月 13 日

李斯特与交响诗

李斯特（Franz Liszt 1811—1886）的名字大概已经听到耳熟了，他是钢琴王，他是乐队指挥，他是综谱（Score）① 视奏大家，他是作曲家，他是教育家，他是著作家，他是教士，他甚至于是圣西蒙② （St. Simon 1760—1825）派社会主义的信徒。丰富的天赋才能加上错综的人生经验，自然难怪他的艺术是"凶野的，轰烈的，火山爆喷般的，冲天的"了（海涅论他钢琴演奏的话）。

要论述李斯特，这里只能够限于一部分——论他的创作，可是他的作品也是极丰富的，所以只有再缩小范围专论一种。

在音乐史上作为作曲家的李斯特的地位，最有意义而亦最有价值的是因为他造作交响诗（Sinfonische Dichtung）。

自从贝尔约写《幻想交响乐》以后，交响乐的形式已经起了变化，但是到李斯特手上才完全得到新的面相，交响式的作品因此在中流旁边伸出一条巨大的支流，洋洋乎泻入现代的大海。

交响诗这个字顾名思义是音乐和诗的结合，为求听众明白起见，所以大部分的作品都有标题。关于标题音乐在本刊已经有一篇文章论到，读者可以参看。但是有一点在这里应该说明的，就是有许多人以为标题音乐增加了音乐的语汇，那却并不是完全确切。那位顽固的韩斯力克③先生（E. Hanslick 1825—1904，音乐批评家，守旧派的领袖，1900 年还说瓦格纳的《罗痕格林》④ 算不上是音乐作品）虽然没落，他说的话"诗和音乐的结合只加强了音乐的力量，并不是扩大了音乐的领域"

---

① 今译总谱。
② 今译圣西门。
③ 今译汉斯利克。
④ 今译《罗恩格林》。

却是妥当的。音乐语汇之丰富是音乐演进必然的结果，不必独把这笔功绩记在标题音乐家名下。只有形式的改变是标题音乐的新专业。

贝尔约是打开新音乐的门的第一人，他的《幻想交响乐》已经遇到诗意和乐式的冲突，他因此不得不大胆一下子，取消了模范曲式（Sonatenform）①，把交响乐写成五章，那部戏剧交响乐《罗密欧与朱丽叶》更增加到八章。可是章数虽然加多，古典的建筑学却依然是保持它的规矩，它的力量使大胆的贝尔约还不敢随便破坏。但是他形式上虽然妥协，暗地里却放进一点新东西：固定音旨（L'idée Fixe）。这番暗示便使李斯特后来不客气地来一次形式改革。那些守旧派伤心叫道："音乐完了！"他却向他们说道："音乐取了另一种形式！"他发表意见说："一种艺术品具有高的意义的无时不显露出他的姿态，这个是不能从里面分开的。而那种姿态常是具有这么独特的方式，以致别人为了在形式上能够辨认，不得不极真切地由作品的内在含义，它风格的特点，我们愿意说由作者的个性透过自己的心灵。"从这里我们可以知道李斯特的主张：尊重个性，反对形式及陈旧法则的独立思想。瓦格纳又从旁助战，他在《论李斯特的交响诗》文内先提的一句问话："可是什么才是新的形式呢？"然后写出答案："最设紧的是每次因对象及它表现时的发展所要求的东西。"他们承认音乐的原始法则是流动的，音乐的形成全凭每一次不同的内在的母题。于是乎音乐便从形式的拘守转变到情感的表现。李斯特的警句是："在音乐里面宣示自己的情感，消除掉理智及他协助的表现手段，那些东西比较情感的直觉是远难几及的，而对着它的力量，它的柔细，它的光辉则是不完全的。"他后来又补充道："过来这一类交响乐的情节与主题，需要一种超过音乐材料的技巧的处理的关切，而且灵魂的不定的印象将凭一种自由的计划。这里是由耳朵，正好比一套连环图画由眼睛造成一定的印象。"

把音乐兼执诗笔与画笔的理想，是古已有之的，贝多芬那段有名的《田园交响乐》的标记"感觉的表现要多于绘画"已经是结合的先声，不过印象与情感还不能得到平衡，到李斯特才理论地完成了音乐上描写的与情调的这方面的合一。标题音乐也就正式成功了——是的，交响诗。

平心而论，李斯特的全般作品并不是无懈可击的。他有时为了诗意的处理不免太过忽略纯粹音乐的条件，因此形式上现出破绽。他的管弦乐章也有些近乎单调，

---

① 今译奏鸣曲式。

这一点他是不及勃拉姆斯的：说到管弦乐设色法①，比起贝尔约来李斯特的成就并不算超卓。他对于曲调的发明大体上比贝尔约的较为优美，但不及贝尔约的苍壮，而且有时现出喘息的情形，使人从他的有些作品得到一种印象，他离不开做作与卖弄。不过话得说回来，我们即使承认了李斯特的这些弱点，他仍不失其为伟大，我们对他的崇拜也一样不会减少。我们总可以感到，在这位大师身上的确蓄积着出众的才能与非常的气魄。光就他创作的态度与他种种深刻的、错综的理想说起来已经够证明他是怎样一个人物了。

他的音诗，如《匈奴之战》（Hunnenschlacht）一方面注重外表的渲染，一方面顾到艺术的标题音乐的条件，注重精神的表现以及它的效果，这是难能可贵的。至于别的作品如根据席勒尔（F. von Schiller）的名作谱曲的《理想》（Die Ideale）、《序曲》（Les Preludes），以至那篇受雨果（V. Hugo）的感兴写成的《高山交响乐》（Bergsinfonie）都是灵魂的绘画，我们跟着会感到一个超物欲的境界，不愧为器乐曲的杰作。过来如《塔梭》（Tasso）造成一位艺术的强有力的神明，《浮士德交响乐》（Faustsinfonie）及《但丁交响乐》（Dantesinfonie）他简直接近人世与天界的问题，《浮士德交响乐》用三章乐曲分别给予这部悲剧三位主人的性格——浮士德、葛列卿及美菲斯陀②——第一章是一场叛徒式的苦斗与追求，第二章描写出一个优雅的、真切的、永久的女性，第三章则是一个否定一切的鬼相。那先在头两章使用的题旨到第三章变成一派冷的歪扭，这不仅是领演母题的巧妙的运用，李斯特简直得到用音乐来描写性格的卓绝的成功。凭着庄严的合唱歌声全部乐曲得到圆满的结束。他的《但丁交响乐》取材于但丁的《神曲》，他的两章《地狱界》（Inferno）及《净罪界》（Purgatotio）亦包含有特殊的地方，可是大体上不及《浮士德交响乐》之逼肖。在《净罪界》有些厌倦的冗长，结段连着玛利亚颂（Magnificat）颇为软弱与平淡。演奏《但丁交响乐》李斯特想到使用投影画（Diorama）来增加它的效果。那么，他也计划着一种综合艺术了。在写《但丁交响乐》之前，李斯特已经写过一首钢琴用的《但丁幻想曲》，管弦乐曲的有些思想是在钢琴曲里萌芽的。除此之外，这一类的作品还有《列脑（N. Lenau）③作〈浮士德〉的两段插曲（夜景及乡村酒

---

① 配器法——编者注。

② 今译梅菲斯托。

③ 今译勒瑙。

家的跳舞会)》、《峨菲乌》（Orpheus）①、《马切帕》（Mazeppa）②、《佳节之音》（Festklaenge）、《绝命英雄》（Heroide Funebre）③、《匈牙利》（Hungaria）、《哈姆列特》（Hamlet）等等，这些都是使他的大名长垂宇宙的作品。

他的作品从构思到公开演奏常常经过 10 年以至 30 年的时间，那么，左思作《三都赋》，10 年才写成功，也许真的不是谣言了。

原载《新夜报·音乐周刊》第 48 期 1935 年 10 月 20 日

---

① 今译《奥尔菲斯》。
② 今译《马捷帕》。
③ 今译《挽诗》。

海顿的《创世纪》

将于 1 月 14 日晚 9 时 15 分在大光明戏院演唱

　　光是看到这标题及小注，假使真有音乐迷，我相信即使火车轮船来不及，他也得乘飞机从甘肃四川等省份赶来上海听一次，因为这部顶礼乐（Oratorum）① 虽然从公开演唱到现在，已经过了 137 年，在中国，却还是初次全部演唱。你说这是不是破天荒的乐坛盛举？

　　爸爸海顿自己说过，《创世纪》是天使的歌唱，《四季》是人的歌唱，他是要把《创世纪》考第一名的，他作曲的那段时间，他告诉过别人："我从来不曾像谱《创世纪》那段时间这么沉重虔诚，我每天向上帝祈祷，请他给我力量来达到幸运的完成。"我们可以设想他当日受难的程度。也许有人骂我，生在 20 世纪还帮忙死人向生人说教，不过，我可以说，我不吃斋，不吃带血面包，也不禁食猪肉，但是对于宗教多少有点虔敬的感觉。每当我想起我的达尔玲——说不定她还不知道我爱她——我便不能自己地赞美上帝，因为他给人类创造这么仪态万方的女子。说我真的相信上帝用土块造人么？我又不打算进疯人院。

　　野马不宜乱跑，现在回转来讲"开天辟地"。

　　假如海顿不曾在英国居留过，他一定不会写他的《创世纪》及《四季》。这并不是说，因为歌辞是从英国诗人得来的内容，实在因为在英国他才得到接近伟大的顶礼乐的机会。维也纳是和意大利讲音乐提携的，意大利的顶礼乐跟歌剧一样缺乏性格的、伦理的及艺术的深刻，海顿是雪亮的，至于在伦教，他听到韩德尔②的杰作，他才使出老当益壮的精神，炉火纯青的功力，把他的名誉再推上一级。这是天

---

① 今译清唱剧。

② 今译亨德尔。

才之所以为天才，不似口大力小眼高手低的斗筲之人专在风凉话上显本领也。

要用创世纪做作曲的题材，这个念头在海顿之先已经有过许多，坡辛（K. Possin）有《创世颂》（1782），克劳斯（B. Krauss）有《创世纪》（1781），都是海公以前的大作，但是，"日月出矣，而爝火不熄，其为光也，不亦难乎？"现在海顿的《创世纪》就像是赤日行天，坡克诸公仅能预于萤火虫之列了。据一般考证家的意见，海顿也许压根儿不认识《创世纪》的先驱。在构成上及联络上，海顿不独和意大利派分家，他直接是和韩德尔的作品拼老命。他不傍别人的门户，的的确确是自成一家。我们固然承认韩德尔是顶礼乐的"稻香村"，但是在有些地方，如合唱和独唱相互处理，比方说，海顿却有突破韩德尔的藩篱的魄力，他忠实地用辞句做音乐的基础。编辞的范遂田（Baron Van Swieten）① 虽然不是大诗人，却有他独到之处。海顿在作曲之前，范遂田先注明应该怎样配音乐，什么地方应该重复，什么地方只应该唱一次，他都一一批出。对于这种办法，佛立连德尔（Fliedlaender）② 认为范遂田利用海顿是好好先生，所以不免放肆，实际上海顿并不是奉命唯谨的乐匠，他的态度是择善而从，范遂田的批注不错，他也不因为妨害面子便要刚愎自用。那场合作结果是圆满的。

《创世纪》的工作在音乐上也是一种创造。因为新，便惹起人家的非难。一开头那段"洪荒的景象"已经得到蒙相尼（Monsigny）③ 的恶评："这部顶礼乐是这个伟人最好作品之一，可是他似乎忘却，就是洪荒也得遵照和声的法则。因为在法则之外再没有办法甚至于没有音乐，乃是只有一种骚乱的声音，它不会描写，只会撕破耳朵，侮辱健康的感觉及理性……"接着还说了许多，我现在不译下去，只拉切尔脱（Zelter）来代表另一面："凭整饬的，有法度的艺术手段洪荒给显现出来，它从无底的混乱的感觉达到愉快的感觉。"那洪荒"虽然混乱，却不迷乱"。至于全体而论，海顿凭一切的自由依然保持紧凑的三段歌曲式。

说到表现能力，海顿用交响乐的本领来支使乐器，所以能够跨前人的灶。当"上帝说：'将放光明'，——于是便放光明"那一段，紧接末一字忽然是乐队及合唱 Fortissimo，从 c 小调的轻柔合唱转到光灿灿的 C 大调在短的管弦乐后奏里面似是有万道光源向各方面散射。这是多么伟大而灵奇的手法！至于第一部里面辣法厄

---

① 今译冯斯维滕男爵。
② 今译弗利德伦德尔。
③ 今译蒙西尼。

尔①咏叹调"在雪涛中翻滚"那一段，我们简直眼见波浪的起伏。

要把它的好处一一指出来，除了把综谱摆在面前便挖空心思也有点没法想，但是这样，也许可以拿去作博士论文，我自己是敬谢不敏，这并不是和读者开玩笑要使人"吊瘾"，反正这部作品过得两天就要公开演唱，不比有人向你说意大利的鲜葡萄，使你陷入狐狸的窘境。好处应该由自己听出来，我这外行的胡说又岂靠得住乎？

据说当时上帝工作到第七日便发生厌倦，没有兴致把人类造得没有缺陷，所以人类才成为现在的尴尬货。这个也许是海顿写《创世纪》的原因，改善人类只有倚赖音乐的法力，是不是？而《创世纪》的第三部有亚当和夏娃的二部合唱，一个说："爱娇的太太，时光在你旁边柔和地流过，每一瞬间都是欢畅，没有忧愁扰乱它。"另一个说："亲爱的郎君，在你旁边我的心涌着欢乐，我的生命贡献给你，你的爱是我的酬劳。"乌尔耶尔吟诵词的起句则曰："哦幸福的配偶，永远幸福地活下去。"

呜呼，这真是理想的世界，海顿之作《创世纪》，有厚望焉！虽主观乎，亦不远矣。此之谓那一种人说那一种话也。亚们！

我的朋友胡然——不是胡适之——担任《创世纪》的次中音部独唱，鄙人很分得一些高兴。

原载《新夜报·音乐周刊》第 56 期 1936 年 1 月 12 日

---

① 天使长拉斐尔——编者注。

乐坛逸话*

格禄克的算帐法

格禄克多在散步的时间作曲。有一天偶不留神，他的手杖打破了一家商店的橱窗。店家老板走出来同他交涉，他掏出一个 Louis d'or（值 20 佛朗②的法币）承认赔偿，当下问店东那块玻璃值多少钱。店东说，十佛朗，接着便拿起那个 Louis d'or 要去兑换店找换。格禄克叫他不必去兑换，他没有时间等候。他举起手杖再打破第二块玻璃，口里说着："现在我们各不拖欠！"

鲁宾斯坦的高邻

有一个夏天鲁宾斯坦到海水浴场去避暑，当然啰，钢琴是得练习的。可是练习得多了，却恼怒了他隔壁的一位女客。那位女客写一封信去问罪，说他弹琴太不应该，因为他骚扰了别人，而且，假如弹得好一点那还情有可原云云。过后她收到一封信，大略写着：我很抱歉，我弹琴打扰了你，不过这件事有点没法想，因为我的职业是弹琴，所以不得不练习。至于我弹得不好，那是我的错处，我此后自当认真用功，使我不至于老是弹得这样蹩脚……Anton Rubinstein。

第 36 期 1935 年 7 月 28 日

---

* 这组"乐坛逸话"以"令眉"笔名发表，刊登在《新夜报·音乐周刊》上。

② 今译法朗。

孪生新解

H. Gruenfeld 有一次奉召入宫，给威廉第二演奏大提琴，他的哥哥 Alfred 弹钢琴伴奏。演奏完毕，威廉第二特别请他们兄弟到他那里，当面说了许多赞美的话，临末说："你们可是孪生兄弟？"Gruenfeld 早知皇上是不高兴人家说个不字的，于是恭而敬之地回答："是是，陛下。不过因为我的兄弟是一个性急的孩子，所以先我三年就已经冲出娘胎了。"

谦逊的骄傲

Max Reger 生平讨厌交际，不拘小节，但是有些宴集是不能不敷衍的，因为像勃拉姆斯一样常常闹些笑话。有一次伯爵夫人 Betthausen 请他吃茶，他去了，碰巧他的朋友 Raimler 亦在座。知己相见，谈锋极健，他正在说明他艺术的立场，糖盅已经传到他面前。他毫不在意地不用糖夹，就用手拈出几块白糖丢在茶杯里面。这种行为可谓失礼了，伯爵夫人立刻叫她的仆人去换一盅新的白糖来。Max Reger 把眼一瞪，接着便续说他的话。

他的见解说完了，他一口饮干他的茶，随即站起来，打开窗门，把那个贵重的茶杯摔出去，接着笑着告诉她："贵太太，我想替你省点精神，用不着过后差使你的仆人来毁灭那个茶杯。因为经过我的手指的糖已经脏到不能再吃，那么，接触过我的口的茶杯自然更加不能使用了……"深深一鞠躬他便离开那场宴集。

爸爸的孝子

当爸爸海顿的一部弦乐四重奏初次演奏的时候，那个刁蛮而荒唐的音乐家 Kozeluch 听到一段极新又极大胆的地方，便向莫查尔特①叫道："我决不会写成这样！"——"我也不，"莫查尔特回答，"但是你知道这是什么缘故么？因为不论是你和我都不会想到这样微妙！"Kozeluch 自此终身憎恨莫查尔特。

---

① 今译莫扎特。

视唱的解释

痕迭尔[1]有一次因为合唱团员临时有一个请假，便托人去找一个来替代，声明要有视唱的能力的才合格，因为再没有多少时候可以练习。不多时，那个应征的人来了，痕迭尔让他看谱试唱一遍，唱得一塌糊涂，痕迭尔非常生气，便骂他，为什么他还敢说有视唱的能力！他呜咽地说道：看着乐谱唱是可以的，但是第一次就要唱得准确，我可做不到啊！

第 39 期 1935 年 8 月 18 日

经济学家

勃拉姆斯少年穷苦，所以成名之后自奉亦非常俭约。抽雪茄是他唯一的奢侈，不过他仍有限制，有时抽好的，有时抽坏的，因此他烟盒里面便常常有几种货色。有一次一个少年音乐家来拜访他，他很喜欢那个少年，便问他抽不抽烟。他答道是，勃拉姆斯随手递一支给他，可是奇怪，他并不点火，却接手插进衣袋里去，勃拉姆斯问他这是什么缘故，他说：他要留来做纪念。勃拉姆斯一听，立刻取出一支便宜的给他，并且说："请你把那一支还我罢。要做纪念用不着要好烟。"

良友的忠告

有一次宴会 Gruenfeld 与 E. d'Albert 同时在座。Gruenfeld 看见一个女人走到 d'Albert 面前向他说了一些话。她走后，Gruenfeld 问 d'Albert 她是什么人。D'Albert 说是他第六次结婚的新夫人，Gruenfeld 于是对他说："唔，你结婚的次数要比贝多芬写交响乐，那么，这个是 Pastorale 了，但是你要当心，第九部交响乐是有合唱的！"

---

[1]　亨德尔——编者注。

准念秧

天才指挥 Nikisch 有一天从剧院回家，一出门便有一个人拦住他而且问他讨还 50 马克的债。Nikisch 想了一想，他生平不曾向人借过钱，而那个债主也者又是素不相识的，于是不承认有这一笔债。那个人却说，他穷的时候向人借钱，现在自己生活好了，却来赖债，这真是反了。Nikisch 是大家认识的，街上的人于是都走上前来，看是发生了什么事。这一来 Nikisch 可窘极了。他认定多一事不如少一事，于是抽出支票簿，写一张 50 马克的支票交给他，省得他再来麻烦。那个人一手接了他的支票，一手还他一张 50 马克的钞票。Nikisch 呆了，问他是什么意思，他笑道："大师的签字虽多，但是总比不上支票上的稀罕，现在我总算把它弄到手了。这张支票我是一辈子都不会去兑现的！"

第 40 期 1935 年 8 月 25 日

魔弹枪手①本事

Der Freischutz　K. M. von Weber 作品

三幕浪漫歌剧。Fr. Kind 作脚本

人物 Ottokar 伯爵——Kuno 伯爵的世袭护林官——Agathe 他的女儿——Aennchen 一个年轻的亲戚——Kaspar, Max 狩猎学徒——一个隐士——Kilian 有钱的农户——Samiel 邪术猎人　一些女嫔相，猎人，农夫及乐工等等。

地点：Bochmen

时间：17 世纪

第一幕　节日射击，得胜的是农户 Kilian，狩猎学徒 Max 则射得一塌糊涂，他因此受尽别人的讥笑，好在那个世袭护林官出来调解，不然的话，恐怕免不了一场厮打，不过就是他自己对于 Max 近来接二连三的失败亦觉得非常稀奇，因为他平时本来是一个百发百中的枪手，这是什么缘故呢？那个年长的守猎学徒 Kaspar 听到他的同伴那种失败的消息，他以为那里有种种色色的邪道。Kuno 严厉地谴责那个懒骨头兼浪子，同时警告 Max 要整顿全神来应付明天的试验射击，因为明天伯爵 Ottokar 亲自出场监视，依照老例他只有这样才可以得到世袭护林官的职位，而且只有这样他才可以讨 Agathe 做老婆。Max 感到完全绝望，没有 Agathe 他便不能过活。但是谁敢担保他的希望，他的射击能够中的，他最近几个星期老失败？就是这样，Kaspar 抓中他的心事，他注入一种果汁在酒里面，他用它来迷醉 Max，他用花言巧语来引诱 Max，最后 Max 用他的一颗子弹射落一只高飞的鹞鹰，这

---

① 今译魔弹射手。

918

一来 Kaspar 的引诱便成功了，他们约定半夜在"狼洞"里面碰头，一同来造魔弹。

第二幕　在护林官房里 Agathe 替她的情人担忧，连那伶俐的 Aennchen 都逗不起她的兴致。后来他来了，从"狼洞"里带回一头壮鹿，接着他又走了，女子们警告他不要到那种恶魔的地方，但是没有效果。——在"狼洞"里面 Kaspar 已经在笼络那个上当的朋友，两层理由使他要诱惑 Max 堕落，第一层是对 Agathe 复仇，因为她拒绝了他，现在他要破坏她的情人来泄愤，过来就是他自己的命运。他已经有很长时间跟 Samiel 混在一起，他受到 Samile 的压迫，限他在三年内一定要找一个牺牲，这个牺牲现在就落在 Max 身上，而且他已经下了"狼洞"了。可怕的魔法开始了，鬼怪的畜生幢幢来往，在这地狱的妖魔群里面造成七颗子弹，这些魔弹有它的来历，首先六颗可以随枪的意射中他的目的物，第七颗却要由恶魔指挥。

第三幕　在护林官的家里，那个泼辣的 Aennchen 用尽法使 Agathe 安心，那些险恶的想象却时刻不离开她。后来上帝的信心终于在她心里占了上风，虽然有一种不祥的预兆发生，原来在箱里面竟是一顶装死花冠代替新妇花冠，她也不怕。她快活地让女嫔相替她装戴两顶新妇花冠——那时候，Max 从 Kaspar 拿到四颗魔弹，打猎时他射了三颗，他要在侯爵面前显本领，他要问 Kaspar 再讨一颗，却受到轻薄的拒绝，他留下来的那些魔弹他胡乱把它射完，因此 Max 现在只剩得那邪魔的第七颗，当着伯爵及全体民众现在举行试验射击，一只飞翔的白鸽当做标的，在 Max 扳机的一瞬间，Agathe 由一个隐士伴着出现，她叫她的情人不要射，她自己是那只白鸽，来不及了，子弹已经发出，Agathe 及 Kaspar 同时倒地，但是 Agathe 不过是昏晕。反之，Kaspar 却鲜血淋漓，恶魔对于 Max 没有权力，Kasper 因此遭殃，那个堕落的家伙受尽咒骂到地狱去了。Max 则十分悔恨，供认他的行为，伯爵已经决定要把那个守猎学徒判决充军，那个隐士却走来，发出对这严酷的判决的警告，对他就是伯爵也要低头，试验射击从此永远取消，只要一年作为试验时间，这一回大概 Max 不会失败了，我们可以这样相信，这样希望。

附注：魔弹枪手是韦贝尔生平第一部杰作，它与莫查尔特的魔笛 Die Zauberflote 成为德国歌剧的双臂，韦贝尔生于 1786 年 12 月 18 日，辛于 1826 年 6 月 5 日，他最有名的歌剧除了这个魔弹枪手之外，还有其他。他是瓦格纳的先驱，瓦格纳生平非常崇拜他，曾经说过，"啊，德国，我应该多么爱你，因为在你上面的魔弹枪手"。他是在伦敦客死的，1844 年瓦格纳发起将他的遗骸运回德累斯顿安葬，在他的墓前发出一篇有名的演说。

署名"缪公佐"述

原载《新夜报·音乐周刊》第 36 期 1935 年 7 月 28 日

檀回薛尔①本事

Tannhauser von Richard Wagner
三幕浪漫大歌剧 瓦格纳作

人物：赫尔曼，提灵恩伯爵——檀回薛尔——沃尔夫蓝——封哀贤马赫——瓦尔脱——比贴罗夫——亨利书记——莱默尔封慈惠脱——伊丽沙白伯爵的侄女——维奴斯——少年牧人——提灵恩的贵族长幼，朝圣客，山神，森林神。

地点：瓦尔特堡及其周遭

时间：13 世纪

第一幕　在维奴斯山中檀回薛尔正在爱神膝下安息，一切都呼吸着爱情及幸福的兴趣，爱是酒神侍从的游戏，迷天海女的歌唱，昵爱的舞蹈的窈窕，可是檀回薛尔终究不安地醒来。一声幻梦把他引到地上去，钟声响着，它的声音警告他长时间沉迷爱的乐趣里面，倾念太阳。可爱的花眼，夜莺的甜歌的乡愁抓住他的心。虽然任受女神的命令他唱爱的及它的女神的颂歌，她从一切要死的人中单独赐给他的乐趣的颂歌，可是正因为他不是长生的人，他不是长期享受。"我必得从你的国度脱逃，哦女王，女神，让我就道！"那个女王虽然急给他最甜蜜的时光，她的媚盼给他新的兴趣。他因此欣然重理他的琴弦——可是对地面的渴念始终存在，到她劝告他回到她这边来，因为在地面上他断不能得到安宁的时候，他集中起他最后的力量："我的得救寄托在玛利亚身上。"对着这神圣的名字那罪恶的魔法崩坏了。

变景　现在檀回薛尔站在瓦尔特堡前面的溪谷上面，春天的太阳照下来，一个

---

①　今译汤豪舍。

牧童唱着五月颂歌，可是那些悔罪者正在严肃地走过，要去朝拜罗马，请求他们罪恶的赦宥，他们虔诚的祷告通到檀回薛尔也跪了下来。他要为他的罪过求赦，伯爵及他的猎伴找到他正在沉浸在祷告中。沃尔夫蓝、封哀贤马赫先认得他，欢迎那个勇敢的歌唱同伴。可是他并不是来参加新的比赛：他要继续走他的路，脱离一切，那时候沃尔夫蓝泄漏他甜蜜的消息，伊丽沙白，伯爵的侄女爱他。自从他离宫远行，她便非常愁苦，推辞了一切的盛会，在檀回薛尔心中现在开花了："到她那边，到她那边！哦领我到她那边。"

第二幕 "你亲爱的厅堂我再来问候你。"像是再来一番新生命是伊丽沙白的心情。那个可爱的歌人，他被沃尔夫蓝带进来，在她的脚下长跪。他们不必去寻访，却是赞美爱神，他曾经帮忙过他弹他的琴弦，现在带他回来了，沃尔夫蓝心怀伤痛望着他那幸运的情敌：这就是沉默地退让，因为他沉默地恋爱，接着檀回薛尔预备装束去参加盛会，可是那个伯爵却满怀高兴跑到伊丽沙白面前看着她这么幸福。这样他要去装点那场盛会，参加的贵人已经陆续来到了，当这场盛会艺术要给她那些使她动心的哑谜的揭晓。大厅中塞满了贵族的宾客，最后是歌人们进来。那伯爵给他们这种工作：爱的情态在歌中建立起来。伊丽沙白将那个优胜者颁给奖品。"他可以任情责望他的崇高和勇敢。"这场机运给沃尔夫蓝第一个位置，对于他处是一口神奇的井泉，给他的心难名的清凉剂。可是它不应该让人家使劲接触，人只应该祈求地走近来，在骑士群的喝彩声中檀回薛尔发出他的驳论，那口井泉还算什么，假如我不从它取饮？福革尔外德的瓦尔脱现在出来，那口井泉是纯洁的德性，人家用赤忱崇拜它，可是断不许罪犯的口唇接触，要从它清凉他的热情。檀回薛尔于是再跳出来，他变得更激烈，在他心中那享乐时光的回忆还是非常之活现，星辰，天上的神奇应该惊诧地受崇拜，可是同一材料造成的东西"享受凭快乐的冲动适合于它，而在享受中我只认识爱情"。比贴罗夫给众人的愤激添上有力的表示，爱情更加坚强了，他的武器要来一场战斗，为了妇人的荣誉及德性。檀回薛尔对他发出强烈的嘲笑，对着爱情长剑算得什么东西？战斗几乎发生了，亏得伯爵平服了这些气忿的人，可是现在沃尔夫蓝再拨起他的琴弦，对崇高的爱情倾倒地响出他的歌唱，现在在檀回薛尔身上又出事了，"对你，爱的女神我的歌应该发声！"对那些吃惊的人净然响着；"寒碜的，从来不会享过她的爱情，去去入维奴斯的山"，这是他曾经停留的地方，太太们赶忙离开大厅，挥动明晃晃的长剑大家逼到那个歌人面前。"退回去，我从来不当死是一回事！你们钢铁的创伤算得什么，比起我从他接受死的冲激！"谁敢从这罪人夺去这种可能，凭悔过与赎罪得到援救，大家在沉默与感动中倾动着那柔和的天使，檀回薛尔呢！他从惊梦中醒过来，毁灭了纯粹恋爱的事情——他绝望地昏倒了，那伯爵通知给他的判决及得救的路，这个叛徒给从这大门逐出去，从这土地逐出去，他得到罗马去向教皇恳求得到罪恶的赦免，外边有朝圣客经过，檀回薛尔赶到他们那边去，到罗马去。

第三幕 一段前奏描写檀回薛尔的朝圣旅行，接着幕启，那时是秋天，那些树叶，那些花在瓦尔特堡溪谷中都凋谢了，迷名花中最可爱的那一朵——伊丽沙白也已经凋谢了。他向圣玛利亚像跪下，凭着血涌的心为远方的恋人祈福，一阵欢欣的合唱告示那队朝圣客得救归来，渐行渐近，他也在这人群里面，她狂然留心察看那行列；他不回来她这边，于是她颓然倒地，"至高权力的圣女听我的哀祷！愿上天剥去她青春的生命做恋人得救的牺牲"。"像是死亡的预感幕色盖上大地"，沃尔夫蓝感觉到这永恒情女要为相思死亡，为了思念那个伤了她的心的男子，不久她便要到那上面去。那金星发射柔美光芒的地方——现在是夜了，有一个人踉跄走来，在惊悸中沃尔夫蓝认出是檀回薛尔，衣服是破碎的，更破碎的是灵魂，他的赎罪是枉然的，他的悔过是枉然的，教皇拒绝了他的解救："像我手上这枝手杖，永不再点上青绿的新鲜，任是有地狱的烈火，也不会给你开出赦免。"这是他惊心的判辞，现在他回转来，到维奴斯那个柔和的，多情的女人那边去。沃尔夫蓝对他说那是罪恶的乐趣的，警告也成白费，檀回薛尔的呼声倾向那罪恶的爱的女神只是越来越响，酒神传出的音响已经渐听渐近，在急忙中沃尔夫蓝说出那个援救的名字——伊丽沙白，一声长叹维奴斯便消失了。从瓦尔特堡却有一行人扛着伊丽沙白的棺柩走进溪谷里来，在她身边檀回薛尔昏死过去，"神圣的伊丽沙白，为我祈求！"上天接受了这纯洁少女的牺牲，那些朝圣客从罗马带来消息，教皇手上那枝干枯的手杖居然长上新鲜的绿叶，"慈悲的解救给这个罪人判定，他长眠了守着幸福的和平！"

附注： 瓦格纳的歌剧自写脚本，自谱音乐，是音乐史上不可无一，不可有二的天才，这部檀回薛尔初次上演在德列斯顿，时间是 1845 年 10 月 19 日，距现在已足足 90 年，上演之后，到处得到热烈的欢迎。只在巴黎给人唱倒彩，但是这该不是瓦格纳的耻辱罢，历史是最公平而严厉的法官。曼戈尔德 K. A. Mangold 也有一部檀回薛尔三幕歌剧，1846 年上演过，现在已经是没有人提起了。

署名："缪公佐"述

原载《新夜报·音乐周刊》第 44 期 1935 年 9 月 22 日

罗痕格林①本事

Lohengrin von Richard Wagner

三幕浪漫歌剧 瓦格纳作

人物：亨利第一，德国国王——罗痕格林——哀尔沙——腓立德力希·封·铁拉蒙　勃拉班的贵族——峨特路德，他的夫人———国王的传令官———勃拉班的及佛郎克的贵族，贵妇及姑娘们，传报使，侍从，卫士。

地点：安维尔盘

时间：第 10 世纪初期

第一幕　国王亨利第一环游德国全国，现在来到勃拉班，他这一次游行并"不是宸游玩物华"，主要的目的是要唤醒德国人，来抵抗外来的侵略，他知道很清楚，勃拉班现在没有统治的侯爷，弄成两派对峙的局面。他向贵族中间最高尚的那一个，腓立德力希·封·铁拉蒙，提出问话，为什么他们要发生裂痕。那个骑士控诉那个勃拉班逝世的公爵的女儿哀尔沙，有一天她和她的兄弟葛特夫力到森林里面去，回来却没有他。她说，他被那个男子引错了路，后来找他的踪迹，可是他却向上帝，国王，及民众控告她那场兄弟谋杀，她犯了这种可怕的行为，目的是在做勃拉班的女主人，她的兄弟死了，她可以为所欲为地秽乱春宫，大家听见都大打寒战，于是来了审判。那些传令官奉国王的命令，把哀尔沙引到供案栏前面，她走前来，这么一个青春少女真个会犯罪？她虽然甘心承认国王是审判官，可是对于这场控告她不是给直截的答复，却在诉说她的命运："当着孤苦的时光，我向上帝祈求，心头深

---

① 今译罗恩格林。

沉的哀伤，在祷告中狂流。"这样，她听见一阵神奇的声音，充满哀怨，越来越强，后来渐远渐消失。到她的眼睛充满睡意闭上了，可是从空中向她降下一个英伟的骑士来安慰她，她留住他，作她的卫士。

铁拉蒙无论如何坚持他的论断，因此便要由上帝法庭决定。那个愿意替哀尔沙辩护的，应该来与铁拉蒙决斗，这种呼声发出两次，没有一个人出来，哀尔沙狂热地伏地祈祷梦中的骑士要为她现身，看，一只天鹅牵着一条小船，船上站着一位光灿灿的银甲骑士，大家呆住了，他上岸来，先向他忠实的伴侣天鹅告别，然后行到国王面前，他是派来替哀尔沙的无辜战斗的，他转身问那少女，她信任不信任她做她的护卫？——"我的英雄，我的救主，带我去！我要给你我的一切，连同自己"。问她愿意不愿意和他结婚，假如他战胜了之后，接着还有一个条件："你断不要问我，也不要为求知难过，不要问我的来历，我的名姓和家世。"哀尔沙一一答应了，幸福地倒入他怀中，于是乎战斗开始。不一会，铁拉蒙已经倒下来解除武装，胜利者饶了他的命，民众和贵族齐声欢呼。

第二幕 安维尔盘堡垒，背后是宫殿，右边大教堂，左边女人住宅，在大教堂的阶石上面蹲踞着两个人穿着仆役的衣服，铁拉蒙及他的女人峨特路德，他们现在是有罪了，那个高贵的男子低低弯着身子，他凭善良的信心对哀尔沙提出控告，实际上是受了他女人的诱惑，他现在想在咒毒和耻辱中出走——可是他的女人不这样想，她要报仇，自家耻辱的洗雪，她憎恨的哀尔沙的幸福的毁灭，她晓得怎样来安慰她的丈夫，他给打败了都是因为受了魔术，假如有方法逼出那个陌生的骑士的姓名，他的魔术便不会灵验，这就是他所以严禁人家动问的原因，所以最好便是铁拉蒙明天去控告那个魔术骑士，铁拉蒙复仇心切，于是听了他的女人的话。——哀尔沙从那边女人的住宅顶楼走出来，本来是凄声叹气的，今天却是喜气洋洋。

峨特路德假装谦卑去巴结哀尔沙，哀尔沙不知好歹，竟自下楼来拜访那个不幸的女人，于是那个孽女便把诡计冲入哀尔沙童心里面去了，她不应该无条件的信任一个陌生的骑士，谁敢担保他在她身边来得多长久，这一席话也许真的勾起她对那番禁约的怀疑，但是她立刻便克服了它，她甚至于请她的女朋友到她家里去，让她看一看这种幸福是不会使人翻悔的。不多时早晨已经来到了，英雄的婚礼快要举行，从各方集拢来的骑士得到国王的传报，知道铁拉蒙已经放逐，那位上帝派来的英雄要登勃拉班公爵的宝座，同时他又传令，在婚礼的第二日，勃拉班的保护人召唤全体贵族来服兵役，欢呼的时候并不是全体同心，铁拉蒙的四个党羽和他碰在一起，他告诉他们，他要把罪过归在这欺天的陌生英雄身上。现在哀尔沙也带着她的女伴来了，她已经举步上大教堂的阶石，忽然间峨特路德走到她的面前，用种种恐吓的话来阻挠。她是一个贵族的妇女，没有一个人晓得那个骑士的身世，而哀尔沙却正在准备伸手给他，在这个争辩中间那个天鹅骑士也跟着国王和贵族走来，铁拉蒙当他的面大声说，他弄糟了那一场上帝审判，他用魔术来欺骗别人，所以他并不会履行那一条条件，说出他的名姓，身份与家世，大家都很吃惊，可是那个骑士断然拒绝一切答复，他不向别人发言连对国王也一样，除非是哀尔沙问他，他才回答，她心虽然一动，但是他胜利的现在帮助她打倒一切怀疑，她不发问，只牵着新郎的手直上殿堂。

第三幕　一双新人入了洞房，甜蜜的歌已经沉静下去，他们只有两个人，他们相识以来的头一次，在洞房里面缠绵缱绻的情调中哀尔沙的好奇心渐渐抬头，终于向他清楚地而且切实地提出问话，他的名姓，身份和来历，在这一瞬间，铁拉蒙带着一队人手冲进来，可是哀尔沙递过一把剑给他，他举手一挥，铁拉蒙应声倒地，哀尔沙看见闯出祸来，知道是自己的不是，立刻昏了过去，他充满无穷的愁苦指挥勃拉班的贵族们把铁拉蒙的尸首带到国王的法庭去，他自己则扶哀尔沙上床，接着他命令女人们穿着完好，他要当国王的面前向她说话。——

变景　法庭，跟开场时一样，在国王身边聚集那些骑士，准备参加兵役，可是国王的快乐并不会长久，一具蒙着的棺材给扛进来，接着哀尔沙举着踉跄的脚步，后面是那个天鹅骑士全副武装，他不能够领导那些贵族，不能算是同胞，他现在出来是为控告，第一是控告铁拉蒙，他打死他，因为他夜间来袭击，他也来控告哀尔沙，他的女人，受恶人的诱惑，提出本来禁止的问话，现在她得在国王和民众的面前听他的答复，在远远的国土，平常人的脚力走不到的一座堡垒，名叫芒沙瓦特，中间有一所崇高的庙宇，他最宝贵的遗产是一个神碗。每年有一只白鸽从天上飞下来，给神碗新的力量，这力量可以分给每一个选来守护它的骑士，恶人即使在最远的地方，一碰到它便丧失一切权力，只要它要到那边去，去保护无辜的人，可是它只在无人认识的时候才可以居留，一被人认出，它便要立刻离开，"听，我答复那条禁问；从神碗给派来这里，我的父亲帕西法戴着王冠，我叫罗痕格林他的骑士。"

在虔诚的讶异中大家静立着，只有哀尔沙形神沮丧倒在——罗痕格林亲爱的怀抱里，他对这场少年幸福的毁灭只发出轻微的责难，他不能停留，从远处那只天鹅已带着小船驶来，神碗的警告向这骑士发出，是分手的时候了，假如这番幸福能够延长到一年，葛特夫力，哀尔沙的兄弟便可以回来了。现在他给她们的号角，他的剑和他的指环，到她的兄弟回来，她把这三件东西交给他，这支号角是危险时的保护物，剑会带给了荣誉和胜利，对着指环他得托念我，它曾经从耻辱和困难中解救你——他再给那个痛苦中解化的女人，他便忧愁地向岸边走去。峨特路德从哀感的人群中冲出来，向那个骑士发出凶野的嘲笑，欢呼哀尔沙的罪过，她不独和丈夫开玩笑，而且妨碍了兄弟的归来，她向那个男孩子用过魔术，在他身上圈上一条链子，她现在在天鹅身上认出来。罗痕格林于是跪下来热忱祷告，接着一只鸽子飞下来，罗痕格林把天鹅那条链子除掉，它即刻沉下水底，在那个地方罗痕格林从水里捞起一个美少年，他就是葛特夫力，勃拉班的后裔，峨特路德完了，在葛特夫力的怀中哀尔沙悠悠逝世，眼望着向远处消失的小船。

    附注：罗痕格林是瓦格纳的杰作，1850 年纪念歌德的诞辰由李斯特在外马指挥上演，作曲者却正是犯法在逃。李斯特说："罗痕格林是歌剧的结束。"此后瓦格纳完全放弃旧式歌剧的门路，彻底建立他乐剧的原则。所以罗痕格林在歌剧进化史上的意义是非常重大的，它的价值正等于格禄克为 Orfeo 这个做桥梁，然后有划时代的杰作，它在舞台上的声誉简直架檀回薛尔而上之。

署名："缪公佐"述

原载《新夜报·音乐周刊》第 49 期 1935 年 11 月 3 日

萧邦和乔治·桑

一、乔治·桑画像

乔治·桑，一代的女诗人，生平是有过不少罗曼司的，尤共是那些绅士之流讨厌她那一套妇女解放的议论，便越发起劲地从她的私生活上面造她的谣言，只要谁进入乔治·桑的大门，便得加上情人的名单，乔治·桑对于这一类攻击总是连眼珠也不转一转，她的态度，用海涅的话说就是：多漂亮的乔治·桑，而且又毫无危险性，即使对于那些恶猫，一只爪抚摸她，另一只爪在抓地的恶猫也毫无危险，即使那些狗畜，对她吠得最凶的，她也可以崇高而且和蔼地望下去，像是月亮。

乔治·桑原名 Aurore Dupin Dudevant，关于她的容貌，她自己曾经有过一段描写，文曰：只有一段短时间我看起来很清鲜，可是从来不美丽，虽然我有正规的貌样，可是我不曾打过主意，给它加上什么表情，那一种从最早的童年养成的，沉入完全无意的冥想的习惯，很快便给我一副蠢相。这个字眼我是用得很确当的，因为别人不论在我的童年，修道院里面，家庭里面，一辈子说着同样的话，因此也不能不说是真实的了。"真实"吗？恐怕未必尽然，我们还是相信海涅的说法吧：乔治·桑，最伟大的女作家，同时也是一个美妇人。好比天才在他们的作品里面表白自己，她的面孔与其说是有趣还不如说是漂亮好，所谓有趣大都是指一种妩媚或者美的典型的深意的偏差，至于乔治·桑的面相却正具备了一种希腊式的正规的印记，它的线条可又不是斩截的，给一层感伤和缓下来了，这感伤正如一层凄楚的笼纱。额是不高的，华贵的栗黄色的鬞发分边地直垂到肩头，她的眼睛有点疲乏，至少是并不闪亮的，它的火焰也许是给多量的泪水浇熄了，或者是已经度到她的作品里面去，那些作品是把火种散播到全世界去了的，照耀了一些凄惨的牢狱的，也许呢，也烧着了一些平静的无邪的寺院……一般面相学家主张一个人的声音最不可遮掩地显示一个人的性格，如果他要这位乔治·桑的声音里面听出那一股出众的真挚来，那他可不免窘极了。它是疲乏的，凋伤的，没有五金的成分，可是温柔而且安详。她说话的自然风度赋予它一些动人的魅力……乔治·桑从来不说什么笑话，据我所知，根本就是最不诙谐的法国女人之一。别人讲话，她耐心地听，带着一点亲切的，有时出奇的微笑。至于那些陌生的思想，她接受过来的而且加过工夫的，却从她精神的宝库里面更名贵地显现出来，她是一个极精美的甜谛听人……

她生平恋人之中，萧邦之外，最重要的便是牟塞①，海涅说过，乔治·桑以散文，牟塞以韵文，合力跨过了嚣俄②的头了。

二、李斯特做了介绍人

萧邦认识乔治·桑是违反本意的，已经有过好几次，他拒绝了结交的提议。1837 年至 1838 年的冬天，李斯特同戴谷特夫人把乔治·桑带到萧邦家里来了。他并不觉得她是特别地可爱，而且他还是相当谨慎的，那时候他还爱着那个远在波兰的伏泰斯珈，乔治·桑那一边也还在和马尔菲过着同居生活。马尔菲是她儿子的先生，关于他们的关系，巴尔札克曾经有过一段话："她现在爱着一个人，他站在她脚底下，至于在这一种情形之下，一个具有美丽的灵魂的女人恐怕只会经历到解咒和失望。"事实上巴尔札克并没有猜错，认识了萧邦之后，乔治·桑经过一段困惑的时间，便决定了同萧邦的关系了。她当时的心境，可以抄写她给格尔屈马拉伯爵的信来看看：

"……爱不能没有忠实，两个月之前我说过，事实可太确实了，我回来之后，对我不幸的马尔菲再没有相同的温存……假如我能够相信，我同萧邦的经常来往能够产生冷淡，那我认为我的责任就是疏远他……"不是冤家不聚头，一面谈疏远，一面却靠拢了。

萧邦這一次的表现是无比地热烈，乔治·桑却很快便从情人变成了保姆，对天

---

① 今译穆塞。
② 今译雨果。

讲的，友谊赞美尤其是忏悔，悔不该点起了一股爱火，她根本上是应对不了的。从忏悔出发，这就产生了责任的感觉，尽可能地补救无意犯了的过失，因此不得不忍受不少的牺牲。

三、闹别扭

萧邦和乔治·桑前后将近 10 年的共同生活里面，只有 1839 年这一年是得到和谐的进行的，可惜就是这一年也存在着消不了的矛盾，表面的和谐仅是由于互相体谅的，互相敬重的礼貌而已。

体谅和迁就是有限度的，一年一年地过去，渐渐地更敷衍下了，乔治·桑的男孩子和女孩子都长大了，摩里斯是依恋他的妈妈的，同时讨厌萧邦的任性和偏狭，看在妈妈的面上，总算没有闹出来，索郎琪小姐很有母系的遗传，刚性的，在母亲身上由于其他的美德得到适当的平衡，在小姐身上可就变成冷酷了，她和母亲不同的地方，就在她软得下来，如果她要利用你，由于老实，乔治·桑是决不这样做的。小姐长大了，萧邦的爱情不知不觉地从乔治·桑转到索郎琪身上去了。

1847 年春天索郎琪要同一个雕刻家订婚，萧邦提出反对，于是乎多年积下来的郁怒一下子通通给爆发出来，乔治·桑请他不要干涉这件事，他不听，结果是萧邦离开了诺翁，"从此萧郎是路人！"

说是路人，那不过是现成话而已，乔治·桑是并不薄情的，她的长处是在于她有感情，同时也有健康的理智，她对萧邦的观察是深刻的，她说："他把自己消失在他的梦境里面——他既不依顺哲学的忍耐，也不依顺人的习惯的良好认识，他永不愿意跟人类的天性取得协调，他也不依顺现实，这是他的错误也是他的德性，他的伟大也是他的凄凉。他不能忍受一点最细微的黑影，却又那么过分兴奋地对待每一点光辉，他激动的想象力愿意用尽一切力量去把它看成一轮太阳。"她承认除了艺术之外，不论是他的趣味，他的理想，他的政治观点，他对现实的态度，彼此都是不同的，因此从不想方设法去转变他，同时仍然尊重他个人特殊的气质。另外她还写过一封信给格尔屈马拉，请格尔屈马拉以老友的资格劝萧邦不要自己讨苦吃，儿女的婚嫁是萧邦管不了的，因为他不懂此故，而且他干涉到她的家事，会在她子女眼中剥夺了她的威望，从他们的孺慕中劫走她，末了是一段他们共同生活的叙述："我看到他是怎样地走上死路，却又做不出一点好事来，正因为这一段恐怖的，妒忌的而且凋伤的对我的爱情是他忧伤的主因。七年以来，我同他和其他各人过着道姑一样的生活，因为我过早地感些厌倦了，而且是毫不勉强或者牺牲那么无望的厌倦和失望。假如地面上有一个对他表示绝对的信任的女人，那一定是只有我，他却从来不了解。我很清楚，有些人说我由于热情的过火削伐了他，另外一些呢，又说由于我的不忠实使他绝望了，我相信，你知道，这些话究竟多少真实性。他自己呢，把过错推在我头上，我的拒绝要了他的命，我这方面却十分明白，另一种态度才真的会杀了他。"

在巴黎乔治·桑偶然看到过萧邦一次，她有如下的记述："1848 年 3 月我看到他一瞬间。我握了握他那冷冰冰的、颤抖的手。我要逗他谈话，他却溜走了。现在该是轮到我说话了，他不再爱我。我留下他的痛苦而且负起一切现在的以及未来的责任。"自此以后，他们没有再见面，莱洛司写给她的信复述了垂死的萧邦的哀音："假如我没有离开她，我便没有这一场对死的挣扎。"乔治·桑自己的心事则是这样的：

"我不属于这一类人，他们相信一切在这个世界里得到结束，也许仅仅是在这里开始，却一定不在这里结束呢。"

四、情书一束

1. 乔致萧
好孩子！

我中午非常疲乏地抵达了，因为从巴黎到这里（康布莱）是 45 英里，并不是 30 英里。我们特给你叙述康布莱的俗人的美丽的物事，他们是美丽的，愚蠢的，他们迂得很，他们是这一类人物的冠冕。假如那些历史的场面不能安慰我们，那我们尽可以为了他们对我们的恭敬便闷到翘辫子。我们是受到王子一样的招待了，可是那是一些什么宾客，什么话题，什么伙食啊！我们一到我们自己在一块，我们便笑不住口；可是我们和敌人对面站着，我们将会做出怎样一个尴尬的形相啊。我再不愿意你到这里来，可是我愿意尽可能快地动身，而且明白你不愿意在此开音乐会的意思。维亚朵后天也许会不唱，因为没有现成的会堂。我们说不定提前一天走，我愿意远远的赶快离开这些康布莱的男人和女人。

夜安，我去睡了，我倦到就要倒地了。

爱你的老家伙，像她忧你一样。

G. S.

2. 萧致乔

……我的天，为你的旅行保重保重吧，而且把好天气从诺翁带给我们吧，因为我们是困在大雨里。昨天我雇了一辆轿车，在我等天晴等到三点钟之后，我雇车上去洛西尔德和史托庄，我并没有因此不好过。今天，礼拜日，我休息了，不出门，不过是为了任性，并不是非需要不可的。你可以相信，我们两个人都会过得很好。至于病是去远了，我眼前只看见幸福，我把最大的希望放在下礼拜，而且一切都应该依从你的愿望。……昨天我们在马里亚尼夫人家里吃了一顿好饭。饭后，一些人出去了，另一些回到他们的铅笔那边去，另一些则上了床。我在我床上睡了，像你在你靠椅上面一样，很倦的，似乎是做过什么事的样子；我相信我的药使我太过安静了，要找莫林开过另一服。等到明天；到礼拜三我们总会给你写信。记着你的老家伙，老是那么老得很的老家伙，他们只在记着你，好像非这样不可的，摩里司出去了。还有四天。

萧邦

3. 萧致乔

你好吗？我才接到你的好信件。雪下得很大，我因此非常之满意，知道你不在半途中，而且我怪我自己因此不免在这种天气勾起你这一班邮车的念头啦，棱郎现在一定是已经很坏的了，因为雪是从昨天早上下到现在。你决定再等一两天，据我看来是最好的办法，而且我因此多得一些时间，煨暖你的房间。主要的是你不要当这样的天气，打定主意去生病，走上了旅途。约翰把花提到厨房里去了。你的小花园铺满了雪，白得像糖，像天鹅，像银鼠，像奶酪，像索郎琪的手。像摩里斯的牙。刚才扫烟囱的人来了，因为没有他们我昨天不敢放心生火炉。

你的衣服是黑丝的，现有最好的料子。我依照你的吩咐挑选的。女裁缝把这幅衣料连同你一切的指示拿去了，她认为这幅衣料是漂亮，朴素，但又耐穿。我相信，你是可以满意的，女裁缝似乎很灵敏，这幅衣料是从十幅里面挑出来的，每一码价值九佛郎，那的确是最好的质料。做起来该是很好看的。在女裁缝那一方面，她表示出她的善意，是一切都照料到了。

……

保重你自己，不要吃力地拖你的行李。明天再接写一封信，如果你许可的话，你越来越老的，十分可怕的，不能置信地老下去的。

Ch.

4. 萧致乔

我才接到你那封十分出众的来信，而且我看见你由于你的误期吃到了十足的苦头。可是看到你朋友的面上耐心一点吧，因为我们知道了你当这种天气，当这样的健康状态之下走在半路上，我们是非常担心的。我说望你尽可能地延迟才买得到您的车位，到它不再那么冷的时候才到手；这里是神话一样的冷，每一个人都说，这个冬天的预告是来得太过于厉害了。每一个人——不如说是杜朗和佛郎谨先生，今天早上我已经看到了他，同他一起我昨天穿着温暖的大衣靠近他那个小胖子在壁炉边烤火。他是玫瑰色的，新鲜的，温暖的而且裸露着大腿。我是黄色的，凋伤的，冷的而且穿上了三条法兰绒底裤。我跟他说起你的巧克力。你和巧克力现在对于他是成立一个概念了。我相信，你的头发，在他口中是黑色的，在他的记忆中却变成了巧克力颜色。他是非常之好玩，我爱他也就特别。10 点半钟我上床睡觉，可是睡起来却没有乘车一夜的那么熟。

我很可惜，你的花园工作已经结束了。不然的话，你大可以穿起木鞋跑到门外做点事，虽然是冷的天气滑的冰，还是很好玩的。天很清明，即使有点云也不过是为了下一点点雪。我写过信给格尔屈马拉，他已经写过信给我，可是我们还没有见面。虽然我已经找过他，可是并没有碰到……我寄一封信给你，为了明天可以方便一点去叫醒你。我设想，明天的时候你穿着你的便服，在你的孩子中间，并请你用我的名义衷心地亲吻他们。看望我在你的脚下吧，我是太懒了，再不想查书校正我书写的错误。

你的木乃伊化的老家伙

原载《音乐杂志》（丁善德、陈洪主编）第 2 期 1946 年 12 月

斥美国音乐

美国音乐？美国也有音乐吗？当然，这里的所谓美国，是指华尔街的美国，杜鲁门的美国。另一个美国，福斯特的美国，已经起来，我们正在以欢欣急迫的心情，准备迎接新的美国的诞生。可是在今天，很可惜，我们还不能不花点工夫去认识这个金元帝国主义的美国的各方面。依照题目做文章，现在就谈美国音乐。

音乐是人类文化活动的一部分。美国有没有文化呢？美国是暴发户，靠战争发财，血手成家的。如果说美国还有什么文化，那就只有金元文化、强盗文化、色情文化。因为美国是暴发户，和欧洲资本主义的"先进"国家不同。西欧资本主义国家是一些破落户，破落户还有一些祖宗的余荫，倒霉的时候可以来什么唯美主义、表现主义、立体主义、未来主义、顶点主义①、踏踏主义②、同时主义③、以至新古典主义、乌七八糟主义。美国没有文化的传统，正如德国犹太作家瓦塞尔曼（J. Wassermann）在《美国景物》里面所叙述的，有一个体面的美国人要带他去看一座古代建筑物；瓦塞尔曼问他古到什么程度，他说："哦，最少有 60 年。"一个这样的国家临近没落的时候，自然只能有噱头主义、大腿主义。

本来文化活动总是具有一定的教育意义的。但是美国文化却不是这样。美国有一个比较好的诗人惠特曼（W. Whitman，就是最近美国大学历史测验的时候，那些少爷学生把他错作爵士大王怀特曼的那一位），因为他对社会的缺点发出了一些批

---

① 顶点主义否认艺术的物质的基础，希望将全世界再建设在个人的健康意识之上，它利用表现主义的艺术形式。

② 踏踏主义是完全虚无主义性质的倾向。它否定一切，除了个性与快乐的表现手段之外，艺术也在被否定之列。

③ 同时主义要求同时地，而且在同一平面之上表现那从肉体的及生理学的限界里解脱出来的个性的解放的欲望。它否定思想，否定言语，否定结构，否定空间，否定一切法则，目的是使人类的思想脱离社会的现实。

评，结果便摔破了饭碗。所以马克·吐温（Mark Twain）只好压制住内心的痛苦，以笑话专家出现。霍威尔斯（W. D. Howells）更加明白说出，一个文学家所以在社会上站得住，就因为他能够供给别人娱乐。为了娱乐，文学作品便大量出产如《危险的富孀案》《电梯里的通奸》一类的货色了。文学方面是这个样子，音乐当然也不能例外。

美国爵士专家伏仑（F. Worren）说过："我们受欢迎的原因是因为我们可以教人开心。我们适应中流人物的口味。我们并不想教育他们，提高他们，以及改造他们的口味。为什么我能够预先知道群众的需要呢？——因为我的口味就是中流人物的口味。"换一句话说，他是在迎合一般人的低级趣味。这种对音乐的认识，对群众的态度，都是浅薄的、堕落的。如果说，一个艺术家的工作，依照日丹诺夫的说法，是在"表现我们的人民，不但表现他的今天，并且表现他的明天，设法帮助他照亮前面的道路"，那么，美国的所谓"艺术家"根本就是贱骨头，他们除了卖身投靠之外，什么志气，什么抱负都是谈不到的，他们开心的只是自己的钱袋。表现得最彻底的就是怀特曼（P. Whiteman）。这位爵士大王体重三百磅，可见是吃得开的名人。他的爵士乐队在加利福尼亚南部海边一家跳舞厅演奏的时候，乐队前面总是挂着一个铁罐子，为了方便舞客高兴时投掷银元。敛钱的办法是好的，但是作为艺术的装备却未免太那个了，也许这就是我们不懂得的"美国生活方式"吧！

关于爵士音乐的特色，我们可以引高尔基的一段文章："……突然间在敏感的幽静中发出枯燥的白痴一般的敲打锤子的声音。——1，2，3，10，20，回过来又好像一团泥给扔到清明的水里，发出嗞嗞嗞……的声音，一会又像哨子的声音，轰轰隆隆的吵闹，狼在叫，人在哭，在吼，物件破碎的声响；一下又插入非人的声音，像是马嘶，又像是猪叫，驴子叫，癞蛤蟆求爱的声音。……你听过一两分钟之后，不由你不想着，这是一群疯子在那里奏乐。他们在色情的土地上面已经丧失了理性。"

卢那察尔斯基（A. V. Луичарсквй）在 20 年前也说过，爵士音乐是从刺激引向麻醉，又从麻醉引向刺激，"把你的意志剁成肉饼"，而且是"色情的逗人睡觉的音响"。

欧洲过去贵族的搞音乐，多少是带点玩票性质的，他们当然也常常虐待音乐家，可是目的并不是把音乐家当作摇钱树。一到美国，情形就不同了。美国人生得一双生意眼，他们要通过音乐家达到发财的目的。吉尔摩尔（P. S. Gilmore）搞过一万人的合唱团，一千人的管弦乐队，如果只是组织大规模的音乐会，那也罢了，可是为了吸引群众，他莫名其妙地在开场之先放一阵大炮。于是美国总统也来欣赏了，国务院的首长、州长、海陆军的军官也来欣赏了，因为这是"世界有史以来最盛大的音乐节"。到了施特劳斯（J. Strauss）踏上了美国大陆之后，经理先生为了打破记录，除了开场放大炮之外，把合唱团再扩充一倍，这就是说增加到两万人，另外还布置了一百个铜乐队。结果当然麦克麦克，恭喜发财。北欧夜莺林德（Jenny Lind）是一个出色的女高音，在欧洲红得发紫，巴努姆（P. T. Barnum）①眉头一皱，计上心来，约她来美国开音乐会，他做经理。当时的广告是用尽一切马戏的方法的。结果，林德收入 10 万元以上，经理的利润可想而知。所以美国的音乐会经理已经成了一门职业，演奏家的地位有点像上海的所谓包身工。经理的目的既然是在赚钱，花样便非玩不可。在康萨斯州②不久以前开过一次钢琴演奏会，台上摆起一百架钢琴，每一架钢琴上面是两个人的四手联弹，那就是一百架钢琴，两百个人，四百双手的大合奏。在电影里面我们也看过伊图尔威（J. Iturvi）③的电光指挥棒。你说这是艺术呢还是笑料呢？

前年（1949 年）在美国大都会歌剧院（Metropolitan Opera House）曾经举行过克歇涅克（E. Krenek）④的歌剧《小约翰开场》⑤上演 20 周年纪念，这倒是美国文化、美国生活方式的象征。克歇涅克是捷克国籍的奥国人，1945 年起已经改入美国籍了。舞台上有自由神像，背景是大幅的星条旗垂到地面，表面这部歌剧是美国式的。爵士乐队的队员穿着格子的花裤子，白礼帽。小约翰出场，站在大钢琴上面歪着嘴唱他的歌叫做"解放自己的灵魂"。如何解放呢？他偷了人家的小提琴，原来这部歌剧的主角是一个小偷。这出戏正好说明美国的英雄就是偷盗的能手。小偷偷的是小提琴，小偷长大了便偷别人的领土。攻朝鲜，霸台湾，正是小偷的直线的发展。不过这些人已经不是叫做小约翰，而是叫做杜鲁门、麦克阿瑟、艾森豪威尔了。他们赏玩的也不是什么小提琴，而是人皮灯罩了。

说到小偷，美国音乐也是偷来的。黑人音乐就是被侮辱的与被损害的失主。17世纪时非洲的黑人被英国、荷兰、西班牙与法国的强盗商人骗去美国出卖。他们是一无所有的奴隶，他们唯一的财产就是奴隶主抢不走，没收不了的民间音乐。当可

---

① 今译巴纳姆。
② 今译堪萨斯州。
③ 今译伊图尔维。拼写中的 v 应为 b。
④ 今译克热内克。
⑤ 今译《容克奏乐》。

怜的黑人在美洲受到白人种种的剥削与压迫，又无力量反抗的时候，无可奈何之中便借唱歌发泄他们心中的愤怒与抑郁，同时维系了黑人与黑人之间的感情。美国人呢，他们本身是没有文化传统的，于是便把黑人音乐搬过来，改头换面地弄他们丑恶的一套。从历史上说，美国经过南北战争，才完成了资本主义意义上的国家的统一。到它发展起来的时候，世界资本主义已经发展到帝国主义的阶段，也就是说，到了寄生的、垂死的阶段。反映在美国人行为上的，一方面是横行霸道，一方面是荒唐堕落。它创造不出健康的民族音乐，它的音乐只能表现腐烂的生活。所以正经的情歌一到美国人手上便变成玩弄女性的淫词；健康的舞蹈也变成风骚淫荡的大腿戏。就拿上次大战来说吧，音乐方面的出产是极丰富的。我们不说严肃雄壮的军歌，只说轻松的抒情的作品，在苏联流行的是谢多伊（B. Ссдой）的《在太阳照着的草原上》、诺维科夫（A. Новнхов）的《华夏——矢青菊》、博戈斯洛夫斯基（H. Вогословснни）的《盼望之歌》、勃兰捷尔（M. Влантее）的《在巴尔干的星光下》等等。美国如何，就我所看到的那些宝贝唱片来说，有《我想你啊，李珍妮》，这是污辱我国女同胞的活证据。又有一张叫做《我的心肝，再见》，再见这个字用德文的 Auf Wiedersehen，也正说明了他们在西德所干的淫贱勾当。对比一下，使我想起爱伦堡的名言："一方面是庄严的工作，另一方面却是荒淫与无耻！"

美国人对黑人所犯恶的罪，不单是蹂躏了黑人的身体，而且也糟蹋了黑人的文化。美国人使黑人音乐庸俗化了，商业化了，我们一说起爵士音乐，便会联想到黑人，实则正如威尔纳（K. Werner）所说的："美国的黑人音乐完全失去了它本来的色彩。"美国人使黑人音乐家服从他商业的利益，他把黑人音乐家骗进他的写字间，叫黑人把曲子唱出来或者吹出来，由他预先找好的内幕音乐家或鬼魂音乐家记下那些调子，然后加油加醋地摇曳一下，风骚一下。这些曲子从此成为老板的专利品。音乐老板也从不隐瞒他们"高贵的"意图，他们承认音乐是"做大买卖的艺术"。一首歌曲好不好，并不在它本身的音乐价值，而是看它有没有商业价值。流氓老板一生气，可以把你的乐谱扔到字纸篓里面去。有人统计过，1000 首美国的流行歌曲，总有 950 首以上是用"我爱你"起头的。老板的标准是一首歌最好不超过 32 小节，曲调的音域不要超过八度以上，应该有趣，有特色，有"浪漫"的性质——所谓浪漫就是"我爱你"起头——还有一条规矩就是升降记号不能多过三个。这些就是美国的音乐美学。

美国人最野蛮最可恶的种族歧视，也表现在对黑人音乐家的态度上——这种思想也证明美国统治阶级充满了希特勒式的侵略思想。他们一方面偷窃黑人音乐，一方面却又虐待黑人音乐家。例如安德孙（M. Anderson）① 是有名的黑人女低音，她的名声已经传遍全世界，可是在华盛顿她却只可以开露天音乐会，因为那些演奏厅都不许她进去。又如斯密斯（B. Smith）② 被汽车压倒了，血流满地，有人把她送去医院，没有一家医院肯收留她，也没有一个医生肯替她施行急救，一代的女歌人就这样枉死了。理由也因为她是黑人。至于最近震动全世界的黑人歌手罗伯逊的被迫害事件，除了种族歧视之外，还包含有反民主、反和平的阴谋。所以单从音乐这方面说，我们也可以得出这样的结论：

美帝国主义是民主的敌人，和平的敌人，文化的敌人！

（1951 年 1 月 11 日，太平天国金田起义百周年纪念日，深夜 1 时 40 分完稿。）

原载《人民音乐》第一卷第 6 期 1951 年 2 月

---

① 今译安德森。
② 今译史密斯。

记德国作曲家协会全国代表大会及音乐节

根据德国作曲家协会会章的规定，每隔两年举行一次全国性的代表大会及音乐节，去年举行的是第二次，时间是 1954 年 10 月 23 日至 31 日，地点是莱比锡。

莱比锡这个名字对音乐工作者来说是相当熟悉的。它是巴赫长期工作的地方，也是门德尔逊①指挥布帛馆②管弦乐队并和舒曼夫妇创办音乐院的地方。在这样历史性的地方举行这次大会，自然是很有意义的。

大会期间一共举行了交响乐音乐会四次，室内乐音乐会一次，合唱音乐会一次，学校音乐会一次，管乐音乐会一次，钢琴音乐会一次，综合音乐会一次，演出歌剧两部。但是我们三人（马可，丁善德和我）在 10 月 27 日晚上才赶到莱比锡，所以一共只听了一个交响乐音乐会，一个合唱音乐会和瓦格纳—雷根尼③的歌剧《宠臣》。《宠臣》是瓦格纳—雷根尼的旧作，不属于音乐节演出的范围，所以现在不去谈它。就我们所听到的两个音乐会来说，史丕斯的《小提琴协奏曲》是出色的。作者抛弃了协奏曲中流行的到了尾声来一段炫耀技巧的冗长的独奏，充分发挥了小提琴的歌唱性。其次是沃尔格穆特的《管弦组曲》。这部作品的节奏感非常强，使人处处感到乡村风味的舞蹈。

声乐作品中我们觉得成功的是梅雅尔的《献给他的一首歌》。这首小型大合唱是作者得到斯大林逝世的噩耗之后，怀抱着沉痛的心情写出来的。歌词是苏维埃诗人的作品。作者写作的时候，除了保存德国歌曲的风格之外，还有意渗进一些苏联歌曲的成分。另外一首合唱是阿斯里耶尔的《斯大林悼歌》，阿斯里耶尔是我们熟悉的歌曲《友谊，统一，和平》的作者。他今年才 32 岁，三年前已经荣获国

---

① 今译门德尔松。
② 今译布业会堂。
③ 今译瓦格纳—雷吉尼。

家奖金。这首《斯大林悼歌》也像梅雅尔的手法一样，兼用德国和俄国的民歌成分。作者说明："基本情调是悲痛的，但是并不消沉。就在小引里面——低沉的低音提琴、定音鼓和低音单簧管——也可以认识到，在斯大林逝世之后，斗争还是继续下去的，而且是以全部决心将斗争进行到底的。"

虽然大部分节目我们没有听到，但是后来德国作曲家协会送给我们一些重要作品的录音胶带，在会外还听取了各处代表的意见，尤其是苏联代表史托加连科同志的意见。史托加连科同志在大会上和德意志民主共和国文化部长贝希尔主持的宴会上都做了批评作品的发言。综合起来说，是第一次大会之后，德国作曲家又有了许多新的作品。从这些作品可以看出，现实主义的方向是明确的，而且是在民歌的基础上得到了提高和发展，作品中美的曲调是值得称道的，在精神上是继承而且发扬了德国人道主义的传统。缺点当然还有，那就是在个别作品中作曲家为了制造一些有趣的东西而采取了非常的手段，因而忽略了音乐的逻辑。就具体的作品说，作曲家协会主席葛斯特的《第二交响乐》（又名《图灵根交响乐》）和柯汉的《钢琴序曲、插曲、赋格曲》是一致公认为最成功的完整的作品。史托加连科同志还认为葛斯特的交响乐是这次音乐节的压卷之作，它流畅、明朗而且富有戏剧性，同时充分表现了作者的个性。葛斯特是德国现在老一辈作曲家之中最有才华、最受敬爱的一位。早在20年代他已经和进步的工人运动保持密切的联系，他的大合唱《工人之歌》在纳粹统治时期是被禁止演唱的。他的合唱和独唱歌曲1933年以前都在德国工人歌手出版社出版。他的建设大合唱《东方联营钢铁厂》早已荣获国家奖金，在苏联亦得好评。他的歌剧《恩诺赫·阿尔登》被公认为德国近期最成功的舞台作品。这部《图灵根交响乐》是以1946年作者在威玛①教书时所得印象为根据的，作者从图灵根的周围想到了农民起义的英雄闵策尔、宗教改革者马丁·路得、古典音乐大师巴赫、人道主义诗人的双璧歌德和席勒、民歌研究的祖师赫德尔，再加上中古歌唱比赛的场所瓦特堡、900年的瑙姆堡大教堂，他觉得图灵根的牧歌式的风光不能限于写一首牧歌，于是发展为一部交响乐，充满着人民生活的交响乐。柯汉是最年轻的最有前途的作曲家，今年才24岁。20岁起即在柏林音乐高等学校任讲师。1951年他指挥工人合唱团参加了世界青年与学生和平联欢节，受到当时伟大场面的感动，写出了他那部充满青春活力的小提琴协奏曲，成为50年代最受欢迎的青年作曲家，这次演出的《钢琴序曲、插曲、赋格曲》写于1954年4月至6月。史托加连

_____

① 今译魏玛。

科同志称赞这部作品很美和节奏完整。

这次音乐节中意见分歧的作品是德骚的音乐史诗《小米的教训》。德骚是30年来坚持革命的老战士，他的群众歌曲《台尔曼纵队》早已经为我们所熟悉。他的音乐朗诵剧《丽罗·赫尔曼》是为纪念西德的一位和平女战士而写的，曾获1953年度德意志民主共和国国家奖金。这部《小米的教训》是作为十月革命35周年的献礼的，主要是歌颂苏联人民改造世界面貌的伟大成就，应该算是他的得力之作，写时的确是郑重其事的，歌唱、朗诵交错进行，中间有一段是描写希特勒匪徒背信弃义对苏联的袭击，音乐的进行常常造成曲调性的中断，听起来非常刺耳，在整部作品里面都有类似的情形，因此有人说他是为了追求表面的效果，变成了声音的游戏，有些人甚至说这是形式主义的残余。但也有一部分人认为这部作品充满了政治热情和不可压制的愤怒和力量，所以还是应该肯定的。

此外，如西连则克的第一交响乐、布亭的第六交响乐、史威恩的大合唱《我们美丽的祖国》也都是大家公认的优秀的作品。

还有一点值得特别提出来的，就是这次音乐节也演出了西德作曲家霍勒、赫森堡、拉法爱尔和比阿拉斯的作品。西德音乐家协会主席爱贝尔博士还在大会上发言，祝贺这次大会的召开，同时表达了和平的愿望。美帝国主义在德国造成的分裂并不能阻止德国人民的团结。从这些演出的作品看，也证明了西德头脑清醒的音乐家也并不赞成形式主义，他们正在进行正派的创作，而且不顾波恩卖国集团的迫害，冒着失业甚至于更大的危险跑到莱比锡来参加表达德国人民和平统一愿望的音乐节。

大会的另一个重要部分是专题发言和讨论。专题发言有：西格蒙德—舒尔采的"论音乐的标题性"、戈尔史密特的"论音乐的形象"、史奈得的"音乐科学和实践"和列勃龄的"论我们的音乐批评"和作曲家协会秘书长诺托维奇的工作总结报告。前两个专题发言我们没有听到，戈尔史密特的发言稿后来由作者抄了一份给我们。作者是以苏联音乐理论家雅鲁斯托夫斯基的论点为基础的，那就是依照列宁的反映论来说明音乐的形象，雅鲁斯托夫斯基说："在一件艺术作品里面，真实的现象并不是作为现实社会的客观翻版的简单'复制'，它要经过精神的加工，使之具有一般性，达到可认识的程度。这就是说，使之成为社会意识的实在的事物。"接着作者就评论了这次音乐节上演出的一些作品，如蒂尔曼的《小提琴协奏曲》和西连则克的《第一交响乐》等。

史奈得的发言首先谈到过去音乐科学研究和音乐实践的对立，因为科学研究是研究过去的东西的，对同时代的东西很容易忽略，实际上过去的东西在它产生的时候都是年轻的艺术，科学家应该还它历史的本来面目，实践音乐家把它传达出来，所以科学和实践应该统一而不应该对立。他随即就巴赫和亨德尔的作品说到他们当时的乐器，指出应该研究这些乐器的音响，奏出来的时候才能造成真实的效果。这自然是一个值得研究的课题。

列勃龄的发言指出当前音乐批评的缺点是对新书缺乏讨论和批评，科学性的论文不尽满意，对新作品缺乏分析，忽略了音乐会的批评或者批评得不及时，他要求批评家提高理论水平，随时注意新生事物，还要提高一般的修养，临末他提出一个创办通俗音乐刊物的计划（每两周出版一次，内容是介绍新作品和音乐会，介绍苏联和人民民主国家的音乐，评论当前的娱乐音乐、唱片、电影等等），同时还强调和西德音乐家的合作，提出 1956 年纪念莫扎特诞生 200 周年和舒曼逝世 100 周年的任务。

在工作总结报告中诺托维奇说：德国作曲家协会是个只有 2 岁多的小孩子，它是从战争的废墟中产生的，它的历史任务是促成国家的统一、和平的生活和人类的幸福，尤其要注意劳动人民在精神上的发展，它所反对的是法西斯主义、帝国主义和军国主义。接着他谈到创作。他说，如果作曲家不明确为谁而工作，是会迷失方向的。艺术不是为艺术而是为人类。这个问题西欧的一些音乐家还不能解决。他举现在法国的奥涅格为例。奥涅格对学生说过："您要跟我学作曲，就必须准备饿肚子。纸张是够用的，但是您不要希望出版。"这不是开玩笑的反语，而是绝望的自白。民主德国则不然，作曲家遵循着明确的方向进行创作，因此两年来有了一些成绩，他列举了一些重要的代表作品之后，随即指出目前存在的缺点，那就是优秀的群众歌曲数量少；娱乐音乐流于浅薄，有些甚至于近乎黄色；歌剧方面，不论是历史题材的还是现代题材的都没有什么成功。因此提出要作曲家注意每天出现的新事物，结合当前斗争，到工厂、农村去认识劳动人民，认识不应该仅限于了解，必须更进一步参加工厂、农村和人民警察的实际工作。另外，他又说到学习民间音乐和学习苏联的重要性，并介绍梅雅尔在《音乐与现代社会》中所具体引申的社会主义现实主义的创作方法。对大会的准备工作他也有详细说明，最后是提出与西德音乐家合作的具体办法。

发言的另一个内容是关于前一天的音乐会的意见。发言人并不限于出席大会的代表，例如前一天晚上在莱那工厂演出，第二天就请工厂的工人和工厂文工团的负责人向大家提出他们的意见或者改善节目的建议。有一个工人说，开音乐会给工人听，这是好事，但要考虑给他们什么东西，如果像昨天一样，我们就不想再听，正如我们上馆子吃冷盘，如果不好吃，以后就不去那一家了。上当是只有一次的。另一个说，不能干脆认为音乐太高深，工人听不懂。巴赫的大合唱、亨德尔的清唱剧是每次都客满的，贝多芬的《第九交响乐》演出的时候，工人把会堂简直挤得水泄不通。所以应该考虑的倒是演出的作品，他还提出积极的建议，要作曲家多和工人接触，了解他们的要求，替他们准备一些好东西，用简单而明白易懂的字句在节目单上印上作品的解释，这样工人就不会掉头溜掉了。

我们看到了大会的成就，这种成就可以说是思想战线上的胜利，团结工作的胜利。根据有些同志的叙述和史托加连科、诺维科夫参加大会后所写的文章，在两年前的第一次大会上，形式主义的影响还是严重存在的，有些人甚至形成一个对抗社会主义现实主义的小集团，私贩他们的形式主义。而在这次大会上已经再没有人信奉形式主义了，到会代表一致表示接受社会主义现实主义的制作方法，对形式主义进行无情的斗争，这种思想斗争的影响还不限于民主德国，它一直扩大到西德。

讨论修改会章的时候，对协会目的和任务的条文大会一致同意采用无党无派作曲家史丕斯的建议。他过去是很有身份的，后来却不怕穿着衬衫在柏林斯大林大街上指挥露天群众音乐会。顺便说一句，在大会上发言号召大家注意苏联照会并且说应该对照会表示拥护的，也就是他。我们回国经过莫斯科时又碰见他，他正在率领一个室内乐代表团作访问苏联的演出。

对西德音乐家以至国外的德国音乐家的团结范围是很广泛的。只要他主张人道主义，赞成祖国的和平统一就可以坐到一张桌子边上来。对每一个个别作曲家，还根据他们的实际情况进行具体的帮助。

另外一个令人兴奋的现象就是新的一代的成长。对后一代的培养，德国音乐家是尽了相当大的努力的，这次大会上的发言也没有忽略这一项继往开来的工作。参加音乐节演出的年轻的作曲家，除了前面提到的柯汉和阿斯里耶尔之外，还有沃尔格穆特，他不过 34 岁，诺夫卡 30 岁（这次演出了他的《双簧管协奏曲》），霍亨捷 27 岁（演出了舞曲《女鼓手》），库尔茨 24 岁（他的"协奏式管弦乐"作品号码已经到了第 21 号）。最年轻的是马烈克，只有 17 岁，这次演出的《卡农音乐》还是两年前的作品。

就是这样，有战斗经验的老一辈和精神饱满的年轻的一代再加上理论家在统一社会党和民主政府的关怀和指导之下，造成了今天德国音乐的繁荣气象。虽然德国朋友总是反复说明，他们的解放是苏军送给他们的礼物，他们本身没有经过艰苦的战斗，所以思想上、工作上都还存在不少的缺点和困难。但是就总的方向说，他们无疑是在社会主义现实主义的道路上迈进了一大步，而且决不是到此为止，这是可以断言的。

我们从哈莱回到柏林的时候，曾经对德国朋友说，这一次我们访问了巴赫的故乡和亨德尔的故乡，希望我们再来德国的时候，已经可以无拘无束地到贝多芬的故乡和勃拉姆斯的故乡去。现在我们就以同样真挚的心情祝望德国从文化上的统一迅速达到政治上的统一！

原载《人民音乐》1955 年第 2 期

艺术为政治服务

——在庆祝汉斯·艾斯勒 60 寿辰会上的报告

这个报告本来是应该由姚锦新先生来做的。她是汉斯·艾斯勒的学生，由她来讲一定会更亲切，可是她不能来，所以只好由我来代庖。据姚先生说，她回国之前，还收到过艾斯勒的鼓励，他对中国革命是富于同情也富于信心的。第一次世界大战期间，他还是一个青年，他写过一部清唱剧题名为《反对战争》，歌词的作者就是我国鼎鼎大名的诗人李太白。所以我们今天的集会可以说是老朋友对老朋友的寿辰的热烈的祝贺。

汉斯·艾斯勒 1898 年 7 月 6 日生于德国莱比锡一位哲学教师的家庭。3 岁的时候就跟随他的父母迁居到奥国维也纳。在他学习音乐的同时，他参加了一个马克思主义的青年组织的活动。1918 年他考进了维也纳音乐院的研究班，导师是玄堡①。在威尼斯和多瑙爱兴根的音乐节上都演出了他的作品。1924 年他获得了维也纳市的艺术奖金。同年秋天他迁居柏林，即与德国工人运动取得联系。他为工人运动的宣传鼓动队"红色话筒"写了许多歌曲和音乐短剧。他的导师玄堡不赞成这样做，但是他还是坚决走革命的路。这一时期他同魏纳特合作，写出许多出色的歌曲如《红色的威定工人区》《工人和农民，拿起枪来》及《反法西斯战线之歌》等等。

不久，就结成了德国工人运动歌曲史上有名的三星座：勃莱希特②写词，艾斯勒作曲，布什演唱。哪里有工人，哪里有斗争，那里就有他们三位合作的雄壮的歌声。这一类的歌曲可以《团结之歌》《打夯歌》《采棉花工人之歌》《肥皂歌》等等为代表。

---

① 今译勋伯格。

② 今译布莱希特。

《团结之歌》是无产阶级电影《库莱·瓦姆培》的一首插曲。诗人勃莱希特在写这部电影脚本的 1930 这一年，又根据高尔基的小说《母亲》编成话剧，艾斯勒即为这部话剧写插曲，这就是《社会主义赞》和《学习赞》这两首名歌的由来。

1933 年纳粹党窃取了德国政权，艾斯勒流亡国外。他去过奥国、荷兰、比利时和法国，1934 年移居丹麦，再从丹麦去英国。这一时期他始终和勃莱希特合作，《统一战线之歌》和《无人或者全体》就是这一时期特别成功的产品。

1938 年起他定居美国，为勃莱希特的科学家传记电影《伽利略》配了音乐。他还担任南加利福尼亚大学的作曲教授。他那本《论电影音乐的创作》也是这一时期的产物。

1947 年臭名昭著的"非美活动调查委员会"把他逮捕起来。这件事激起了电影名演员卓别林的义愤。他打电报给在法国的名画家毕加索，向他建议组织一个法国艺术家委员会，即以委员会的名义向美国的驻巴黎大使馆抗议"非美活动调查委员会"迫害艾斯勒的罪恶行为。毕加索接受了卓别林的建议。参加这个委员会的成员有阿拉贡夫妇和亨利·马蒂斯等人。这一类的正义行动促成了艾斯勒的释放，使他有可能回到维也纳。

1950 年他重回柏林，解放了的国家给作曲家提供了自由活动的广阔的天地。这一年他同诗人贝希尔合作写成了《德意志民主共和国国歌》，并因这首国歌和另一歌集《群众歌曲七首》荣获国家奖金。两部德国电影《每日的粮食》和《群神会》也是由他配写音乐的。在群众歌曲方面他也写了不少优秀的新作，首先就是《蓝旗歌》，此外还有《世界由我们来改变》《如果工人和农民》《春天》《故乡之歌》《遥远之歌》等等，十月社会主义革命 40 周年，他又写了两首庆祝的新歌，一首题目《十字军纪事诗》，对丘吉尔、希特勒和杜勒斯进行了辛辣的嘲笑。另一首题为《没有资本主义日子过得更好》，是以苏联人造卫星上天为题材的。

艾斯勒也是参与创建德国艺术科学院的人，艺术科学院的院士。德国进步音乐家受过他的教导的有梅雅尔、阿斯里埃尔、柯汉等等。

他的创作范围是很广阔的，他的中坚作品也许可以说是声乐作品。特别是他的歌曲，而他的歌曲具有他独创的风格特点。它体现了德国工人阶级的控诉和战斗，是名副其实的工人歌曲。刚健、清新、精神饱满，它显示出登上历史舞台的工人阶级的面貌，不同于旧时代在农村中流行的抒情气氛特别浓厚的民歌，但是它并未割断与传统民歌的联系，你一听就听得出它是德国的风格和气派，只是加上了新的思想和风貌而且达到了高度的水平。他继承的传统一方面是从舒伯特到马勒的艺术歌曲，另一方面他又密切结合着德国新的民歌、工人运动歌曲、苏联歌曲和德国战斗歌曲。关于德国工人运动歌曲，它的传统是极其深远的，早在 1844 年西里西亚织工的暴动期间，就流行过一首《织工歌》，曾经被马克思称为"战斗的勇敢的口号"。舒曼在 1848 年革命时期也曾写过革命歌曲，一首是费尔斯特的《自由》，另一首是佛莱里格拉特的《黑红金》，这就是民主德国国旗的来源。

1913 年 1 月，列宁写过一篇文章，题为"德国工人合唱团的发展"，最近发表在苏联杂志《共产党人》1954 年第 6 期，其中列举了一些重要的数字，工人歌咏协会有会员 16 万 5 千人，培养出工人歌手 10 万人，其中女工是 1 万 1 千。至于各地歌咏协会会员的人数，柏林是 5352 人，汉堡 1628 人，莱比锡 4051 人，德累斯顿 4700 人。从列宁这篇文章可以想象到当时德国工人歌咏运动的规模。这样大规模的歌咏运动产生像艾斯勒这样杰出的工人阶级的歌手也就是很自然的事了。

以上种种是关于艾斯勒继承传统的一方面。但是继承传统并没有厚古薄今。他对今也非常重视。他曾经两次访问苏联，在苏联的访问所受到的影响使他更接近于群众，如《红色的威定工人区》和《共产国际》就显然是这种影响的结果。

至于他早年在柏林为"红色话筒"工作，就证明他有了很好的开头。他目击德国当时工人运动的分裂，就写了《团结之歌》；纳粹抬头，他写了《反法西斯战线之歌》。纳粹横行，德国共产党始终仁至义尽地向社会民主党伸出团结的手，艾斯勒就写了《统一战线之歌》。但是社会民主党用行动证明他们是工人阶级的叛徒，因而涣散了工人阶级的力量，纳粹也就因此可以为所欲为，终于把德国推向苦难的深渊。

大战之后，美帝国主义到处建立军事基地，引起了各国人民的反对，于是到处发出"美国佬滚回去"的呼声，艾斯勒也立刻来一首《美国佬滚回去》。至于人造卫星的歌颂刚才已经讲过了。密切结合现实，艺术为政治服务，这是艾斯勒创作的第二个特点。在我们对修正主义文艺思想进行斗争的时候，这一点尤其值得特别强调一下。

第三点，我想谈谈他作曲的本领。

莱勃令在他"论汉斯·艾斯勒的歌曲创作"那篇文章里面说过："从看起来像是最简单的主调自然音阶的民歌到发展成为无调性的半音阶的十二音体系的音乐，我们可以看出作曲家运用了各种各样的技巧以及从格言诗谱曲到多声部大合唱的种种不同的形式。正是这些对立的充满矛盾的事物使我们能够看到汉斯·艾斯勒这位作曲家的整个面貌。"

他的歌曲像《统一战线之歌》就是极简洁而又富于鼓动性的歌曲，有坚定的进行曲节奏。旋律因为用了放在适当地位的有力的切分音，因而特别吸引人，作者并没有什么特别的装饰，他的目的不在于供人欣赏而是要你共同行动，这就是它不同于旧日歌曲的地方。

另一首《奴隶，谁会来解放你》一名《无人或者全体》，带副歌的二部曲式。开始是4/4，问句和思考阶段这两小节之后，拍子改为2/4，答句，紧凑起来，副歌恢复原来的4/4拍子，严肃集中，形成一种坚忍不拔的力量，这无疑也显示出作者对工人阶级的决不动摇的信念。

《暴风雨的夜晚》显示出流亡者对祖国的怀念和对未来的希望。全曲始终保持 P 的表情记号刻划出暴风雨之后必然到来的光明一样。

代表豪迈一面的是我们大家非常熟悉的《蓝旗歌》，引子中的号角声虽然是有长远的历史，但是艾斯勒却真的做到了"推陈出新"。今天居然还有人能够在 I、IV、V 和弦进行的基础上写出这样独特的歌曲，实在值得我们钦佩。

这里谈一谈十二音的问题。艾斯勒是玄堡的学生，在政治上他是和他的老师分道扬镳的，但是他并没有背弃他的老师。他写过一些过度亢奋的感情表现的歌曲，这就是玄堡的影响。但是一般来说，他是拿玄堡的技术服从一定的内容的要求。梅雅尔也说过，如果只就技术而论，十二音体系也可算是声音手段之一，问题在于你是不是把手段当成目的（形式主义是把手段当成目的的）。艾斯勒在他寄往西德的一封信里面有一段话说，今天"艺术家是那么孤独，孤独得要死的抱住艺术，这种孤独是一种病态的根由，亦即是今天音乐染上的病症：征象是：高烧和祈寒。"这种高烧和祈寒他指明就是十二音乐派和后来的新古典主义。在另一段里他举了一个创作方法的例子："一个作曲家怎样才能够表现一个美国银行家只在他生命的两极金钱和金钱之间来回猛烈摇摆的灵魂生活呢，最好的办法就是用一种狡黠的歇斯底里的音乐。……它可以引起人家对这个银行家的哄堂大笑。这样的一种哄堂大笑使一个银行家的灵魂生活成为一般的社会检察的对象。"由此可见，艾斯勒的使用十二音体系只是作为达到某种特定效果的手段。这是他的创作有别于形式主义的地方。由于他从辩证唯物主义出发，忠实于艺术为政治服务的原则，反映了人民的生活和斗争以至进步的要求，指出了社会主义的远景，即使在流亡期间，有时透露出一种淡淡的哀愁，他在他的歌曲《故乡，我的悲哀》（后来改名为《德国》）的表情记号底下还是特别注明"没有感伤情味"，所以他的创作始终贯穿着乐观主义的精神，他在德国被推崇为社会主义现实主义音乐的奠基人，也自然不是溢美之辞了。

原载《人民音乐》1958 年第 7 期

永远向前看

——纪念雅那切克逝世 30 周年

"永远向前看"是捷克斯洛伐克作曲家雅那切克的一句名言，说这句话的时候他已经是一个 72 岁的老人，过了两年他就逝世了。

雅那切克生于 1854 年 7 月 3 日，死于 1928 年 8 月 12 日，故乡是东摩拉维亚。父亲热爱音乐，但一直是一个穷苦的乡村教师。这个孩子 6 岁的时候就独自从邻村把一个大鼓扛回来，为了让复活节弥撒发出庄严的音响。11 岁他已经听得出弥撒曲里面的动机，于是进了修道院。两年后就担任修道院的合唱指挥。不久，他转学到勃尔诺师范学院，18 岁当了助教。过了两年，他考入布拉格管风琴学校。在做入学试题的时候，他把规定下行的属七和弦和上行的导音做成了相反的解决。入学之后，他又和校长当面抬杠，气得校长想要开除他，亏得他的保证人出面说情，才算念到毕业，毕业之后又来到莱比锡和维也纳音乐院。1880 年回国，经过国家考试，就回勃尔诺师范学院充当教授。明年，创办管风琴学校。第一次世界大战之后，这所管风琴学校扩充为国立音乐院。

他的知识范围是非常广泛的，当然，最主要的还是作曲。他在捷克斯洛伐克音乐史上是与斯美塔那和德沃夏克鼎足而三的大师。他是捷克斯洛伐克近代音乐的代表人物，也是 20 世纪世界的突出音乐家之一。凭他那独辟蹊径的崭新的音乐语汇，他不仅丰富了捷克斯洛伐克音乐，也给世界音乐文化提供了独创的表现方式和作曲技巧。

他初期的创作可以说是从民族传统出发的，一般认为是继承了古典主义——浪漫主义的斯美塔那和德沃夏克的路线，可是他是与瓦格纳的新浪漫主义分了家的，特别值得指出来的是他根本拒绝了瓦格纳的主导动机的原则，从而防止了从新浪漫主义过渡到自然主义的泥坑。

从他的歌剧《养女耶努法》开始了一个新时期，这是斯美塔那的《被出卖的新嫁娘》之外在世界范围内最受欢迎的捷克斯洛伐克歌剧。这种特点是与他对民间音乐的研究分不开的。

经过他对民间音乐的研究，他的作品常有浓厚的民间色彩，在艺术上达到了他特有的心理描写的现实主义的高峰。在捷克和斯洛伐克的音乐方言的旋律材料的基础上他造成了一种典型的音乐语言。虽然在这一方面无疑已经有了穆索尔斯基、勃鲁诺、沙本特耶的先例，可是雅那切克仍然是走他自己的路，他创造了他特有的所谓"语言旋律"。

他后期的作品可以歌剧《卡佳·卡巴诺娃》为代表。另一部歌剧《狡猾的小狐狸》使人看到了德彪西的影响。可是他和德彪西的差别是在于他那以方言为基础的苗壮的语言旋律。他从印象主义更进一步达到他自己的富有表现力的风格。这种惊人的表现力可以举出根据陀斯妥耶夫斯基的作品写成的歌剧《死屋手记》做例子。这是一部"没有主角"的集体性质的歌剧，也是人道主义的宣言。说它的音乐是玄堡派的表现主义的音乐吧，它却是建立在调性——和声基础上的，同时他也没有离开斯拉夫的民间音调。当然，我们也不必讳言，雅那切克是和先锋派靠近了，因而也就使人联想到形式主义和颓废派。这是雅那切克的矛盾，也正好是反映了他所生活的社会的矛盾。雅那切克和形式主义究竟是两回事。我们说一个人是形式主义和颓废派，首先就因为他是和悲观主义、玩世主义连结起来的，他不仅是背离社会，而且根本就失掉对人类、对伦理、对未来的信心。雅那切克虽然写过悲剧性的东西，可是他和悲观主义是没有缘分的。印象主义、表现主义以至什么先锋派对他来说却只有技术的意义。他的作品最基本的内容是爱国和民主，具体的表现是他对民族压迫和社会压迫的反抗。

雅那切克年轻的时候，捷克斯洛伐克还是处在奥匈帝国的统治之下。1905 年雅那切克的家乡勃尔诺①提出创办捷克大学的建议，可是德国人和奥国人发表声明，不许有一所捷克大学出现。10 月 1 日发表声明，10 月 2 日就发生了一场流血的冲突。木工巴夫力克被德国兵用刺刀杀害了。雅那切克写了一首以《1905 年 10 月 1 日》为题的钢琴奏鸣曲，封面有一段献词，写明受难工人的名字和谋杀的经过，以表示他对这一暴行的抗议。

1906 年他开始为捷克民族诗人贝斯鲁奇的诗篇谱曲。第一首是合唱曲《校长哈

---

① 今译布尔诺。

尔法尔》，描写一个卑微的校长的遭遇，这也是雅那切克作为一个穷教师的儿子切身感受到的社会压迫的写照。诗的内容充分表现了反对高官权势，忠于民族理想的精神。他们的合作可以说是艺术的双绝。另一首作曲的诗篇是《7万人》，爆发出对德国人和波兰人的压迫的刻骨的仇恨。

他的交响诗《塔拉斯·布尔巴》是从果戈里的作品取材的，作于第一次世界大战期间，描写哥萨克人民领袖布尔巴反抗波兰封建领主的故事。雅那切克说过，他之所以写这部作品，"不是因为他（布尔巴）曾经看见他的儿子出卖人民的利益而大义灭亲，也不是因为他的第二个儿子为国牺牲，而是因为世界上没有能够消灭俄国人民力量的火焰和苦刑"。这段话显示出他对俄国人民的热爱，也表现出他对正义的民族斗争必然得胜的信心。

他对卑微人物的同情充分表现在他的歌剧《养女耶努法》和声乐套曲《失踪者的日记》里面。《养女耶努法》一方面揭露了卑劣的史捷华，另一方面却歌颂了耶努法和拉卡的纯真的爱情以及养娘的忏悔。《失踪者的日记》的题材是农民和一个茨冈姑娘恋爱的悲剧，是对于旧社会的偏见的控诉。

他的民主精神可以在他对民间音乐的态度上看出来。现代主义、形式主义的作曲家有时也喜欢搞搞民歌，可是他们只着眼在猎奇上面，把它当作本地风光或异国情调的点缀。雅那切克对民间音乐却有他一种特别深厚的感情。他说过，他好像从民间舞曲的节奏里面听见小河淌水。更动人的是下面那一段话："如果一个作曲家贯穿着民族精神，像我们的老百姓一样生活，感觉到生活的烦恼和沉重，感觉到人民的苦难、欢乐和忍受；如果他能够同样的伤心，直感到同样的生命气息，同样地坚定了他的意志，如果他的血液是从人民血液输送过来的一部分——那么，他就会抱着激动的敬畏心情分到他们精神的一部分；如果我们考察一下他们说话的同样的转调，从语言过渡到歌曲的转调：那么，他就会是一个名副其实的民族作曲家。"

他不仅对民歌有深厚的感情，他也写下了有关民歌的精湛的论文：《论民歌旋律的转化》《论摩拉维亚民歌的音乐方面》《我们在摩拉维亚和西里西亚收集捷克的民歌》和《论民歌的节奏法则》。他以摩拉维亚民间歌谣和民间舞曲的权威的身份组织了摩拉维亚参加彼得堡的全斯拉夫博览会的音乐工作，他也是布拉格民俗学展览会的摩拉维亚舞蹈和风习的指导。他和巴尔托斯①合编的摩拉维亚民歌集更是一

① 今译巴尔托什。

部典范性的辑本。

就他生平的全部活动而论，他的歌剧创作无疑占着一个首要的地位，他自己也意识到这一点。他说过这样的话："有这样的作品，你可以为它花上好多年的工夫。歌剧就属于这一类作品。在这里面人们可以认识到民族的真正性格。在这里面它毫无粉饰地显示出它的真面目。"雅那切克的新风格，即在语言旋律理论上建筑起来的新风格，在歌剧里面表现得最清楚。他是捷克斯洛伐克音乐史上第一位用散文脚本写成歌剧的作曲家，他从来不让乐队压倒歌唱的舞台语言，不论在题材上、音乐特征上他都是接近俄罗斯古典现实主义的。他们共同的目标是使舞台的真实再现出生活的真实。

雅那切克音乐戏剧创作的出发点是口说的语言。他随时记下叫卖的、劳动的、卖票的、卖报的、报账的语调，这些语调就构成他语言旋律的动机，而这些动机也就总是那么简练，富有表现力，感动人而且容易记忆。它可以仅仅是几个音，没有和声的排场，没有多余的装饰，它是十分具体的。

因为是依照口说的语言，所以节奏特别生动活泼，具有不整齐的多样性，而且造成迅速的从快到慢的转化。这是捷克斯洛伐克音乐史上斯美塔那以后最有独创性的音乐语言，它是一种名副其实的旋律的波浪。

他的活动远不限于创作一方面。他是一个"多面手"的榜样。他是作曲家，也是理论家、作家、批评家、乐队指挥、演奏家、组织家、教育家、民俗学家。要作一次全面的论述，我这篇短文，特别是我的能力是远远不能胜任的。如果因此引起大家对雅那切克研究的兴趣，那就是对这位大师最好的纪念了。

原载《人民音乐》1958年第8期

952

偏重夸张幻想这就是浪漫主义

关于革命现实主义和革命浪漫主义的结合：我认为应该把它作为创作方法来理解。现实主义是忠实地反映现实，如果偏重夸张、幻想等，这就是浪漫主义。只注意一面是容易出毛病的，如果只重现实主义则容易流于自然主义，只重浪漫主义则流于唯心主义，主观主义。从历史上来看，过去的浪漫主义是主观主义、唯心主义的，是和个人主义结合在一起的。革命浪漫主义则是在革命思想指导下的浪漫主义，这就与过去的浪漫主义有区别。但是，不能把创作方法与世界观等同起来。不能把革命浪漫主义说成就是革命的世界观。西蒙诺夫的错误就是这样产生的，当然，世界观的作用对创作是有决定意义的，但是它并不是创作方法的同义语。至于浪漫主义是不是一定要以现实为基础呢：我觉得不管作者为何的，浪漫主义，总不会完全脱离现实的根据的。如毛主席的《蝶恋花》里面嫦娥，吴刚这样一些人物都是幻想的人物，但这种幻想是合情合理的，《念奴娇》写昆仑山也是这样。这是幻想，但不是梦呓，它表现了革命家的豪迈气概。有人说，现实主义只应该反映正面的东西。我看倒不一定非写正面的东西不可，消极的和反面的东西也可以写，旧社会的残余在今天的社会中所占的比重当然是极小，但是讽刺它一下，加速它的消灭，那也不错，列宁就赞扬过《开会迷》这样一件作品。我想，将来也还是有讽刺的作品的，对敌人还需要揭露。问题是作家的立场如何。立场站对了，对待不同的人就可以采取不同的对待方法。

原载《人民音乐》1958 年第 12 期

苏联出版了《中国乐器图说》

去年莫斯科国家音乐出版社出版了阿连德尔编著的《中国乐器图说》。这是苏联音乐家在加强中苏两国人民友谊与合作方面的一次新的贡献。

这本《中国乐器图说》分两部分，文字部分 51 页，图片部分 64 幅，每一乐器下面都注明汉文原名，附以拉丁化拼音和俄文音译。正文之后还附有一张汉语拉丁化读音说明表，可以说是一部相当完备而又细致的介绍中国乐器的书籍。

1956 年音乐周期间作者访问了中国，并在北京举行的乐器改革座谈会上做了一次关于乐器改革的报告，会后参观民族音乐研究所（现已改名中国音乐研究所），对中国乐器发生极大的兴趣，回国后即根据研究所送给他的三辑《中国音乐史参考图片》和他在中国旅行期间亲自得到的有关中国音乐创作和演奏的各方面的知识编著本书。正如作者在序言里面说的，这不仅对音乐的专家和爱好者来说是有极大兴趣的，就对那些关心物质文化的历史的广大读者来说也没有例外。

原来中国出版的《中国音乐史参考图片》是就现有材料分辑陆续编印的，现在三辑合在一起，作者就按照乐器分类法把它分为四部分，这样一来，就显得更有系统。

书中对每一乐器都源源本本地作了产生的时代以及该乐器的形状、大小、长短等等说明，为了说明的便利，作者还引用了有关的历史文献。如说"阮"就讲到"竹林七贤"。说古琴就还讲到琴上的苏（东坡）黄（山谷）题识。关于乐器的材料也做了详细的说明，如椰胡是从椰子的外壳得名的，广东产椰子，广东流行的乐器也因而增加了一种地方色彩。这些都是引人入胜的、饶有风趣的说明。

但是，这是一本科学性的书，它主要的目的还是在于说明乐器的音乐价值及其功能，所以关于每一乐器的产生和演变以至它最后的定型都有相当详尽的介绍，然后用乐谱标明乐器的音域，演奏方法及其应用范围等等。说明基本上根据我国原版的文字，为了适应苏联读者对中国音乐的了解程度，作者做了相当的补充，补充最多的是关于乐器的构造和演奏方法的部分。

除了文字的补充之外，图片方面也有比原版增加的材料，那就是 1957 年信阳出土的编钟。编钟出土之后，杨荫浏所长即将照片带给他，他也就立刻添进去。还有一点值得提出来的是北京音乐出版社听见苏联朋友要出版有关中国乐器的图片，立刻就将所藏图片的铜版寄到莫斯科去，因此，这一部《中国乐器图说》的出版很好地显示了中苏音乐界兄弟般的亲密合作。

阿连德尔同志在介绍中国音乐文化的工作上做出了很大的贡献，他的博学和他的热情给我们提供了学习的榜样。

原载《人民音乐》1959 年第 6 期

友谊的祝贺

——祝贺德意志民主共和国建国 10 周年

　　1954 年我们到德国参加德国音乐节和德国作曲家协会全国代表大会，文化部部长贝希尔同志在宴会上曾为《蓝旗歌》在中国的流行，表示出他衷心的喜悦。我当时对贝希尔同志说："作为一个诗人，您早就已经为中国人所认识了。"的确，即使当时天上布满了乌云，而且乌云就从德国升起的时候，我们也知道把纳粹党和德国人民区别开来。中国人曾经引用贝希尔的十四行诗《摩拉将军》作为讽刺蒋介石的材料，中国的新音乐工作者也曾经从艾斯勒的关于群众歌曲的论文得到了启发和战斗的力量。德国人民也并没有让中国朋友失望，他们在德国共产党的领导和苏联红军的帮助之下，终于推翻了最黑暗的法西斯统治，建立起了德国历史上前所未有的工农政权，而且和我们新中国的诞生相距只有一个星期的时间，形成了社会主义阵营东西两头的坚强的前哨。

　　记得我还在广州中学读书的时候，常常听到过一句激动人心的话，那就是从广州通过莫斯科直到柏林结成一条反帝的革命战线。我们对当时的革命领袖不仅知道有列宁，也知道有李卜克内西和卢森堡。而科学的社会主义的创立人则是马克思和恩格斯。德国人在中国人心目中是非常亲切的。如果从一般的知识转到特殊的方面来，那么，音乐界又有一位伟大的人物：贝多芬。

　　说起音乐，中国历代都传诵着一些有关音乐家和音乐作品的逸事，例如说起古琴曲《高山流水》就连带流传着有关伯牙和钟子期的友谊的故事——顺便说一句，这支曲子在戈尔施密特来华讲学期间曾经引起他极大的兴趣——当我开始接触西方文化的时候，我却读到了有关音乐家及其作品的故事，那是关于贝多芬的《月光曲》和《英雄交响乐》的。这一类故事，特别是关于《英雄交响乐》的故事，实在比《高山流水》更能打动青年的心，后来读了罗曼·罗兰的《贝多芬传》，对贝多芬就更加钦佩了。罗曼·罗兰的《贝多芬传》在中国先后有过三种译本，说一句不算夸张的话，一个外国艺术家像贝多芬那样受到中国人的热爱的情况是并不多见的。

贝多芬在中国受到的热爱正好象征德国音乐在中国的传播。从贝多芬算上去，我们可以举出巴赫、亨德尔、海顿和莫扎特——就历史上说——等等辉煌的名字，从贝多芬算下来，又有韦柏、门德尔松、舒曼、瓦格纳、勃拉姆斯，这些大师的作品都成为我们音乐学校的教材和音乐会的节目的一部分。另一方面，我国资产阶级启蒙时期的音乐教育家萧友梅和音乐学家王光祈都是在德国学习音乐的，王光祈还在波恩大学讲学而且葬在波恩，他还写了一系列介绍中国音乐的文章如《论中国音乐》《论中国记谱法》《论昆曲》《数千年来中国与西方之间的音乐关系》等书在德国出版，为中德音乐的交流献出他毕生的精力。

不过话得说回来，过去的音乐交流是受了一定的限制的，中德两国人民的音乐交往在解放之后才真正展开了远大的前景，中国音乐界年年都在欢迎来自德国的音乐朋友，前后计有人民艺术歌舞团、人民军管弦乐队、埃里希·魏纳特歌舞团、吹奏乐团、艺术家代表团等演奏组织，小提琴、长笛、钢琴等演奏专家的指导以及音乐学家的讲学，德国音乐科学的著作也从梅雅尔开头、不断地传到中国来，为我国年轻的马克思列宁主义的音乐科学研究提供了有益的帮助。至于德国现代的音乐创作如艾斯勒、梅雅尔、葛斯特、德骚、阿斯里埃尔、柯汉和其他许多作曲家的作品也已经构成我国音乐会和广播电台的节目的一个组成部分。中国现代作曲家从聂耳、冼星海、马思聪到瞿希贤的作品也已经送到德国听众的面前，中国的歌剧从现代的《白毛女》到传统的《梁山伯与祝英台》也已经搬上了德国舞台。至于在帮助德国群众了解中国音乐的工作上，德国音乐家也做了不少工作，特别值得感谢的是皮什纳的《中国音乐》这本书和戈尔施密特的文章所起的作用。我们可以从中德两国音乐的友谊预告两国人民的友谊更进一步的巩固与发展，当此两国同时都在庆祝它的建国十周年的佳节的时候，我情不自禁地要引伟大的诗人席勒的名句作为这篇短文的结束：

> 拥抱吧，千百万的人们，
> 这一亲吻要献给全世界！

原载《人民音乐》1959 年 10·11 期合刊

悼念艾斯勒

1958 年，正当德国音乐界庆祝艾斯勒 60 诞辰的时候，卓别林也从瑞士给他发出一封祝寿的贺电："亲爱的大师：欣逢您 60 岁的诞辰，谨向您表示最衷心的祝贺，祝您再来一个 60 岁!"不幸的是，时间过去还不到 6 年，我们就得到意外的噩耗：艾斯勒于 9 月 4 日下午突然逝世了。这真是一下巨大的打击，我们要同德国朋友分担一份深切的悲痛。

艾斯勒的一生是战斗的一生，他创作的最大特点是与革命实践的密切的结合。

他 1898 年生于德国莱比锡，父亲是奥国知识分子，母亲出身于德国的工人家庭。生活是穷苦的。1901 年迁居维也纳。他从小喜欢音乐，但是交不起学费，当然更买不起钢琴，作曲知识是自学得来的。他中学时代已经开始接触革命思想，同一些同学组织读书会，阅读马克思和恩格斯的一些比较易懂的著作。第一次世界大战爆发，这个 16 岁的青年写了一部清唱剧，题名为《反对战争》，用的是李白的诗篇。

大战结束之后，他考入维也纳音乐学院。他不满足于当时学院的课程，于是转到玄堡门下去，玄堡把他编入研究班。玄堡要求学生的是严格的古典作曲法，作曲习题不许学生赶时髦，学习的典范是巴赫、莫扎特、贝多芬、舒伯特和勃拉姆斯。因此他的基础是打好了的。

学习时期他已经指挥一个工人合唱团，并参加"民众音乐推广会"的工作。为了维持生活，他用半天的时间担任印刷厂的校对。

1924 年他从维也纳迁居柏林。由于参加工人运动，引起他的老师玄堡的反对。他对老师干涉的答复却是坚定地参加"红色号筒"的宣传鼓动工作，写出了新型的群众歌曲《共产国际》，这是他最早传到苏联去的作品。后来他访问苏联，还亲自指挥苏联少先队员演唱过这首歌曲。

希特勒窃取了德国政权之后，艾斯勒开始了他的流亡生活。流亡并没有挫伤他斗争的意志，正相反，他的创作比从前更多，也更成熟。什么地方发生重大的政治事变，它就会在他的作品里得到迅速的反映。1935年萨尔区经过"公民投票"归还德国，当地人民不愿接受法西斯的统治，因而发生了多人的逃亡。艾斯勒当即在美国举行旅行音乐会，为萨尔区政治难民筹募救济金；1936年，佛朗哥对西班牙共和政府发动反革命的军事叛乱，艾斯勒毫不犹豫地到西班牙去，为反法西斯的国际纵队写作战斗歌曲。1937年，中国开始了伟大的抗日战争，他又和荷兰电影导演伊文思合作，编制了一部报导中国抗战的纪录片《四万万人》。1941年他写了一本书：《论电影音乐的作曲》揭露了美国娱乐工业的黑幕。1947年终于遭到美帝国主义"非美活动调查委员会"的迫害，这种迫害曾引起了包括卓别林在内的世界艺术家的严正抗议。

1948年他离开美国回到欧洲，在德意志民主共和国找到了安身立命的地方。德意志民主共和国成立，他和贝希尔合作，写成了德国的新国歌。我们熟悉的《蓝旗歌》也是这一时期的作品。

艾斯勒生平的创作光是声乐作品的编目就在五百以上，看一看他那些作品的标题，如《列宁逝世大合唱》《德国啊，苍白的母亲》《1919年的斯巴达克斯团》《苏联颂》《地下工作礼赞》《团结之歌》《统一战线之歌》之类，就足以证明他作品的战斗性和现实意义了。

由于艾斯勒的创作是面对大众的，除了写群众歌曲以及结合歌词因而主题思想十分明确的大合唱、清唱剧等等之外，他为舞台和电影也写了不少通俗易懂同时具有艺术力量的曲谱。这一类的作品如《母亲》（高尔基）、《第三帝国的恐怖和灾难》（布列希特）、《公社的日子》（布列希特）和《冬天的战役》（贝希尔）等等是属于舞台方面的。电影方面有我们熟悉的《每日的粮食》和《群神会》。在他访苏期间也曾为电影《共青团》配上了音乐。

谈到艾斯勒的创作，有所谓"艾斯勒体"的说法。这是一个美学问题，不是一篇短文所能胜任的。总之，他的创作可以是短小的分节歌式，简单然而利索，豪放而又结实，如《蓝旗歌》；它又可以大到包括独唱和合唱的交响曲式，如《德国交响乐》，从对祖国的怀念，对同胞的关切到对阶级敌人的控诉。此外，他又善于融化前人的音乐，赋予新的意义，例如改编美国《星条旗》的旋律，填上新的歌词，题为《美国佬，滚回去》，使美国佬听了哭笑不得。

他采用的诗篇有歌德的，也有玛雅科夫斯基和聂鲁达的，德国现代诗人如贝希尔、魏纳特、赫尔姆林等等的作品，都有他为之作曲的。我国的诗篇，除前面提到的李白的作品之外，还采用过《诗经》。他的歌曲所包含的题材是十分广泛的，作为社会主义作曲家，他无疑属于先进的行列。

这样一位才气纵横的作曲家逝世了，我们于由衷的悼惜之余，更激起了景仰之情！

原载《人民音乐》1962 年第 11 期

谈威尔第的歌剧《唐·卡罗斯》

威尔第早期和中期的一部分歌剧是以席勒的剧本为题材的，而且选上的都是一些富有现实意义和反抗精神的作品，这充分说明威尔第思想中的爱国主义和民主主义的一面。

席勒的剧本被改编为威尔第的歌剧脚本的主要有《贞德》（1845）、《强盗》（1847）、《露伊斯·米勒》①（《阴谋与爱情》，1849）和《唐·卡罗斯》②（1867）四部。

《唐·卡罗斯》故事的梗概如下：

西班牙王子唐·卡罗斯到法国去会见他的未婚妻——法国公主伊丽莎白。见面之后，两人互相爱慕。出乎意外的是，为了法国和西班牙的和解，伊丽莎白被许配给西班牙国王菲立普。唐·卡罗斯的未婚妻现在变成了他的继母。唐·卡罗斯非常伤心，他的朋友波萨侯爵鼓励他去解放在西班牙统治下的法兰德斯人民。波萨请求伊丽莎白接见唐·卡罗斯，她答应了。伊丽莎白的侍从艾博丽宫女爱上了唐·卡罗斯。艾博丽戴上面具，穿上王后的大衣和首饰代王后参加晚会，她以王后的名义召见唐·卡罗斯。唐·卡罗斯以为见到王后了，对她表白了他的爱。艾博丽以为唐·卡罗斯爱上了她。但是她一摘下面具，唐·卡罗斯立刻承认出于误会。艾博丽因妒生恨，把他们的秘密向国王报告了。本来由于法兰德斯人民的请愿，唐·卡罗斯同他父亲已经冲突起来，还因此被投入监狱。现在两案俱发，唐·卡罗斯自然死定了。但是波萨却向国王承担了法兰德斯叛乱的责任，换取唐·卡罗斯的自由并由他接受统治法兰德斯的任命。唐·卡罗斯出发前，同王后告别。正当他们唱出互

---

① 今译《路易丝·米勒》。
② 今译《唐卡洛斯》。

相爱慕、互相勉励的离别之歌时，国王和宗教裁判长领着一队人出现了。唐·卡罗斯自知难于逃脱，于是拔刀自杀。

《唐·卡罗斯》的历史背景是西班牙16世纪专制统治时期。当时的统治者菲立普二世采取了一系列暴虐的手段阻止进步势力的发展，甚至于利用宗教裁判作为政治镇压的工具。唐·卡罗斯也实有其人（1545—1568），可是在席勒笔下已经是大大的理想化了。席勒这个剧本的重要意义在于除了舞台上司空见惯的爱情冲突之外，他更突出地描写了新思想的代表人物波萨。这个特点在威尔第的歌剧里基本上是保存下来了。这部歌剧的演出在相当长时期内并不算成功，有些论客就曾经认为歌剧的失败是由于有了波萨这样一个人物破坏了歌剧结构的统一和完整——不能彻头彻尾表现爱情冲突，因而与一般歌剧看客的口味显得不相适应。这无疑是资产阶级美学趣味在作怪，然而这倒显示出威尔第勇敢的一面，他敢于打破成规，写出有思想内容的新歌剧来。威尔第这部歌剧的革新还在于他把音乐放在从属于戏剧发展的地位，而大量地运用回忆主题。例如开头的那首唐·卡罗斯和伊丽莎白的二重唱的主题在伊丽莎白的咏叹调《你受到人间的狂热的捕获》里，在唐·卡罗斯觉得失去了爱人，人世已经无可留恋的时候的一段乐队伴奏里都反复出现，因此有些论客就拉扯到瓦格纳的导演动机[1]，说威尔第在模仿瓦格纳，这更是无稽之谈。威尔第当时根本还没有正式接触到瓦格纳的总谱。威尔第只是走他自己开辟的创作道路。

由于《唐·卡罗斯》是按照巴黎的"定货"写成的，因而具有法国大歌剧的特点：长。为了克服长的缺点，威尔第曾做过一番删节。但是删节并没有得到成功，威尔第自己就曾经说是"在做着一宗几乎等于是失败的事情"。但就全局而论，这部歌剧可以说是"大醇而小疵"，说到它的思想性，它更可以说是代表威尔第创作的最光辉的一面。如果说《露伊斯·米勒》开始显露作曲家的才华，那么，《唐·卡罗斯》就是威尔第中期创作的成熟的高峰，后来继有所作，也约莫等于杜甫的所谓"老去渐于诗律细"，像《唐·卡罗斯》那么富于思想性的作品已经不可复得了。

《唐·卡罗斯》一剧自始至终突出地表现了波萨这一位新人物，他在第一幕第三场一出现，就显示出他对法兰德斯人民的关心。他劝告唐·卡罗斯不要那么泪珠盈睫，唉声叹气。在唐·卡罗斯向他说出了自己对伊丽莎白的爱情之后，他不禁为之惊叫，但又鼓励唐·卡罗斯振作起来，要他"从经受严峻的考验的人民去认识他作为国王的职分"。后来国王菲立普出场，对他表示施恩的时候，他正气凛然地回

---

① 今译主导动机。

答："我应该向国王请求什么恩惠呢？陛下，我什么也不需要。作我护身符的是法律。"随即报告了法兰德斯的悲惨景象。当菲立普接口痛骂异端的瘟疫，夸耀国内的平静的时候，波萨毫不动摇地说"这只是恐怖的平静，墓场的平静"，还警告他不要让后世说他是暴君尼罗①。后来国王被他正直的态度感动了，反过来对他表示信任，把侦查王后同王子爱情关系的任务交托给他，他却并不因此改变他的思想，仍然忠于解放人民的事业，甘愿牺牲自己，使唐·卡罗斯恢复自由，去完成解救人民痛苦的使命。作为一个关心人民利益，不畏强暴的正面人物，作者的描写是成功的。第一幕第三场那一段热情奔放、斗志昂扬的二重唱，实在是歌剧文献中的珍宝。即使贯穿全剧的红线是王子对王后的痴情，但是王子也罢，王后也罢，都流露出关心人民命运的深厚的感情。可以说，作者打破了一般歌剧的悲欢离合的平凡的框框，为歌剧改革做出了出色的贡献。

唐·卡罗斯是狂热的、大胆的。他不怕父亲的威胁，甚至于拔出长剑来向他表示自己保卫法兰德斯人民自由的决心，直到最后他还诅咒他父亲："你的手沾满鲜血。"但是一碰到伊丽莎白王后，他就不由自主地听从感情的支配。在私人的爱情和人民的自由之间摇摆不定，终于陷入了国王设下的陷阱，被监禁起来。只是由于波萨的努力，他才恢复了自由，准备到法兰德斯去满足人民要求自由的愿望。在他与王后的那一场告别二重唱里显示了他们两人高贵的品质。王后要唐·卡罗斯忘记过去，记住生活，记住朋友，鼓起英雄的气概，行动起来，要无愧于我们的爱情，救法兰德斯、救人民，最后流出了敬佩的眼泪。在私人感情和政治事业的矛盾的处理上这无疑是比较恰当的。

作为积极、热烈、生动的对比的是僵硬的僧侣合唱和关于宗教裁判长的冷酷残忍的描写。这是第二幕宣告火刑来处决异端的僧侣合唱和宗教裁判长入宫同国王见面的那段重唱。在这一段重唱也显示了国王对处理自己儿子的矛盾心理。国王问宗教裁判长："能宽恕杀害儿子的生父吗？"宗教裁判长无动于衷地说："王国的和平比一个反贼更重要。"第五场，在人民合唱后面，宗教裁判长又一次露出他狰狞的面目，笼罩着这些场面的阴森恐怖的气氛，客观上提出了对宗教迫害的揭露和控诉。这是威尔第同情人民的有力的表示。在威尔第之前，歌剧史上的确很少有这样有力地反映社会现实和政治斗争的杰作。过去的音乐史家列举威尔第的重要作品的时候，对这部歌剧的价值每每缺乏足够的估计。

---

① 今译尼禄。

这部歌剧也不是毫无缺陷的，席勒原剧的缺点也带到这部歌剧脚本上来。对波萨的描写，波萨虽然真心同情人民的痛苦，而且为了人民的自由甘愿献出自己的生命，但是他始终没有看到人民的力量。他把希望寄托在国王上面。国王不行，就希望王子唐·卡罗斯。解放人民的事业，变成了王家的恩赐。这是必然要落空的。改革总不能只靠自上而下的善心。没有斗争，特别是人民自己的斗争，是不成的。不幸这部歌剧所表现的正是这样一种自上而下的恩赐式的幻想。结果是波萨死了，唐·卡罗斯死了，悲剧就以宗教裁判长的胜利而告终。这真是名副其实的悲剧，也是作者对人民斗争、人民力量缺乏了解和信心的悲剧。这种思想特点特别暴露在与人民有关的一些场面上，例如第二幕第一场的人民合唱竟是一首赞美国王的颂歌，说什么"人民充满信心仰望着国王，他统治着，他那充满意志的权力制服全世界，我们爱他，对他效忠……他的名字已经保护了西班牙人的荣誉。他使我们充满了骄傲"。第三幕的第三场，人民高唱着："冲上去，打死他，只要他敢挡住我们的进口。冲进去，别迟疑，要他们在我们面前发抖，向我们低头，向人民的要求低头。"但是在第五场中，一看见宗教审判长，他们就哎哟一声，畏缩不前。宗教审判长喝一声"向你们的国王跪下"，他们就真的跪下了，还唱出"宽恕我们的罪过"这样丧气的句子。事实上官逼民反，既然反了，就不会那么容易就溃败的。即使歌剧写的是 16 世纪的西班牙，也总不能离开作者的时代。不论是脚本作者的法国还是歌剧作曲家的意大利，经历过 1848 年的革命，人民是不会那么消极的。就当时的意大利而论，马克思在论到玛志尼的时候，就曾经提到那个在玛志尼宣言上署名并在起义前游遍了意大利的阿乌利奥·萨菲，并引用了他在给《每日新闻》的一封信里面的一段话，说"上层阶级已陷入淡漠和绝望"，只有"米兰人民"，"没有领导而全凭本能的无产阶级面对着奥地利总督的专制政治和军事法庭的杀人勾当而对祖国的未来保持着信心，并一致地决心要复仇"。由此可见，把人民写得虎头蛇尾，是不符合历史的真实的，却正好说明作者的局限性，看不见人民的力量，也缺乏对人民的胜利的信心。这和波萨这个悲剧性的人物的思想是一致的，而波萨的思想也就反映了作者的思想。

至于《唐·卡罗斯》这部歌剧里的菲立普国王，在第三幕开头那一段独唱《她从来不曾爱过我》，是公认为一首激动人心的悲歌，"安得我占有魔法，深入看到人心的底层，……别睡吧，国王，周围都是出卖我的人，从王侯手上抢走权力，从丈夫头上抢走荣誉！"这不是揭露国王的渺小的一面，而是通过所谓人性的刻画表示出对国王亦即暴君的同情。还有向国王告密的艾博丽，在唐·卡罗斯拒绝了她的殷勤之后，因妒生恨，使出报复的毒辣手段，不仅对唐·卡罗斯发泄她的怨气，而且拆王后的台。可是一听见王后对国王证实她的贞洁，就忽然良心发现，"悔恨撕裂了我的心，我出卖了一个无辜的人！怎么样的一场灾难！我做了一种耻辱的勾当"。而且要尽力去营救唐·卡罗斯。这也是不近情理的。事实上在她决定告密之前，她不会不知道这一行动将引起多么可怕的后果；她是王后的侍从，也不会不知道王后和唐·卡罗斯之间的真实情况。即使对唐·卡罗斯的行为有所怀疑，为什么要对王后来那么阴险的一手？既然要不顾一切地进行破坏了，为什么忽然又来一个一百八十度的大转弯呢？岂不是在魔鬼身上也包含有天使的品质吗？岂不是一个人的犯罪也总是情有可原的吗？

以上云云，是我对《唐·卡罗斯》这部歌剧的一些看法。会不会是强作解人呢？希望同志们有以教我。

原载《人民音乐》1964 年第 2 期

谈劫夫同志为毛主席诗词谱曲的作品

　　一说起劫夫同志，就不觉油然地生出一种钦佩之情。他努力贯彻毛主席的文艺思想，20 年来在生活和斗争中写出了不少万人传唱的歌曲。打开一本《劫夫歌曲选》，就好象重温了一遍 30 年代以来中国人民革命斗争和建设的历史。作为一个音乐工作者，学习他那种"俯首甘为孺子牛"的精神，学习他结合民族特点来创作革命新歌曲的方法。我今天写这篇小文，就算是我的一篇学习札记。当然，劫夫同志的歌曲是非常丰富的，这里不可能进行全面的论述，只想就劫夫同志为毛主席诗词谱曲的作品谈谈我的一些粗浅的意见。因为为毛主席诗词谱曲，劫夫同志特别多而且好。

　　我们打开《劫夫歌曲选》，第一首接触到的就是毛主席的《蝶恋花·答李淑一》。这属于劫夫同志为毛主席诗词谱曲的最早而又传唱最广的一首。歌曲一开头就细致地传出原词的深厚的感情，随即以悠扬的音调唱出了"杨柳清扬直上重霄九"。两个"失"字一短一长，包含一种深沉的痛惜，而且这样一种深沉的痛惜持续下去，已经沟通了"君"与"我"，说明这种损失是共通的。"杨柳轻扬"用中强音唱出来，是显；"直上重霄九"转为中弱，是隐，它形象地显示出烈士是越去越远了。但是作者的感情是有控制的。革命家对于战友的悼念不仅仅是单纯的痛惜，不可能是心灰肠断的哀伤，因此接下来对吴刚的问讯的乐句转为下行，体现出原词心潮的起伏。吴刚出来之后，场面就有了新的展开。换头情景一变，寂寞的嫦娥也加添了生气，音乐的进行变得复杂了、宽广了，"忠魂舞"之后的拖腔形象地描绘出嫦娥的舞姿，而且使人如见万里长空的寥廓。"忽报"之后情绪转为高昂，"曾伏虎"的音位提高了，音势加强了，歇拍一字一音，正所谓"捶字坚而难移，结响凝而不滞"，中间使用的延长记号更加突出了杨、柳二烈士以及受到革命精神的感染的吴刚和嫦娥的悲喜交集的感情，最后就归结为革命乐观主义的大笔淋漓的挥洒。

966

这首歌曲受到群众的欢迎，是理所当然的。

《沁园春·雪》一唱出"北国风光"四个字就给人开阔的感觉。"千里冰封"后面分节线上加上延长记号显示出冰是封定了，"万里雪飘"原来还是一字一音的宽度的进行，但是一落到"雪"字，声音就活动起来，同上句形成了一动一静的鲜明的对比。北国风光的描写显示出迥不同于"滋润美艳"的江南雪色。从"望长城内外"到"分外妖娆"，同下阕"惜秦皇汉武"到"还看今朝"的字句结构是一样的，由于内容的不同，做了不同的处理。特别是"俱往矣"一句，旋律转为下行，显示出作者经过对历代英雄的衡量之后的一番深沉的考虑，然后"划然变轩昂"，加强了语气来歌唱今朝的风流人物，在更强的表情记号之下，把"数风流人物，还看今朝"重复一遍，充分显示出一种前无古人的革命的气魄，谁能够听过之后不跟着振奋起来啊！不过，我在这里感到有一点美中不足的地方是

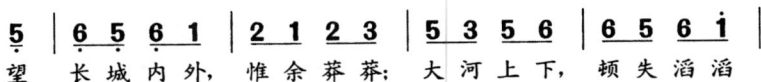

$$\underline{5} \mid 6\ \underline{5}\ \underline{6}\ 1 \mid 21\ 23 \mid 5\ 3\ 5\ 6 \mid 6\ 5\ 6\ \dot{1} \mid$$
望　长城内外，惟余莽莽；大河上下，顿失滔滔

这一段的处理。速度由中板转为快，加之每一个字只有一个八分音符的时间，听起来颇有珠走玉盘之感。也许作者的意图是在于与"欲与天公试比高"那一句的一开一合相映成趣。但是这样一来，原词那种冬天凝寒的气氛就不免有所减弱。如果采用延缓而又厚重的曲调进行是不是会更适合一些呢？

《送瘟神》是一首抒情味道非常浓郁的歌曲，悠扬的曲调虽然唱出了美丽的绿水青山，但是掩藏不住沉重的怅惘，华佗的"佗"字略作停顿再行接唱的手法固然说明发挥传统特色的到家，却也更加重了无可奈何的心情。颔联和颈联低徊唱叹，虽然坐地巡天的音调有转趋高昂的倾向，总的情调却是沉痛的，到了第八句才有了转机。它与第四句"万户萧疏鬼唱歌"的曲调遥相呼应，由于悲欢的"欢"字从第四句萧疏的"疏"字的7升高为上二度的1，就暗示出了情况的变化，接下来的一段轻快地过门，正式宣告了原诗第二首的翻天覆地的变化，结构也非常紧密。"春风杨柳"两句的结尾都带有拖腔，人心轻松起来了，红雨青山都乖乖地听从人的支配。"银锄落"和"地动"两句则突出地刻画出劳动人民创造性的劳动。一个一个的重音更是庄严地宣告了劳动人民改造大自然的雄心壮志。"借问瘟君欲何往"，速度渐慢，"欲何往"三字一字一顿，真是顾盼生姿，结句通过加强语气透露出来的一点诙谐，正好预告瘟神的灭亡。

在长征途中毛主席因山起兴的词计有三篇，即《十六字令三首》《念奴娇·昆

仑》及《清平乐·六盘山》。这三篇作品写的都是山，但是写法却各不相同。《十六字令》从山的高峻写出"天垮下来撑得起"的气魄。《念奴娇》驰骋着毛主席横空出世的想象力和伟大的理想。《清平乐》从六盘山说到南飞雁，说到长城，说到红旗和抗日，显示出坚决革命的意志和永远前进的气概。三篇的内容不尽相同，劫夫同志的谱曲也是各具手眼的。

《十六字令》共有三首，构成了有一般又有特殊的一组。劫夫同志不采用分节歌的形式，让一个曲调重复三次，而是根据不同的内容配上不同的曲调；不同之中又有相似的地方，如第一首和第三首的开头。说是近似，就意味着同中有异，如第三首七字句的曲调结尾同第一首七字句的结尾比较起来，就由原来的下行改为上行，原因是第一首说的是人未下鞍，第三首说的却是"刺破青天锷未残"。至于最后结束的

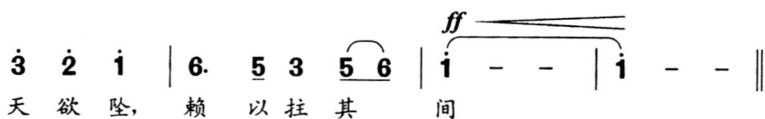

那种高亢坚定的语气，说明作者是在力求体现原词中不怕任何艰难险阻，承担革命重任的崇高的共产主义风格。

《念奴娇·昆仑》一词体现出主席眼光的远大，胸襟的博大、气魄的宏大、独特的构思和卓越的表现手法。为了适应词中横放杰出的描写，曲调的拍子来了好几次的改变。起句"横空出世"的音调的大幅度的跳跃，"莽昆仑"一句又是大开大合的笔法，

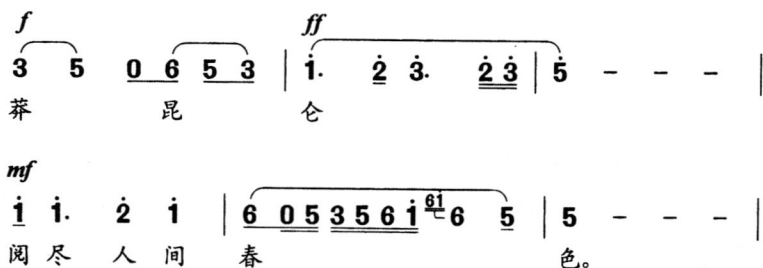

一方面把昆仑的那股"莽"劲形容得淋漓尽致，另一方面春色的顿挫抑扬又换上一副新的画面。飞起玉龙的"龙"字比前头的"玉"字突然升高八度，"三百万"三个字就在高度盘旋，听起来眼前就好像涌现出积雪皑皑的群山，"搅得周天寒彻"

968

一句，通过音乐的变化，给人以丰富的意境。

"谁人曾与评说"这句话重复了一遍，正好表达出对昆仑的功罪的郑重的衡量。下阕从原来的 D 调转为 B 调，调子定低了三度，暗示出从振衣千仞的高歌转为脚踏实地的考虑。"我谓昆仑"四字的重复是叮咛周至的表现。然后接上处理昆仑的方案。抽剑截山是浪漫主义因素为主的，所以还保留一种起伏驰骋的气势；分截留赠则较接近现实，所以转为相当平稳的进行。"太平世界"一段照应到上阕的结束，却又由于歌拍与过拍的不同，又显示出节奏的变化，这种变化是从内容来的，决不为了玩弄形式的花样。

同《昆仑》相比，《六盘山》是一首小令，可就在这寥寥四十六字里面，包含着主席多少深刻的思想、坚强的意志和丰富的感情啊！"天高云淡，望断南飞雁"两句的旋律显现出一种寥廓的气象。这种情景交融的特点一直贯穿着整首歌曲。"今日长缨在手"以下那一段大气磅礴的曲调所表现的已经不是对"何时缚住苍龙"的疑问而是预告着苍龙就缚的敢于胜利的信心。我感到还不够十分满足的是

这一句的音乐，曲调转入渐弱，在表现沉思上是适当的，但是依照八分音符唱出来的歌词好像一溜而过，不能使人感到作者坚定的意志和萦绕心头的迫切的抗日要求。如果把速度放慢，而且加以沉着凝重的咏叹，也许更能传达出原词的意义吧？

今年年初发表主席诗词十首之后，到三月中旬劫夫同志又已经创作了四首歌曲①，就劫夫同志这四首新作品而论，我认为——当然这只是我认为——《卜算子

---

① 《卜算子·咏梅》《七律·和郭沫若同志》，《满江红·和郭沫若同志》及《七律·冬云》，分见 1964年 1 月 11 日、2 月 6 日、29 日及 3 月 14 日的光明日报。

·咏梅》的成功最为突出。这首词深远的含义、抒情的气息都特别浓厚。歌曲与此相适应，"风雨送春归"和"飞雪迎春到"这两句每一句结尾的拖腔，以及"犹有花枝俏"这一句曲调进行中那种断而实续的节奏充满了传统戏曲唱腔的特色，但是你又很难说它是哪一段唱腔、哪一个曲牌的翻版，至于先行的"已是悬崖百丈冰"那一句的曲调更加衬托出梅花所特有的那种凌寒独放的风格。下阕转为快板，曲调的进行相当活泼，表现出"俏也不争春"的光明磊落的胸怀，民歌的风格表明梅花始终是山花丛中的梅花，听一听

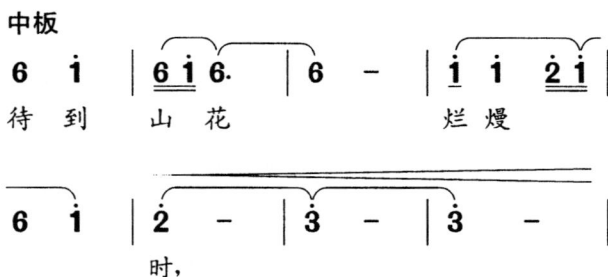

中板

待到 山花 烂熳 时，

这句摇曳生姿的曲调，春天——也就是革命形势发展的象征——已经到了眼前，"她在丛中笑"反复唱上四遍，充分体现出一种心花怒放的乐观主义，同时也使人感到一位继往开来的革命家所具有的至大至刚、大公无私的气度。

由于能力所限，我的所谓分析也许近于隔靴搔痒，但是劫夫同志那种深入诗词的内容，然后根据内容的需要在探索与之相适应的形式和表现手法的创作方法是非常值得大家学习的。这里还可以再举一些具体的例子，比如《西江月·井冈山》上下两阕的开头两句都是对句，音乐也就采取排偶的形式，歇拍"报道敌军宵遁"那一句唱到"敌军"的时候来了一个休止符，停顿一拍之后才轻轻地接上"宵遁"两字，使人从敌军败退的对面感到我军胜利的喜悦，又如《采桑子·重阳》上下两阕的两组叠句都是

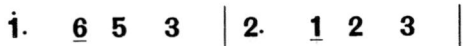

但是下阕叠句第二句"胜似春光"比上阕的"今又重阳"升高八度，精神突然振起，紧接上来的

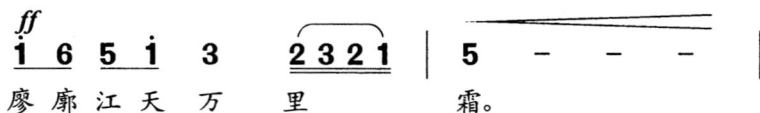

廖廓 江天 万 里 霜。

就显得水到渠成，使人不禁发出"裁缝灭尽针线迹"的赞叹。又如《满江红·和郭沫若同志》

$$\underline{5}\ 6\quad \underline{5}\ |\ 3\quad 2\quad |\ 1\quad \dot{5}\ |$$

有 几 个 苍 蝇 碰 壁。

那一句的"碰壁"两字唱起来真是千真万确的碰壁。更妙的是"壁"字戛然而止，完全与入声相适应。也许有人以为现在的普通话里已经没有入声，这里拉扯到入声未免近乎多事。殊不知词本来是讲究四声的，有些词牌根本就规定只用入声韵，押上声和去声只能算是例外。试翻一下《毛主席诗词三十七首》，其中应押入声韵的词牌共有三个，即《忆秦娥》《念奴娇》和《满江红》，主席都无例外地全用入声韵，这也许不是偶然的巧合。当然，配起音乐来不一定那么"胶柱鼓瑟"，可是劫夫同志这首《满江红》一般都在押韵的地方用上短音，把韵脚拖长的只有"夕"字和"敌"字。这无疑是与《满江红》的结构相适应的。还有

$$6\quad \dot{1}\ |\ 4\quad 3\quad |\ \underline{2\ 3}\ \underline{0\ 2}\ |\ 1\quad 0\quad |$$

几 声 凄 厉， 几 声 抽 泣。

这两句的音乐也非常之传神，特别是"几声抽泣"这一句真是如闻其声！这首词也许可以说是属于政治讽刺诗一类，配上的音乐也带有相应的风格。作曲是成功的。

在《光明日报》的《咏梅》发表之后没有多久，《歌曲》四月号又发表了劫夫同志的另一首《咏梅》。如果说前一首偏重于独唱用的，那么，后一首就是群众性的歌曲。新作上半阕的旋律可以说是前一首的简化，也就是说，它更适合于群众性的歌唱。这样的处理是与作曲家新的创作意图相吻合的。到了下阕则完全换了一种写法。它重复了三次。第一次同第二次的区别主要是"俏也不争春"这一句升高了八度：

$$\underline{\dot{1}\ \dot{1}}\ \underline{\dot{2}\ \overset{\frown}{\dot{1}\ \dot{2}}}\ |\ 3\quad 3\quad |\ \underline{6\ 6}\ \underline{\overset{\frown}{5\ 6}\ 4}\ |\ 3\quad -\quad |$$

俏 也 不 争 春 （哪）， 只 把 春 来 报，

"待到山花烂熳时"的"花"字也升高了五度，伏下了下句开怀的欢笑。"笑"字拖长到五小节，固然显示了梅花光明磊落而又纵横豪迈的胸襟，同时也衬托出山花的烂熳。第三次的回复可以说是前两次的综合。"俏也不争春"那两句重复到原来的稳重，山花烂熳那两句唱到"时"字的时候音调转弱，但是不像第二次那样直入结

句而是加以延长，让人对梅花引起刹那间的揣测，然后告诉你说："她在丛中笑"。笑字戛然而止，使人越发觉得这一笑的意味深长，这才是"言有尽而意无穷"啊。

《上海歌声》1964 年 5 月号的《为女民兵题照》是进行曲式的歌唱。"飒爽英姿五尺枪"开门见山，音调的进行

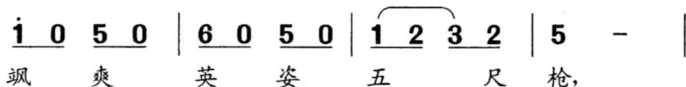

$$\dot1 \; 0 \; 5 \; 0 \; | \; 6 \; 0 \; 5 \; 0 \; | \; 1 \; 2 \; \overline{3 \; 2} \; | \; 5 \; - \; |$$
飒　爽　英　姿　五　尺　枪，

先给人提示出明朗的印象，"五尺枪"生动破格的节奏同"飒爽英姿"的断续的进行对照之下更有顾盼生姿之妙。

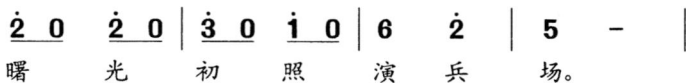

$$\dot2 \; 0 \; \dot2 \; 0 \; | \; \dot3 \; 0 \; \dot1 \; 0 \; | \; 6 \; \; 2 \; | \; 5 \; - \; |$$
曙　光　初　照　演　兵　场。

音位升高了，一字一停的短促的进行活画出初升太阳的景色。"演兵场"三个字的波浪式的进行，使人如见演兵场上的一片光明。不过，这还只是逐字逐句的分析，如果整段来看，那么，一开头是相当轻的，接着渐渐加强，队伍由远而近，那种凌厉无前的气概表现得就越发有力了。"中华儿女多奇志"两句重复一遍，音调越来越高昂，在作者固是赞叹不尽，听起来也没有不意气风发的。轮唱部分波涛起伏，此唱彼和，说明诗中的中华儿女已经从女民兵扩大为男女民兵踊跃上前，争先恐后，形成一片淹没敌人的汪洋大海。"飒爽英姿"两句的曲调变化了形式，在你面前仿佛出现了不同队形的纵横开合，结束的时候两部同时高唱"爱武装"这三句字，正好唱出了我国人民生活态度和社会风气的改变。"中华儿女多奇志"，正由于听党的话，听毛主席的话：这首歌易唱易记，旋律的进行于优美之中洋溢着坚定勇猛的精神。女民兵同志操练的时候能够唱着这样一首好歌，实在应该感谢作曲家的劳动。还有一点值得特别指出来的是劫夫同志在最近这两首歌曲中表现出一种新的倾向，即让群众更易于自己歌唱毛主席诗词的曲谱。这无疑更是我们应该学习的。

要全面论述劫夫同志的歌曲，决不是浅学如我所能胜任的。这里只能算是我学唱劫夫同志依据毛主席诗词写成的一些歌曲的初步体会。清末谭献说过："作者之用心未必然，而读者之用心何必不然。"如果说得太荒谬了，希望读者同志，特别是劫夫同志不吝赐教。

原载《人民音乐》1964 年 10、11 期合刊

纪念莫扎特

在世界和平理事会号召各国人民今年纪念的世界文化名人中间，有一位是奥地利音乐家莫扎特。

说起莫扎特，稍为关心世界文化的人是大都知道的。他是一位绝代的天才，他没有活足 36 岁，献给世界的音乐作品却达到了 626 号，而且是一部歌剧算一号，歌剧共占 22 号；一部交响乐也算一号，交响乐连单个乐章的作品算在一起是 52 号。这个作品目录是惊人的，可是他身后萧条的程度也非常惊人，全部遗产只有 60 个古尔登，还不够买他本人的墓穴；大笔款的负债超过了 3000 古尔登。这真是对腐朽的旧社会的最尖锐的讽刺！

莫扎特生于 1756 年，正是七年战争爆发的一年；死于 1791 年，也就是法兰西大革命爆发后二年，当时的欧洲早已经过了影响深远的启蒙运动。他活着的时代正是封建贵族走向衰亡、市民阶级试图抬头的时代。他自己又亲身经历了约瑟夫二世的"改革"。可是真正要求改革的只有受到了切肤之痛的手工业者和农民。莫扎特正属于这靠本领吃饭的一群，这才是莫扎特进步性和人民性的根源。

莫扎特的生平，一般说来，大家是比较熟悉的，他的父亲列奥坡尔德·莫扎特原籍奥格斯堡，做了宫廷乐师，逐步爬到宫廷作曲师和乐队长的地位。我们的作曲家华尔夫根·阿玛代斯。莫扎特是他的少子。4 岁起就显示出他非凡的音乐天才，5 岁开始写钢琴协奏曲。6 岁，和他的姊姊开始音乐会的旅行，头一次是在维也纳，明年，行程延长到巴黎和伦敦，8 岁，开始写交响乐，12 岁，写歌剧和弥撒乐，而且亲自指挥演出。14 岁，任萨尔茨堡乐队的音乐会领班，接着旅行罗马，像格鲁克一样，获得教皇克里门斯十四世的金马刺十字勋章，又被聘为波隆音乐科学院院士。他的新歌剧在米兰上演，压倒了老牌的作曲家。

但是莫扎特的幸运并不长久。1772 年，新的大主教即位。这个大主教不尊重艺术，更不尊重人，莫扎特想请假去开音乐会都得不到批准，于是赌气辞职。虽然他从此做一个自由人，可是经济的压迫却越来越严重，欠了许多债，连房钱都付不出来。1791 年 12 月 5 日，他死了，《安魂曲》还没有完全脱稿。

莫扎特的作品包括音乐的各种门类和形式，尤其是那些平时不大受人注意的乐器如长笛、单簧管、圆号之类，他都留下了珍贵的作品，而歌剧便是他创作的最高峰。

在他 22 部歌剧中间，最成熟的五部是在 1781 到 1791 年间写成的。那时候莫扎特已经从历史的现实看到了封建贵族必然没落的命运，对他们加以无情的揭发，这就是歌剧《费加罗的结婚》《唐·爵凡尼》和《大家都是这样干》的主题思想；另一方面他又歌唱出新兴市民对理性自由和人类的尊严的向往和信念，代表作品是《逃出苏丹宫》和《魔笛》。《费加罗的结婚》，是从博马舍的剧本取材的。由于博马舍这部剧本对贵族的辛辣的讽刺和鞭挞，拖到 1784 年才公开上演。可是莫扎特 1785 年就已经动手根据这部剧本的材料来写歌剧，1786 年就公开上演。从这里可以看到莫扎特对新鲜事物的感觉的敏锐。《唐·爵凡尼》可以说是《费加罗的结婚》的继续。如果说"费加罗"是显示了封建贵族的失败，那么，《唐·爵凡尼》就宣告了封建社会的灭亡。然后，我们天才的作曲家就通过《魔笛》唱出了人道主义的颂歌。就民族歌剧的意义说，莫扎特更实践了他少年时代许下的心愿，"不独为自己，也要为德意志全民族创造荣誉"。有了莫扎特的《魔笛》，威柏的《魔弹射手》、瓦格纳的《匠师歌手》才算找到了依靠。恩格斯对《魔笛》的爱好是到了这样的程度，在他做作曲习题的时候，竟然无意中模仿了《魔笛》里面"萨拉斯特罗咏叹调"的旋律。

说到莫扎特的创作方式，我们向来都受到了一些神童式的或者孝子式的轶事的迷惑。实际上，他也一样经过学习，一样经过构思；经过组织，经过写定才成功一部作品的。他自己曾经说过："那六部献给海顿的弦乐四重奏，的确，是长时间的而且是辛苦工作的结果。如果有谁以为我的艺术是那么容易到手的，那他根本就想错了。我向您保证，亲爱的朋友，没有谁像我一样在作曲的学习上下过那么多的苦工夫。"（致布拉格的库哈尔奇的信）

作为伟大的作曲家，他无疑是感觉到阶级的矛盾而且创造出矛盾的形象的。可是政治上，他的观察和理解却并不是一下子就那么透彻，例如费加罗和阿尔玛维华伯爵，马谢陀和唐·爵凡尼，他们对立的地位是显然的，在戏剧性的处理上也显示出他们之间的社会性的矛盾，可是这些反派人物的音乐的处理却还不是反派的，他还没有意识到阶级敌人的丑恶面，但是到了《魔笛》就大不相同。除了第一首咏叹调（不要发抖啊，我亲爱的儿子）还显示出黑夜女王的真情的母爱之外，此后黑夜女王就一直是用冰冷的、虚伪的花腔来表现，恶人的面目于是完全暴露了出来。作者的爱憎已经到了绝不含糊的地步了。另一方面却由萨拉斯特罗唱出"在神圣的殿堂里面"的咏叹调，正如邦加特纳所指出的，那是一首"温柔的和平歌曲"。贯穿全剧的精神是萨拉斯特拉对黑夜女王的胜利，那是善对恶的胜利，光明对黑暗的胜利。民间音乐的色调也证明这部歌剧是永远属于人民的。

歌德看过这部歌剧之后，曾经说过这样的话："要认识这部歌剧的价值而不是否定它的价值，是需要更多的教养的。"他还计划过写一部《魔笛》的续编。其实，要纪念莫扎特，并不在乎续写《魔笛》而是继承和发扬莫扎特的人道主义的精神，使"温柔的和平歌曲"发展成为翻天覆地的和平大合唱！

原载《光明日报》1956 年 1 月 27 日

亨德尔——贝多芬的先驱

——纪念亨德尔逝世 200 周年

说起英雄式的音乐家，我们立刻会想到贝多芬，这是很自然的，贝多芬不仅写过英雄交响乐等划时代的巨著，他的一生也贯穿着可歌可泣的战斗，如果我们问一句，贝多芬怎样完成他英雄的业绩，他的事业又有什么凭借？答案无疑是他所处的时代和他对当时的政治事变所采取的进步的态度。如果再深一层，贝多芬在艺术上拿什么来做他创作的典范？那么，亨德尔的影响是首先应该提到的。贝多芬本人就曾经说过："亨德尔是不可企及的大师！去吧，学他那样用少许的材料去造成那么巨大的效果吧。"罗曼·罗兰也说过："只有贝多芬在亨德尔开辟的路上踏着他巨大的脚印继续前进。"到了今天，虽然他离开人世已经满了 200 年，他的作品仍然有深刻的现实意义。

亨德尔生于 1685 年 2 月 23 日，故乡是德国的哈勒。经过 1618—1648 的 30 年战争之后，德国到处是真"悲叹、眼泪、愁苦和灾难"，它是封建的、落后的、分裂的国家，全国分割为 300 多个独立的小邦，普通的人民都在王侯的压迫和剥削之下度过他们凄凉的岁月。资产阶级的力量只有非常缓慢的发展。可是也正由于资产阶级的成长，哈勒逐渐成为德国初期启蒙运动的中心。

亨德尔的祖父是铜匠，父亲是跌打医生，在军队中工作之后来做了公爵的"御医"，但是仍然继续做他的医生，他的家庭这个时候已经相当富裕了，但是亨德尔不愿意过安闲舒适的生活，他要出去看看世面，他于是到了汉堡。汉堡是德国创办歌剧院的第一个城市。他在歌剧院拉小提琴，后来担任古钢琴的演奏，他的歌剧也在汉堡上演。但是他并不满足于他初步的成绩，他又去意大利，认识这个歌剧的故乡，去找创作歌剧的窍门，然后同汉诺威，做汉诺威选候的乐队指挥，开始工作不久，他就请假去英国，看到了英国的社会的一些新气象。回国之后，再去英国、从此一直到死，在英国住了47年，而且入了英国籍，被公认为英国最伟大的音乐家。1759年4月14日逝世。

亨德尔在法律上成为英国公民，在感情上他并没有忘记他的故乡、他的亲人、他的朋友，他也没有忘记德国传统的文化。他最后那部清唱剧叶夫塔谱上的手记是用德文写的，在他的作品里面，德国民歌的腔调和三和弦的主题原则以至许许多多的合唱乐章声，都是毫不含糊的德国风格。

提起亨德尔的创作活动，人们立刻就会想到他是清唱剧的作曲家。清唱剧又是大部分从"圣经"取材的，过去曾经译为"神剧"或"圣迹乐"，因此就会联想到他是一个宗教音乐的作曲家，事实上这却是误会。亨德尔之采用"圣经"题材，因为这些题材反映了当时英国的现实。亨德尔的清唱剧《以色列人在埃及》揭露了英国统治集团的奴隶买卖，《犹大斯·马卡贝乌斯》则借古人的事实指斥了苏格兰封建反动集团为了争夺王位，勾结法国、西班牙和梵蒂冈的专制势力发动了对资产阶级英格兰的进攻的劣迹，《弥赛亚》胜利的歌唱更是意味着启蒙运动和人道主义的光明。他的思想甚至于超出了资产阶级的范围，接近了平民民主的道路。亨德尔采用"圣经"题材，正是古为今用的具体的范例。顺便说一句，这些"圣经"题材的清唱剧几乎是毫无例外地不在教堂而是在戏院上演的。

由于亨德尔写了不朽的清唱剧，他的歌剧无形中丧失了它应有的地位，人们甚至于忘记了他也写歌剧，而且写了四十部之多。就在他写过《索罗王》和《以色列人在埃及》这样伟大的清唱剧之后，他还在继续写歌剧。他的歌剧开始是遵循那坡里乐派的，可是已经包含了新的特点，那就是英雄因素的增长，剧中的主角也多是现实性的历史人物如凯撒、亚历山大、塔美尔兰等等。至于合唱的广泛应用更说明他歌剧的群众已经担任了重要的角色，这是他以前的歌剧里所没有的。德国解放以来，已经演出过他的九部歌剧，包括他的少年作品《阿格理匹娜》和晚年作品《代达米亚》。今年亨德尔纪念音乐周又有新排练的三部将要上演。

亨德尔的器乐作品以管风琴协奏曲、古钢琴曲、大协奏曲、室内乐为主。他喜欢给他的器乐曲加上标题，例如《烟火音乐》就标明"和平""欢乐"这样的题目。和《烟火音乐》同样流行的还有《水上音乐》。他的大协奏曲形式是自由的，乐章的数目或多或少，没有一定的限制。他的有些手法如动机的展开，是后来维也纳古典乐派交响乐典型特征之一。

总观亨德尔的一生，他大致具有这样一些特点。

首先应该指出来的是他坚强的战斗性。正如他清唱剧的取材所显示出来的，他为当时民主、进步和人道主义的事业献出了他的力量，他歌颂了人民反抗专制压迫的斗争和胜利。

其次是他永不自满的工作态度。他之所以具有这样的一股干劲，是由于他对工作具有明确的目的性。他要用崇高的、雄伟的音乐来教育群众，正如他自己说的，"要改善他们"。为了这个目的，他向群众学习，到意大利就听海边的渔歌，在英国就注意农村舞蹈和街头巷尾小贩的叫卖声，他写西班牙歌词的大合唱就把吉他加入它的伴奏。据最近几年的探究，发现他在英国已经写过群众歌曲。

原载《光明日报》1959 年 4 月 1 日

不朽的 "民族艺术的歌手"

——纪念肖邦诞生 150 周年

自从前一世纪以来，中国人民和波兰人民就结成了患难朋友的关系。由于当时中国人民正处在帝国主义的侵略和封建势力的压迫之下，肖邦的音乐一经传到中国，立刻不胫而走。中国人民之热爱肖邦，不仅在于他的才华，更重要的是他辗转流亡，还拿自己辛苦得来的金钱去支持波兰人民的复国运动，直到绝命之前，明知遗体不能归葬祖国，还要求把他那颗心带回去安葬，在他的巴黎墓穴里面则撒上他从波兰带出来的祖国的泥土。

由于肖邦同波兰普通人民的接近，他对民间音乐是非常熟悉的。他看见农民跳舞，立刻可以跑过去在低音提琴上面拉伴奏，而且受到农民热烈的欢迎。这就说明他对民间音乐决不仅是一般的熟悉，而是完全掌握了民间音乐的精神和气派。也就是他的老师爱尔斯纳所说的，他的音乐的独创性和节奏性是来自家乡的注脚。但是，肖邦创作的时候，并不是原封不动地引用民间旋律，他的主要特征是旋律上及和声上和波兰民间音乐的风格的共同点，而不是亦步亦趋的模仿。至于肖邦创作中声乐性与器乐性的结合，交替调式和那种和声与旋律的有机的联系，都说明它与波兰民间音乐的密切的关系。

肖邦的创作是充满了浪漫主义气息的，同时却也含有现实主义的因素。但是使他特别具有伟大意义的则是他作品里面强烈的人民性和民族性。肖邦的浪漫主义是健康的，也就是我们常说的积极的浪漫主义，浪漫主义使他在黑暗中依然看到了光明，使他的 c 小调练习曲虽然充满了华沙起义失败后的绝望情绪，我们还是可以听到刚毅的，英雄气概的主题。浪漫主义也使他的创作打破成规，将现成的体裁提到更高的艺术水平，波兰舞曲、马祖尔卡舞曲、夜曲不用说，连练习曲这样一种可能是十分枯燥的形式，在他手下也成为尽善尽美的艺术品，甚至于出现了 c 小调练习曲即所谓革命练习曲那样的奇迹。

但是肖邦的浪漫主义是与现实主义互为补充的，他的作品从不流于过火和浮夸，李斯特说得好："他屏弃了浪漫主义的狂热和奔放的一面，炫感的效果和过火到妄诞的地步都是他不能容忍的。"因而就使他的作品忠实地反映了波兰人民的生活，体现了对祖国崇高的思想和深厚的感情。

作为钢琴演奏家肖邦也是第一流的，而且具有独特的风格。卡尔克勃伦纳说过，他具有克拉默的演奏和菲尔德的触键。但是他与众不同的地方是"揭开了那么多奇妙的诗意的境界"（李斯特），所以海涅称他做"名副其实的天才，他不仅是一个具有高度技巧的钢琴家，他也是一个诗人"。因为是一个诗人，所以在演奏风格上没有任何虚饰的、追求表面效果的东西，他有的是纯朴而又富有生命力。

肖邦之所以伟大，在于他给世界的音乐宝库加上一笔标上波兰名字的珍宝。他在继承民族传统的基础上面吸取了西欧进步的音乐文化创造了具有民族特色、同时具有世界意义的乐曲。他继承传统而又勇于革新，借鉴外国而又善于融化。另一方面，他又在古典音乐的原有基础上把各种音乐体裁加以改造和发展。最明显的例子是序曲。过去的序曲偶然也有写成独立的作品的，但一般都是作为引子，到了肖邦，序曲才成为一个自成首尾的整体。说他承先，是以巴赫为榜样；说他启后，是可以看到在他以后一连串与此有关的重要的名字：从李亚多夫、斯克里亚密、拉赫玛尼诺夫到肖斯塔科维奇。

真正了解肖邦是并不容易的。中国资产阶级音乐家过去是跟在西欧资产阶级音乐学者的背后，强调肖邦孤独、感伤、疾病的生活，还加上一些沙龙的脂粉气。在一部分人心目中，肖邦成为一个多愁多病的风流才子。解放之后，肖邦的作品才得到正确的、深刻的理解，通过肖邦我们认识到波兰人民英勇豪迈的性格和纯朴乐观的生活以及波兰美丽的山河。他是不朽的"民族艺术的歌手"！

鲁迅先生论述密茨凯维撇支昀诗歌，认为"诗中之声，清彻弘历，万感悉至，直至波兰一角之天，悉满歌声，虽至今日，而影响于波兰人心者，力犹无限"。这一段话也适用于肖邦的音乐。但是，肖邦生前想望创造的"新世界"，最大限度终究不出资产阶级民主革命的范围，今天肖邦的祖国却已经在建设社会主义了。作为以苏联为首的社会主义大家庭的成员，我们要和波兰人民一道为创造我们今天的新世界献出我们的力量。

原载《光明日报》1960 年 2 月 23 日

腐朽没落的西方资产阶级音乐

西方资产阶级音乐的衰颓并不是 20 世纪才开始的。自从 1848 年革命之后，随着资产阶级的反动，音乐就开始了它的危机，消极的浪漫主义、庸俗的现实主义、自然主义、神秘主义陆续出现，到了印象主义一出来，古典音乐的传统已经摇摇欲坠了。印象主义音乐在音色上是感官性的，自然主义的，情调上是暗示性的，"象征主义的。但是它还没有完全脱离古典音乐的原则。彻底破坏了古典音乐的原则的是表现主义，代表人物就是玄堡①。

表现主义的特征是病态的恐怖，玄妙的神秘和粗野的色情。玄堡是以"思想家"的姿态出现的，他的理论完全暴露出资产阶级的没落情绪。我们说，艺术是反映社会生活的，它是阶级斗争的武器，它反映社会生活的目的在于改造生活；玄堡却说："艺术是人遭受到命运的折磨发出来的危急的叫喊。"他又说："艺术家的创作是冲动性的。意识说不上有什么影响。"他并认为自己"是一种潜伏意志，本能和无意识的执行者"。事实上这种音乐完全离弃了客观的印象，只是用纯主观的方法去表现内心动态的唯心主义的创作。如他的作品第 19 号的六首钢琴曲，就是表现恐惧、梦魇一类的精神状态的。

玄堡是看不起群众的，他说他的知己只是"精选的少数人"。在这些"精选的少数人"中间玄堡的学生威柏恩被认为是青出于蓝的高足弟子，他的作品的音程常常大到八九度，因此听起来总是飘飘荡荡，使人无从把握它的节拍，也无从体会到完整的形象、动机或主题，其实它只是一些声音和响动。

如果说玄堡的十二音音乐还算是音乐的话——当然是只能作为反面教材的音乐，那么，"电子音乐"就根本不是音乐，我们通常的音乐是由音响构成的，就物理学

---

① 玄堡即勋伯格——编者注。

上说，这些音响又是由正弦音和一些共鸣音构成的，而所谓"电子音乐"却把正弦音"过滤"一次，只剩下一个原始音，然后再把这个原始音和其他音响混合起来，造成了闻所未闻的音响效果，平常我们通用的音阶是由全音和半音组织成的，而这些"电子音乐家"却把一个音分解为四分之一音，五分之一音一直到十二分之一音，用电子乐器奏出来，再加上滑音，这就叫做改变音质，电子音乐的"创造者"把这些分解的音组成的音调录成一条条胶带，然后再把各条胶带同时放出来，一股脑儿集中录入一条胶带，再加上音量的放大或缩小，速度的加快或放慢，力度的加强或减弱。这种音乐可以顺放，也可以倒放，它根本取消了音乐的思想内容，作曲家和演奏家也都成了多余的人，因而也完全没有了民族特点。这是世界主义、形式主义的更进一步的发展。

电子音乐的一个突出的"作品"是施托克豪森的《青年之歌》，且不说乐曲的怪腔怪调，更荒谬的是歌词的处理，在这个"作品"中只有一部分是听得出来的字句，另一部分则只有声音的价值，其中又有一些似字非字的字音，而听得出来的地方就是在赞美上帝。上帝是资产阶级音乐中到处出现的东西，这也是和资产阶级加强宗教教育来麻痹人民、毒害人民以达到巩固他们资本主义制度的罪恶目的相一致的。

但是堕落的玩意还没有完，资产阶级又弄出一套新花样叫做具体音乐。具体音乐也利用电子音乐的成果，它和电子音乐的差别在于电子音乐通过电力发音器去改变乐器的音质，造成普通乐器发不出来的音响和音响变化的效果。具体音乐则直接从自然界收录形形色色的声音，如风的呼啸、雷的滚动、雨水的淅沥声、火车头的嘶叫、飞机发动机的轰鸣、打字机的滴答声、鸡叫、狗叫、汽笛、手枪等等，都成为检"作曲"的素材，它的发明家是法国人比尔·舍斐尔，他写了一本书叫做《具体音乐的探究》，光是生活的新名词就是 25 个，他认为过去的音乐都是人工制造的，不是货真价实的东西，只有具体音乐才是道地的货色，因为它不必借助一般的乐器，只要录取自然界的声音就可以了，而自然界的声音是取之不尽，用之不竭的，他的第一首作品是《悲怆练习曲》，后来被采用为《繁声协奏曲》的第五乐章。他的大型作品是舞台作品《奥飞欧》。他着重描写的并不是奥飞欧对妻子的坚贞和怀念，而是关于地狱的阴森和恐怖，这就产生了一个问题：要描写地狱，而地狱并不存在，具体音乐又怎样来具体呢？但是为了制造世界末日的恐怖，具体音乐剧是很出了一把力的。去年在斯德哥尔摩上演的星际歌剧《阿尼亚拉》里面，连希特勒和墨索里尼的嗥叫都复活了，这可见那些彻头彻尾地为复活军国主义者服务的所谓

"音乐家"已经无耻，嚣张到了什么程度。因此对这种腐朽而又反动的所谓"艺术"，我们也应该像对帝国主义者及其走狗修正主义者一样进行严肃、坚决的斗争，这是我们责无旁贷的任务。

原载《光明日报》1960 年 8 月 9 日

从轻音乐的轻字谈起

　　轻音乐之所以具有特殊的意义，主要在于它冠以轻字。顾名思义，所谓轻者，原来包含有轻松、轻巧的意思。由于轻音乐是随着城市生活而产生和发展的，小市民的庸俗趣味多少给轻音乐以一定程度的伤害。加以西洋资产阶级轻音乐传入中国的时候，已经是在资本主义进入帝国主义阶段之后，颓废情绪成为这一时期资产阶级音乐的主要特征，因此说起轻音乐，自然而然地会联想到好莱坞电影的配音，联想到肉麻当有趣的爵士音乐和黄色歌曲，轻音乐的轻字在有些人心目中也就更带有轻浮、轻佻的意义。憎恨黄色音乐是对的，对于轻音乐来说，却是殃及池鱼了。

　　事实上轻音乐的来源，有一部分是属于轻歌剧的选曲，轻音乐的作曲家也每每是轻歌剧的作曲家。轻歌剧亦名小歌剧，轻歌剧这一译名的流行，那是由于英文当时在中国特别流行，至于法文的原名也许可以译为小戏，它的奠基人奥芬巴赫还管他的作品叫滑稽歌剧，因为这一类作品精神上是与意大利的滑稽歌剧一脉相通的，也就是说，它取材于现实社会的人民生活，本质是与贵族习气的严肃歌剧对立的，即使采用神话、传统的题材，它的目标也总是针对当前的不合理的社会现象进行讽刺和批判。奥芬巴赫讽刺的对象是法兰西的第二帝国，亦即拿破仑第三当政的法国，这从他的作品《奥菲乌探访地狱》《美丽的海伦》和《巴黎生活》等等可以得到有力的证明。他写轻歌剧正是通过滑稽的手段达到讽刺的目的，这是轻歌剧的光荣的传统。我们有些同志淡到轻音乐的时候，指出它讽刺的作用，要为它恢复名誉，这是可以理解的，也是完全正确的。

　　但是社会批判性和讽刺性，并不能代表轻歌剧以至轻音乐的全部。轻音乐中间有很大一部分是并不包含什么讽刺的，有些曲子根本不带有什么政治性、思想性，它所有的就只是娱乐性。除此之外，我们还不能不考虑到，轻歌剧有轻歌剧的特点（轻音乐也不例外），即使是志在讽刺，它也倾向于采用喜剧式的手法，把不合理的东西嘲笑一通，亦即所谓"褫其华衮，示人本相"，让大家看看藏在漂亮的外衣底下究竟是一些怎样丑恶的东西，它不倾向于剑拔弩张或是词严义正的谴责，而是嬉笑怒骂，皆成文章，正如我国传统的唐朝参军戏到相声这一路所表现的一样。因此，把《铁蹄下的歌女》《打倒汪精卫》以至《你这个坏东西》等等都划入轻音乐的范围，那恐怕是不恰当的。根据同样的理由，我觉得拿鲁迅的杂文同轻音乐做比较，也不是没有毛病的。因为鲁迅的杂文固然是嬉笑怒骂，皆成文章，但还是词严义正的居多，亦即他自己所说的"暴露更多于讽刺"。属于嬉笑怒骂一类的，也许《野草》里面的《我的失恋》可以作为代表，但是这一类作品在鲁迅杂文中所占的分量是不大的。

究竟什么是轻音乐呢？要给它下一个准确的定义，似乎不是一件易事。就目前发表的几篇文章来说（主要是去年年底以来《文汇报》上的那几篇），似乎偏重在曲式结构或乐器配备上面立论，这是很难说明问题的。有许多伟大的作曲家都写过一些短小精悍的作品，演出手段也不是怎么复杂的合奏或合唱，但是我们总不说他们的这些作品是轻音乐，更不认为他们是轻音乐作曲家。即使有人从内容出发，认为抒情歌曲、讽刺歌曲都可以算作轻音乐，又总是立即声明舒柏特、舒曼、柴可夫斯基、穆索格斯基的作品不是轻音乐。但是，如果我们真的从实际出发，倒真可以从伟大的作曲家那里找到一些轻音乐性质的作品，例如亨德尔的《焰火音乐》《水上音乐》，柴可夫斯基的《圆舞曲》，圣－桑的《动物狂欢节》等等，真是不胜枚举。何况莫扎特根本就写过《嬉游曲》，巴赫还花了大力气来写《咖啡大合唱》。

因此，我倒有一个不很成熟的想法。既然轻音乐难于划定一个明确的范围，又难于下一个准确的定义，我们是不是可以考虑放弃这个称呼。绘画上没有轻图面，文学上也没有轻音诗歌、轻小说，音乐领城内也似乎不必分出轻音乐这一个门类来，使得范围向下扩大得过分就担心贬低了音乐的声价，向上扩张呢又怕它高攀不到古典大师上面去。如果说，取消轻音乐这一门之后，怕有些作品会无类可归，那倒未必，它是舞曲就归入舞曲，是歌曲就归入歌曲。事实上大家也承认有些作品可以算作轻音乐，又不一定属于轻音乐，那么，根据它具体情况把它归入适当的门类也就可以了。

依照目前的趋势看来，轻音乐由于服务对象的改变，过去那种迎合市民趣味的作曲技术与演奏手法已经越来越没有市场了，作曲家也越来越多写轻音乐一类的东西，肖斯塔可维奇最近就写了一部轻歌剧《莫斯科的李花村》，可见"严肃音乐"作曲家已经不限于严肃一味了，轻字号又何必另立门户呢。

说了一大篇，似乎轻音乐是娱乐性质的居多，即使有讽刺、批判的性质，也偏重于采用喜剧式的手法，正面的指引是比较少的，因而思想性也好像不那么强，这还能为无产阶级政治服务吗？我的理解是：为政治服务可以是直接的，也可以是间接的。为当前的政治运动服务，为社会主义生产服务，当然最重要，但是丰富劳动人民的精神生活，培养劳动人民高尚的情操和美学趣味，也应该承认有它积极的意义。如果作者能够更多的注意思想性，那就更好，但是又必须考虑到一定的题材和一定的手法，一定的内容和一定的形式，勉强凑合是不会成功的。我的想法很不成熟，更说不上全面，说出来目的是伫候明教。

原载《光明日报》1961 年 3 月 10 日

"全靠自己救自己"

——纪念无产阶级第一代歌手鲍狄埃逝世 75 周年、德盖特逝世 30 周年

世界上没有任何一首歌曲，能够比得上《国际歌》发生那样深远的影响，具有那样无上的威力。几十年来，《国际歌》被译成世界各国的文字，全世界的无产阶级，高唱着这一首无产阶级革命的战歌，团结起来，走向战斗，走向胜利。

《国际歌》是无产阶级自己的歌曲，它表现了无产阶级意识到自己的历史使命和力量，对人类的未来充满信心。特别值得宝贵的是，这首无产阶级自己的歌曲，歌词和音乐都出自工人的手笔，他们——鲍狄埃和德盖特——是无产阶级第一代歌手。《国际歌》的出现，是无产阶级文学艺术最初的胜利之一。

鲍狄埃生于 1816 年，13 岁起就在他父亲的作坊里当学徒，用他自己的话说，就是："在装箱工人的刨木屑中间潮湿、疲困、昏沉而又笨拙。"此后的生活经历是纸店店员、助理教员、印花布图工。他最崇拜的诗人是贝朗瑞。贝朗瑞会因这位 14 岁的诗人那首题作《再拿起你的诗琴吧，神般的贝朗瑞！》的诗，给他写了一封热情洋溢的回信，同时却又对他提出劝告："……不要让诗句使我们忘记，即使最谦卑的手工匠也比大多数的诗家更有利于他的国家。"

贝朗瑞的劝告很有效。鲍狄埃一直干他手工业的行当，即使写诗，也总是有利于国家的才写。这些诗篇使得他在群众中享有极高的威信。

他认识社会主义是从阅读傅立叶的著作开始的。他对社会主义的信仰使他参加了 1848 年的革命。到了 1871 年巴黎公社时期，他高歌道：

> "作为诗人、艺术家、工人，
> 　我奋身投入行动的烈焰，

我心里想，只有这一次转变
才能改善人类的命运。"

由于鲍狄埃的声望，他从 3600 票中得到了 3352 票，当选为巴黎公社委员。巴黎公社失败了，他写下了那一首洋溢着英雄气概和乐观主义精神的《国际歌》。

正当鲍狄埃在巴黎城内参加保卫巴黎公社的战斗的时候，德盖特也在巴黎城外援救公社的救兵中间企图冲破麦克马洪的反动军队对巴黎的包围圈。他们两人过去没有见过面，这一次会师不成，又阻碍了他们的会见，但是他们两个人的名字却是永远联结在一起，而且是永垂不朽的。

德盖特生于 1848 年，亦即是《共产党宣言》发表的那一年。他父母是法国人，他却出生在比利时，到他 7 岁的时候，他们才回到了法国。正如马克思所论证的，资本主义人类学法则使儿童时代提前到 10 岁，至多 12 岁就宣告结束。因此德盖特从 10 岁起开始了他的工人生活。最初是做针织厂的穿线童工，有时也做卷纱工作或接线工作。12 岁开始，他进了工人夜学。他不仅学会了读书和写字，而且还学会了识谱和弹风琴，但是资本家为了便于剥削和愚弄，喜欢雇用童工和女工，童工长大成人，就很容易给撵出去，由妇女和儿童来接替他的工作。德盖特也没有例外。幸亏他的父亲当时在一个工厂做镟工，他从此做他的下手。

他 16 岁已经考进了里尔市立艺术学院的夜学部，学绘画和音乐，18 岁获得了学院的音乐一等奖。据里尔市民的叙述，德盖特虽然很穷，他经常捐献罢工经费，帮助失业工人，他募集捐款的办法是推动风琴沿街唱歌，唱的歌曲多是德盖特自己作曲的。就是这样，德盖特年复一年地用他的歌曲作为宣传鼓动的手段，同时担任"工人诗琴"合唱团指挥。这一期间，鲍狄埃的诗集《谁是傻瓜》和《革命歌集》先后于 1884 年和 1887 年出版，也就是这后一个年头，鲍狄埃逝世了，再过一年，他的名字就同德盖特这个名字合在一起发出了震撼世界的声音。

1888 年夏天的一个星期六晚，有人给德盖特一本小书，劝他在那里面找些歌词来作曲，因为当时还没有真正的革命歌曲。德盖特回到家里，马上翻开那本书来看，据他 40 年后的回忆说，"我当时最喜欢的是那首《国际》，我觉得它适合于写成合唱歌曲……"。他"先打下旋律的草稿，第二天写成功那段副歌"，事实上是一夜之间写成的，因为第二天星期日他不用上班。6 月 18 日的晚上，作者在一个酒馆里第一次试唱，23 日"工人诗琴"合唱团在一次卖报人的庆祝会上正式演出，接着就印成单页歌曲出版，印数六千份。当时还不敢用真名，德盖特改写成德·盖特的样子。

《国际歌》出版不久，就遭到统治阶级的迫害，发行人戈塞林因为这首歌曲以"煽动叛乱"的罪名被判处一年监禁，但是它的威力却也迅速地发挥出来了。

1902 年《国际歌》有了俄文译词，最初是抄写流传的，1906 年第一次出版。1921 年《国际歌》被介绍到中国来，1923 年又经过革命先烈瞿秋白的新译，发刊在《新青年》的专刊上面。

德盖特不同于鲍狄埃的一点是，他亲眼看到了社会主义的胜利。1927 年，这位 80 岁高龄的老工人、《国际歌》的作曲家接受了参加共产国际第六次代表大会和十月革命十周年纪念会的邀请，来到莫斯科。

他死于 1932 年 9 月 26 日，送葬的队伍数达 5 万人，领头的是巴黎公社的老战士。

在艺术和政治的关系上，不论是鲍狄埃还是德盖特，都把艺术放在从属的地位。列宁说过，鲍狄埃是一位"最伟大的用歌作为宣传工具的宣传家"。只要于革命有利，他们就挺身而出，毫无保留地坚决地参加斗争，直到拿起武器。

艺术为政治服务，并不是说政治即等于艺术。艺术创作是通过自己的特殊手段来感染人的。《国际歌》的诗人和作曲家，都善于使革命的政治内容和完美的艺术形式统一起来。就思想上说，诗人强调说出了无产阶级自己解放自己的重要性，即诗中所说的"从来没有什么救世主……全靠自己救自己"。音乐上这一句话也是一音节一个字地、斩钉截铁地唱了出来，毫不含糊。副歌本来是诗作的引子和煞尾，现在作曲家把这一段写成副歌，按照分节歌的形式，在每一节的末尾重叠一次，突出了歌曲的主题思想，形成一种战斗的号召，加强了必胜的信心。这是自觉的无产阶级登上历史舞台而且坚信自己事业的正义性和胜利的必然性的宣告，从而为音乐史开始了新时代的一页。它的两位作者出色地完成了无产阶级第一代的歌手的使命，成为无产阶级音乐的开山祖。

《国际歌》是显示无产阶级革命威力的歌曲。1919 年 4 月，法国水兵曾经拒绝法国资产阶级军官的进攻年轻的苏维埃国家的命令，在黑海的法国舰队上升起了红旗，唱出了《国际歌》。我们的革命先辈在敌人的暴力面前，也常常通过《国际歌》来表示他们对革命的坚定立场和胜利信心。瞿秋白同志就是临刑之前高唱过《国际歌》和《红军歌》之后从容就义的。伏契克在《绞刑架下的报告》里面写到五一节，就想起《国际歌》，想起那些和他一样进行战斗的人们。多少年来，《国际歌》作为无产阶级战斗的颂歌，在世界上许多国家的人民中间传唱，游行的工人唱着这首歌向武装警察的刺刀、水龙冲去；烈士们唱着这首歌，英勇不屈地走向刑场，无产阶级革命在进行着，《国际歌》的歌声永远高扬！它又是无产阶级国际主义的象征。正如列宁所说的："一个有觉悟的工人，不管他来到哪个国家，不管命运把他抛到哪里，不管他怎样感到自己是异邦人，言语不通，举目无亲，远离祖国——他都可以凭国际歌的熟悉的曲调，给自己找到同志和朋友。"

既然艺术是为政治服务的，艺术家自然应该"成为一部统一的、伟大的、由整个工人阶级的整个觉悟的先锋队所开动的社会民主主义机器的齿轮和螺丝钉"。既不为个人出名，也不为个人谋利。鲍狄埃是这样，德盖特也是这样。德盖特一直沉默地过他平凡朴素的生活。1920年加入法国共产党之后，从来没有以《国际歌》的作曲家的身份向党要求过什么特殊的地位和名誉。他仍旧做他街灯工人的工作，天黑之前沿着街道一盏一盏地点亮那些街灯，天亮之前又照样一盏一盏地把街灯熄灭。

现在，距离他们的逝世已经有不少年头了，世界革命的形势比他们生前所看到的已经大不相同。我们已经形成一个社会主义阵营，在世界的另一头又有英雄的古巴人民向社会主义迈出了坚定的步伐，同万恶的美帝国主义进行着针锋相对的斗争。亚洲、非洲、拉丁美洲的民族解放运动更是风起云涌，此呼彼应。资本主义国家劳动人民的革命斗争不屈不挠，日益高涨。只要看一看美帝国主义及其帮凶走狗对我们革命力量的攻击和诬蔑的无耻程度，就知道他们的日子是如何的不好过。现代修正主义者打着社会主义的招牌贩卖修正主义的货色，玷辱了马克思列宁主义，出卖了无产阶级革命利益，无耻地对帝国主义和反动的资产阶级民族主义屈膝投降，起到了帝国主义和各国反动派所不能起的破坏作用。因此，我们更应该重温《国际歌》"这是最后的斗争，团结起来……"的号召，加强我们的革命斗志，百倍地提高警惕，认清美帝国主义、各国反动派和现代修正主义者的本质，"丢掉幻想。准备斗争"！

原载《光明日报》1962年11月6日

质疑与求教

音乐"三化"讨论开展以来，正面的论述比较多，消极现象的揭露比较少，像王受仁同志那样义形于色的大声疾呼尤其少，因此读起来很有一新耳目之感。目前，仍然一味拜倒在"洋八股"脚下的人虽不多，但也不必否认还有这样一种情况，那就是去年有人从讨论德彪西的过程中提炼出来的一句话：挥泪斩马谡。如果真是动手斩，挥泪只是表明动手之前的思想斗争，那也不错。如果只是虚晃一刀，便算做了交代，挥泪却是涕泗滂沱，那就不妙了。我不敢担保没有虚晃一刀的人，因为西洋音乐的影响，对有一部分人来说，确实是根深蒂固，一时不容易转过弯来。因此，王受仁同志语重心长的文章，是值得欢迎的。

在具体问题上，王受仁同志所指出的"色彩论"也道出了音乐界的一种现象。既满足了个人的猎奇，也算是在民族化问题上交了卷。指出这一点无疑是很有意义的。不过王文中的有些论点，似乎还不免有以偏概全的地方，现在冒昧地写出来，求教于王受仁同志。

我以为，音乐之所以需要提出民族化这个口号，正是由于有一个借鉴西洋的问题。毛主席早就教导过我们，古代和外国的作品都应该"作为我们从此时此地的人民生活中的文学艺术原料创造作品时候的借鉴。有这个借鉴和没有这个借鉴是不同的，这里有文野之分，粗细之分，高低之分，快慢之分。所以我们决不可拒绝继承和借鉴古人和外国人，那怕是封建阶级和资产阶级的东西。"所以我有一个天真的想法，如果不谈借鉴西洋，我们所谈的"三化"也许不妨改为"二化"了。当然，因为借鉴西洋，就认为只有西洋才高，才科学，那提法本身就是不科学的。各民族的艺术各具有不同的民族特色，这是事实。但却不能因其各有特色而得出此高彼低的结论。我们很难设想，能够唱西洋歌剧的人，一定能唱好京戏。画油画和画水墨画的本领也很难分谁高谁低。我倒以为我国音乐上的余味曲尽，文学上的风清骨峻，绘画上的气韵生动等等。毋宁是我中华民族非常宝贵的美学思想，不是机械的格式结构所能包举的。因此说起借鉴西洋，首先要我们挺起腰板，也就是说，以我为主，决不可以舍己从人，应该实行鲁迅先生所说的"拿来主义"。远在我们懂得"拿来"之前，先吃过不少洋人"送来"的苦头。鲁迅先生列举出来的就有英国的鸦片、德国的废枪炮、美国的电影等许多宝贝。因此需要"运用脑髓，放出眼光，自己来拿！"具体的做法是"占有，挑选"。结论是："没有拿来的，文艺不能自成为新文艺。"毛主席教导我们学习语言的时候，除了学习人民群众的语言和古人语言中有生命的东西之外，也要从外国语言中吸收我们所需要的成分。语言方面是这样，音乐方面的情况恐怕也不无类似之处。因此，简单地反对三段体以至奏鸣曲，一概说之曰洋八股、洋教条，"应下狠心甩掉它"，那就似乎值得考虑了。

我们知道，所谓三段体，奏鸣曲，只是一些音乐形式，作为一个艺术品的决定性的东西是内容而不是形式。如果说奏鸣曲等等不能用来"盛载今天中国人民革命的热情，磅礴的感情"，是不是用唱赚、大曲等等来盛载就可以胜任愉快呢？我认为，只要作者的立场观点正确，奏鸣曲等形式也是可以用来反映中国人民的革命斗争的。关键问题在于作者是一个革命者。"从喷泉里出来的都是水，从血管里出来的都是血。"不从革命化着眼，只斤斤计较那种形式是外国的，这种形式是我们自己的，从而决定我们取舍的标准，那就难免会甩掉外国的，却换上传统的框框，也就是资产阶级的要不得，封建阶级的倒是要得的了。本来嘛，形式是有相当的延续性的，在一定程度上可以适应新的内容，不一定要求彻头彻尾的改变，但是它又有局限性，不可能完全适应新的内容，所以又总要经过一定的改造。来一番"推陈出新"，也就是毛主席所指示的，"对于过去时代的文艺形式，我们也并不拒绝利用，但这些旧形式到了我们手里，给了改造，加进了新内容，也就变成革命的为人民服务的东西了"。

不过话又说回来，正如《光明日报》，关于创造和发展社会主义的民族的新音乐新舞蹈的编者按语所指出的，"目前，在音乐舞蹈界，崇拜西洋，硬搬'洋八股'的倾向比较突出，这是最没有出息的艺术教条主义，必须坚决加以反对"。因此，王受仁同志的指责是有道理的，应该引起我们的警惕。我觉得需要补充说明的是，王受仁同志说"理论研究家们讨论西洋古典音乐的问题是那样的开怀畅言，津津乐道，而对于中国音乐的历史，中国音乐的现状，是否是漆黑一团，我不知道，但写得少，谈得少，写不出，说不出，却是事实"。事实空间是怎样的呢？据我所知，目前中国音乐史的著作，铅印出版和油印讨论本，古代部分有六种，现代部分有三种，外国音乐史则只有油印的一种，今年铅印的一种实即油印稿的修改本。至于所谓津津乐道的讨论，恐怕就只有关于德彪西的那一次。那一次讨论，从原则上的批判开始，发展到具体分析，摆事实，讲道理，有正面，有反面，逐步弄清楚了有关德彪西的许多问题，读者的反映还算是比较满意的。只要我们真的能够在"三化"原则指导之下，历史主义地对西洋音乐家进行分析研究，指出他进步的一面，批判他落后的以至反动的一面，吸收那些可供我们借鉴的艺术成果，使之能为我用，那么，关于西洋音乐家的讨论是可以进行的。并不是一强调民族化就不需要再谈西洋音乐。何况前面已经说过因为借鉴西洋，所以才有民族化的问题。一种民族艺术的建立，处在今天五大洲近在咫尺，人民使节不断往来的时代，是不可避免地会吸收外来艺术的成分来丰富我们的艺术创造的。回顾一下我们的历史，不论汉还是唐，我们的艺术都是不断吸收外来艺术的养料的，我们所用的民族乐器有许多就是外来的。音乐、舞蹈也有不少是外来的。唐朝是所谓"大有胡气"的朝代，但是吸收外来养料最有成绩的也应该算是唐朝。当时的所谓胡乐，有一部分是从我国边疆民族传来的，严格地说不能安上外来的字眼，但是天竺乐、高丽乐、安国乐、康国乐、骠国乐、柘枝舞、胡旋舞等等却是外国的。唐朝是封建时代，还能够在"胡乐"唐化工作上做出了成绩，我们处在社会主义时代，有马克思列宁主义、毛泽东思想作为我们工作的指针，对音乐民族化工作更应该信心百倍，干出一点名堂来。

原载《光明日报》1964年4月13日

上海国立音专校史

　　吾国音乐教育素不受特殊之注重，最高限度音乐一系亦仅为各校之附庸，吾国音乐专门学校之设立盖自本校始也。笔者之作此言，毫不敢借以自大，更不敢以此自满，惟缔造之艰难，有足述者，故草兹简史以告国人。

　　民国十六年暑假前，吾国音乐教育所托命之北大附设音乐传习所及艺专之音乐系，随合并国立九校之议而咸有被摧残之势；幸我国民政府成立于南京，仰赖当局之贤明，萧友梅先生提出之国立音乐院创办计划，得以通过，而总筹备之工作者即为萧先生。惟当时政府方致力于北伐，国库颇形支绌，仅以筹备费 2600 元应付一切设备及房金，几经困苦始赁校舍于陶尔斐斯路，定名为国立音乐院，以大学院院长蔡孑民先生兼任院长，于 11 月初旬招生，同月 27 日行开学礼。至是中国旷古所无之音乐院遂获正式成立，惟以招生太迟，故初次取录者仅 22 人。是年 12 月蔡院长以大学院事务纷繁，无暇兼顾，特委托本院教务主任萧友梅先生代理院务。

　　民国十七年 2 月，添招新生，新旧合计得 56 人，遂迁至霞飞路，并增设宿舍。同年六月，提出十七年度新预算，经大学院核准，从九月起每月经费增至 5000 元，学额亦增至 80 名。是年 8 月本校再迁至毕勋路，并赁屋于辣斐德路桃源村，是为本校之第三次迁居，9 月，大学院聘任萧先生为本院院长。

　　民国十八年 7 月，国民政府修正大学组织法，以该组织法内无音乐艺术两院之规定，乃令改组杭州艺术院为艺术专科学校，本院为音乐专科学校，萧先生因向教育部辞去院长职务，至八月，教育部复聘萧先生为本校校长，以至于今。

　　音乐院初设预科，专修科，选科及特别选科，预科为本科之预备，须修足 60 学分，始可毕业；专修科目的在养成音乐师资，须修足 100 学分。选科为专修一门者而设，分为初中高三级，每级以修足 20 学分为标准。特别选科为有志研究音乐而为定章所限或额满见遗不获插入各科班者而设，教员所收学费各班不同，唯选习科目概随他班上课，故程度亦与选科无异。逮十八年 8 月改组之后，奉教育部令改专修科为师范科，同年八月聘沈仲俊先生为事务主任，10 月，聘胡周淑安先生为声乐系主任，查哈罗夫先生 Mr. B. Zakharoff（Godowsky 之弟子，俄国籍）为钢琴系主任，法利国先生 Mr. A. Foa（意国籍）为小提琴系主任，声乐钢琴小提琴三系于以正式成立，同时又聘耶鲁大学音乐学士黄自先生为理论教员，校务为之一振，12 月，本校与上海商务印书馆签订印行本校丛书及乐艺季刊之契约。

十九年 2 月，本校成立大提琴系，聘余甫礎夫 Mr. Shevtzoff（俄国籍）为大提琴系主任。当时本校以学生进步极速，乃增设研究科，后于 5 月奉教育部令改称研究班。先是本校学生人数不多，教务较简，教务主任一职由萧校长兼任，自是年 8 月起，改聘黄自先生为教务主任以专责成。是年 9 月理论作曲系成立，萧校长兼任该系主任。乐艺季刊聘请廖青主先生主编，于是年 4 月出版第一期，本校丛书亦陆续出版。

本校事务已入正轨，而毕勋路校舍又于二十年 8 月为业主收回，本校遂再迁至辣斐德路，校址之变易，此为第四次。是年 10 月，复奉教育部令改预科为高中班，师范科改为高中师范科，均收受高中毕业生，本科各系改为组，另在本科添设师范组。高中师范科之毕业者，如欲继续肄业即可升入，但其修了学分数定为 40 个。其余本科之理论作曲、钢琴、小提琴、大提琴、声乐、国乐各组则须修足 80 学分，方可毕业，是年十月又设补习班，收录初学音乐者，由师范教授以资实习。至是本校丛书已有六种出版。

一二·八战起，本校丛书和声学及乐艺季刊第七期稿件均随商务印书馆同受炮火之毁灭，本校之出版计划不得不暂告停顿。同时以欠发经费已达四个月，乃经校务会议议决从二月起停办宿舍。此后本校于风雨飘摇中勉力支持，迨二十二年大局稍定，本校丛书乃继续在商务印书馆出版，截至现在已出版者计 27 种，在印刷中者尚有四种。同年本校员生鉴于结社之必要，因重新组织音乐艺文社，请蔡子民叶遐庵两先生为社长，成立之后，第一步计划为刊行音乐杂志，几经波折，始于民国二十三年在良友公司出版。是时适俄国作曲家车列浦您先生 Mr. A. Tcherepnine 来华游历，委托本校代为征求中国风味之钢琴曲，本校学生贺绿汀、江定仙、陈田鹤，分得头奖及二奖奖金，本校以车先生启迪后学，特具热诚，乃聘其为名誉教员，其新作《五声音阶的钢琴教科书》亦列入本校丛书在商务印书馆出版。

二十三年 7 月，事务主任沈仲俊先生因事辞职，由陈能方先生继任。自是本校以一切校务均有发展，遂力图校舍之建筑。本校请求拨发之临时费经中政会核定为

8 万元，本校乃以是项经费及历年募捐所得之 11000 余元，于二十四年春间在上海市中心区市京路购地 16 亩建筑校舍，惟终为经费所限，现在建筑完成者仅有正式校舍，东西两练琴室及女生宿舍，男生宿舍则暂租市中心区民献路邮亭里住宅六所应用。盖男生宿舍，图书馆，体育馆等之建筑费尚有待于筹募也。

辣斐德路旧校舍二十四年 7 月底已由业主收回，而新校之正校舍内部装修是时尚未完工，幸西练习室先于 7 月落成，本校遂暂以西练习室为临时办公处，至 9 月秒始正式迁入正校舍。先是本校预计建筑工程须于 10 月始能完成，特于夏间呈准教育部延期至 10 月 15 日开学，停放寒假及下学期春假，并延长二十四年下学期之上课时间至 7 月 1 日，以补足上学期因延期开学所耗费之光阴。

二十四年度开始，本校以从兹划一新时代，乃重订本校组织大纲及学则，钢琴组包括风琴改为有键乐器组，合并小提琴组及大提琴组为乐队乐器组，法利国先生为该组主任，同时训育处正式成立（以前由训育委员会办理训育事务），聘黄国良先生兼代训育主任，并添聘李惟宁、吴伯超、萧淑娴三先生为本校教员，三先生均为留学欧洲，载誉归来者。又为谋音乐教育普及起见，本学年向各省区招生，结果由各省市教育厅局保送来考者有 15 省区之多，向来无人来学之甘肃，陕西二省，亦居然派人来考，此后音乐师资当有普及之希望。至教授方面，实行固定音名唱法，初级之声乐及钢琴，实行全班教授，则属于新试验者也。

学校招生，本应中外兼收，本校亦经奉教育部令宽大录取，故二十一年 2 月，外籍学生投考者几及 20 人之多，惟本校究以学额有限，不能多收，嗣经校务会议议决暂定外籍学生学额以全体学额十分之一为度，本年又改为每组以二人为限，而额满见遗者颇不乏人，本校之受中外人士之重视，可见一斑矣。

至于本校之正式毕业者虽不甚多（计本科 3 人，本科师范组 7 人，高中师范科 2 人，选科 2 人，本年度本科师范组毕业生又有 6 人，外籍学生修了高级中级钢琴者各 1 人。）然毕业后莫不有相当之职务。加以国内音乐人才缺乏，故往往有肄业本校二三年不待毕业即已他去就职。现在本校肄业 137 人之中，已有二三十人在校外担任工作（或在本埠大学，专科学校及中小学担任教职，或为影片公司作谱，或为家庭教师）。可见音乐人才求过于供，致使多数学生不待毕业遂离校就事，亦即目前学音乐者不患无出路之明证也。

编者按：本校史系上海音乐学院前身草创时期的历史，1936 年

贝多芬交响乐讲座

——第八交响乐

贝多芬的第八交响乐是紧跟在第七交响乐后面写成的，它比第七交响乐要短小得多；有人就把它叫做"小交响乐"。贝多芬在 1811 年开始准备写这部作品，1812年 10 月在林茨写成。1812 年秋天贝多芬休养了一个时期以后，到林茨去看他的兄弟约翰，在那里住了几个星期，完成了第八交响乐的定稿。1814 年 2 月第八交响乐首次公演，两年以后这部作品才出版。

第八交响乐的创作，是在第七交响乐和歌颂反拿破仑战争胜利的维托利亚交响乐之间。第七交响乐最先公演，过后就是第八交响乐，第八交响乐之后就是那一部天崩地塌的维托利亚交响乐。第八交响乐正好夹在这两部长大的作品中间。公演以后，有人说第八交响乐比不上第七交响乐那么被人们注意，贝多芬自己也认为第七交响乐是他最出色的作品之一。但是我们不应当因此就降低了第八交响乐的价值。至于像有些美国音乐理论家所说的什么第八交响乐是贝多芬奇怪的倒退的现象，那无疑的是一种毫无根据的胡说八道，根据实际的考察，第七交响乐和第八交响乐是密切连接的，第七交响乐的作品号码是 92，第八交响乐的作品号码是 93，这两部作品都是在 1812 年完成的，第七交响乐是在春天，第八交响乐是在秋天。第七交响乐是歌颂民族复兴与惊天动地的反拿破仑战争的创作，第八交响乐则充满了对胜利的坚强信心和欢乐。在第八交响乐里面出现的是和平的、幸福的人们和他们在节日的狂欢。它表示出对生活的肯定，同时也表示出人类的善良和幽默。德国浪漫派著名作曲家舒曼曾经说过："……在幽默的深刻意义上差不多可以说贝多芬的其他交响乐是很难与之相提并论的。那些逐渐高扬的层次，例如最后乐章的结尾，就在贝多芬的作品中，也是稀有的。还有降 B 大调的小快板，你就只能说——别闹了，快乐去吧。"舒曼的这段话很能够帮助我们了解这部交响乐的真正价值。

第八交响乐共分四个乐章。

第一乐章是光辉的快板。贝多芬本来是打算写一段序引的，后来他放弃了这个计划，索性来一个开门见山，让人们立刻听见 F 大调上新鲜的、轻松的主题。这个主题由小提琴奏出，有着德国民间舞的形象，是热火朝天的活动的快板。

谱例 1

第二主题的旋律是十分优美的，也出现在小提琴上。

谱例 2

这两个主题在性格上形成了鲜明的对比。分散的减七和弦像一团乌云一样升了起来，一阵乐队的齐奏把乌云冲破了，和平恢复了。圆舞曲的节奏构成了一个乡村舞会的场面。顿脚的动作使人想起了第五交响乐中命运的音型。顿脚的节奏结束了呈示部并且把音乐引到了发展部。发展部展开了尖锐的冲突，终于是 F 大调的主题战胜了，低音提琴发出了欢呼。然后音乐进到再现部，这里并不是简单的公式化的重复，而是思想的更加丰富和更加深化。最后，由弦乐器再一次奏出开头的愉快的舞曲主题，第一乐章在弦乐器和管乐器快乐的呼声中结束。

第二乐章是谐谑曲——小快板，它代替了通常惯用的慢板乐章。这是贝多芬的交响乐里最短的一个乐章。

谐谑曲的素材是一首梅尔采尔卡农曲。据贝多芬传记的第一作者辛德勒的报道，1812 年的一天，贝多芬和他的好朋友在一块儿吃饭。他的好朋友中间有一位就是节拍机的发明人梅尔采尔。贝多芬兴致一来，把纽扣解开，即席写了一首轻松愉快的卡农曲，由在座的朋友们轮唱下去。这首卡农曲的歌词是："亲爱的、亲爱的梅尔采尔，祝你顺利，非常顺利；时间的主宰，伟大的节拍机。"这是一次愉快的集会。贝多芬后来把这首卡农曲用到第八交响乐里面，作为对愉快生活的回忆，而且把这种欢乐扩大成为大众的欢乐。这一乐章使我们想起了贝多芬在田园交响曲里面用过的说明："对乡村生活的回忆。"

第二乐章一开始，木管乐器和圆号奏出了"滴答"的声音，好像节拍机正在打着拍子。接着小提琴奏出了十分快乐的主题。

谱例 3

大提琴和低音提琴愉快地模仿着主题的音型，小提琴又把它接过来，随即发出一阵响亮的笑声。这样一来一往，一开一关，就形成了一场高底起伏的青年的欢笑。

第二乐章在呈示部后面没有发展部，直接进到了再现部，重复了前面的主题，并且加上了动人的变奏。结尾的一段好像是对意大利炫耀技巧的歌剧加以打油诗似的摹效，引起了一阵哄笑，结束了全乐章。

第三乐章是小步舞的速度。

有些人从形式出发，认为贝多芬的第八交响乐又像第一和第四交响乐一样，用小步舞做第三乐章，是一种倒退现象。这完全是形式主义的看法。其实第三乐章并不是小步舞，只是采用了小步舞的速度。这里面自有它的道理。"小步舞的速度"并不等于"小步舞"，这是一点，还有一点贝多芬的小步舞加入了民间音乐的因素，从而开始了小步舞和农村舞曲的混合。到了贝多芬的手上，这种混合就更加显著了。贝多芬曾经为乡村乐队写过很多的小步舞，这种做法后来也影响了舒伯特。这些小步舞曲都是用维也纳舞棚的材料写的。"舞棚"这个字的本身就说明它不是富丽堂皇的贵族的舞厅。第八交响乐的第三乐章，就是属于这一类的性质，它和一般的小步舞是不同的。我们只要一听开头那粗野的脚步就可以分辨出来了。乐章开始，有两小节的引子，在这种音型上，小提琴拉出了流畅的主题：

谱例 4

中间乐段的主题是在大提琴的三连音和低音提琴的拨奏的衬托下，由圆号和单簧管先后吹出对唱式的旋律，使人想到树荫底下情人的絮语：

谱例 5

中间乐段以后又重复了第一段。

就内容说：第三乐章也是一首谐谑曲，也可以说，它就是第二乐章的延长，不同的地方就是开玩笑开得更具体。在这里，贝多芬同乡村乐队开了一个玩笑。乡村乐队并不是专业的，有时难免走了板，乐队的接替在某些地方就显得不是时候，在这些地方，乐器的出现就显得太早了些，甚至有些指挥自作聪明，妄加修改，说那是抄写的错误，实际上，贝多芬是有意这样写的，表示乡村乐队有时演奏得不准确。整个乐章和第六交响乐相仿，显示出一幅丛林流水，风声鸟唱的优美的自然画面，人民成为音乐的主人翁，他们在自由地生活，他们在尽情地歌舞。

第四乐章是活泼的快板。这是淋漓尽致的生活的快乐的顶点，也是贝多芬对自由的人民的幸福的生活的憧憬。整个乐章用三连音和双股音的互相交替和互相糅合构成了这个乐章的骨骼，中间还有距离到两个八度以上的欢乐的跳跃。第一主题就是这样的。

谱例 6

在第 15 小节到第 17 小节的地方，本来是极弱的，忽然间全体乐队奏出了一个极强的 C 音。学院派的史波尔曾经说，那是忽然伸出舌头做鬼脸，可是贝多芬的意图却是一声走向革命的号召。

谱例 7

交响乐的结尾部是比较长的，描写胜利的欢乐。在第一次公演以后，贝多芬又补充了 34 小节，使得人民的胜利更有力、更彻底地表现了出来。在结尾部，木管乐器和法国号在命运敲门式的三连音伴奏之下，吹出了合唱式的颂歌，全部交响乐就在群众的歌唱和欢呼中结束。

原载《广播爱好者》1956 年第 7 期

打掉邪气，开展民族化、大众化的
音乐科学研究工作

同志们！

我代表中央音乐学院发言。

我们是从天津来的，昨天下午才赶到，所以没有机会听到好些同志的报告和发言。但是昨天听过了同志们的发言，又补看了分发的材料之后，我们得到了很大的启发和鼓舞，我们完全同意欧阳予倩院长的报告，而且要把这篇报告和座谈会的精神带回去，向院内同志做详细的传达，让我们院的同志从中吸取力量加速我们在艺术科学研究工作方面的跃进。

反右之后经过先生对先生、学生对先生的面对面的批评和大字报的批评，歪风邪气是给打掉了。我们一般说是打掉五气，但是我们还有一些应该打掉的特殊的邪气就是学究气。学究气，它的表现是脱离政治，脱离实际，脱离传统，脱离群众。针对这种情况，我们定下来的艺术科学研究计划大略如下：

一、目标

争取在三年至五年内，在民族和声、复调中国化、歌曲作法、民族乐器改革、民族乐队编曲、民族管弦乐配器法、民间歌唱、古代声乐理论研究、音乐史、音乐美学、西洋乐器演奏民族化等项目成为全国科学研究点或研究中心之一。

争取在本年内，全部教授及有条件的讲师（约估二分之一）都能人人参加科学研究工作，青年教师必须参加某一研究项目为助理，达到人人无例外地从事科学研究工作。

加强马列主义特别是哲学、思想方法的学习，五年内达到绝大多数能在科学研究工作上运用马列主义思想方法为科学研究工作的指导思想。

二、科学研究工作选题

调式和声的研究；中国调式和声的研究；复调音乐教学的民族化习题的编写；中国音乐中的和声因素的研究；中国音乐中的复调因素的研究；中国革命、群众歌曲的作法特征的研究；聂耳、星海的歌曲作法的研究；传统歌剧作法及表现方法特征的研究；古琴、琵琶、筝、管、扬琴等民族乐器的改革；民族乐队乐器编成的研究；民族乐队音乐表现特征的研究；民族管弦乐配器法的编写；民间歌唱技术、表现方法特征的研究；古代文献中的歌唱方法的研究；巴尔托克的研究；巴赫的研究；音乐美学的各个研究范畴及研究方向的初步研究；民族化视唱练耳教材的编写；提琴族乐器中国化练习曲的编写；各种管乐器中国化练习曲的编写；中国调式音阶的钢琴练习曲的编写；初学的钢琴、管弦乐的民族化教本的编写；传统音乐作品分析；音乐学生的民族音乐文献必读书目的编写；古代民族乐器箜篌、排箫的改制及演奏的研究。

这里要说明一下，这些中国化教材的编写是动员各系师生的力量来进行的，为了进行理论研究和这一方面的新生力量的培养，现在已经成立了一个音乐学系。这是最年轻的一个系，它还不到两岁。建系的工作和课目的安排曾经得到苏联音乐史专家康津斯基同志的帮助。

为了把音乐真正能够送到群众中去，在普及基础上提高群众的音乐水平，音乐学系在大跃进中提出了接近群众联系实际发扬民族传统的规划，在出版方面编写通俗读物，内容大略分为音乐欣赏方法，乐曲分析，音乐故事等等，今年一共要写六十本左右。此外还要根据聂耳、星海及一些外国音乐家的生平或歌剧本事写成连环图画的脚本，以小人书的形式出版，今年内预定写出九种。在介绍工作方面给本院的音乐会节目加上浅显的解说音乐会的性质，替电台音乐节目写解说稿，并定期举行电台音乐讲座，定期到工厂和群众艺术馆举行音乐欣赏会。同时特别注重加强音乐评论工作，有介绍也有批评；对黄色音乐进行坚决的斗争，从理论上、实践上消除黄色音乐的毒害。除了介绍高级的轻音乐作品之外，更注意发动大家多多创作轻音乐的作品，破除写轻音乐是降低身份的想法，因为群众是需要音乐生活的，你不去占领这个阵地，黄色音乐就会乘虚而入，这中间是没有退让的余地的。

以上是我们科学研究计划结合民族传统和实际需要的一个轮廓，有不妥当和不完备的地方，希望得到同志们的批评和指教。

原载《音乐研究》1958 年第 3 期

欢迎德国人民的艺术使者

——介绍德累斯顿交响乐团

"小夜曲之城"

提起德累斯顿，这是一个多么迷人的地方的名字，这里有巍峨宏伟的建筑，有德国首屈一指的风景区，有名闻世界的艺术宝藏，有优秀的音乐传统，人们称德累斯顿是"艺术之城""小夜曲之城"。德国音乐史上第一部歌剧许茨的"达夫尼"，就是产生于德累斯顿；德国的民族歌剧韦柏的"自由射手"，也是在德累斯顿写成的。至于德国国旗"黑红金"见诸吟咏，是诗人弗莱里格拉特的手笔，第一次谱为歌曲却是当1849年革命时期舒曼在德累斯顿创作的，同时他还写了四首共和进行曲。因此，说起德累斯顿的音乐传统，艺术性和政治性是同样重要的，这种传统精神也同样灌注在德累斯顿交响乐团身上。

90 年的历史

德累斯顿交响乐团的历史应该从1870年算起，成立的第二年，它的活动范围就远及国外。1871年和1872年乐团曾先后两次到俄国去，此后还去过波兰、瑞典、荷兰、丹麦、拉丁美洲、比利时、意大利等处。大名鼎鼎的乐队指挥如尼基什、马勒、魏恩加特纳、克莱柏、阿本罗特等都曾经和这个乐队合作过，而且毫无例外地都为这个乐团的成员对音乐的严肃的工作态度和熟练的技巧感到愉快和倾倒。

希特勒德国崩溃前夕，德累斯顿交响乐团也在1944年秋天法西斯封闭一切剧场的乱命之下停止了工作。1945 年 2 月 13 日，美国飞机对德累斯顿突然来一次毫无军事意义，只在企图给苏军增加善后困难的惨无人道的疯狂轰炸，又毁灭了演奏厅、乐器和珍贵的乐谱，但是交响乐团的同志并没有因此失掉工作的勇气，德国解放之后，他们立刻就重整旗鼓，他们是第一个举行交响乐音乐会的演奏团体。提到使乐团成为无愧于过去光荣的传统，而且发扬光大达到新的高峰，人们总是要感谢乐团团长波恩格茨教授的。

德国人民的艺术使节

波恩格茨教授不仅训练出一个具有高度艺术水平的乐队，更重要的是他领导他的乐队深入矿山和工厂，为劳动人民打开了欣赏古典音乐作品的大门，而且先后 10 次到西德演出，为德国的民主基础上的重新统一献出他们的精力。至于到各学校举行义务演出，培养新生力量，也是他们的特点之一。

德意志民主共和国成立之后，德累斯顿交响乐团更经常成为德国人民的艺术使节访问外国。1954 年他们访问了罗马尼亚和法国。1956 年去过意大利，1957 年行踪所至有波兰、西班牙、葡萄牙、法国和瑞士，今年则在捷克斯洛伐克演出之后，稍事休息就来我国进行访问演出。

这个乐团的演奏节目是非常丰富的，波恩格茨教授重视继承古典遗产，但不是陈陈相因，他经常别出心裁，安排一些新鲜多样的节目，同时又不忽略现代作品。肖斯塔可维奇、蒂尔曼、芬克、西伦采克等许多现代作曲家的作品都成为他们音乐会的节目。他们曾经举行的 "20 世纪杰作音乐周"，就是大规模演出现代作品的显著的实例。

由于领导乐团的卓越的成绩，波恩格茨教授获得德意志民主共和国国家奖金和银质祖国勋章，乐团也同样获得银质祖国勋章。这种集体荣誉的获得，说明武装整个乐团的一种集体主义的精神。乐团的每一成员都具有一种严肃的责任感，因此对作品的处理总是忠于作者的原意，艺术修养又使他们能够得心应手地把作品表达得恰如其分。

欢迎这样出色的演出

波恩格茨教授 40 年来，一直从事音乐工作。他是出色的合唱指挥、乐队指挥、剧场音乐指导，也是优秀的作曲家。作为作曲家，他以他的《弦乐四重奏作品第十六》《乐队组曲》《唐·爵凡尼主题变化赋格曲》而享有盛名。同来的乐队指挥西格弗里德·盖斯勒是指挥中的后起之秀，今年才 30 岁，可是 12 年前已经开始他的指挥工作，1958 年起就登上了德累斯顿交响乐团的指挥台。

我们热忱地欢迎德累斯顿交响乐团的访问演出。我们相信，这样出色的乐团加上这样出色的指挥的访问，无疑将会丰富我们的音乐生活，促进中德人民友谊的巩固和发展。

原载《北京日报》1959 年 10 月 8 日

关于《国际歌》的作者

　　1871 年 5 月，巴黎公社的保卫战中，在公社防线里边有苦战到最后的一个人名叫欧仁·鲍狄埃，在那些从巴黎外面赶来增援的志愿部队中间有一个名叫比尔·德盖特的士兵。由于反动武装力量的强大，公社给淹没在血泊里了。鲍狄埃和德盖特，一个逃出法国，一个身陷囹牢，他们始终没有见面的机会。

　　巴黎公社失败之后的 6 月里，鲍狄埃写了一首诗题为《国际》。17 年后，德盖特给它配上了乐谱。德盖特当时正在法国北部的里尔市的一家铸造厂做铸模工，同时担任工人歌咏队的指挥。里尔市的法国社会主义工人党组织有一天交给他一本鲍狄埃的《革命诗歌集》，请他从中找些合适的歌词来作曲，他选出来的第一首就是《国际歌》。当天晚上，他就在他的住宅——一个地窖里写好了曲调的草稿。

　　《国际歌》脱稿后的第二天，就开始练习，星期六晚上就在一个售报工人的纪念会上正式公演。出色的成绩使得大家决定立即付印这首新歌，而且初版一印就是 6000 份。就一个只有 20 万人的城市来说，这是一个了不起的数目。为了避免反动政府的耳目，作曲者的姓氏德盖特改为贵族式的德·盖特，前面根本没有姓名。事实证明，这种变姓隐名的做法并不是过虑。1894 年有一个教员戈塞林就因为重印这首革命歌曲，受到一年监禁的判决。但是也因为姓氏的变换，作曲者一直不为世人所知。他老了，不能干重活了，只好做不花力气的煤气街灯管理员，每天晚上沿街点灯，天一亮，又逐条灯柱去关上煤气管。每月工资 150 法郎，约合当时我国的银币 15 元。直到 1926 年，他已经 78 岁了，由于作者去进行版权登记，才重新引起了公众的注意，受到了法国共产党和共产国际的周到的照顾。1927 年这位无产阶级革命歌曲的元老应邀参加了共产国际的第六次代表会议和十月革命 10 周年的庆祝大会。在红场上他听到了第一个社会主义国家的威武的红军的军乐队奏出他的杰作《国际歌》，激动得简直说不出话，眼角里漾着泪水。

《国际歌》是在斗争中流传开的，1896 年法国社会主义工人党在里尔市举行全国代表大会，在欢迎外国代表团的车站群众大会上，那些民族主义者捣乱来了，他们拉大嗓们来唱《马赛曲》，工人号角合唱团立即高声唱起《国际歌》来，群众齐声和唱，气势磅礴，震撼大地。《马赛曲》沉下去了，《国际歌》胜利了。从那天起，《国际歌》传遍了全法国，外国代表团都把这张乐谱带回本国去。

1902 年，俄国的一个青年工程师柯茨把《国际歌》译成俄文，发表在伦敦出版的俄文报《生活报》上。帝俄国内的地下刊物也先后转载。1912 年《真理报》创刊号隆重地登载了出来。它成为示威游行和集会上布尔什维克同社会革命党、无政府党及其他一切右倾党派划清政治界线的标志。在鲍狄埃逝世 25 周年的时候，列宁发表了一篇题为《欧仁·鲍狄埃》的文章，中间有一段话说道："一个有觉悟的工人，不管他来到哪个国家，不管命运把他抛到哪里，不管他怎样感到自己是异邦人，言语不通，举目无亲，远离祖国，——他都可以凭《国际歌》的熟悉的曲调，给自己找到同志和朋友。"它是"全世界无产阶级的歌"，列宁说《国际歌》把公社的理想传遍全世界，"在今天这首歌比任何时候都更有活力"。（《列宁全集》第 36 卷第 209—211 页）

鲍狄埃是在贫困中死去的。他死于 1887 年，下葬的时候有 6000 多人参加了葬礼。1932 年，德盖特逝世的时候，送葬的人数达到了 5 万。他在法国和世界工人阶级的关怀和爱护之下度过了他的晚年，他亲眼看到了共产主义运动在国际范围内的胜利。从这两位合作《国际歌》的诗人和作曲家身后的哀荣，也可以看出革命规模的日益壮大，革命形势的日益蓬勃发展。

原载《人民日报》1961 年 3 月 18 日

德彪西真相试论

　　德彪西诞生已经过了 100 年，从他的逝世到今天也已经将近半个世纪。作为一个世纪末的为艺术而艺术的精神贵族，他的身后是并不寂寞的。只要一提到印象派音乐，立刻就要想到德彪西，现代各家各派的音乐也总在那里同德彪西攀亲道故。究竟德彪西的印象主义是怎么回事？印象主义能不能包括德彪西创作的全部特点？他对艺术、生活、群众、传统的看法是怎样的？这些问题都值得一一探讨。说实话，要解决这些问题，我是不能胜任的。这里只想写出个人的一点意见。说得不对，还希望读者不吝赐教。

一

　　音乐上的印象主义是从绘画上的印象主义派生出来的。因此在谈音乐之前，有必要就绘画方面的一些问题先说几句。

　　印象派绘画的产生是由于对学院派的反抗。当时法国的美术教育主要是以临摹为主的，即所谓"画廊艺术"，这种做法无疑是窒息了天才的发展。那些有出息的画家因此决定走出画廊，进行露天绘画，他们根据眼前实物在阳光映照之下所发生的变化来进行实况的描绘。他们的努力使得所描写的实物超出于现实之上，呈现出特异的色彩，创造出一种独有的气氛。而且这种色彩是一瞬即逝的，因为清晨和白昼不同，白昼和黄昏不同，晴天和阴天不同，阴天和雨天不同。你取景的方位不同，对象的光影也随之而异，亦即是特有的母题之不同。总之，每一张画都是某一画家个人的创获。在打破清规戒律、陈陈相因的旧框框的意义上这无疑是进步的，因而也是最有个性的，于是乎就被称为艺术史上的革新运动。说句公道话，这次革新也不是一帆风顺的，这些艺术家得顶住保守派的嘲笑，得忍受经济上的压迫，甚至于为每天的面包发愁。莫奈曾经向杜莱诉苦说，为了活命，他只好求乞。他连买颜色和麻布的一个铜板也没有了。最先（1863年）他们把作品送到官办展览会去，大部分遭到拒绝，11年后，他们终于以"无名画家、雕刻家、版画家协会"的名义筹备独立的沙龙。这次展览会上展出了莫奈的作品《印象·日出》，列罗阿立刻写了一篇挖苦的文章，称这次展览会为印象派展览会。这是印象派得名的由来。由此可见，德彪西在《克罗士先生》里面说的"……象征主义亦或印象主义，这是用来贬抑同行的最方便的话……这样看待他们的，都是些记者、以此为业的人，这是毫不足道的……"这一段话，并不足以表明德彪西与印象主义无关，正相反，他接下去就讲了一段推崇的话。他是站在印象主义一边的。他写这篇文章是在1901年，距离列罗阿发表文章已经过去20多年了，提起旧事他还是犹有余痛。

印象主义诚然是一种革新，我们也承认它的进步意义，但是它终究是资产阶级范围内的革新，他们所发挥的个性实质上是十足的个人主义。马奈对他的老师库蒂尔说："我看到什么就弄什么，而不是别人喜欢看见的什么。"因为思想的基础是个人主义，同群众的联系就不多。马奈是被称为注意社会上的职业活动的，但是他所描写的人物不过是歌唱家、演员之类，所谓性格的刻画也不以"优雅""妩媚"等等为限。毕沙罗的所谓关心研究农村人物的活动，也只是着眼于田间活动在阳光映照之下的效果。他的进步性也许表现在他对别人说他抄袭米列的答复：米列的表现包含圣经的内容，他的绘画则不然。在德加笔下至多出现打呵欠的熨衣妇女。他们并不能表现有积极意义的劳动人民。总的来说，他们的成就是在风景画方面，即使像马奈那样画过关于墨西哥国王的处决的场面，那也正好说明他们对历史题材是不大理会的，对社会的重大事变也是不关心的，他们远远落在他们的前辈多米埃后面。因此，印象派的所谓革新，并不牵涉到作品的内容。关键性的问题，正如他们所强调的，不在于是"画什么"，而在于是"怎样画"。不难设想，沿着这条路发展下去，印象主义本身就潜伏着形式主义的危机，事情的发展也的确是这样，塞尚开其端，表现主义、立体主义等等就接踵而来了。

说到音乐上的印象主义，首先，我们就应该注意避免把它和绘画做平行的比较。音乐不是绘画，虽然印象派画家喜欢说他们的绘画是"旋律体系"，是"蓝和银色的夜曲"或者"黑和灰色的和声"，印象派作曲家也喜欢说什么"声音的调色板"，但是生搬硬套是危险的，我们只能在原则上指出他们一些共通的地方。

印象派画家走出画廊，面向大自然，进行露天绘画，德彪西则主张"观看日出比起听田园交响曲来要更有裨益"，而且提倡露天音乐；印象派画家重视印象，柯罗曾经告诉毕沙罗："随时注意群体，注意总的效果，注意最先引起你惊奇的东西！永远不要失掉最初的活生生的印象。"德彪西也借克罗士先生的口说："请抓牢'印象'这个词儿，我热衷于印象，是因为它让我有自由，不使我的激情受到寄生性审美观点的侵蚀。"波特莱尔诗曰："正如悠长的回声远远地合成一片，在暗昧的统一中穿过辽阔的天空；彼此相关的颜色、音响和香气，也同样愿意深深拥抱。"德彪西也用声音促使缓慢移动的忧郁的云层转化为柔和的嫩白的灰色。印象主义的色调是倾向于朦胧的，德彪西也使音乐的和弦染上晦暗的颜色，和弦的音响再不是通过功能的变化转入另一个和弦，而是使和弦平行挪动。印象派绘画取消了物体的轮廓，否定了互相联系的、界线分明的现象，在德彪西音乐里面旋律不再是逐步生长的而是一路溜下去，节奏不再是完整的造型和紧张的扩大，而是充满精雕细琢、小巧精致的母题，各种各样的调式接二连三地互相衔接甚至于同时出现。这就导致了现代派音乐的多调性。塞尚喜欢绿色，认为绿色是"非常愉快的，最使眼睛舒服的颜色"，德彪西也特别喜欢绿色，他家中的壁纸和家具都是绿色的，连上街也拿一支绿色手杖。他在罗马的时候，渴望回巴黎去的原因之一就是看莫奈的绘画。如果说到作品的题材，绘画和音乐相同之处就更多了，什么月光啦，树叶啦，雨中的花园啦，如此等等，如此而已。

由此可见，说德彪西是印象主义作曲家，并没有冤枉了他。对于印象主义这个流派，音乐上也同绘画上一样，我们必须指出它的局限性，指出这一派艺术家脱离人民群众，脱离社会实践，缺乏思想性更谈不到革命性的缺点；但是在创作手法上，特别是在气氛的创造、色彩的调配、光影的捕捉等方面却是有一定成就的。所谓有可以借鉴之处也就是指的这方面。至于运动的发展使它渐渐转向它的反面，正如绘画上的新印象主义变质为光谱学，形成一种新的教条式的学究主义一样，音乐上的印象主义也从无调性发展到十二音体系、电子音响学等一系列形式主义的东西，那自是它与资产阶级政治上的腐朽同其命运的必然的结果。对德彪西固然不必追加罪名，现代形式主义音乐家奉他做祖师倒也不是没有理由的。

二

印象主义能不能包括德彪西创作的全部特点？这是一个争论不休的问题。有些人认为光说德彪西是印象主义作曲家有点委屈了他。他们欣赏他那股优雅的气派和高尚的艺术风格，骨子里不免是在崇拜西方文化的思想支配之下发出来的议论。他们要替形式主义翻案，少不得要同现代派的音乐流派拉关系，同时又觉得印象主义是颓废艺术的先河，拿印象主义来吹捧面子上说不过去，因此就给德彪西戴上一顶现实主义的帽子。作为证据的是德彪西 1908 年 3 月写信给杜兰谈到他的新作《意象集》的一段话："我试图加上一点新的东西——就说是真实性吧：这是那些蠢材称之为印象主义的，这主要是艺术批评家误用到不堪设想的程度的一个术语，他们甚至于对透纳这样一位探索艺术奥秘的最伟大的创造者也毫不犹豫地这样装扮起来。"事实上德彪西不愿承担印象主义这个称号自有他对这个术语的固有的反感，不能据此作为他不是印象派的论证。至于加上点什么真实性是否即等于现实主义，这倒是大有斟酌的余地的。因为说到现实主义，我们就必然要依据"典型环境中的典型性格"这一经典性的定义。说"雨中的花园""袅袅上升的青烟""云""海""风""帆"等等都是真实的东西固然不错，但是光描写了这些东西，不接触到法国这个帝国主义的社会现实及其阶级斗争，能不能就算是现实主义的创作呢？想一想法国已经发生过巴黎公社这样惊天动地的大事，音乐上已经出现了响彻云霄的《国际歌》！法国歌剧舞台上也已经出现了《坡提契的哑女》，而他加以嘲讽的恰恰就是这部有进步意义的歌剧，这又应该作何解释呢？你即使要把现实主义这顶帽子送给他，相信他也会是断然拒绝的！

另一方面，反对德彪西称为印象派的意见是认为他创作的特点更多的是象征主义。这方面的论据比说他是现实主义的有力得多。理由是他同象征派诗人的接触多于同印象派画家的接触。他是马拉美领头的星二晚会的熟客，他为魏伦、波特莱尔的诗作曲简直贯穿着他的一生。他的《牧神的午后》是以马拉美的诗篇为底本的，他唯一的歌剧《佩列阿斯和梅里桑德》是梅特林克的作品。印象主义虽然有时也有点神秘的味道，终究是从自然界取材的居多。把德彪西带到神秘主义的世界中去的是象征主义。正是象征主义使得德彪西陷入颓废的深渊。这里还要补充一点：他晚年的一部声乐作品《圣塞巴斯蒂安的殉难》是根据邓南遮的作品作曲的。这就是意大利那位鼎鼎大名的象征主义诗人、莫索里尼的好朋友邓南遮。

说德彪西的创作特点除了印象主义之外还有象征主义，这是很有说服力的。这一个特点不是比印象主义更好而是更坏。

<h2 style="text-align:center">三</h2>

德彪西是怎样看待音乐艺术的呢？他同郎多尔美谈话说："音乐应该干脆是设

法教人开心的；在这范围之内也许可能找到伟大的美。……美应该诉诸感官，应该为我们创造一种直接的喜悦，应该给我们毫不费力地留下印象，取得宠爱。"这种说法同他谈到人民剧院的时候所说的"……关键是在于要使人忘却他们的家务生活，……是在于把他们从生活中解脱出来……"那一段话是相通的。从这一点出发，所以他谈到军乐就只是"可以使人忘却长途跋涉之劳，并成为街道上的欢乐"。

既然音乐的任务只能给人一点开心，他心目中的音乐听众自然只能是一些消极的人群，他们不懂得巴赫，不懂得帕列斯特里那，他们的本领只剩下"打哈欠"，至多是哼哼《曼侬》或者《维特》的调门儿。一个对群众存着这样看法的人，他提倡所谓人民剧院，说什么"我们有社会抱负，我们要感动群众的心"，显然不会是为群众设想的，像我们所说的"雪中送炭"，而只能是向人民群众推销他所认为好的音乐。事实上他根本是不要群众的，他同萧松的通信倒真是说出心底里的话："……我建议创立一个音乐秘教会，而且是用来代替向群众传播艺术的企图。"

怎样的音乐才能得到德彪西点头呢？听贝多芬的田园交响乐还不如看一次日落，贝多芬第九交响乐末一乐章的合唱用了席勒的《欢乐颂》，他却认为这首诗只具有音响的价值，这种忽视内容的想法无疑会走上形式主义，为音乐而音乐。对瓦格纳的批评，说他是"哗众取宠的江湖戏子"，当然是贬辞了，但对他的《特里斯坦和伊佐尔德》和《帕西法尔》却说了好话。后者正好代表瓦格纳反动的世界观的一面；至于前者，恩格斯早就对这个故事提出过严厉的批判，认为那是"对通奸的宽恕"，而且作品的主人公之所以通奸是由于服了春药，贯穿着一种宿命论的思想，同《佩列阿斯和梅里桑德》是有一脉相通之处的，因此有些音乐行家认为《佩列阿斯和梅里桑德》是法国的特里斯坦。

对于法国的音乐遗产，德彪西也是褒贬失当的。因为已经有不少人就这一方面发表过意见，所以不再多说，这里只想就德彪西的"爱国主义"提出一点个人的看法。

为了给予德彪西有力的支援，证明他不是为艺术而艺术的作曲家，爱国主义就成了德彪西的优点之一。他谈军乐提到当时被割让给德国的亚尔萨斯和洛林，第一次世界大战期间，他在作品后面的签名是"克·德，法国音乐家"。还写了钢琴曲《英雄摇篮曲》，声乐曲《无家可归的儿童的圣诞节》以及未完成的《献给法国的颂歌》。

爱国，当然很好，但是爱国也有一个标准。1915年后德彪西的爱国感情特别强烈，这说明他是支持法国参加帝国主义战争的，那就正如豪普特曼支持威廉第二，邓南遮支持莫索里尼一样。因为他同社会主义沾不到边，不必给他扣上社会民主党的帽子；说他的爱国只是沙文主义的表现却是公道的。他的沙文主义还表现在他对格里格的态度上。为了德雷孚斯事件，格里格拒绝了科隆向他提出的到法国指挥乐队的邀请，因为他"不愿意踏上一个不懂自由的国家的领土"。格里格的行动完全是无可非议的，但是德彪西却对格里格怀恨在心，对他进行了无理的谩骂。他想也不想一下，左拉、法朗士这些法国人民的优秀儿子正是对这次事件表示了公正的义愤的。在对待第一次世界大战的态度上他也远不及当时还是和平主义者的罗曼·罗兰。他爱的是克里蒙梭的法国。

平心而论，德彪西反对学院派的清规戒律，要求革新，虽然带有片面性甚至于走上了另一极端，总不能说没有一点积极意义。在创作手法上他也有一定的成就，特别是在钢琴方面，他能够在肖邦、舒曼、李斯特之外，独树一帜，这也是值得称道的，但是已经没有他们作品里面那么多的健康因素。至于世纪末的各种艺术思潮——印象主义、象征主义、神秘主义、唯美主义都集中地表现在他一个人的身上，从而构成音乐史上这样一个复杂现象，而且成为现代形式主义的先锋人物，却也是历史的事实。这一点相信是谁也没有异议的。

原载《文汇报》1963 年 8 月 10 日

萧友梅先生四十周年祭

萧友梅先生离开我们已经四十周年了。他在贫病交迫中死去。自从上海沦为孤岛之后，萧先生鉴于形势的险恶，曾经取道香港跑到当时国民党政府所在地的武汉商量音专内迁的问题，但是没有结果。他又不愿意撒手不管，只好隐姓埋名，辛苦撑持。死前两日，他还告诉前来探病的陈洪先生，说有些房屋的门户关不严，要用硬纸条堵住冷风，以免学生冻坏手指。据萧师母对人说，打这以后，他已经再也说不出话，因此这就成了他最后的遗言；也是这位毕生精力扑向音乐教育事业的一代宗师鞠躬尽瘁，死而后已的精神的写照。我是在广东乡下从报纸上看到他病殁的消息的，当天深夜写了一首挽词《水龙吟》。1946年回到上海，我才携同青主（廖尚果）的女儿走到虹桥公墓去凭吊先生的坟墓。

早在20世纪开头，当一般中国人还只知道外国船坚炮利，因而热衷于搞所谓洋务的时候，他已经跑到日本去学音乐，要用音乐来唤醒国人沉睡的灵魂，而且毅然加入同盟会，他的寓所随即成为孙中山先生和他的战友策划革命大计的秘密据点。到了清朝照会日本政府协同缉拿"逆贼孙文"的紧急关头，他就让孙中山藏在他的寓所达一个多月之久。

中华民国成立，他任孙中山的总统府秘书。孙中山辞职之后，他回广东任教育司（厅）的学校科科长。但是他不想做官，于是经过蔡元培先生的选拔，前往德国莱比锡，继续他在东京开始了的音乐研究。

1920年回国之后，他先是在北京大学音乐传习所工作，同时兼任北京好几个高等学校的音乐教育职务。他梦寐以求的是在中国创办一所正规的音乐学院，以便培养更多的音乐人才，并开展系统专业音乐教育。经历了种种波折，中国第一所音乐学院才在蔡元培先生的支持下诞生于上海。创业的艰苦不是身历其境是很难体会到的。没有宿舍，只能租一幢洋房。他把好的房间全用做教室，琴房不够，连地窖也用上了。大课堂外面有一条阳台，他装上一排玻璃窗，就成为他的校长室。年终经费有了一点结余，别的大学都用这笔钱买了汽车，他却向德国订购了一台三角琴。当时上海还没有出售乐谱的书店，洋商的乐谱又贵得出奇，他于是直接向德国批购乐谱，然后按原价卖给学生。安排经费更是精打细算，精兵简政，全校职员连校长在内不超过十个人。为了发展内地音乐教育，他扩大招生名额，请各省教育厅保送学生来校，毕业后还回原地工作。

不难想象，在这样左支右绌的经济状况之下，一台钢琴该是了不起的财产。可是当日本指挥近卫秀麿要给音专赠送一台钢琴以示"中日亲善"的时候，他却拒绝接受。汪精卫在南京成立汉奸政权，对他多方拉拢，他始终是大义凛然，坚贞不屈。凡此种种，真不愧是先哲的精神，后生的楷模，也正是萧先生值得我们永远纪念的意义所在吧。

原载《北京音乐报》1980 年 12 月 20 日

法国初期歌剧的几种特质

　　说起歌剧的起源，大家都记得佛罗伦萨巴尔地（J. Bardi）①伯爵家的一群学者、文人及音乐家。时在 1600 年顷，法国与意国老早就发生密切的音乐关系，照理对于意大利的音乐是亦步亦趋的。但是不知什么缘故，说到歌剧却有迟钝的感觉。虽然 1369 年间，查理第九已经因拜夫（A. Baif，七星座的首领）的提议创立诗乐学院（Acadèmie de poesie et de musique），意大利式插曲②也已经由卡塔琳娜·梅狄契（Katharina da Medici）移植到法兰西。后来佩里（J. Peri）的《尤丽狄司》（Euridice）是为玛丽亚·梅狄契与法国国王结婚作曲的，里奴契尼（O. Rinuccini）还陪送那位女王到法国，在那边住了三年，但是关于歌剧的记载却没有片纸只字，使人疑心到是史有阙文。直到 1645 年萨克拉蒂（P. Sacrati）的《疯狂的假门剑》（Finta pazza）上演，威尼斯喜剧才打破佛罗伦萨派长年在法国所经历的沉闷，但是那一次的上演还不能算是正式的，一则吟诵调由对话代替，二则它并不是紧凑的戏剧，只是松懈的场面的混合，所以不能算作意大利歌剧的代表。正式的记录始于 1647 年罗西（L. Rossi）的《奥菲欧》（Orfeo）上演，1660 年卡伐里（F. Cavalli）③的《赛尔斯》（Xerxe）打进巴黎罗浮宫（Louvre），1662 年卡伐里又为路易十四结婚写了一部歌剧。可惜毫无成绩！话虽如此说，法国人对于歌剧终究是发生兴趣了。由模仿而创造不数十年已经站定了脚跟。

　　诗人佩琳（P. Perrin）④及作曲家康贝尔（R. Cambert）是第一次试作"国剧"的人物。他们的新作上演于 1659 年，组织如何，后人再也无从知道，只知道里面没

---

① 今译巴尔迪。
② 今译幕间剧，插剧。
③ 今译卡瓦利。
④ 今译佩伦。

有舞曲，器乐曲却有很多。严格说来，是法意元素的混合，并非纯粹"国货"。当时非常受欢迎，曾经复演多次，而且两人因此大走红运，1669 年路易十四特任两人创办巴黎歌剧院，当时名为 Academie Royale de Musique，中间虽然换过几次名目，却到现在还是法国歌剧的中心。除了他们两人之外，不许别人在法国开演歌剧。1671 年剧院开幕，上演的歌剧是《果树神》（Pomone）①，作者自然是专利的那两位。这部新作品足足轰动了群众八个月，可惜的是生意不大好，后来佩琳因债务入狱，康贝尔另找吉尔贝（Giebert）写脚本。1672 年新剧《爱情的苦乐》（Les peines et les plaisirs de l'amour）上演，康贝尔于是也到了末路，原因还是佩琳的债务不清。路易十四将这种权利转交给吕里（J. B. Lully）②。

康贝尔遗下的歌剧显示出他是一个有教养的音乐家，所以他离开巴黎，依然能够在英国活动。但是又并不如卫克林（Weckerlin）所武断，才能在吕里之上。因为他的作品不过是法文的意大利歌剧，吕里才给法国歌剧奠定坚固的基础。

吕里上台，法国的爱国志士曾认为是法国音乐的厄运。因为从吕里起，法国几乎变成国际作曲家的角力场，自己反居于次要的地位。我们随手可以举出格鲁克（C. W. Gluck），匹契尼（N. Piccini）③，萨基尼（A. M. G. Sacchini），斯旁蒂尼（G. Spontini）④，凯鲁比尼（L. Cherubini），梅耶贝尔（G. Meyerbeer）⑤ 等一大串名字。不过艺术有时候或有些地方用不着划清国家的界限，我们何妨说他是一种客卿呢。

对于吕里，恐怕一般人都不免要说他是有才无行，如病中焚谱等把戏都不是一个正直人干的。勃吕诺（A. Bruneau）⑥ 还说他是一个音乐暴君，但是"伎骄且吝，其余不足观也已！"此一说也；"不以人废言"，又一说也。我们说他是以功掩过罢，好不好？

法国歌剧有一点胜过意大利的地方，便是戏剧有好的根基。所以里奴契尼在意大利先要改革舞台，法国已经早有科涅尔（P. Corneille）⑦ 作为戏剧天才而出现。吕

---

① 今译《波莫纳》（希腊神话中果树女神的名字）。
② 今译吕利。
③ 今译皮钦尼。
④ 今译斯蓬蒂尼。
⑤ 今译迈耶贝尔。
⑥ 今译布律诺。
⑦ 今译高乃依。

里起来，一眼便看中了科涅尔派的代表：葵诺（P. Quinault）①。歌剧需要的脚本并不是什么天才的手笔，只要关目整齐、趣味正确，更加上适应音乐的性质就行，葵诺对于这种工作正所谓"游刃有余"，因此报酬也很可观（6000 佛朗一部）。

葵诺脚本多取材于英雄故事、神话、传说，中古代及文艺复兴时代的史诗都供给他好材料，风格的婉曼与清彻，用字的自然与流丽，诗律的繁复与悦耳，感觉的敏锐与深刻使他别于一般脚本诗人，尤其是描写爱情是他的到家本领。甜蜜、辛辣、爱娇、诅咒、祷告、希望、绝望以及狡猾都是"神妙直到秋毫颠"。《埃西司》（I-sis）② 的第一景，《阿驹司》（Atys）③ 的第五幕，在使人相信他是一位颂爱诗人。但是这一类天才意大利也并不缺乏，说到生死关头的陈词，阎王殿前的声辩，感恩的祷告，凶神恶煞的形容，这才是一时无两。每一个角色都从他得到泼辣的生命与热烈的感情，他又知道怎样给音乐留地步。而且逢到凶残的地方他总喜欢用"暗场"，不使台下的群众难过，这也正好代表法国民族的文学趣味。所以同一样的题材，意大利的脚本多是凌乱、盲目，法文的则脉络分明、庄谐有节，个性也各个不同，所以关目紧凑、表情繁杂而始终保持整个的和谐。

脚本之外，法国歌剧还有胜过意大利歌剧的地方，那就是注重音乐的处理。意大利歌剧变种以后，为求群众的喝彩，因此成为咏叹调的连珠。它的成功是因为"歌唱"，并不是因为"音乐"。法国歌剧正相反，它有独唱、合唱以及具独立性的器乐。作曲家常借音乐传出剧情的内界，或来一段器乐的描写增强歌唱的力量。至于合唱，本来是佛罗伦萨人开始的，法国人现在的工作就是怎样保持成法，怎样加入民族的特长，使音乐的力量与戏剧的原则一致。

吕里于 1672 年至 1687 年间共写了 19 部歌剧，论性质属于合唱歌剧类，相当佛罗伦萨派传给罗马后期代表的衣钵。不同的地方就是法国的特长与吕里的个性。旧日的乐队大都用羽琴（Cembalo）④，竖琴及有关的和弦乐器，法国的乐队却是现代化了的，有小提琴、木管乐器、铜管乐器及鼓。小提琴的现存形式产生于法国，蒙特威尔第（C. Monteverdi）第一次在《奥菲欧》里面使用的时候，题作"Violino piccolo alla Francese"⑤。吕里处理乐队的方法比威尼斯派高明，而且采用另一种方

---

① 今译基诺。
② 今译《爱西斯神》。
③ 今译《阿蒂斯》。
④ 今译羽管键琴。
⑤ 意为"法式小提琴"。

式。威尼斯普通分小提琴为独立四部，吕里则定规分为两部，高音及低音；和声及中音全交付给其他乐器。而且，弦乐器不用作独奏而是合唱式的一大群。合唱有时各组互相应和，小提琴反而全奏出同度音（Unisono），因此乐调得到最丰满的音响。他不独凭借过度的音响来达到戏剧的效果，而且晓得怎样调和各种音色。小提琴、长笛、双簧管是经常使用的乐器，有三部合奏的时候，底音由大管或由小提琴队奏出，中部及上部音则付托长笛或双簧管。喇叭限于战争场面，吹乐器，木的如铜的吹出乐调。

乐队的应用造成法国歌剧的另一种特质，至于乐队曲的大部分则是舞曲，有时亦从民歌取材或者仿作。而最有历史的意义的是他的开场曲（Ouverture，——译序曲）。它由三段组成，中间没有停顿。第一段是慢板而庄严，第二段比较灵活，第三段又回到第一段的性质。曲中大抵提示剧中的情节及主角的性格。

法国是天字第一号的舞国，舞步图（Choreographie）可称只立千古，在跳舞演进上法国人的贡献最多，亦最合人性，所以法国音乐占有一份宝贵的特性舞曲及舞歌的遗产，尤其是当卡塔琳娜带来意大利插曲之后，跳舞之中最具有法国特性的是舞剧（Ballete）①，外国音乐家要向法国人讨好，总得向舞剧低头。卡伐里的歌剧所以能够在法国上演，就因为他临时插入一些法国的跳舞场面。卡伐里两百年后，瓦格纳还得给《汤豪塞》（Tannhaeuser）添上一套芭蕾，为了博巴黎群众的欢心。外国人如此，本国人可知，吕里本来又是舞剧作曲家兼跳舞专家，自然在歌剧里给舞剧预留地位。据说每当葵诺的脚本经过国王审查之后，发到吕里那边的时候，吕里第一件事便是向脚本找寻可以插入舞剧的机会。诗乐舞三者的揉合造成法国歌剧的华美与引力，法国人因此可以说是浪漫歌剧的创造者，舞台装饰音乐化的大家。但是语不云乎："有一利必有一弊"，舞台上从此发生语言与动作的矛盾。前者是戏剧的骨干，后者是浮华的门面。普通音乐家每每为了装门面，忽略了戏剧性，舞台与乐剧的均衡要求给予法国音乐家长年辛苦的工作，当时简直成立了 Comèdie-Ballet 或 Opèra-Ballet，可见舞剧流行之广与势力之大了。

吕里歌剧还有一点与意大利歌剧稍有不同的地方，是吟诵调特别少，有些场面根本没有，到了非有不可的时候，亦多是轻描淡写，近乎普通的朗诵（Deklamation）。这原因，不在乎吕里作曲才能的缺少，而是当日法国歌唱人的贫乏。

1687 年吕里逝世，一年之后，葵诺亦随吕里于地下。但是法国歌剧的体裁已经

---

① 今译芭蕾舞。

由他们二位确定了，后人一时不能够有什么改变。直到拉莫（J. P. Rameau）起来，法国歌剧才换上一副新面目。

结构上拉莫依然保守吕里的规矩。但是他有更紧凑、更优美的形式。吕里固然不是小家，但是总够不上是一位大师，拉莫才真有大师的家数。他在意大利没有逗留多少时间，对于意大利音乐并不十分熟悉，因此不像其他法国音乐家动不动就是意大利化。他自己创造法国音乐的新风格。老牌的舞曲：加伏特、小步舞曲，经拉莫的妙手完成它崇高的价值，没有一点呆板的痕迹，灵活的、丰富的、新奇的节奏，成熟的、神妙的和声，精细的描写，无一不跨出时代的前头。独唱的结构也是新的。他晓得怎样处理乐队的母题，每一种思想他都把握住，凭超越的对位艺术能给他得体的表现。用最简单的音符提示出庄严的情调，描写深沉的激动他又会使出升腾的气力。在格鲁克作品里面可以找到这种遗传的家数。虽然欢乐的表情及得救的感谢等等还未曾达到艺术的高峰，但是就时代论天才，我们不能不承认拉莫是法国音乐的真正代表，罗曼·罗兰推许拉莫是贝辽兹（B. Herlioz）[①] 以前最伟大的真正法国音乐家，谁都应该同意这句话。而且正如洛里哀（F. Loliée）所说，法国人最会创新，影响别国，拉莫也是这一类的伟人。我们不能忘记他在理论方面的贡献，因为拉莫，意大利人也渐渐抛弃单调的独唱歌剧。这是法国音乐家的贡献，也就是法国音乐家的光荣了！

原载《音乐艺术》1981 年第 2 期

---

① 今译柏辽兹。

年轻的国家，年轻的音乐

解　题

说起美国，立刻会使人想起百老汇，摩天楼，好莱坞，T. V. A①，原子弹。这些都是美国的特色，没有一样不是新东西。传道者说："日光之下无新事"，这句话恐怕有点不对劲了。当然，美国这块地方也是盘古开天地以来就已经有了的，可是亚美利加这个名字，根据意大利航海专家韦斯普齐的呼名亚美利戈确定了的，到现在恰好 440 年，就从哥仑布发现新大陆那一年算起，也不过 455 年，至于美利坚合众国，我们现在要说的年轻的国家，从杰斐逊发表独立宣言那一年算起，只有 171 年。可是已经成为现代最强大、最富裕、技术最发达的国家，人类的创造力总算是伟大了吧！

如果人类的创造力只是用在摩天大楼等等上面，可并不怎样值得称赞，因为摩天大楼等等都不过是物质文明，我们应该重视精神文明呀！不错，我们就看看美国人在这方面的努力吧。如上所述，美国是年轻的国家，这是政治的说法。换一个角度看，有人类那一天起，不管他叫洋旗还是叫印第安，总归是有文化的。所差的只是程度的高下。他们要劳动，他们便得唱唱歌，打打拍子。这就应该算作美国的史前音乐。不过这一方面的材料不多，现在也并不是拿它来做文章的题目。美国音乐接受世界的影响，反过来又影响世界，还是不够 200 年的事。最早的音乐团体还是殖民地时代的，查理斯顿的成立于 1762 年；纽约的，1773 年；波士顿的则在 1786 年，独立成功后 3 年。同地的亨德尔与海顿协会于 1815 年组织成功，1818 年公演亨德尔的《弥赛亚》，又一年，公演海顿的《创世纪》。那时候美国还没有铁路。美

---

① 创建于 1933 年的美国政府机构"田纳西流场管理局"（Tennessee Valley Authority）的缩写。

国的第一条铁路是从巴尔的摩到俄亥俄的，筑成于 1828 年。1831 年，美国首次公演《弥赛亚》，合唱团的人数只有 47 人，乐队则是 38 人。1857 年，巴尔的摩创办了第一所音乐院，还在横断新大陆的铁路筑成的前 12 年。1875 年，哈佛大学产生了美国历史上第一位音乐教授：佩因（J. K. Paine，1839—1906），大学之有音乐系，则在耶鲁大学开始，时间是 1894 年。

上面一连串的数字，说明了美国音乐发达的过程，也交代了题目的下半，美国音乐是年轻的。因为年轻，所以还在生长；因为还在生长，所以还未定型；因为还未定型，所以我们听到了那些哗啦哗啦的爵士，也不一定要皱其眉头。正如大家公认的，它是所谓"多头音乐"，相当于对位的形式的力学的表现，严格的节奏的统一。它是适应大工业的中心地的生活的。问题不是爵士好不好，而是怎样去处理这一份新鲜泼辣的材料。

客卿和留学生的世界

极端的说法，美国开国的时候几乎是文化的真空。美国人对于外来文化因此很少排拒性，凡是好的，他们都可以接受。自己人才不够，请外国人来；在本国学不好，到外国留学去。美国早年的音乐活动，处在领导地位的便总是客卿和留学生。

最先到美国来的是英国的清教徒（殖民时代开始的），德国路德教派也并不落后。这是宗教音乐的播种。

比较和民众发生更密切关系的是歌剧。英国的舞剧团 1739 年已经到了纽约。到了 18 世纪末叶，差不多走完了东部各大城市。

法国的歌剧团从南方新奥里昂发展到东北。1813 年，新奥里昂已经成为歌剧的中心，上演的歌剧偏重格雷特里，格鲁克，梅雨尔，莫扎特，罗西尼，斯蓬蒂尼的作品。

1825 年至 1826 年，西班牙歌剧团以加尔齐亚为首，连同他的太太，儿子和女儿来到纽约，卖座之盛，打破了过去的记录。1833 年，达朋特，莫扎特歌剧的脚本作者，在纽约创立了"意大利歌剧院"。他的企业后来虽然失败了，他对美国音乐界的推动的力量却是不容抹杀的。

歌剧等等是提高一般人对音乐的兴趣的，至于在理论方面给美国音乐做了奠基工作的，则是德国人居多。例如载德尔，他在美国先后达 12 年，指挥纽约大都会歌剧院 7 年，费城乐队 3 年，把欧洲古典音乐介绍了给美国听众。托玛斯，先后指挥各地的交响乐会，并连任辛辛那提音乐专科学校校长（1878—1880），芝加哥音乐院院长（1888—1905），作为教育家，他的贡献是远在演奏、指挥之上的。达姆罗施，初到美国任指挥，1873 组织清唱剧协会，1878 年组织交响乐协会，他是以组织才能见长的。最后也是最大的前代的客卿，我们要数德沃夏克，他领导纽约国立音乐院达 4 年之久。

美国的客卿制度好像已经变成了她的传统。马勒生前总是像钟摆一样来回于欧美两洲之间。勋伯格从 1933 年起，便在波士顿和纽约教书，1935 年到了洛杉矶，一直做他新音乐的传道工作。跟在勋伯格后面到美国来的，前有欣德米特的流亡，后有斯特拉文斯基、米约和巴托克的逃难。所谓超级摩登的巨头全集中到美国来了。至于指挥家、演奏家、歌人，一有办法便涌到美国去，那就更不成其为新闻。上有天堂，下有美国呀！

说起留学生，美国第一位音乐教授佩因便是留学生的老前辈。他在哈佛教了 43 年书，培养了健壮的后一代，他的本领是从柏林学来的。对位法、大风琴从浩普特，唱歌从费舍尔，其他乐器从魏普列希特学习，在柏林开过音乐会才回美国。和声学和对位法专家、音乐论坛的编辑爱墨里（S. Emery，1841—1891），留学莱比锡，是里希特和浩普特曼的学生。蔡德威克（G. W. Chadwick，1854—1931），新英格兰音乐院院长、作曲家、和声学、配器法的名教授，进了莱比锡音乐院，在莱涅克和雅达斯尊指导之下研究一番之后还不够，再跑到慕尼黑去拜过莱因贝尔格做老师才算是学成归国。还有麦克道尔（E. Macdowell，1861—1908），美国音乐的白眉，初入巴黎音乐院，3 年之后，再到佛朗克府跟海曼学钢琴，拉夫学作曲。得到辣夫的赏识，把他介绍给李斯特，在德国大出其风头，然后才回到祖国，接受了许许多多的博士、教授之类的头衔。帕克（H. W. Parker，1863—1919），耶鲁大学的元老，也是慕尼黑莱因贝尔格的高足。

看了这一张名单，该可以看出美国音乐在前世纪是始终保持半独立状态的。"十年树木，百年树人"，文化的创造终究是无法速成的。所以 1870 年，煤油大王和钢铁大王的公司已经开始出货，麦克道尔根据田尼逊的名作写成的交响诗《兰司洛特和伊仑》却要到 1884 年才出世，也就并不足为怪了。

赶马戏一样的热闹

领导的上层已经是大器晚成，一般群众的情形又怎样呢？据统计，19 世纪中叶，美国人和音乐会发生关系的，还不到全国人口的百分之二。所谓音乐，只是有闲阶级的奢侈品，要享受总得在挣够了钱之后。可是话又说回来，美国人是爱热闹的，好奇的，事情一开头，他便给你一个猜不中。就举演奏发财为例吧，帕格尼尼，可以编入无双谱的提琴魔鬼，为了买票，听众可以打起架来的，他走遍欧洲各大城市，又加上他爱钱如命的性格，他的家当也不过 40 万美元。珍妮·林德 1850 年旅行美国，一年之间收入在 300 万美元以上，从这一点可以认识美国人的那一股劲道。是不是光是对于音乐的狂热的爱好呢？那又不见得。关键还在广告。

珍妮·林德到美国的时候，做她经理的是那位大名鼎鼎的冒险家巴尔农，他在美国各大城市做广告，用尽了一切马戏班的广告方法，这才造成了赶马戏一样的热闹。1872 年，约翰·施特劳斯访问波士顿，公演他的《蓝色的多瑙河》，拼集了两万人的合唱和乐队，还加上一百队的辅助铜乐器，开场之前，鸣炮为号。我们能够想象当日音乐会的情景吗？然而因为是 Something new①，珍妮·林德成功了，约翰·施特劳斯也成功了。

本来一个人开音乐会的目的，也许只限于赚钱，可是结果却发生了副作用。音乐渐渐的变成了美国人生活的一部分。当然，我们不能否认某些音乐家仍然是做了演奏经理的摇钱树。群众的口味却有了改变了，而且是向好的方面改变。图书馆、博物馆都有了音乐方面的设备，各大学争着设立音乐系，组织乐队、合唱团。市政府也在拨出经费定期举行种种音乐会，包括夏天的露天音乐会和歌剧，还有则是音乐节。举堪萨斯州为例，匹兹堡大学每年复活节演唱《弥赛亚》，节前星期五则演唱巴赫的《马太受难乐》。这部作品是极沉闷的，就在德国有时也不容易自始至终维持良好的秩序，曾经闹过听众当场啃面包等等笑话。这一回在美国演唱，铁路管理局却不得不加开 18 班特别火车输送"香客"去参加这一场盛大的音乐节。赶马戏的热闹于是变了质。

欧洲近代音乐的发达，有人把一部分的功绩写在某些贵族的名下，例如汉诺威选帝侯之于亨德尔，爱斯特哈齐之于海顿，安唐妮女王②之于格鲁克，没有这些恩主的支持，他们会不会得到那么大的成就，仍然是一个疑问。不过这些都不过是某一特殊人物的幸运，本意并不在一般人民。现在情形不同了，扶助的对象已经从个人扩大到一般。即使如有些金元贵族被指摘办这些社会事业，是为了逃避捐税，可

---

① 意为"新鲜东西"。
② 即法国国王路易十六的王后玛丽安托瓦内特。

是到底给了别人好处，这种沽名钓誉的办法，总算未可厚非了。美国音乐教育所以能够迅速普及，这一点还是值得写一笔的。

卡内基协会给美国各大学捐赠了不少的乐谱、书籍、留声机和唱片，此外还有4000 所礼拜堂的大风琴都是这位钢铁大王送的礼。光是 1935 年这一年，他为音乐的支出就是 100 万美元。其他私人的和团体的奖学金，补助金的举办一时数不清那许多。普来塞基金董事会一年之内给 8 所大学盖起了音乐大厦；柯立芝基金董事会则在华盛顿特建一座室内乐演奏厅，极尽富丽之能事。1925 年起，每年支出 2 万美元作为演奏及创作的奖金。这种做法，如果大家肯学样，岂不是好?!

共通性与特殊性

共通性指作品的法则与形式，虽然出自一人之手，却能与世界合流。特殊性指作者所隶属的国度与民族以至作者的个性。美国人写出来的音乐作品，总归是交响乐，歌剧，圣迹乐，室内乐，歌曲等等，乐器也是那一些，只有作者的性格却自然显得两样。要不是两样的，那又何贵乎有一个美国呢。

一开头已经声明，美国音乐是年轻的。"笋一旬而成竹，松百年而参天"。美国现在有的还多是修竹，参天的苍松却正在生长中。然而绿竹猗猗，不也有它的美吗?

最早的作曲家是福斯特（Stephen Foster，1826—1864）。他的作品里面蕴藏着的感伤是很动人的。他生于宾夕法尼亚州，住近黑人区域，他的歌曲无形中受到了很深的影响，有些音题因此近乎黑色。第一首歌《打开你的窗子吧，乖乖》，印行于1842 年。他的活动年代与爱仑·坡约莫相同，坡的诗作差不多全是写于 19 世纪的50 年代的。除了上述的那首歌之外，他最传诵的歌曲是《我的肯塔奇老家》和《老乡亲》。全部的歌曲是 175 首。它是美国泥土里面长出来的，已经变成道地的美国民歌了。

比福斯特早一世代而且也更是有意为之的改编印第安人歌曲的音乐家是亨利希（P. Heinrich，1781—1861）。自此以后，差不多每一个美国作曲家都运用这一份现成的财产，从麦克道尔到格什温（G. Gershwin，1898—1937），简直没有什么例外。

作为一个作曲家，麦克道尔是具有浪漫主义的气息的。他的作品里面不是月光，便是森林；不是中古的法兰西，便是东方。也同德国浪漫派的搜集民间歌谣，他的《印第安组曲》采用了印第安人的秋收歌、战歌、伊罗奎女人舞曲及伊渥华情歌的曲调。1896 年公演于波士顿，比德沃夏克的《新大陆交响乐》迟了 3 年。但是他却并不是模仿德沃夏克，因为他 1892 年已经脱稿了。还有他的钢琴曲《林间速写》也是拿勃拉陀顿的印第安曲调做主题的。

麦克道尔的学生，哈佛大学及哥仑比亚大学教授吉尔伯特（H. P. Gilbert，1868—1928），几乎所有重要的作品都是关连到黑人或红人①的，是美国最有特色的作曲家。只要看他作品的题名便可以有数了：《依据黑人音题的喜剧序曲》《黑人插曲》《印第安杂景》《黑人狂想曲》。

鲍威尔（J. Powell，1882—?），作曲家也是钢琴家，名作有小提琴奏鸣曲《维琴尼亚》，钢琴组曲《在南方》，富于地方色彩。溶化黑人音乐的尝试表现在他的乐队作品《黑人狂想曲》上面。

伯利（C. Burleigh，1885—?），主要的工作是教书。运用黑人材料的作品有《土生速写》和《草原速写》。

上面一些都是美国的旧人，比较属于少壮派的则是格罗菲（F. Grofe，1892—1972）和格什温。格罗菲的活动偏重组织方面，经常指挥现代的动力音乐，自己的作品很多新的爵士乐节奏的成分。他的《大峡谷组曲》已经列为美国 1946 年十大畅销唱片之一。十大畅销唱片的另一套就是格什温的《蓝色狂想曲》。他把爵士的乐句作为乐曲的基础，小曲是，大曲也是。《蓝色狂想曲》就是代表。它是钢琴和乐队合奏的，已经从纽约流行到了欧罗巴。此外还有一部黑人歌剧《坡吉和贝司》1935 年公演于纽约。再两年他就死在好莱坞了。生活最美国式的就是他。

所谓美国式的生活，我们所想象到的是享受一切物质的舒服，酗酒，跳舞，大腿，诸如此类。这只是电影上的美国，当然也有一部分美国人一股劲道的这样做。不过，部分不是全体，更不能代表美国的生活方式。他们的胡闹，电影化，是拓殖时代粗豪旷达的变种，骨子里却是自由彻底在作主，正符合杰斐逊《独立宣言》里面所标示的"天赋的权利——包括生命，自由与幸福的追求"。他们有的是朝气，是毅力，乐观的展望。整个美国就是赤手空拳打起来的，他们充满自信力，不是很自然的事吗？谁想要认识美国，便得先辨别清楚美国人生活的两面。

描写美国的生活，当然也是作曲家的任务。就是美国人自己对于生活的看法，也有上述的分野。代表物质生活的自由而流于放纵的，有科普兰（A. Copland，1900—1990），不是大小城市各处兜圈子，就是出入酒排和舞厅。这可以说是好莱坞的姊妹。比较进一步接触到精神生活的，可以举出蔡德威克和卡彭特（J. A. Carpenter，

---

① 今作北美洲印第安人。

1876—1951）。蔡氏音乐的修养极深，俨然一代宗师，他的作品曾经得奖两次。一次是纽约国立音乐院的，德沃夏克院长任内，荣誉落在他的《第三交响乐》上面；另一次是全国音乐俱乐部联合会的，作品是《交响组曲》。他的《F 大调第三交响乐》及《e 小调四重奏》透露出美国特点在音乐方面发展的可能性。他的交响速写《流民叙事诗》描写流民的迁徙，头破眼昏，依然不丧失他对于生命的信念。卡彭特写孩子，写猫，写摩天大楼，写大海。特别是他的《在一辆摇床车里面的冒险》，好比一套优美的卡通。他是音乐的马克·吐温。

尾 声

清单开出来了，以后呢？要替美国音乐批流年，那真是谈何容易。"非曰能之，愿学焉"，姑且试试看吧。

如果天下一家是人类远大的理想，那么，音乐便是沟通世界的最好语言。莫扎特问海顿："爸爸，你常常到外国去旅行，为什么不学说外国话？"海翁笑笑，说："我的话是全世界都懂得的呀！"这是古典主义人类一般的传统。浪漫主义又给涂上民族的色彩，于是民族乐派构成了一个音乐的万花筒。"道并行而不相悖，物并育而不相害"。这时候美国起来了。跟文学一样，早期的音乐也是浪漫主义的，可是"橘生淮南，逾淮则枳"，飘洋过海那就变成了 Sunkist①。浪漫主义在欧洲是复返自然，神游中古，美洲却是草莱初辟，所以美国人无所谓文明的逃避，只是说对文明的遗忘，只是说保持高贵的野性。就成绩说，音乐似乎落在文学的后面。这并不是说，英语民族不容易受到 Polyhymnia② 的眷顾，到美洲去开荒的也不是戴着白手套的绅士。平民世纪是 Made in U. S. A. ③ 的。向里一望，一望无际的田野和林园，山岭和峡谷，长河和瀑布；向外一望，一望无际的海洋；向上一望，自由女神，摩天楼，烟囱；接触到身边的是各种各色的人民连同他们生活的、艺术的气派，是代替体力的机械化和电气化。显示他们精神状态的口头禅，一句是 Time is money④，另一句是 Take it easy⑤，紧张和轻松，不就是节奏的最好的对照吗？这一切都是音乐

---

① 美国橘汁的著名品牌。
② 波吕许谟尼亚，希腊神话九位缪斯女神之一，掌管颂歌与舞蹈。
③ "美国制造"。
④ "时间就是金钱"。
⑤ "放轻松"。

创作的源泉，美国的同时也可以说是世界的了。爱默生，爱仑堡，霍桑，惠德曼，德莱塞一样辉煌的名字，该也有一天就出现在美国音乐上面的吧。

这不算是结论，更不算是预言，也许只是瞎子摸象的说法。不过已经想到了，便写出来，如上。

1947 年遗稿　舒咏梧、蔡良玉整理于 2014 年

中国音乐教育的今昔

音乐教育在中国历史上是占有一个非常重要的地位的，远在 3000 年前，即历史上的周朝（公元前 21 世纪—前 21）已经开始了一个典章制度相当完备的封建王朝，当时的政治家认为治理国家的手段是礼乐刑政。但是如果光有政和刑，只能做到使人不敢做坏事，根源是由于怕，这样的统治是不巩固的。所以当时的教育家孔子（前551—479）说："导之以政，齐之以刑，民免而无耻，导之以德，齐之以礼，有耻且格。"礼，指一切统治阶级规定的秩序，单要求人守礼，孔子认为还是不够的，必须用乐来配礼，才能从感情上取得人与人之间的融洽关系。礼使人尊敬，乐要人亲爱，这样就一言一动都合法度，人的心情也舒畅了。这是儒家教育思想的中心部分。教育分四科：诗书礼乐，总揽这四科教育的人物称为乐正，也就可见音乐在教育中的地位了。

孔子是一个实践的教育家，他给学生规定的学习科目是礼乐射御书数，即所谓六艺。关于音乐教育的目的，乐记里面所规定的就是："将以教民平好恶，而发人道之正也。"至于音乐教育的具体内容，看前面的规定就知道是注重德育，因此大司乐的工作是教授乐德、乐语、乐舞。乐德是道德品质的培养，乐语是理论原则的讲习，乐舞是身体动作的锻炼，而乐舞中间重要的一部分又是武舞，可见音乐教育实际上是包括德育和体育两个方面。总的说来，它又必须与政治的要求相适应。这样的音乐教育思想，虽然创造者的目的是为了巩固当时的封建统治，我们还是不能不承认它有进步的意义，因而我们也就应该说，我们的音乐教育是有它深远的优良的传统的。正因为中国音乐教育开宗明义就规定了它的教育使命，音乐就有了一定的目的性，中国的音乐就总有一定的内容。用今天的话说，音乐就必然的具有标题性，因而杜绝了绝对音乐的形式主义的道路。这是值得大书特书的一点。

我们有一条万里长城，曾经被人用作隔断中国和外国的交往的象征，A. 托尔斯泰为嘲笑沙皇政府的检查官禁止达尔文的进化论的出版，也曾经说过，俄国没有中国的万里长城，所以无从掐断俄国和外国的接触。事实上万里长城并没有阻断中国和外国的交往，中国的音乐是善于吸取外来的养料的，远在传说性的夏朝就有东夷"宾于天门，献其乐舞"的说法，到了汉朝，张骞通西域，除了从乌兹别克带来汗血马和葡萄之外，也为西方音乐的输入准备了条件，汉武帝以李延年为协律都尉，李延年就把外国音乐加以溶化，变为中国人能够接受的东西。鲁迅曾经管这种方法叫做"拿来主义"，他说"没有拿来的，人不能自成为新人，没有拿来的，文艺不能自成为新文艺"。这是与毛主席的继承民族传统，吸取外国经验的主张一致的。不过这是中国的兴盛时期的现象，到了鸦片战争之后，中国降到了半封建、半殖民地的地位，资产阶级已经丧失了自己的力量，对外国的东西已经不是主动的拿来用，而是被动的屈从，音乐也没有例外。

西方音乐是跟帝国主义的传教士一起带来的，对中国人民并没有很大的直接的影响，倒是从日本介绍进来的音乐在学校里形成了一种民族觉醒的乐歌运动。当时启蒙运动代表人物之一——梁启超就曾经说过："欲改造国民之品质，则诗歌音乐为精神教育之一要件。"因此特别推崇黄公度新制的军歌 24 首和小学校学生相和歌 19 首。他还认为"今日欲为中国制乐，似不必全用西谱，若能参酌吾国雅剧俚三者而调和取裁之，以成祖国一种固有之乐声，亦快事也"。但是这样一种他自称是"门外汉"的想法，亦随着资产阶级的改良运动的失败而不能实现。帝国主义势力的侵入越来越深，中国资产阶级越来越买办化，中国的音乐教育也就越来越丧失它的独立性。我们不妨举当时唯一的进行专业音乐教育的上海音乐专科学校为例。

上海音乐专科学校创立于 1927 年，原名国立音乐院，1929 年改名国立音乐专科学校，实质上是一个东西。学校开设过的中国乐器课程只有琵琶、笛子和二胡，最后更只剩得琵琶一门，除此之外全是西洋乐器，乐器教员又绝大部分是外国人。当然，我们并不愿意拿狭隘民族主义的眼光来看外国人，我国历史上本来就有楚材晋用的说法，客卿也是一个美好的名词。问题是外国人是否具有宣扬艺术的诚心与美意。如果他们能够像孔斯特、阿拉雅、卡沃斯为俄罗斯音乐生活那样献出他们的力量，我们是应该抱着感激的心情来叙述他们的劳绩的，然而不幸的是，他们或者是跟在帝国主义侵略势力的背后，以高人一等的姿态出现，或者是背弃祖国的亡命之徒，他们没有教育家的伟大的胸襟，也不一定都有音乐家的专门的素养。他们受中国人的供养，却根本看不起中国人连同中国人的艺术。他们在中国人弹奏琵琶的时候，连起码的礼貌都不注意，却在做鬼脸，说笑话；上课的时候，学生弹得有点中国风味时，他就拿起铅笔在乐谱上鬼画符，骂学生弹的是中国法子（chinese fashion，西洋人贬低中国气派的口头语），弄到学生上课时老是心惊胆战，甚至于哭起来。他的班就等于一个小型的殖民帝国，他的授课曲目自然是清一色的外国作品。

教员是这样的，学校当局的态度又怎么样呢？学校当局对这种狂妄行为从来不加指责，而且学校的负责人从校长到各个高级的负责人都全是从外国回来的，办音乐学校是学外国的样子，差别只是留德的多捧德国，留美的多捧美国，留法的又讲法国的一套而已。民族传统教学可以说是不在考虑的范围之内。如果你有机会看一张当时音乐会的节目单，除了中国人的姓名和偶然出现的零零落落的三两首中国作品的曲名之外，你看不到几个中国字，考试节目也一律是英文的。解放之后，群众听见谁不用中文唱外国歌曲就可以向他提意见，难道还要带翻译来听音乐会。在那个时候，你只能承认自己不懂外国文是无知，你绝不能够批评艺术家缺乏民族觉悟。崇拜西洋实在是到了可怕可耻的地步。

崇拜西洋是艺术教育的一股歪风。但是当时崇拜西洋的思想，说穿了才知道它是如何的空虚，当时的崇拜西洋只是崇拜西洋的乐器和洋嗓子，连什么贝多芬的革命精神，莫扎特的民主思想以至强力集团的美学观点都是茫然的。学校当局号召学生报考音乐学校是列举某某学生毕业后或是留学，或是教书，甚至于未到毕业就被人聘去当了教员。结论就是学音乐不愁无出路。本来嘛，在国民党统治时期，大学里面流行着一句话，叫做"毕业即失业"，学校当局就利用学生的这种恐惧心理，提出有力的根据证明学音乐有出路。宣传也许收到了效果，学生真的踊跃报考了。但是如果学音乐的动机只是为了多挣几个钱，那么，这样渺小的灵魂还能够建立起正确的学习态度和美学观点吗？结果是有些学生毕业后到蒋介石政府的一个招待所去担任吃饭奏乐的差使，他还得意洋洋地说，他捞到这份差使，真是喜出望外，别人去做教员还拿不到这么多钱呢！

青年人这么没志气，现在说起来有点像是海外奇闻了，在当时却是并不希奇的。我们要知道当时的教育精神是什么样子。当时的音乐学校还规定有学生奖惩办法：受奖的原因是代学校募捐，代学校销售音乐会门票有成绩，或者告密有功；受罚的原因是煽动罢课，干涉学校行政或参与校外"不法团体"，甚至于不穿袜子上课也要受到训诫。加以训育主任、军事教官虎视眈眈地看着你，必要时还可以随时查阅你的日记和来往书信。这样的一个学校简直可以是警察统治的学校。这样的一个学校能够培养出怎么样的人才来呢？

据他们的规定，他们的宗旨是："教授音乐理论及技术，养成音乐专门人才及师资。"但是他们是拿来做什么用的呢？换句话说，他们学到了音乐理论和技术是为谁服务的呢？在1936年这个学校自建校舍落成的庆祝会上，国民党反动政府的教育部部长王世杰发表演说，勉励全校师生"为音乐服务"，这句话的含义是等于"为音乐而音乐"。我们知道，为艺术而艺术的思想在它反对僵化的艺术教条的时候，曾经有过一定的积极意义，但是后来则成为脱离现实，逃避斗争的借口，因此就成为反动政府可以接受而且加以利用的反动思想。王世杰之提出"为音乐服务"的口号就正是要到音乐专科学校来对学生进行一次阴险的麻醉。他知道国民党是太臭了，不好意思明目张胆地叫人为国民党服务，只好退而求其次教大家离开当前的政治斗争，也就是等于教人间接为国民党服务。他这种阴谋正好做了音乐学校办学的宗旨的说明。音乐专科学校本科师范科的学生人数远不如选科的人数多。选科学生只来上他选修的那门主科，如果时间、地点不合适，他还可以到教师家里去上课。这就是说，他只是到学校报名、缴费、注册，根本不参加学校的活动。这样，除了教出一批不知天下大事的乐匠之外，是不可能有其他结果的。总的说来，这个音乐专科学校的确符合了国民党的要求。当轰轰烈烈的"一二·九"运动从北京扩大到上海之后，上海各大学的学生因为国民党撤走了火车司机，拆毁了上海至南京之间的一段铁轨，只好自己开火车，而且沿途铺设铁轨，驶往南京要求蒋介石停止内战，决心抗日的时候，音乐专科学校的学生大部分依然躲在学校里去钻研 Schubert 的《死神和少女》（*Tod und das madchen*）或是 Weber 的《邀舞》（*Aufforderung zum Tanz*）。

然而坏事也可以变成好事，音乐专科学校虽然是乌烟瘴气，但是它究竟不是脱离整个中国的孤岛，在巨大的压迫底下，消沉的是消沉了，但是当时也有不甘默尔而息的青年，压力越大，他们的反抗也越强，终于走上革命的道路。现在一提起他们的名字，无人不知，无人不晓的音乐家如冼星海、张曙、吕骥、贺绿汀等等，都是这个学校的学生，这该是音乐学校当局始料所不及的吧！！！

30年前，鲁迅谈到旧中国的军阀混战，曾经拿它和明史农民起义之前的政治做比较，认为还会有更腐败的局面到来。鲁迅真是伟大的预言家，蒋介石的确比袁世凯的统治更黑暗，音乐教育也没有例外，上海音乐专科学校在萧友梅主持之下，是歧视进步学生的，但是还不至于拿学生的人命做买卖，到了1948年，当时的反动校长居然给驻在上海的国民党军阀开进步学生的黑名单；南京音乐院也把有共产嫌疑的学生送给南京蒋介石反动政府的特别刑庭。这已经到了灭绝人性的地步。然而物极必反，当这些丧尽良心的玷辱了教育家的称号的音乐界的败类倒行逆施的时候，中国人民解放军已经开始了决定蒋介石的命运的淮海战役，淮海战役之后就是百万雄师下江南，南京和上海的音乐学校的学生都怀着兴奋的心情来迎接解放，中国的音乐教育也从此转入一个伟大的时代。

中国革命的音乐教育并不是1949年全国解放之后才开始的。在蒋介石统治区长期以来都有在中国共产党领导之下的一部分音乐活动家在进行教育工作。他们利用合法刊物、国民党的音乐学校和训练机关吸收进步青年，来开展歌咏运动。冼星海、张曙、贺绿汀、赵沨、李凌都做过这一类出色的工作。至于革命根据地，尤其是延安，则已经创办了正规的音乐学校，那就是鲁迅文艺学院之下设立的音乐系。冼星海、吕骥是当时的负责人，马可、张鲁等著名的音乐家就是那里培养出来的。随着革命形势的发展，鲁迅文艺学院从延安迁到东北。全国解放之后，中央音乐学院就以鲁迅文艺学院音乐系、华北大学第三部音乐系、南京国立音乐院和北京艺术专科学校音乐系合为一体的形式宣告成立了。上海音乐专科学校则改组为中央音乐学院的上海分院。

中央音乐学院的成立，打破了过去办学的陈规。旧式的音乐学院是关门学习的，招收的学生尽是一些资产阶级的少爷小姐，穷小子是进不去的，现在则为工农子弟打开了大门，而且还招收少数民族的学生，还为他们的生活习惯特别开设少数民族的食堂，使大家能够安心学习。为了扩大影响，一到暑假就组织巡回教育班到各个边远省份去推广音乐教育。由当地教育机关组织音乐干部、教员和学生来学习。另一方面又组织各种工作队参加各省区的土地改革、治淮等工作，从实际工作中改造教员、学生的思想。参加工厂、工人文化宫、农村文化俱乐部的音乐辅导工作，也已经定为制度。为了和各地音乐工作者和音乐爱好者保持经常的接触，中央音乐学院还和中国音乐家协会合办音乐问题通讯部，解答音乐中的各种问题。为了解决革命音乐干部学习的困难，又先后举办修业年限不同的从短时补习到专业研究的各种干部进修班。最近更设立业余部，让广大群众都有学习音乐的机会。因此，解放后的音乐学校就成为人民音乐活动的一部分，过去那种学非所用，用非所学，一到工作岗位上就与群众格格不入的现象就不再发生了。

旧式的音乐学校好比一座骄贵的艺术宫殿，偶然开一个音乐会也总要规定很高的票价，找一个门禁森严的演奏厅来举行，穷小子根本进不去。现在是把演出地点移到工厂和农村，或者是城市的广场，即过去所谓的江湖卖艺的活动场所，票价低得使人不能相信，即只等于坐两站电车的票价。而且慰问演出更占极大的比例。每次演出之前，一定先由讲解员介绍乐曲的内容，让群众真正能够从每一次音乐会提高欣赏的能力，从而做好普及工作，而且还在普及的基础上加以提高。

说到解放前的音乐学校音乐会的演出节目，除了极少数的中国古典的乐曲和资产阶级的乐曲之外，几乎是清一色的外国作品，连毕业学生的钢琴演奏会这些字也是英文的。这正是半封建、半殖民地的反映。群众看不看得懂这些字，听不听得懂这些乐曲，那是不管的，反正自己能够或者自以为能懂就算完事。这和现在排一个节目必须考虑到不同听众的习惯和接受程度的做法比较起来，距离是有多么远啊！

还有重要的今昔不同的一点，就是学校成员的生活作风和工作作风。在旧式的音乐学校里面，工友被称为苦力，一切体力劳动全由他们担任，教员、职员、学生是不动手做一点清洁工作的，一做就失了身份，够不上是一个上等人了。现在则学校办工厂，全校师生同时都是工人。过去认为多做体力劳动就会损害手指和嗓子的迷信彻底打破了，而且他们还不仅会制造乐器、唱片和书谱，他们还会制造细菌肥料和造纸，甚至于炼钢。娇气被认为是可耻的邪气。这样他们就走上了消灭脑力劳动和体力劳动的差别的道路了。他们正在实现毛主席所说的方针"在德育、智育、体育几方面都得到发展，成为有社会主义觉悟有文化的劳动者"。

这样一来，有人就提出了疑问："照你们这样搞下去，会不会降低了教学质量呢？"右派分子就正是利用了这一类好心的朋友的怀疑，乘机煽起了反党的毒焰，大嚷今不如昔。事实是不是如此呢？上海音乐专科学校开办的十年间，毕业学生本科 4 人，本科师范科 22 人。在南京时代算是高一些，一年毕业生也不过十来个。现在却单是中央音乐学院一年的毕业生就是这个数目的五六倍。至于质量，我们就举 1957 年为例吧，中央音乐学院的毕业生和进修生在第六届世界青年与学生和平联欢节上，便有两个人获得金奖章，一个人获得银奖章，两个人获得铜奖章。还有今年的几个国际音乐竞赛会上，我国青年代表也分别获得一等奖或二等奖。我手头刚好有一份德文报纸，里面有一篇关于纪念埃内斯库布加勒斯特国际音乐节的报道，其中提到钢琴比赛的一段是这样说的："如果我的莫斯科同事写到今年四月间的柴可夫斯基竞赛会的时候，能够报导中国代表在那里以他们的成就引起了注意的话，那么——还不到半年之后啊，人们从布加勒斯特又可以报导说，李名强（中华人民共和国）在青年钢琴家竞赛会上——特别是拉赫玛尼诺夫那首《根据帕格尼尼主题的狂想曲》的杰出的表演——获得了头奖"（1958 年 9 月 28 日《新德意志报》）。这种事在解放之前，是任何一个幻想家都不敢想的，今天却成为事实，而且还不是偶然的一次，而是一次接一次的得奖。这就是说，说道理也罢，摆事实也罢，怀疑论是彻底的输了。这里必须指出一点，这样优美的成绩和苏联专家辛勤精湛的教导是分不开的。我们应该向苏联专家表示诚恳的谢意。

说我们的音乐教育已经取得了一定的成绩这是不错的，但是还远没有达到我们理想的目的。我们没有自满的理由。事实上我们还存在不少的缺点。目前每年毕业生的数量远远不能满足实际的需要，毕业生的共产主义觉悟也未必都跟得上工人和农民，学到的东西也未必就能够解决实际的问题，劳动人民在大跃进中自编自唱的新民歌、新快板已经向我们提出严重的挑战，我们必须尽量在不降低教学质量的条件之下，缩短学习时间，教学方法也必须有相应的改进，使得学生能够用更短的时间学得比从前更多、更有用的东西。于是就采取"三结合"的形式——在党委领导之下教师与学生共坐一堂，开展坦白真率的有关教学的大辩论，各人提出各人的办法。修业时间由原来的五年改为三二两级，头三年差不多学完原来五年的东西，三年之后分发工作，如果条件许可，再补修专业化的两年。学科的内容大都打破学院式的旧套，一切从实际出发，少搬教条，多讲做法。教学地点也不一定是学校。例如作曲系的学生就搬到农村去上课，作曲课程也不求详细讲解和声和对位，而是先讲群众歌曲的作法。从学生和农民共同劳动所得的体验吸取创作的题材，写好之后即刻交给农民鉴定和批准。毕业班的学生也没有例外的搬到人民公社去进行创作。这是一方面。

另一方面是派一部分干部和学生到农村公社去开办音乐学校，把音乐教育送上门，让劳动人民利用一部分时间来学习音乐技术。教学方法也是正规与速成相结合的。城市的音乐学校则为工农大开校门。工农学生入学考试成绩如果和普通学生一样，就优先录取工农学生。如果工农学生音乐方面证明是有才能的，只是由于过去条件的限制，不能得到平均的发展，那么，就先在预备班补习必修的课程，以后逐渐赶上一般的水平。今年工农成分的新生的比例有所提高，这个比例以后还要提高，使得为工农开门更进一步成为工农自己的学校。整个政权既然是以工农联盟为基础的政权，难道学校倒是属于资产阶级的吗？说白了是未免可笑的。事实上资产阶级思想在音乐学校里面相当长的时期内是颇为根深蒂固的。年老一辈的大多数都拿他们的外国资格或元老资格做本钱，年轻一点的则以依附某一名家来抬高身价，经过最近一次的拔白旗运动，才比较彻底的清算了这种洋奴思想和遗老思想，用通行的话来说就是批判了那些重西轻中和厚古薄今的思想。教师和学生面对面的提意见，看起来好像很紧张，有些人还担心会不会影响师生的团结或者伤害了教授的尊严，结果证明这种担心是多余的，经过当面的大争大辩，老师明白了过去的尊严只是纸糊的冠冕，现在才真是货真价实的牌子，学生的尊敬教师变成是表里如一了，不是敷衍门面的了。这样就保证了教学改革的胜利。

现在不论那一系的教学大纲全是崭新的，结合了实际，也结合了传统；政治挂帅，保证了教学质量；面向群众，整顿了普及与提高的正确的关系；人人参加劳动，为消灭脑力劳动和体力劳动的差别准备了条件。说呀说的，我们不知不觉就要向共产主义迈步了。不做好思想准备，是很难过好关的。要过关，就必须政治挂帅，换言之，一切都离不开党的领导。如果没有党的领导，我们的音乐教育能够有今天的局面吗？这本来是我们革命的最宝贵的经验之一，所谓"放之四海而皆准"，指的也就是这样一条真理。

遗稿　舒咏梧整理于 2015 年

外国音乐史

——《欧洲部分》试用教材中几个章节的讲稿

一、古希腊罗马的音乐

古代希腊的音乐，由于具体材料的缺乏，我们的了解是不多的，特别是同文学比较起来是这样。我们所掌握到的一些有关古希腊音乐的知识主要是依靠文字材料，如柏拉图、亚里士多德等人的著作以及荷马的史诗等等得来的，其次就是古代绘画、工艺品，如花瓶上面关于乐器及音乐家的描绘，此外一些残存的乐曲，使人隐约可以想见古希腊音乐的结构，不过这已经不是希腊音乐古典时期的产物了。

希腊音乐的古典时期约为公元前 7 世纪到 5 世纪中叶。我们所能看到的音乐理论和实际的材料，事实上只限于统治阶级的，被压迫的奴隶的声音可以说一点也听不到，即使在古代著作中读到有关民间歌舞的描写，也只是一些空洞的字句，曲谱是没有的。当时出色的音乐家有泰潘德尔，生于公元前 7 世纪，据说在诗琴和音律的改造和音体的发展上都有他的一份功劳。公元前 6 世纪一位奥洛斯演奏家萨卡达斯曾创作一首表现阿波罗斗龙的五章大曲（引子、挑战、搏斗、凯歌、胜利舞）。本来在早期音乐史上音乐的专业化是不像后来那么严格的，所以当时的诗人同时有许多也是歌手。另外一些名字如荷马、沙孚、阿那克里翁、平达尔等等都应该提上一笔。出名的基萨拉琴演奏家有公元前 7 世纪的威潘德罗斯，奥洛斯演奏家的是写斗龙大曲的作者萨卡达斯。至于音乐的结构几乎无例外都是单音的，伴奏也只是同度音或八度音的弹奏。

在音乐理论上，古代希腊人很重视音乐的教育作用，他们给各种不同的调式分别赋予伦理的意义。古代希腊音乐中的主要调式有多里亚式、弗里几亚式和利底亚式三种。多里亚调式据说是勇武的、节制的，弗里几亚调式是放纵的，利底亚调式是柔和文雅的。为了证实音乐的道德力量，古代希腊还流传过关于毕达哥拉斯的一段轶事。据说有一个夜晚毕达哥拉斯正在仰观星象，忽然被一阵吵闹惊扰了，他回头一看，发现有一队青年企图闯入一个女优的住宅，其中有一个人吹着芦管，响亮的旋律正好是用的弗里几亚调式，这无疑是用放纵的音乐来煽动青年小伙子的欲望。毕达哥拉斯立即跑到吹奏乐手身边去，叫他们改吹多里亚调式。曲调一变，那些青年小伙子随即心灰意冷地回转身，放弃了突袭女优的企图。这段故事的真实性虽然值得怀疑，但却反应了当时有代表性的一种音乐思想。阿里斯多德还承认音乐可使奴隶、儿童甚至于动物得到有力的感染。他的意思固然是在于巩固统治阶级对音乐的支配地位，却也包含有提防奴隶的音乐对统治阶级威胁的意味在内的。可惜我们对于当时的奴隶音乐实在是一无所知。

罗马统治时代的音乐实际上只是继承了古代希腊的那一套，所不同的是扩大了希腊合唱和乐队的规模，新的发展是微不足道的，所以就不再多说了。

二、中世纪的音乐

欧洲中世纪的历史就是封建制度的产生、发展和衰落的历史。教会成了封建统治阶级利益的保护者，正如列宁所说的，"所有一切压迫阶级为了维护自己的统治，都需要有两种社会的职能，刽子手的职能和僧侣的职能"。这就造成了中世纪文化、艺术发展的停滞。但是人民的口头创作没有真正死亡，它们正如大石底下的花草，在蜿蜒屈曲的伸展中终于长到大石外面开出美丽的花朵，而且以它旺盛的生命力渗透到宗教的音乐中去。

原始基督教会的歌唱一般是从犹太、叙利亚、希腊的寺院歌唱产生的，因此富有地方色彩。犹太的寺院歌唱的传统同基督教会通行的歌唱实践是有其共同之处的，那就是都有宣诵式和唱赞式的分别。宣诵式带有乐调的开篇和煞尾的赞美诗的朗诵，唱赞式则是自由变化的采取一个音节唱几个乐音的旋律来歌唱的颂歌式。希腊的寺院歌唱在全音进行上是同原始基督教会的歌唱一致的，但是他们的歌唱既不是宣诵式，也不是唱赞式，而是一个音节一个乐音的歌唱，并且密切结合诗歌的格律。

但是不管是犹太的、叙利亚的还是希腊的寺院传统，都有类似的歌队组织。其中的一类是由领唱和合唱轮流进行，另一类歌队则是两个合唱队互和唱和。一个合唱队称为提领队，另一个便称为应和队。

到了基督教成为罗马帝国的国教的时候，一般只是保持着原始基督教会的歌唱传统，即使是分成东西罗马帝国之后，东西方之间也没有大的差别，直到公元600年左右，罗马教会才逐渐确立了统一的仪式，从而确立了弥撒的许多礼拜仪式的歌唱。奠基人是教皇格里高利一世，因此这种罗马天主教会的歌唱命名为格里高利圣咏。他花了十多年工夫（约590—604），选出了许多典型的歌调，确立为传统的"教堂歌调"，订立了许多演唱的规则，并编成《唱经本》，命令各地教会广泛采用。为了培养圣咏歌唱家，格里高利一世还开办了一个"唱诗班"，虽然一班只有七个人，而且还有若干童男参加，但是这种编制却从此成为一切罗马天主教会的音乐传统。

在对待音乐的态度上教会是坚决反对器乐的，他们认为器乐是世俗的，因而是异端的，纵欲败度的。米兰的圣安布罗西乌斯就曾经大声疾呼过："岂有此理，带着鼓和琴你就会滚到死亡的深渊！"可是，不管教会的态度多么僵硬，宗教的赞歌却始终不能避免民间音乐的影响。在公元4、5世纪之间欧洲各国逐渐兴起比较独立的宗教音乐。如西班牙、法国、英国和爱尔兰都是这样，甚至于意大利的米兰也没有例外。那位圣安布罗西乌斯虽然反对器乐，却利用民间曲调写了许多颂歌，而且取得了与罗马颂歌并存的地位，他的颂歌是三拍子居多。

公元10世纪以后，欧洲进入封建社会的全盛时期。当然，处在当时文化的中心地位仍然是基督教，但是转变的迹象却是可以觉察出来的。教堂外部固然是这样，教堂内部也是这样。教堂的壁画所表现的各行各业的手艺工人中间也有乐手这一行，而且带着他们的乐器如风笛、芦笛、手摇琴以及口琴之类。我们知道，乐器本来是异端的东西，应该在放逐之列的，现在乐器演奏居然进入教堂，而且开始了多声部的音乐。

多声部的音乐是先从民间开始的，那是一些平行五度或四度，或者由低音部持续进行作为演唱旋律的支持，此外还有一种广泛流行的轮唱形式，各个声部互相模仿其他声部，从这里可以看到卡农的前身。

最初进入教堂的多声部音乐是两个声部的，当时称为奥尔加农（Organum），这个字的意思是器具，说明它是来源于民间音乐的。持续基础音是固定的，歌唱部则相当悠扬，一个音节唱上好几个乐音，而且是高音的，称为第斯康特（Discant），意思是"对音"。创始人是雷翁南，他编过一部《奥尔加农大成》，这是一本教会歌调集。他以格里高利圣咏作为低声部，在它上面加上装饰性的花腔歌调。这样，圣咏就变为低音一样，失去了原来的主要地位。这种低声部的圣咏曲调进行均匀徐缓，称为"固定调",亦名"持续调"。因此,人们的注意力无形中被在圣咏调上面出现的装饰华丽、音响丰满的"对音"所吸引,形成了它的主导地位。到了他的学生贝罗坦更把二部奥尔加农扩大到三部和四部,这样,原来的所谓"固定调"就失去了它的光彩,新的上位声部越来越重要,而更重要的一点是新配上去的歌词不再用拉丁文而用口语来编写,从而新起一个名字叫做摩贴特(Motette),原意是法语的"语言",现在我们还通译为"经文曲"。从经文歌出发,又产生了一种新的形式,叫做"康都克特"(Conduct),意为"伴唱",它代替了原来的"固定调",由作曲者另制新调,而且从教会发展到教会之外,它的内容也不再限于宗教性的颂赞而扩大到对社会现象的批评和谴责。

由于表现范围的扩大和表现内容的渐趋复杂,音乐的艺术水平也随之提高,这就出现了改善记谱的要求。

欧洲记谱法在格里高利时代的天主教会音乐里面应用"示意式",直线表示高音,点或横线表示低音,仰口弧线表示上行音,俯口弧线表示下行音。音高和时值都不明确。确定音高的办法开始于法兰德斯的圣阿芒德寺院的胡克巴德(卒于932年),他使用两条线来分别高低,规多(992—1050)增加为四线,线与线之间的音程定为三度。后来古老的示意式的记谱又改为方头的音符,而且规定了音符的时值,即所谓"定量记谱法",这样,记谱法就逐渐完善了。

多声部音乐的出现,给当时人们以新鲜的感染。经文歌采用世俗的、民间音乐的曲调,有些新的体裁甚至扩大了音乐的社会内容,更使得音乐发挥它的社会作用,因而引起了教会的反对。1325年教皇约翰二十二世就说过:"发明了一种新的记谱法来记录新的曲调,而不唱旧的曲调,把急促的速度强加在神圣的音乐上,休止和复调使得曲调解体,把神圣的歌词往世俗的曲调上移植,总之,它扰乱虔诚,麻醉听觉,并且把听众引上邪路。"

当宗教音乐在全欧范围内流行的时候,欧洲宫廷虽然惯常听唱"闯州撞府"的民间艺人的颂歌和叙事歌,宗教势力却是非常强大的,那些贵族骑士也对教会表示虔敬和归顺。到了11世纪,法国南部兴起了宫廷的伺候妇女的风气,后来从法国南部传到北部,更从北部传到英国和德国,于是,对圣母玛利亚的崇拜同世俗的妇女伺候结合起来,形成一种新的体裁——骑士恋歌。

骑士是西欧一个特殊的社会阶层。最早的骑士出身于中小地主和富裕农民,他们替封建主打仗,获得了土地和其他报酬,他们筑有坚固的堡垒,通过土地去剥削农奴,成为小封建主。由于土地成为世袭,他们形成了固定的骑士阶层。十字军东征使他们接触到东方的文化，提高了骑士的生活方式上的优雅程度，特别表现在他们对贵妇人的崇拜方面。思想上他们并不反对基督教，但是他们却往往撇开宗教的出世思想和禁欲主义而最追求现世的享乐。特别是对贵妇人的服役，为了贵妇人，不怕经历种种危险以求取得贵妇人的欢心。他们对贵妇人的爱慕和崇拜的一个特殊方式就是唱恋歌。

随着社会生活的演变，恋歌的内容不仅仅限于对圣母和贵妇人的歌颂，在所谓恋歌中间也有关于回国的英雄的哀歌，政治性的斗歌以及牧歌等等。所谓牧歌是指那些歌颂的对象由贵妇人转为农家姑娘和牧羊姑娘的歌曲，此外还有叙事歌、晨歌和夜歌。晨歌又译为破晓歌，所歌颂的爱情是封建社会买卖婚姻之外的露水夫妻的爱情。在追求真正爱情意义上说这样的歌曲是有一定的积极的意义的，可是它却采取淫乱的方式，这就值得考虑了。夜歌即是我们通常了解的小夜曲，那是骑士在他们所崇拜的妇人住处的窗下演唱的。但是"肉食者鄙"，骑士并不懂那么多音乐，所以只能按唱腔唱一唱歌词，至于乐器的伴奏特别是音乐创作只好委托一个助手代庖。因此我们说起骑士恋歌的歌手，一般想到的并不是那些昂头阔步的骑士，而是那些流浪艺人，他们职业名称是"美尼斯特列尔"，意为"跟班"，也就是我们通常所说的"游吟歌手"。法国南部最著名的游吟歌手有马尔卡布鲁和柏纳特·德·万泰东。前者是一个弃儿，后者是仆役家庭出身。北部著名的游吟歌手是阿当·德拉·阿尔（1238—1286），绰号"阿拉斯驼子"，他所作的曲剧《罗彬和玛丽昂》，是一部歌唱爱情，讽刺封建贵族的作品。

德国的恋歌兴起于 12 世纪，盛行于 13 世纪，比法国晚了将近一百年，这是可以从德国社会的落后得到解释。另一方面，德国骑士恋歌兴起的时间已经是骑士阶层走向没落的开始，这些破落骑士因此也就比较了解人民的疾苦，写出了比较具有进步意义的抒情歌曲。举凡帝王与教皇的矛盾、德国的分裂、教皇的专制等等都有了一定程度的反映。其中最出色的歌手就是瓦尔特·封·德·福格尔威德（约1160—1230），另一个特出人物是雷恩塔尔（约 1210—1245），他的作品保存下来的有 50 多首，他作品的特色是吸取了农民舞曲的因素。

到了 14 世纪，由于骑士阶层的普遍没落，德国恋歌经历了一次根本转变，那些恋歌歌手逐渐同城市结合起来。约在 14 世纪初，已经有人开设歌手学校，那是近乎手工业式的诗歌艺术的传授机构，学生有一定班次，从学生升为学友、歌手、诗人，最后升为匠师，结业的就称为匠师歌手。瓦格纳有一部歌剧就以"匠师歌手"为题，即我们通常译为《名歌手》的那一部。

三、文艺复兴时代的音乐

文艺复兴时代音乐的特征是世俗音乐越来越多地摆脱教会的束缚，走上了独立发展的道路。不仅是教会以外的音乐呈现出崭新的面貌，就是宗教音乐内部也受到了世俗音乐的影响，渗透了新的内容。

可以说，当时的音乐家是自觉地进行新的音乐创作的。格拉里安（1488—1565）、查里诺（1517—1590）和其他一些音乐理论家向作曲家提出的要求是，借助音乐手段来描写自然现象，但是决不是纯粹表面的描写，而是着重表现生活经历对人的内心的反应。因此音乐家再不是盲目遵循传统的规则，而是让人和他的感情世界放到中心地位上去。

早在 1330 年前后，法国的维特利（1291—1361）已经写了一本音乐理论著作，题名为《新艺术》，提倡一种偶数节拍，从纯粹歌唱性的创作手法解放出来，吸收乐器的因素，从而为独立的器乐作了准备。马晓（1300—1377）就更进一步把多声部音乐推向前进，写了大量的经文歌、叙事歌、回旋曲，从实践上确立了新艺术。他的名言是"谁不是从感情出发去创作，他就是歪曲他的语言和他的歌唱"。

话虽然这样说，但是真正内容崭新的艺术却还得到了 15 世纪才出现。那就是尼德兰乐派的贡献，代表人物是杜费（约 1400—1474），说他有代表性，一方面固然是他在艺术上的成就，但他也具备了尼德兰乐派的另一个特点，那就是活动范围的国际性。那些音乐家有很多是难于确定他的国籍，也不易划定他的活动范围的。如这个杜费，他出生于今天的法比交界的瓦尔地区，青年时期作为童声合唱歌手在布尔贡（今法国地），又在康布莱大教堂开始他的音乐活动，后来在意大利任侯爵宫廷乐师和罗马教皇歌队成员。1426 到 1428 年回到家乡，接受了英国音乐的影响，1437 年起又在萨伏伊的侯爵宫廷工作 7 年。而后，又回到了康布莱大教堂，作为声名洋溢的音乐大师直到逝世。他作曲的特点是名为弥撒曲，实则以世俗旋律来代替格里高利圣咏的曲调，他甚至于采用号角的激昂、凌厉的手法来写弥撒曲。弥撒曲的歌词虽然取自圣经，但往往只是几个拉丁字的反复，并不妨碍作曲家自由抒发他的思想感情。在作曲技术上杜费发展了复调的构思，这种作曲技术在他的学生沃克亥姆（约 1430—1495）得到了更进一步发展。他的流弊是逐渐走上偏重技术的甚至是游戏式道路。

总的来说，15、16 世纪的声乐，主要有如下的三种类型：1. 歌谣曲及各种方式的改编歌曲；2. 经文歌；3. 弥撒曲及其他祝祭歌曲。三种之中又以歌谣曲最能代表当时的新思想。歌谣曲的产地是法国，那是在复调的繁杂的音乐形式之外的一种比较平易的通俗歌曲。它使用当地方言来表现世俗的题材，它的重点是高音部，有一种或两种乐器伴奏，也可以只是人声的歌唱，有时候它也会改编成纯粹的器乐曲。至于它的形式，多半采用 14 世纪流行的叙事歌、回旋曲之类。有趣的一点是，歌谣曲算是法国的特产，对歌谣曲做出贡献的却不限于法国人。尼德兰乐派的约斯堪（1450—1521）就是改进歌谣曲的一位作曲家，听到他的作品就不仅听到音响的结合而更能听到音乐的表情。马丁·路德评论他时说过，约斯堪是乐谱的主人，他要乐谱做什么，乐谱就必得做什么，别的作曲家却是乐谱要做什么他就做什么。又有人说过，要他作曲，除非是"他兴致来了的时候"。这是文艺复兴时代个性发展的一个重要标志。

如果说，尼德兰音乐家对歌谣曲的贡献是在严肃的复调技术方面，那么，意大利人的功劳在于给歌谣曲增添了平易近人的主调音乐的特征。法国人在这方面显示的特别本领是明显的舞曲和饮酒歌的节奏；鸟兽声音以至闹市骂街声音的模仿。这方面最杰出的代表人物是占昆（约 1485—1560），他的作品相当丰富，多声部的作曲技术服务于作品内容的谐趣的效果。他也被称为"标题音乐的远祖"。他作品题材的多样性从他那些歌谣曲的题目就可以看出来，例如描写战争的《马里尼战役》《麦茨战役》等，描写禽鸟的《云雀》《夜莺》《鸟之歌》等，描写生活风俗的《巴黎闹市》《饶舌的妇人》等。法国作曲家所擅长而又偏爱的绘声绘影的本领，在他笔下已经得到初步的发挥，高声部的领唱作用越来越显著地表明法国歌曲倾向朗诵的特点。

意大利原来保有的独特的体裁是猎歌和牧歌。猎歌开始于 14 世纪，它的特色是生活场面的描写，声部的进行常常是轮唱式追逐，还加上示威式叫喊，所以就成为"猎歌"。牧歌也是意大利作曲家喜爱的音乐形式，它是属于当时"新艺术"的一个支流。但是当时流行的音乐却是"浮罗托拉"（趣舞歌），它所歌唱的内容决不限于轻松愉快的，它也有严肃的甚至忧愁的一面。彼特拉克的十四行诗是作曲家们特别喜欢采用的歌词。这方面杰出的作曲家是特隆邦契诺和卡拉，他们的作品于 1504 年在威尼斯出版，没几年，就在各地先后翻印，流传广泛。就是意大利最有特色牧歌的新发展，也多得浮罗托拉的启发。

16 世纪的意大利牧歌和 14 世纪的同名曲种的差别，就在于尼德兰乐派复调风格的影响。占有领导地位的新牧歌的作曲家，也多数是意大利扎根的尼德兰音乐家，如威尔德罗、阿尔卡德尔特、瓦勒尔特等等。他们既能描写自然的景物，也能抒发人们内心的感情。但是有一点必须指出来的是新牧歌同浮罗托拉的一个不容忽视差别，那就是浮罗托拉的乡土性和新牧歌的贵族气的差别。到了16世纪末叶，由于反宗教改革的影响，新牧歌更发展为半音变化的牧歌。代表人物是马伦齐奥（1553—1599）和杰苏阿尔多（1560—1599）。查里诺曾讥这种半音变化倾向是牧歌的蜕化变质，他之所以指责这种变质，不在于它采用半音升降的手法，而是在于形象的歪曲和无聊的不协和音。值得注意的是杰苏阿尔多的牧歌里面经常出现痛苦、眼泪、祈求和死亡的字眼，而音乐人细致地追求这样感情的表现，这都是极不健康的，因而就出现了它的对之物——"维兰尼拉"（村歌）。

村歌产生于南意大利，特别是拿波里，同浮罗托拉一样，它也是三个或四个声部组织起来的，旋律在高声部，低音作为基础，中音部并没有特别的对位式安排。但是它以轻松逗乐的题材为主，又采用牧歌的格式加以滑稽的处理。渐渐的它也脱掉它民间的外衣，为了追求丰富而走上牧歌的老路。

反宗教改革的逆流也波及到意大利的音乐界，最明显地表现在帕勒斯特里那（1525—1594）的身上。帕勒斯特里那被一些唯心主义音乐家，特别是德国现代的神秘主义作曲家菲茨纳颂扬为"宗教音乐的救主"。因为特仑特宗教会议上有人建议在礼拜仪式上完全禁用音乐，或者至多只许用格里高利圣咏。亏得帕勒斯特里那提出《玛赛路斯弥撒乐》，这样充满宗教虔诚的复调音乐，证明了复调音乐是好东西，使得复调音乐免于逐出教堂的危险。帕勒斯特里那宗教性的无伴奏合唱也因此成为千秋的典范。实际上这是出于"创作"的传说，作为宗教音乐作曲家，他无疑具有掌握复调音乐的本领，但在世俗音乐方面却是意义不大的。他的作品保持一种和谐的平衡，避免那些尖锐的对比和穿插，煞尾的效果也总是避免掉的，听他的音乐给人一种神秘的逃避现实的感觉，宣扬了天主教会威严的色彩。过去对这位梵蒂冈西施廷圣诗班领班的颂扬，实在更多的是溢美之辞。

16世纪最重要的音乐家应该是拉索（1532—1594），他生于布尔贡，在意大利度过他的青年时代，后来旅行法国和英国，最后参加德国慕尼黑的宫廷歌队，从1560年起，领导那个歌队34年之久。他的创作包括当时流行各国的体裁，当然他也无例外地是为宫廷和教廷服务的，但是他的作品却包含较多的世俗性，他的弥撒曲有时甚至喜欢用民间音乐的格式。例如他的一首《上帝的羔羊》就是以法国歌谣曲《牧羊人和牧羊姑娘》为蓝本的。他作品的独到之处是细节的描写服从整体的构思，在整体上各个对比的声部又能取得比较和谐的统一。

在宗教音乐占据统治地位，斥器乐曲为异端的时候，器乐是很难得到发展的。但是由于它在民间扎根，所以它并没有萎死，一有机会，它就开放出灿烂的花朵。但是由于民间艺人学文化的机会被剥夺，他们根本拿不起笔，乐曲不能够记在纸上，因此也不能流传下来。我们现在所知道的这一时期有关器乐的资料，实际上只是当时很小很小的一部分。

这一时期欧洲有些什么乐器呢？弦乐器主要有竖琴、提琴、龟甲琴、七弦琴等，历史一般比较长。管乐器有单簧或双簧的箫管、横笛、喇叭和号角，后两者属于王侯的私产。键盘乐器以风琴为主。敲击乐器则有钟和鼓。这些乐器大都是从前代流传下来的。到了文艺复兴时代一般有了相当的改进，鼓已经有了定音装置。在编配合奏时，管乐器总占大多数，但是弦乐器的发展越来越引起了重视。提琴主要的发展类型有两种，即膝琴和臂琴，这就是新型提琴的前身。风琴也有了很大的改进，特别是簧管的数目，据说1429年阿棉大教堂风琴的簧管数，竟达2500之多。

乐器种类丰富，正反映出人民音乐生活的开展。在当时的器乐曲中占有极大数量的是舞曲，这类乐曲的名称已经宣示出它与教堂音乐的对立。有些舞曲也很难断定它就是直接为舞蹈编制的，只是由于节奏的活泼才被用作舞蹈的伴奏。自从中世纪晚期以来，民间舞蹈通行的习惯是先来一段缓慢偶数拍子的迈步舞，然后接上一段活泼的奇数的跳跃舞，一慢一快，更番替换。各国的名称尽管不同，实际上并无两样。法国称为迈步舞——跳跃舞，意大利称为帕萨美佐——萨尔塔莱罗，西班牙称为帕凡——加雅尔德，德国称为舞蹈——续舞或者均衡——蹦跳。

据可考的材料来看，这些舞曲本来是在舞蹈时背奏出来的，而且大多数是用管乐器。后来也有人作为家庭音乐，用龟甲琴、六弦琴或者键盘乐器来演奏。这样一来，舞曲逐渐转化为一般器乐曲，而且或独奏、或合奏，或各曲分立、或多曲连套，都可以随实际需要演奏逐渐形成不同的体裁，这就是我们所了解的从支曲到套曲，从独奏到合奏，直到交响乐以及其他奏鸣曲式作品发展的道路。

除了舞曲这一个来源之外，声乐曲也同器乐的独立发展有一定联系，本来有许多多声部声乐曲的某些声部是考虑到由乐器担任的，例如猎歌的低声部就是这样。13世纪的经文歌也是有些声部是人唱的，有些声部是用乐器演奏的。总之，声乐和器乐很难划清楚一条界线。但是，15世纪以前，占主导地位的是声乐曲，作为器乐来演奏那是后来的事。因为直到17世纪，在乐谱上通行的写法还是"歌唱或是各式各样乐器的演奏"。至于逐渐取得乐器的独立地位的首先是独奏乐器。

每逢没有乐器合奏也没有声乐活动的地方，就会发挥乐器的一些特殊技术。例如在引子和插段地方风琴家就会使出他浑身的解数，在乐器上发挥出有如和弦、走句、踏板等等效果。这类的曲子当时就称为"托卡塔"（Toccata），类似的情况也适用于龟甲琴的前奏性的乐曲。这是西班牙15、16世纪除了六弦琴之外最受欢迎的家庭乐器。

此外还有一些器乐曲，就其名称来说，那是直接从声乐曲移植过来的。"里切尔卡"（Ricercar）意大利文的意思是"寻找"，它的含义是找出各个声部中间的主题作为器乐曲，那只是经文歌体裁的器乐化。它定例是几个主题构成的，每一个主题支配一个段落，然后由一个主题接过去，这同15、16世纪经文歌每一行经文具有独自的主题的作法没有什么差别。从这种风琴里切尔卡开始，标志一个重要的发展。尼德兰乐派的斯维令克（1562—1621）、意大利的弗莱斯巴尔第（1583—1634）、德国（包括巴赫在内的管风琴大师）的赋格曲的创作，都可以追溯到里切尔卡的影响。其次是"坎佐纳"（Canzone），它的本义为歌曲，那是德国歌谣曲在意大利的器乐化的新体裁，它是管弦奏鸣曲的前身。再次是幻想曲（Fantasia），它照例是包含里切尔卡式的复调手法，以及托卡塔式的引子和过门。它主要是独奏乐器用的，同声乐传统的依附关系比较少。最后还要说一说的是变奏曲（Variation），开创人之一是西班牙的风琴家卡贝宗（1510—1566），这种乐器极适宜于发挥器乐特殊效果。变奏曲式对德国风琴演奏家也起了很大的作用，但受到更大的影响的却是英国的古钢琴家。英国通行的钢琴是惠姬娜琴，16、17世纪之交英国的钢琴音乐是处在欧洲的前列的。

总起来说，器乐曲在这一时期虽然已经有相当蓬勃的发展，但是直到17世纪，乐器的选择还是不严格和固定的，即如那些从声乐曲移植的器乐曲，就在16世纪也并没有明确规定由什么乐器演奏。因此，阿德烈雅·加卜利埃里（1510—1586）和他的侄儿乔凡尼·加卜利埃里（1557—1612）开始在他们的作品里面明确规定各个乐器的演奏声部的做法，无疑是器乐发展史上的一件大事。这说明他们的创作构思里面已经有了对不同乐器的特殊效果的清晰认识。乔凡尼特别有名的那首《轻重奏鸣曲》，创作于1597年。演奏乐器有木管、长号及各种提琴的合奏组。力度和音色的对比造成强烈的对话效果，这是把威尼斯画派的明暗原理活用到音乐上来的一种实践。这是新乐器的新创作，值得特别提它一笔。

完稿于1964年（时为中央音乐学院课堂教学的部分讲稿）

廖崇向整理于2014年3月